第二次世界大战回忆录

——远东战场——

[英] 温斯顿·丘吉尔 著

沙迎风 译

陕西新华出版传媒集团
三 秦 出 版 社

目录 | contents

The Second World War

Churchill

日本

日本与19世纪——举世无双的适应力——旧日本的阴暗面——神秘国度——日本陆军的等级制——海军等级制——德国和英国的影响——贸易利益——1889年日本宪法——“新元老”——1936年的《反共产国际协定》——1939年8月斯大林和希特勒签署互不侵犯条约——法国沦陷后，日本的躁动——近卫文麿掌权——三国同盟条约——英国在冬季的抵抗行动——动乱加剧——日本天皇及皇子们——1941年7月26日，英美对日经济制裁的影响——始终不安的英国——我们面临独自对日作战的危险——8月25日与29日，我的备忘录——海军部署——8月30日我给澳大利亚和新西兰的备忘录——1941年10月，近卫文麿辞职——东条英机掌权——来自蒋介石的请求——11月5日，我给罗斯福总统的电报——总统的回复——11月9日，给史末资将军（General Smuts）的电报——11月19日在市政厅（Guildhall）发表演说——11月23日我给外交大臣的备忘录——总统的谈判报告——权宜之计和十点说明——赫尔先生的决定——英国所知有限——“魔法”——1941年11月30日的电报——12月1日，木已成舟——1941年12月2日的备忘录——克拉地峡面临的威胁——美国历史的大篇章——美国政治领袖们同仇敌忾——“上帝把他们交到我们手上了”——日本的罪恶——疯狂的一个优点在漫长而离奇的日本史上最令人生畏的冒险行动被制订之时，决定性的时刻到来了。这是1592年丰臣秀吉下决心与中国决一死战，率领战船入侵朝鲜之后，日本再次走出如此关键的一步。远东这些令人敬畏的岛民，带着坚固的传统和风俗走过了好多个世纪。与神秘主义相关的勇猛、纪律性和民族精神，让这个严肃而勇敢的东方民族拥有着强大的忍耐力。欧洲在公元1300年左右才第一次从马可·波罗那里听说他们的存在。日本的国教是佛教的一个宗派。此后有基督教传教士进入这里，而传教士以及他们虔诚的信徒都被残忍地灭绝—— 这段插曲在欧洲没有引起过注意。在二十四年里，有近25万基督徒被残忍杀害，直到1638年才告终结。自此之后，日本陷入了严酷的闭关锁国状态，好几个世代，他们都不为人所知，直到19世纪，他们在自身面对的巨大挑战下，才打开了通往世界的大门。它曾有过一段完全孤立的时光。而日本自身的艺术、文化和信仰支撑着社会的刚性机构。对他们来说，科学、机器和西方哲学是不存在的。

但蒸汽机改变了世界的平衡，大约一百年前，轮船越洋而来，带着武器和思想叩开了日本紧闭的封建大门。1853年，在美国海军准将佩里率领的编队进行了一次不受欢迎的拜访之后，相当长时间里，一艘英国或者美国的炮舰就能将英国或美国政府的意志强加给日本。而随着外国战舰而来的，还有那些白人所发现并准备教授、出售的奇妙戏法。于是，这个贫弱而又朴素的13世纪文明，就这样与喜笑颜开的、昌盛的、全副武装的19世纪文明不期而遇了。

※　　　※　　　※

山姆大叔和不列颠尼亚自此成了新日本的教父教母。不到两代人，只有久远传统的日本人民，在毫无基础的情况下，把武士道的双手剑替换成了铁甲舰、线膛炮、鱼雷和马克沁机枪；在工业领域也发生了类似的革命。在英国和美国引导下，日本从中世纪到现代的转化是迅猛而又剧烈的。中国被超越并受到重击。1905年，世人惊讶地看到他们击败了沙皇俄国，不仅是海战，他们还将数量惊人的陆军送上陆地，并在满洲赢得了数场大战役。现在的日本在大国之中拥有一席之地。日本人自己也惊讶于他们所受到的尊敬。“当我们将美丽的古代绘画和文化作品送给你们时，你们蔑视并嘲笑我们，但自从我们有了装备精良的一流海军和陆军，我们被视作一个高度文明的国家。”不过，他们所平添的不过是实用科学的装饰和甲胄罢了。这一切都只是表象，在其后站着一个旧日本。我记得在我的少年时代，英国漫画家习惯于把日本描述为一个聪明、衣着整洁、穿着制服的信使男孩。一次，我看到的一幅美国卡通却与此大相径庭：一个上了年纪的僧侣武士，看起来高大、威严、令人敬畏，一只手按着他的短剑。

我不会假装自己研究过古代或现代的日本，我只在一些报纸、几本书籍以及我所服务的政府部门的官方文件里看过一些。当日俄战争爆发时，我站在日本一方。在此之前，我还参与促成《英日同盟条约》。第一次世界大战时，我在海军部非常高兴看到日本正式加入协约国，并且在远东肃清了德国势力。对于1921 年英日同盟的终结，我也深感惋惜，在这个同盟里我们获得过力量和利益。但是，当我们不得不在日美两国中选择一个做朋友时，我毫不怀疑我们的航线会去往何方。

※　　※　　※

在战争战略上，一个人应该始终试着让自己站在俾斯麦所说的“另一个人”的位置上。一个大臣越全面、越富有同理心，他正确的机会就越多。他对反对意见的相关知识了解越多，他就在做决定时越少感到迷惑。光凭空想，没有深入和完整的知识，人往往会坠入陷阱，我们的专家很少能总结出日本人思想的真正印记。它的确是谜一般的存在。旧社会和新社会之间有着数个时代的断层，它们混合起来，彼此产生的反应是外国人无法理解的。甚至，就连日本人也不了解他自己的思想，也不知道在决定性时刻，是什么力量在他的躯体里占据了支配地位。

日本军队统治层形成了一系列集团，并结合武士道传统，鼓励其军官和部属为日本军队的荣誉而战死，从而面对每个人祖宗的牌位时无愧于心。日本在长久与世隔绝后，面对敞开大门的世界，其武士手上也拥有了想所未想的武器，于是在冷酷而缓慢的设计下，滋生了征服亚洲继而征服世界的想法。据说为此甚至有“百年计划”，而这就是不断变化的局势和事件的强力背景。

二战爆发之后，对日本陆军的权力和野心的最大抑制力量来自海军。在19世纪，日本的陆军由德国指导，而海军则由英国指导。这让他们的气质很是不同，而这种不同由于服役条件的不同增强了。陆军军官基本不出国——除非开战——他们养成了比海军军官更为狭隘的自大与民族主义精神，因为海军军官经常参访外国的港口，对日本之外的世界知道一些。与此同时，陆军清楚地意识到，其实力足以打败或抵抗在远东的军事力量以及任何会开往远东的军事力量。而海军则痛苦地意识到，其舰队在面对英美海军时处于劣势，尤其是在日本海域之外行动更加处于劣势。因而与陆军相比，海军的观点倾向更为谨慎和温和。

商人阶层得不到官方的认可，也没有像陆军和海军这样的组织，与他们息息相关的财政、工业以及贸易政策，他们也完全没有发言权。他们部分通过国会的党派，部分通过贵族来发挥影响力。总体来说，战争式的冒险是不符合商业利益的，但其中有些商人，尤其是那些在中国有投资的商人支持陆军的扩张主义政策。而日本的民众在危机中，大部分也支持军队而不是自由资产阶级领袖，因为在传统上，军队具有威信：大众相信他们是国家利益的守护者，他们反对私人资本家的企图。

※　　※　　※

根据日本1889年宪法，签订条约、宣战、媾和是天皇的权力，而非国会的权力。天皇也掌握军队的指挥权。一般认为，他按照陆军和海军的参谋总长提供的建议行使权力，并根据内阁的意见确定外交政策。按照日本宪法，内阁并不对国会负责，但立法时仍需要在上下两院获得多数支持。首相由天皇遴选和钦定。按惯例，他会听从“元老”们的建议。20世纪早些时候，这些元老还有好几个，此后他们先后去世并且无人替代，到了1940年，只剩下西园寺公望一位元老了。而这一年年末，他也去世了，此后，首相的遴选由所有前首相开会共同决定，这就是所谓的“新元老”，在1941年，“新元老”合计有八人。

内阁中的陆军部和海军部大臣必须各自由陆军元帅和海军大将担任。如果首相找不到这样的人，那他就无法组阁，也无法维持内阁，而这些将领的专业心非常强烈，如果内阁的政策受到所在军部的强烈反对，那他们肯定不肯出任相关职务。因此陆军部和海军部经常能够在关键时刻，以辞去内阁大臣职务或威胁退出内阁的方式，来对相关政策施加影响。

※ ※ ※

1936年，日本与德国签署了《反共产国际协定》，这个条约原本是由日本参谋本部与里宾特洛普（Ribbentrop）代表的纳粹党背着各自的外交部长协商签订的。这并不是一个同盟条约，但却为此打下了基础。到了1939年春季，平沼骐一郎内阁中的陆相试图与德国建立一个军事同盟。但由于海相米内光政大将的反对而功败垂成。1939年8月，日本不只卷入了自1937年7月就开始的与中国的战争，也卷入了因伪满洲国和外蒙古之间的边界问题而导致的与俄国的局部冲突。在这条冲突一触即发的战线上，双方均大兵压境。欧洲战事爆发前夕，德国与俄国签署互不侵犯条约时，德国既没有和反共盟友日本商议，也未告知，日本有理由感觉被怠慢了。他们在与俄国的冲突中失势，对德国人感到强烈不满。大不列颠对中国的支持与同情让我们与昔日的盟国日渐疏离，欧战开启后的前几个月里，英日关系已经不再友好。但是，日本对德国的热情也不复存在。

由于苏德条约的签署，平沼内阁丢了面子，不得不辞职。接任的是阿部信行内阁，尽管她是位退休的陆军将领，但是个温和派，1940年1月，他被米内光政大将代替，米内光政曾是平沼内阁的海相，反对与德国结盟。阿部信行和米内光政内阁对于欧洲的政策是保持中立，集中精力进行与中国的战争。但很快局势大变。随着法国的沦陷以及低地三国（荷兰、比利时、卢森堡）受到德国猛攻，1940年秋，大不列颠面临被入侵和毁灭的危险，于是，谋划已久的狂热计划从白日梦变为了现实。在拥有东亚众多领地的法国、荷兰以及英国极有可能崩溃之下，难道日本要一无所获？难道不是到了日本改写历史的时刻了？内在的狂热让陆军和民族主义政治群体躁动起来。他们要求日本应该立刻开始向南开进，占据法属印度支那半岛、马来亚以及荷属东印度群岛。为了推行这一政策，陆相畑俊六元帅从内阁辞职，从而迫使米内光政辞去首相一职。日本从未缺乏过的冷静与谨慎，在此时却已无能为力。为了代替米内光政，元老们提名近卫文麿，这是一位与皇室有着密切关系的贵族，也能与陆军部和睦共处。近卫文麿1940年7月上台，1941年10月辞职。他是个广受尊敬而且非常有策略的政治家，他的方法是给陆军部一些象征性的满足，但不允许他们将国家拖入大战。1940年夏天，近卫文麿尽力掌控陆军，不让他们攻击英国和荷兰的领地。另一方面，他同意为获得印度支那半岛北部的机场而向维希法国施压，到了9月，他与德国、意大利签署了三国轴心公约。公约规定，如果美国加入战争支持英国，那么日本将加入轴心国参与欧洲国家间的战事。

与此同时，其他大的战事结果也日益显现。到了1940年11月底，大不列颠之战的结果以及希特勒入侵战舰的撤退在日本被当作头等大事。英国空军在塔兰托对意大利海军的空袭，让那些世界一流的战舰数月之中动弹不得，日本海军敏锐地意识到新空军的力量和无限可能，特别是用作突袭的话。而日本人意识到，大不列颠并没有倒下。他们毫不迟疑地前进，并且越来越强。在日本有普遍的感觉，三国轴心公约是个错误。他们尤其担忧大英帝国和美利坚合众国会一致行动，两家最强海军舰队和资源一旦结合，将是不可限量和无可匹敌的。这种危险似乎日益迫近。到了1941年春，近卫文麿获得内阁的同意，与美国就两国之间悬而未决的问题展开对话。值得一提的是，此时陆相东条英机大将支持近卫首相的政策，反对松冈外相认为与美国的对话将违反与德国的同盟关系的观点。

※　　　※　　　※

然而，日本人思想的躁动日益激烈。在现代正常的政治生活的进程中，数千名身在其中、职位不高的负责官员和职员，似乎听到了祖先预言战争到来的声音。

他们的祖先曾在13世纪向蒙古人——就如同后来的沙皇俄国一样——加重报复，他们会不如祖先们吗？先辈们的丰功伟绩激发出了子孙后代最大的勇气。如今的世界风雨飘摇，新的强国和新的巨人已经出现。在欧洲，“新秩序”即将建立。难道这不正是在亚洲建立“新秩序”的时候吗？他们曾经耗费精力、精心制订的计划，将世界局势变动的每一步所要采取的对策都做了周密安排。陆军将军们要求，应该授权由他们来选择信号发出的时机。他们还断然宣称，日本应该抓住的最好机会——法国沦陷——已经被谨慎或懦弱的政客们错过了。

天皇以及皇室，还有围绕在他们身边的最高级的贵族们还是反对侵略战争的。在暴乱时代，他们会失去很多东西。他们中的很多人曾旅行过，并见过外国宫廷中与他们地位相当的人。他们羡慕欧洲的生活，并畏惧欧洲以及美利坚的力量。他们羡慕大英帝国君主政体下稳固的王权。他们倾向继续他们徒有其表的议会制，并希望在和平中持续保持地位并掌握权力。但谁知道陆军部会干什么呢？幕府、天皇和任何朝代都无法与陆军分开。天皇与贵族们渴望和平与谨慎，但却不希望因此而导致自身的毁灭。

※　※　※

1941年7月严格执行的经济制裁，让日本国内的政治危机一触即发。保守派大为震惊，温和派也吓坏了。考虑到日本陆军在制订政策上的重要作用，此事让其在国内的威信也深受打击。截至这时，日本海军仍发挥着抑制作用。然而美国、英国和荷兰所进行的贸易禁运，让日本失去了所有获得石油的渠道，而石油是海军乃至整个日本战争机器最依赖的物资。日本海军立刻开始使用其石油储备来维持运营，到太平洋战争爆发时，他们已经用完十八个月储备中的四个月。显然他们被卡住了脖子，在日本面前只剩下两个选择，要么与美国达成协议，要么开战。美国人的条件是日本从入侵的印度支那半岛撤军，同时从中国撤军，而日本在中国已经付出巨额成本，开战多年。这是个正确而且强硬的要求。此时，日本海军决定，如果外交无法实现可接受的协议，他们将与陆军联手，采取一致的战争政策。而此时海军已经将其空中力量发展到具有超强攻击力的地步，这也增强了他们开战的意志。

日本统治阶层内部的紧张争论从夏天一直延续到秋天。而其中最重要的问题就是与美国开战的问题，我们现在知道，这个问题是在贸易禁运令下达的次日，也就是7月31日被讨论的。所有的日本领袖都清楚，给他们做选择的时间很短。德国可能在日本实现任何野心之前，就在欧洲战场获得胜利。而日本和美国政府之间的谈判仍在继续。日本保守的政治家及皇室希望获得能暂时稳住国内鹰派的条款。而美国方面则和我一样相信，日本面对美国从根本上压倒一切的力量，会知难而退。

※ ※ ※

读者已经看到，从战争爆发的第一天起，对日本的担心就重重地压在我们心头。他们的野心和机会是很明显的。我们奇怪他们为什么没有在法国沦陷的时刻开始袭击。之后我们稍微松了一口气，此时，我们最大的压力和力量都用于防止大不列颠岛被摧毁，并继续在西非沙漠的战争。我承认，我在内心里觉得，日本的威胁相较于我们其他的需求来说，是较小的危险。我的感觉是，如果日本攻击我们，美国就会介入。如果美国不介入，我们将无法防守荷属东印度以及帝国在东方的领地。另一方面，如果日本的侵略导致美国人介入，我将非常高兴。对此，我深信不疑。1941年，我们的优先顺序是这样的：第一，守卫本岛，应对入侵的威胁以及潜艇战；第二，在中东和地中海的战斗；第三，在6月后向苏俄提供物资；最后，抵抗日本的进攻。然而我们也知道，如果日本入侵澳大利亚和新西兰，我们将牺牲中东，去保卫我们自己的近亲和同族。但我们认为这种可能性是很小的，因为马来亚、暹罗以及荷属东印度将给日本提供更为轻松也更具吸引力的征服目标。我相信，即使我们在中东战场撤退，并取消对苏俄的物资援助，也无力改变马来亚所面临的命运。另一方面，美国加入战局将会压倒所有邪恶力量。

请不要认为，这些显而易见的决定是没经过思考的，它们是战时内阁以及他们的军事参谋在深入、不断呕心沥血地钻研之后得出来的。

※ ※ ※

随着时间的推移，我意识到了罗斯福总统在7月26日所宣布，并由我们和荷兰加入的贸易禁运带来的巨大影响，我就日益焦急地希望英美海军在太平洋和印度洋尽最大能力向日本示威。我们曾仔细审视过我们的兵力。海军是我们唯一能抽调的兵种。

8月25日，我给第一海务大臣写了一封备忘录，提议成立一支东方舰队，并设想了方案。我强烈感觉到应该在最近向印度洋派遣一支特遣舰队，数量可以最少，但军舰必须最好。第一海务大臣回复说，海军部的计划是在1942年初在锡兰成立这样的舰队，包括战列舰“纳尔逊号”“罗德尼号”，战斗巡洋舰“声望号”以及小型航空母舰“竞技神号”。“皇家方舟号”也会随后入列，但不会早于4月。与此同时，四艘“复仇”级战列舰也将会被派往印度洋，为军事船队护航。在他的来函中，第一海务大臣认为大西洋战场的重要性是高于一切的，因而我们三艘最新式的英王乔治五世级战列舰将留在这里巡航，以防“提尔皮茨号”冲出来。

我不喜欢这个安排。使用老旧的“复仇级”护航足以对付装备八英寸大炮的巡洋舰，但如果敌人准备用新式快速战列舰进行突袭，它们以及它们所护航的编队将成为囊中之物。以它们现在的状态，这些老旧的军舰就像是漂浮的棺材。因此，需要有一两艘快速主力舰去阻止日本派遣的个别重型突击船。

我在给海军部的通信中用以下这段话作为结束：

▶ 1941年8月29日

……我必须补充的是，我不认为在已经全力对付中国的情况下，日本现在会去面对联合反对他们的美国、英国和俄国。很可能会与美国谈判至少三个月，其间不会做进一步的侵略动作，也不会加入轴心国的行动。我提及的舰队，再加上一艘乔治五世级，会让日本更为犹豫。这确实可能成为一支决定性的吓阻力量。

※ ※ ※

我们决定派遣“威尔士亲王号”“反击号”，外加四艘驱逐舰以及充当主要力量的现代化装甲航空母舰“可畏号”作为我们远东舰队的第一批战舰。不幸的是，“可畏号”因为一场事故暂时失去作战能力。尽管如此，我们仍然决定让两艘快速主力舰出发，希望借此稳定住日本的政治局势，并与美国太平洋舰队建立联系。我们总的海军战略是，美国太平洋舰队主力在远处掩护，而我们则在新加坡建立一支大英帝国东方舰队，到1942年春时，它将由各式主力舰7艘、1艘一流的航空母舰、10艘巡洋舰、24艘驱逐舰组成。而深受我们信任的海军部副参谋长，海军上将汤姆·菲利普斯爵士被遴选为司令，并于10月24日在“格里诺克号”上升起了他的帅旗。

※ ※ ※

到了10月末，我发电报给澳大利亚和新西兰的总理，向他们介绍了远东舰队安排的细节。

▸ 首相致澳大利亚总理及新西兰总理

1. 我仍然倾向于相信，除非俄国被完全打败，日本不会同时与A.B.C.D（美国——英国——中国——荷兰，American——British——Chinese——Dutch）开战。也许即使到了那时，他们仍然会等待德国许诺的在春天入侵不列颠群岛的计划。俄国的抵抗仍然强烈，特别是在莫斯科前线，而现在冬季已临近。

2. 海军部的计划是在本年度末，以新加坡为基地，派遣“罗德尼号”“纳尔逊号”以及四艘“复仇级”。然而这一计划由于“纳尔逊号”的受损被迫推迟，我们需要三四个月去修理它。

3. 其间，为了进一步遏止日本，我们将立即派遣我们最新的战舰“威尔士亲王号”加入已在印度洋的“反击号”。尽管本土舰队司令反对，我们还是这样做了，这其实有很大的风险。“威尔士亲王号”会很快抵达开普敦，而四艘“复仇级”一旦准备好，也会立即开往东方水域。此后“反击号”将被航程更远的“声望号”轮替。

4. 在我看来，“威尔士亲王号”将会是最有可能遏止日本的力量，我们会尽力保证他们一直巡航。然而我必须说明的是，等“威尔士亲王号”到了开普敦会停留一段时间，在12月“约克公爵号”准备好之前，我们需要仔细审视一下，因为要应付“提尔皮茨号”出击的危险以及其他可能的行动。

※ ※ ※

到了10月，近卫首相卸下了重担。他曾请求与罗斯福总统在檀香山举行一次私人会议，并希望带着他的陆相与海相，以此来约束他们，并达成可能的协议。但他的提议被总统拒绝了，军队对这位聪明政治家的批评越发激烈。他的位置被东条将军取代，东条将军同时成为了首相、陆相和内务大臣。东条将军在战争结束后，被远东国际法庭宣判绞刑。在狱中，他曾说自己兼任内务大臣是因为“如果结果是和平而不是战争的话，他将面对能预感到的国内的可怕混乱”。根据天皇的命令，他重启与美国的外交谈判，但在私下里他的政府成员都很清楚，如果内阁的提议被拒绝，日本将走向战争。到了1941年11月，东条和参谋总长告诉天皇，战争可能是无法避免的，天皇表示希望继续努力防止这种灾难降临，但也告诉东条，“如果事情如你所说，就没有选择，只能准备采取行动”。

※ ※ ※

11月初，我收到了来自蒋介石将军对日本下一步行动忧心忡忡的警告。他认为日本人已决定攻击印度支那半岛，并占据昆明，切断滇缅公路。他恳求英国从马来亚提供空中支援。他的结论是：

乍一看来，你也许会觉得贵国已在欧洲和中东奋战，这样的行动将让贵国卷入与日本的战争。但鄙人不这么看。如果中国坚持抵抗，我不相信日本会觉得有力量进攻，但一旦摆脱了这里，他们会在认为合适的时机攻击贵国。……中国的抵抗已经到了最关键的阶段。他们对邻近新加坡和缅甸的防卫能力完全依赖于英美两国合作协防云南的意愿。如果日本人在此攻破我们的防线，我们与你们将会被阻隔，如此贵国的空军及海军基地，再加上美国及荷属东印度将会面临来自新路径及新方向的威胁。我不得不说，鄙人所领导的有智慧和远见的人们都相信，中国需要我所提及的帮助。除此之外，没有什么能保证击败日本，让抵抗侵略的众多国家能够成功。

敬盼你回复。

我无能为力，只能将此信转递给罗斯福总统：

▸前海军人员致罗斯福总统， 1941年11月5日

1.我收到蒋介石的请求，希望我们一起提供空中协助。你也知道我们在新加坡的空军的情况。不管怎么说，我会准备派遣一些飞行员以及一些飞机过去，如果它们能按时送达的话。

2.我们现在所需要的是一个具有普遍威慑力和令人敬畏的角色。日本人迄今还没有作出最后决定，天皇也下令保持克制。当我们在普勒森舍谈论这些时，你说过要拖延时间，这一

政策目前非常成功。但我们合力的贸易禁运正在逐步推动日本决定是和平还是战争。

3.现在看起来，他们会进入云南，切断滇缅公路，这对蒋介石是灾难性的结果。如果他的抵抗崩溃，不仅对其本身是个世界性的悲剧，也会让日本腾出大量兵力南征北战。

4.中国人请我们注意，我相信他们一定也会提醒你，日本人将对云南发起进攻。我希望你能对日本人发出通牒，对中国这片我们从未承认日本有权保有军力的地区的攻击，将是对美国政府业已表明的态度的公开藐视。英国当然也会准备做类似的通牒。

5.如果英国独自行动，将无助于遏阻日本，因为我们已经忙得不可开交。无论你做何选择，我们当然会和你站在同一战线，尽全力帮助你。我个人认为日本将会逐步投入战争，而不是全面开战。我想知道你的看法。

11月9日，总统复电说，如果将这种威胁的重要性估计不足，将是严重错误，但他也怀疑日本尽管已经在准备进攻昆明，但不会在最近就推进。他会尽力根据租借法案（Lend——Lease）向中国提供物资援助，同时也会在那里建起一支美国志愿航空力量。他认为在当前日本国内的气氛下，任何“新的正式的口头警告或通牒”可能会适得其反。“整个问题需要我们继续重视，加以关注、研究并努力。”

我向中国的最高统帅复述了这份略带保留的回复，并尽全力安抚他。

我们别无他法，只能在远东继续执行我们的舰队计划，并让美国试着用外交手段让日本尽可能久地在太平洋保持安静。

※　　　※　　　※

我写信给史末资将军，他曾提出了更大的议题。

▸ 首相致史末资将军

如果我向罗斯福总统发出个人呼吁，在此关键时刻加入战局，不知道是否有用。在大西洋会谈时，我告诉他的幕僚，我宁愿要美国立刻宣战，少送六个月的物资，也不愿意物资加倍而没有宣战。当这些话被复述给他时，他认为很难这么做。我们不能轻视他在宪政上的困难。他可以利用总统身份发号施令，但宣战是国会的权力。他意味深长地说："我可能永远不会宣战，但可以开战。如果我要求国会宣战，他们可能会为此辩论三个月。"《租借法案》仅仅因多一票得以通过，没有这个法案美国什么也干不了。现在他正联合在参议院稍占多数的议员，投票废除《中立法案》。如果这一提案在众议院也获得通过，那么就意味着在大西洋上，德国和美国战舰将进入战争状态。美国的舆论随后会跟进，但在参议院只不过是件数人头的事情。毫无疑问，如果我能做什么让目前的局势更进一步，我会立刻去做的。与此同时，我们必须保持耐心，相信这是水到渠成的事情。

※　　　※　　　※

11月10日，在按惯例由首相出席的伦敦市政厅年度晚宴上，我说：

我必须承认，近四十年前的1902年，我投票支持与日本结盟，并竭力促进与日本帝国之间的友好关系，对日本保持友善态度，对他们的很多艺术和文化都赞赏不已，看到目前日本与英语系国家之间开始的冲突，我感到非常痛心。

美国在远东确立已久的利益是众所周知的。他们尽了最大努力在太平洋维持和平。我们不知道他们的努力是否能够成功，但如果他们失败了，美国最终卷入与日本的战争，那么我以职责所在，将立即宣布英国对日宣战。

平心静气地来看一看大环境，日本人民会发现他们毫无必要卷入这场世界大战，因为他们将要在太平洋与美国作战，要知道美国人包含世界四分之三的种族。如果钢铁是现代战争的基础的话，那对像日本这样的国家就更加危险，其钢铁产能一年不过700万吨，与美国相比远远落在后面，美国的钢产量一年高达1900万吨，这还不算上大英帝国所能做出的巨大贡献。因此，我希望日本聪明的政治家们能满足大家的愿望，维持太平洋的和平。大英帝国为了维护在远东的利益，保护自己的同盟，已做过并将继续做好准备。

※ ※ ※

11月20日，日本向华盛顿送达了他们的“最终方案”。尽管从措辞上可以清晰地看出，日本人是希望不通过战争就拿到胜利果实，美国政府仍然认为要做最后的外交努力。我们也收到了日本照会的相关信息，并被征求意见。11月23日，我写了一份备忘录交给外交大臣：

▶ 首相致外交大臣

我们的主要意见是：不能允许日本继续侵犯，同时不对日本开战，我们已经有太多战场要处理了。美国是不会放弃中国战场事务的，在此战场我们可以安全地跟随他们就行了。当然，我们也不能同意日本可以随意攻击俄国的西伯利亚。这不是现在临时起意。我记得在大西洋会议时，罗斯福总统写道："决不允许（日本）侵犯北方。"我认为美国人会同意这一点的。让日本正式谴责轴心公约在我看来是没有必要的。他们置身战争之外对于德国人来说就是很大的挫败和伤害。而英美两国都不会同意放弃对中国的支持。但我们不能让美国提出这样的要求。

按照上述条件，用经济手段缓和日本，即使只能为我们赢得至多三个月的时间，也是值得的。当然，这只是一个初步的设想。

我必须说，如果我能看到美国与日本达成协议，让我们在远东能获得三个月的时间来让局势比现在好一些，那我将非常高兴。

※　　※　　※

11月25日，总统给我发电报，介绍了他们之间的谈判。日本政府提议，日本准备从印度支那半岛南部撤退，其间与中国全面解决问题，或者日本准备从整个印度支那半岛撤退，并全面实现太平洋地区的和平。作为回报，美国将向日本提供石油，并不再干涉日本在中国重建和平的努力，帮助日本获取荷属东印度群岛的物产，同时将日美之间的贸易关系恢复正常化。双方都同意，在东北亚和南太平洋不做“武力推进”。

作为回应，美国政府也做了一个反提议，接受了日本的大部分条件，同时列出特殊条款放于日本自印度支那半岛南部撤军条款之后，并且对中国的问题不置一词。美国准备接受一项有限的经济协议，修改原来的禁运条款。举例来说，可以按平民每月所需从海上运输相应的石油。而美国的提议有效期为三个月，其间将对整个太平洋地区的大致安排进行讨论。

当我读到这份过去和现在都被称为“暂定协议”的回复时，我认为它是不合适的。荷兰与澳大利亚政府也有同感，尤其是蒋介石，他向华盛顿发出了强烈抗议。然而，我也深切地认识到，我们对美国独自处理并决定的政策评头论足是有界限的。我了解那种“英国正在试图将我们拽入战争中”的想法有多么危险。因此，我没有对此发表评论，也就是说，让总统自己去处理，只是在中国方面，我向他表达了以下意见：

▸ 前海军人员致罗斯福总统，　　1941年11月26日

你关于日本的信息今晚已收到。同时我与哈利法克斯勋爵（Lord Halifax）也对你们向日本提出的复议进行了充分的讨论。……当然这件事需要你来处理，我们当然不希望再增加一处战场。但有一点让我们很不安。蒋介石会怎么样？难道不需要支持他吗？我们的忧虑就在于中国。如果他们崩溃了，那我们所面对的危险将大大增加。我们相信，你一定会考虑美国对中国的支持。我们觉得日本人是最不可靠的。

这个信息当天拂晓就传到了华盛顿。赫尔先生在他的回忆录里说：

那天晚上，丘吉尔先生传了一封电报给总统，评论我们的“暂定协议”。显然他受到了蒋介石给他的电报的影响，首相想知道是否在签署“暂定协议”后，这位大元帅连“非常微弱的支援”也拿不到了。他说，中国是他非常忧虑的战场，中国的崩溃会大大增加我们共同的危险。在与国务院的远东事务顾问再次讨论之后，我得出结论，我们应该取消目前这份“暂定协议”。我们应该用唯一的“十点照会”作为一揽子解决方案代替它，然后交给日本人，而其内容原本在“暂定协议”中已经大致做了介绍。尽管“暂定协议”中的条款仅仅包含了一些“小钱”，例如棉花、石油以及少量农产品，比起日本人的海量需求，它们的供应其实非常有限，但很显然，供应哪怕非常少数量的石油给日本也会招致美国公众的广泛反对。中国人强烈反对，其他利益相关的政府要么反对，要么不关心……虽然日本人同意“暂定协议”的可能性不大，但推进它会带来能预期的风险，特别是中国人的士气和抵抗将会崩溃，甚至瓦解的风险。

※　　※　　※

到此刻我们还未听说过“十点照会”，它不仅符合我们的愿望，也符合很多与此事相关的政府的意愿，甚至超出了我们敢于提出的要求。就在26日这一天，赫尔先生在美国国务院召见了日本的谈判代表。他甚至没有跟他们提过总统在23日用电报给我的“暂定协议”。相反，他向他们提交了“十点照会”。其中有两条是这样的：

日本政府将从日本及印度支那半岛撤出所有陆军、海军、空军以及警察部队。

美国政府以及日本政府都不会支持——在军事、政治、经济上——临时首都在重庆的中华民国国民政府以外的任何政府或政权。

谈判代表们“目瞪口呆”，在莫大的痛苦中退去。他们可能是真诚的。他们之所以被选出来，就因为他们追求和平和温和的名声，这样能让美国自以为安全，放松警惕，直到一切都已决定并准备好。他们对自己政府的意志所知甚少。他们甚至做梦也没想到赫尔先生在这个问题上比他们了解的更多。实际上，在1940年末，美国就已经破译了日军至关重要的密码，并截获了很多日本军事和外交电报。在美国情报圈，他们用“魔法（Magics）”这个代号提它。“魔法”有时候也会抄送给我们，但不可避免会晚一些——有时候晚两三天——在我们拿到他们之前。因此，在某些特殊时刻，我们也不知道总统和赫尔先生知道些什么。对此，我并不抱怨。

同一天下午，总统给驻菲律宾的高级专员发了如下信息：

（侵略的）准备是显而易见的……已经有一些早期的入侵动作，尽管还不清楚会有多少兵力，也不知道是否会针对滇缅公路、泰国、马来半岛、荷属东印度或者菲律宾。进攻泰国看起来是可能性最高的。我认为，日军的下一轮侵略可能会引起美国和日本之间爆发战争……

※　※　※

11月29日，当我们的大使哈利法克斯勋爵拜访国务院时，赫尔先生告诉他，来自日本的危险已经“箭在弦上”。“此时我们与日本的外交关系已经基本结束了。这个问题现在将交给陆军和海军军官们，我已经跟他们谈过了……日本可能会出其不意，采取偷袭的手段……我的推测是，日本人会意识到，他们庞大的征服计划现在要全部重新开始，可能只是孤注一掷，需要最大的勇气，冒最大的风险。（他补充说：）当丘吉尔收到蒋对‘暂定协议’的大声抗议时，如果他能给蒋一份强力的电报，鼓起他的勇气去战斗，就像美国对待日本时所拿出的热情那样，就更好了。相反，他将抗议转交给我们，自己却不反对……”

然而，我并不知道日本已做出决定，也不知道总统的决心到了哪一步。

▶ 前海军人员致罗斯福总统，　　1941年11月30日

对我来说，要防止日本和我们两国之间发生战争，有一个重要的办法还没用过，那就是清楚地宣布—— 不管是采取秘密的方式，还是最好采用公开的方式—— 日本的任何进一步的侵略，都会马上招致严重后果。我明白贵国的宪政难题，但如果日本并没有采取公开的、直接的可怕方式来进行下一步侵略步骤，而是逐步蚕食进行战争，那将是悲剧性的。我恳请你考虑一下，是否在你认为适当的时机或者临近的时刻，不要说“日本的任何进一步侵略都将导致你将此最严重的问题提交给国会”，或者有类似效果的表达。我们当然会做同样的声明或发

布共同声明，无论如何安排我们都将与你们一致行动。我亲爱的朋友，请原谅我贸然将这样的问题抛给你，但我相信，它会让事情有所不同，能防止战争悲剧性的扩大。

他和东条已经远远走在前面了。世事也是如此。

※ ※ ※

30日午后（美国时间）不久，赫尔先生去拜访总统，总统的桌上放着同日我在深夜发出的电报。他们不认为我提议一起向日本发出警告会有什么作用。我们也不会感到奇怪，因为这时候他们面前已经放着一份电报译文，那是11月30日日本要求其驻柏林大使向希特勒及里宾特洛普通报的，内容如下：

请秘密告知他们，在盎格鲁—撒克逊国家与日本之间极有可能因为某些军事冲突突然爆发战争，并补充一下，战争爆发的时间可能比任何人想象的都要早。

我在12月2日收到了这封被破译的电报。英国不需要做什么特别措施。我们只能等待。实际上，日本的航母舰队已经在11月25日载着准备袭击珍珠港的海军飞机出发了。当然，这支舰队仍然需要等待东京的命令。

※ ※ ※

12月1日，东京的御前会议做出了对美宣战的决定。根据东条英机在审判时的证词，天皇对此未发一语。接下来的一周，太平洋上陷入了死一般的沉寂。外交解决的可能性已经完全没有了。军事侵略行为也还没有发生。我最为害怕的是日本会攻击我们和荷兰，而宪政难题将阻止美国宣战。12月2日，在长时间的内阁会议之后，我给了外交大臣一份备忘录，里面做出了结论：

▶首相致外交大臣，　　　　　　　　　　1941年12月2日

我们的既定政策是不在美国之前采取进一步行动。除了日军试图占领克拉地峡，现在美国可能会直接面对日本新的侵略行动。如果他们行动，我们会立即行动进行支持。如果他们没有行动，我们必须重新考虑我们的位置……

日本对荷兰领地的袭击随时可能发生。这将会是对美国以及他们与日本正在举行的谈判的公然冒犯。我们应该告诉荷兰人，面对日本侵略的强力冲击之时，我们不要去阻止，要让美国人意识到这已成为他们和日本之间的直接问题。如果美国对日宣战，我们会立刻跟进。如果在合理的时间内，即使有我们直接支持，美国仍然不能作出任何决定性的行动，那不必说，尽管孤立，我们仍将与荷兰并肩作战。

当然，任何对大不列颠的财产进行袭击的行为，都会被视为向大不列颠宣战。

※　　　※　　　※

英国情报机构和空中侦察是非常警觉的，他们很快发现了一些调动和活动指向了“日本将会攻击暹罗，而这次攻击也包

括一支准备占领克拉地峡战略据点的海上编队”。我们将此报告给了华盛顿。我们与在远东的司令之间发了一系列电报，也通报给澳大利亚和美国政府，询问我们是否应该先发制人来守卫克拉地峡。在军事和政治上权衡之后，我们做出了正确的决定，不在这个次要战场先发制人，以免局势复杂化。到了12月6日，伦敦和华盛顿都知道，一支由35艘运输船、8艘巡洋舰、20艘驱逐舰组成的日本舰队正从印度支那半岛进入暹罗湾。还有一些日本军舰也在附近海面执行其他任务。

※　　※　　※

美国国会的大型调查团在1946年完成了报告，其中详细地描述了美国和日本之间一步步滑向战争的事件，以及军事部门为什么没能发出“警报”，让他们的舰队和卫戍部队暴露于敌军之下。每一个细节，包括破译的日本秘密电报和它们具体的文本，都已经在四十卷文本中公之于世。美国的力量足够让他经受美国宪政精神所要求的如此严格的检视。

我不想在这里赘述我对美国历史上这一重大篇章的意见。我知道，所有总统身边的伟大的美国人，以及总统本人都跟我一样看到，日本在远东攻击英国和荷兰领地这一迫切的危险，但他们会小心地避开美国，这样就可以让国会可能不会批准美国的宣战。美国的领袖们清楚，这将意味着日本将征服大片区域，如果再加上德国战胜俄国，此后再入侵大不列颠，将会导致美国独自面对士气正高、力量强大、联合起来的侵略者们。那时候不仅失去了道义，也将导致美国被瓦解，刚刚对危险略有所知的众多美国人民的生命也将失去。总统以及他所信任的朋友们早就看到，美国如果在反对希特勒及其主张方面保持中立，将是非常危险的，其间，由于国会的制约而举步维艰，在几个月之前，恢复强制征兵制度提交给了国会，如果没有这项制度，他们的军队将在世界动乱中解体，但国会仅仅以一票之多通过了这项议案。罗斯福、赫尔、史汀生、诺克斯、马歇尔将军、斯塔克海军上将以及作为他们之间的联络人的哈里·霍普金斯都同心协力。美国的后辈以及世界各地的自由民们，都要为他们的先见之明而感谢上帝。

日本对美国的攻击，让他们的问题和责任变得非常简单了。我们可以想见，美国整个国家自身安全受到前所未有的挑战，美国人民在这一正义事业之下团结起来，与此相比，袭击的实际形式及其数量也就不值一提。对他们以及对我来说，日本对美国的袭击以及宣战简直就是自杀。而且比起在大不列颠的我们，他们更加清楚敌人完整的目的，当前的目标。这可以让我们回忆起，当克伦威尔看着苏格兰军队从邓巴高地冲过来时，他说“上帝将他们交到我们手上了”。

有人企图通过外交来往的细节将日本描绘成一个无辜的受害者，给他们找理由说，他们不过想从欧洲的战事中寻求扩张或攫取利益，碰巧美国提出了一些条件，是那些被鼓动并做好准备的国民们所不能接受的，仅此而已。我们绝不能允许这种说法。多年以来，日本一直用邪恶的侵略和征服让中国饱受痛苦。此时日本对印度支那的占领，加上正式签订的《三国公约》，可见他们已与轴心国狼狈为奸。那么就让日本做他们想做的，并去承担后果吧。

日本同英美以及最后同俄国开战，并很快毁灭，这曾是不可能的事情。日本的宣战是理性所无法理解的。我相信，此次陷入战争将毁掉日本一个世代，事实正是这样。但政府与人民并不会总是做出理性的决定。有时候他们做出疯狂的决定，或者一批人控制国家，强迫其他人顺从并支持他们做愚蠢的事情。我一直认为：我不相信日本会陷入疯狂。但无论我们多么真诚地尝试将自己置于他人的位置上思考，我们都无法理解不可理喻者思考和想象的过程。

然而，疯狂是一场灾难，尤其在战争中，会诱使人们寻求通过突袭占据主动。

珍珠港

12月7日，星期日，在乡间别墅——我的美国客人——9点的广播新闻——日本袭击美国——我给总统打电话——我给德·瓦莱拉先生（Mr. De Valera）的口信——我很高兴——确定的胜利——我决定去华盛顿——致国王的信——总统对回程的忧虑——英国对日宣战——我给日本大w信——外交委员会一致同意宣战——达夫·库珀先生（Mr. Duff Cooper）的任命——美国面临的大灾难——菲律宾被攻击——希特勒感到惊讶——我们讨论"威尔士亲王号"与"反击号"的布置——菲律宾上将的冒险计划——缺乏空中支援——上将后撤——再次尝试——日本的致命攻击——"一切都被海浪淹没"——一早听到的坏消息——我为起程做准备——12月12日，我给国会的声明——艾登先生开始担任驻莫斯科大使——我告诉他的一些消息

1941年12月7日，星期天晚上，怀南特（Winant）与埃弗里尔·哈里曼单独在首相乡间别墅陪我。9点，新闻刚开始，我就打开了自己的小收音机。一开始是一些俄国前线以及英国在利比亚前线的战况，而最后一段则报道，日本对美国在夏威夷的舰队以及在荷属东印度群岛的英国舰队发起攻击。新闻之后是某位人士的评论，然后是问答类的节目。我个人并没有直接的印象，但埃弗里尔说有一则关于日本袭击美国的消息，尽管我们非常疲乏，但都坐着。这时听到这个消息的管家索耶斯（Sawyers）走进来说："是真的，我们在外面听到了。日本袭击了美国。"大家一片沉默。11月11日的官邸午餐会上，我曾说过，如果日本攻击美国，那么英国将在"一小时内"对日宣战。我从桌边起身，走过大厅，前往办公室，那里一片忙碌。我要求给总统打电话。大使也跟着我走了出来，猜想我可能走出不可挽回的一步，他说："你不认为最好先确认一下吗？"

两三分钟后，罗斯福总统的电话通了。"总统，日本这件事是真的吗？""是真的。"他回答说，"他们在珍珠港袭击了我们，现在我们在一条船上了。"我让怀南特加入电话交谈，好交换意见，只听见大使先说了"好的，好的"——接着，显然怔住了，发出一声"啊"。我拿过电话，说，"这让事情简单了，上帝保佑你们"，或类似的一些话。接着我们回到大厅，试图让我们的思绪从这场刚刚发生的最大的世界性事件中缓过神来，即使是接近权力中枢的人，也对这件事感到十分吃惊。我的两位美国朋友虽然震惊，但相当坚毅。我们还不知道美国海军遭受了多大的损失。他们的国家陷入战争，但他们并没有哀号与悲叹，也没有花费口舌互相指责或表示悲痛。实际上，人们也许可以认为，他们刚刚从长久的痛苦中得到了解脱。

※　　　※　　　※

议会周二才会开议，议员们散居岛上各处，通信也非常困难。我让办公室打电话给议长、党鞭以及相关人士，要在明日召开两院联席会议。我要求外交部门即刻准备一份对日宣战的文件，以便其手续能及时赶上联席会议召开的时间，并确认战时内阁的每位成员、参谋长都接到电话，收到这个讯息，此外还有各军种的部长们，我相信他们已经得到了这个信息。

安排完之后，我的思绪立刻回到已在心头萦绕已久的一件事上。

我给德·瓦莱拉先生发去了如下信息：

▶　　　　1941年12月8日

现在你的机会到了。机不可失！再次团结成一个国家！我想与你会面，地点你来定。

我也考虑到正在挣扎中的中国，并给蒋介石发去了如下的电报：

▶ 1941年12月8日

大英帝国和美国已经受到日本的攻击。历来友好的我们，现在面对同一个敌人了。

我们还发出了下面的电报：

在这个历史性时刻，我们想到了你。

——温斯顿，埃弗里尔

※ ※ ※

如果我宣称美国站在我们这边是我最为高兴的时刻，我相信没有哪个美国人会怪我。我没有未卜先知的本领。我也不能假装自己对日本的军事力量知根知底，但现在这个特别时刻，我清楚美国已经全力以赴进入了战争状态。所以我们终于赢了！是的，在敦刻尔克之后，在法国沦陷之后，在奥兰经历的悲剧之后，在饱受侵略之苦、除了空军与海军无兵可用之后，在经历致命的潜艇战—— 大西洋上的第一场战役，差点输掉—— 之后，在经历了十七个月的独自战斗和我所承担的十九个月的可怕压力之后，我们赢得了战争。英格兰将获得生存！大不列颠也将生存！联邦和大英帝国都将生存！战争会持续多久，会以什么样的方式结束，没有人知道，此刻我也不关心。在我们这个岛国漫长的历史中，无论遭遇多少伤害与挫折，最终我们都会摆脱它们，复得安全与胜利。我们不会被消灭。我们的历史也不会终结。作为个体我们将获得生存。希特勒的命数已定，墨索里尼的命数已定。而日本人将会粉身碎骨。剩下要做的不过就是将压倒一切的力量合理应用罢了。大英帝国、俄国，再加上现在的美国，如果将他们的人口和实力联合在一起，在我看来，将是对手实力的两三倍。毫无疑问，这需要很长的时间。我预想到了，在东方我们将失去一些领地，但这仅仅是暂时的。联合起来，我们将战胜世界上任何其他的力量。前行路上，我们将面对很多灾难性的、无法估量的代价和苦难，但结果是完全不用怀疑的。

糊涂的人很多，不仅仅敌国才有，他们会低估美国的实力。有人说他们软弱，有人说他们无法团结一致，他们是“事不关已，高高挂起”的傻瓜，他们永远不会抱成团，他们永远不会舍生入死，他们的民主和定期的选举系统将让战争的潜力无法发挥。在朋友或敌人看来，他们都不过是地平线上可以忽略的斑点。他们会说，现在我们可是看到这些数量庞大但却互相疏远、富裕、健谈的人民的缺陷了。但我研究过美国南北战争，他们曾寸步不让，战斗到底。美国人的热血曾在我的血管里涌动。我想起三十年前爱德华·格雷曾跟我说，“美国就像个大熔炉，一旦火在其下面燃起来，它能迸发的力量将是无法估量的”。我的情绪饱满，感觉非常满足，于是上床，睡了一个得到拯救和感激的好觉。

我一醒来，立刻决定出发去见罗斯福总统。当中午内阁开会时，我将此问题提了出来。在得到他们的同意后，我给国王写信。

▸陛下：　　　　1941年12月8日

假如得到罗斯福总统的同意的话——我不怀疑他会同意

的——我确信我有义务立刻前往华盛顿。整个英美联合防御和进攻计划必须按照当前局势进行协调。而我们从美国所收到的弹药及其他援助是否还足够——我担心毫无疑问会受影响——也需要我们小心商量。当我在华盛顿的同时，艾登先生将会抵达莫斯科，这样我们三个伟大的同盟国之间就会在某些大问题上更容易达成一致。

缘于此，我的行程在今天已得到内阁同僚们的一致通过，因而我恳请陛下能允许我离开本国。我计划很快坐上战舰出发，并离开三个星期左右。像上次的大西洋会议一样，我也会带上一样的参谋人员。

在我离开期间，掌玺大臣将在枢密院院长、财政大臣以及其他战时内阁成员协助下暂代我的工作。在这期间，我将安排三军部长暂时列席战时内阁。其间，外交部门将向副首相报告，而军事委员会向掌玺大臣报告。当然，我也会通过无线电来了解全局，并在必要时做出决定。同时，我将带上第一海务大臣和皇家空军参谋长，与美国人保持较高层面的协商，这是非常重要的。我希望陛下能够批准我的请求。当然，我会注意这趟行程的保密工作。

我将用卑微的工作向陛下保证，我将是最忠诚、最值得信赖的仆人和臣民，温斯顿·丘吉尔

附注：我预估德国和意大利都将会对美宣战，因为他们签订的公约要求他们这么做。我对总统的拜访计划将会延期至此情况明朗为止。

国王批准了我的请求。

▸前海军人员致罗斯福总统， 1941年12月9日

1.非常感谢你在12月8日给我发电报。现在我们像你说的那样“在同一条船上”了，如果我们能再举行一次会谈，那不是更好吗？我们可以一起根据现状和新的局势来梳理一下整个作战计划，安排相关的物资生产和兵力部署。我感觉这些问题，特别是有些我很关注的问题，最好能够在最高层会议上确定。我也很高兴能够再次与你会面，希望越早越好。

2.如果可以的话，我将在一两日内动身，坐战舰抵达巴尔的摩或者安纳波利斯。航程将需要八天，我会停留一周来共同决定一些重大问题。我会带着庞德 、波特尔 、迪尔 、比弗布鲁克 以及相关的秘书前来。

3.请尽早告知我你对此事的意见。

总统担心回程会比较危险。我向他保证：

▸前海军人员致罗斯福总统， 1941年12月9日

我们不认为回程会有什么严重的威胁。如果我们不能举行高层会议，解决极其重要的海军部署，以及物资的调配问题，那样才更危险。我已准备好和你在百慕大会面，或者我从百慕大坐飞机前往华盛顿和你会面。我感觉如果等上一个月再会面，那将是灾难性的，因为我们必须面对新的不利局面，尤其在太平洋方向，安排好应对策略。我希望能在明天晚上出发，但会等到你通知会面地点之后启航。我从不怀疑最终的胜利，但只有协调一致的行动才能实现它。

向你致以最亲切的问候！

第二天我再次收到总统的电话。他说他很高兴我去白宫待一待。他认为自己无法离开美国。动员令已经发出，但太平洋上海军的安排还没有确定。他确信我们会协调一致，解决好物资供给上的难题。他再次强调了我此行的风险，让我应该认真考虑一下。

※　※　※

战时内阁在正式的手续完成之后，授权立即向日本宣战。由于艾登已经动身前往莫斯科，我暂时负责外交部，于是我给日本大使送去信件，内容如下：

>▸致日本外交部，　　12月8日
>
>阁下，
>
>12月7日晚，联合王国陛下的政府收到报告，在没有预先警告宣战，或宣战前的最后通牒的情况下，日本军队试图在马来亚登陆，并且轰炸了新加坡和香港。
>
>这些无耻而且毫无道理的侵略行径，违反了贵我两国政府均已签署的《第三海牙公约》第一章对于宣战的规定，英王陛下在东京的大使已接获指示，将以联合王国陛下政府的名义通知日本帝国政府，贵我两国已处于战争状态。
>
>荣幸并高度尊敬你的，
>
>忠实的仆人，
>
>温斯顿·丘吉尔

有些人不太喜欢这种形式的礼节。但当你想要杀死一个人时，礼貌点也未尝不可。

※ ※ ※

议会在下午3点开会，尽管通知仓促，但议场座无虚席。根据大不列颠宪法，国王在内阁的提议下宣战，议会面对的是既成事实。因此我们能够兑现对美国的承诺，在国会开议之前就对日宣战。荷兰皇家政府也发布了宣战的决定。轮到我发言时我说：

> 最重要的是，我们不能低估我国以及美国即将面对的新危险。敌人可能是因为孤注一掷而选择突袭，但也可能是对自身实力有信心。英语系国家以及我们历史性的俄国盟友都面对着严峻的考验，特别是一开始——也可能会延续很久，当我们环顾四周，是一片愁云惨雾的世界，我们毫不怀疑我们事业的正义性，以及我们的实力和意志将足以支撑我们。
>
> 全球五分之四的人口都站在我们这边。我们对他们的安全和未来负有保护之责。过去我们的光闪烁不停，现在我们的光带着火焰，将来我们的光将照亮所有的大地和海洋。

上下两院都一致赞同这个决定。

※ ※ ※

在此关键时刻，我认为有必要委任已返回新加坡的达夫·库珀担任远东事务常驻大臣。

▶首相致达夫·库珀先生：

1.你将被委任为常驻新加坡的远东事务大臣，并服务于战时内阁之下，直接向其秘书长报告。你被授权成立一个军事委员会，请首先报告其人员架构和所涵盖的区域。这个委员会所辖区域大致与军队司令一致。你的主要任务是，在远东协助组织各项行动，并尽可能替远东司令缓解身上背负的巨大责任，并给他们进行广泛的政治指导。

2.你的任务还包括在时间不够，无法由大本营做决定时，处理当地紧急事务。你要在当地建立一个事务中心，以便快速处理各部门之间的程序协调。有需要提请特别指示的事情时，如果有时间的话，你应当向大本营汇报相关事项。一有情况，你应当始终向陛下的政府报告。

3.当奥利弗·利特尔顿上尉（Captain Oliver Lyttelton）被任命为开罗事务大臣时，这项任命没有影响目前陛下在中东的代表所拥有的职责，也不会影响他们与大本营相应机关之间的工作关系。这同样适用于远东。成功建立这个机构的关键，就在于早期艰困时刻你是否能处理好它们。

4.鉴于你对多个公共部门和内阁程序的了解，相信你能够强有力地处理好远东事务，而且能够立即扭转局势。对你任命的形式以及确定并发布管辖区域方面，一旦有成型的提议，立刻发电报给我。向你问好，并祝你好运！我们必须战斗到底！

达夫·库珀对他的新职责很快有了灵活而清晰的认识，但我们在华盛顿做出的安排是在远东选择一个最高统帅，我很遗憾他的工作沦为累赘，之后不超过两星期，我指示他回到英国。他非常不走运，没能被允许继续战斗下去。

※　　　※　　　※

很长时间里，我们都没有被告知珍珠港事件的细节，但现在，这个故事已经被详细记录下来。

直到1941年早期，日本海军对美国的攻击计划还是：当美国人如他们所料的那样跨过太平洋到菲律宾去挽救他们的同袍之时，在菲律宾附近的水域进行舰队之间的决战。突袭珍珠港的想法原本是由日本海军总司令山本大将想到的。在极度保密下，他们开始准备这个未宣战之前就开始的阴险奇袭，11月22日，由六艘航母组成的编队，加上护航的战列舰和巡洋舰，集中锚泊在日本北方千岛群岛一个人迹罕至的地方。袭击的日子已经选在了12月7日。11月26日（东经度日期），也就是星期天这天，在南云大将的统率下，这支编队启航。他们保持在夏威夷以北很远的位置，在北纬地区大雾和大风的掩护下，南云接近了他的目标而没有被发现。在这个重大的日子里，太阳还未升起，从珍珠港以北275英里的位置发起的攻击就已经开始了。360架飞机组成编队，包括各种轰炸机，在战斗机的护航下出发了。上午7点55分，第一颗炸弹落了下来。当时94艘美国海军的舰船停泊在珍珠港。其中8艘太平洋舰队的战列舰是主要目标。幸运的是，航空母舰以及强大的巡洋舰，因为在其他地方有任务而躲过一劫。

这次袭击的故事会经常被生动地提及。在此要说明一下重要的事实，并讲述一下日本飞行员的冷酷效率。到8点25分时，第一波鱼雷轰炸机及俯冲轰炸机投弹。到了10点，战事结束，敌人撤退。在其之后，留下一片掩盖在熊熊大火和浓烟之下支离破碎的舰船，以及美国人复仇的怒火。“亚利桑那号”战列舰被炸毁，“俄克拉荷马号”倾覆，“西弗吉尼亚号”和“加利福尼亚号”在泊位沉没，除了在干船坞的“宾夕法尼亚号”外，其他战舰都被严重损毁。近两千美国人失去了生命，近两万人受伤。太平洋上的优势转到了日本人手上，世界的战略平衡在此时发生了根本改变。

※　　　※　　　※

我们的美国盟友还有其他一系列的不幸。

11月20日，麦克阿瑟将军领导的菲律宾收到了一份外交关系会发生巨变的警告。指挥实力有限的美国亚洲舰队的海军上将哈特已经与邻近的英国及荷兰海军联系，并根据他的战斗安排，开始将他的舰队往南转移。他打算在荷兰所属水域集结力量，并准备好与潜在的盟友协同作战。他手头只有一艘重型巡洋舰、两艘轻型巡洋舰，此外还有12艘老旧的驱逐舰及各式辅助船只。他的力量几乎全靠潜艇了，合计有28艘。12月8日上午3点，海军上将哈特拦截到一份电报，内容是令人震惊的偷袭珍珠港的消息。未等与华盛顿确认，他立刻警告属下，战争开始了。黎明时分，日本人的俯冲轰炸机奔袭过来，整整数日，空袭持续增强。到了10日，甲米地的海军基地已经完全毁于大火，同一天，日军开始在吕宋岛北部登陆。

失败迅速蔓延。大部分美国空军都在交战中或在地面被击毁，到了12月20日，残余的兵力撤退到了澳大利亚的达尔文港。哈特海军上将的舰队向南分散后撤，只留下潜艇与敌人在海上纠缠。到了12月21日，日军主力部队在林加延湾（Lingayen Gulf）登陆，马尼拉受到威胁，此后这里的战事与马来半岛的情况没什么不同，只不过抵抗持续得更久。

日本蓄谋已久的计划让他们赢得了一系列胜利。但这并不是结局。

※　　※　　※

日本驻柏林大使用电报报告了面见里宾特洛普的情况。

珍珠港事件之后这天的一点钟，我与外交部长里宾特洛普会面，并告诉他，我们希望德国和意大利立刻对美国宣战。里宾特洛普回复说，希特勒正在东普鲁士的总部开会，讨论该采取什么方式宣战，好让德国人民有一个好的印象，他会将日本的愿望立刻转告给希特勒，并尽力完全实现这一点。

希特勒和他的幕僚都惊呆了。约德尔在审判中说，希特勒"在午夜走进我的地图室，向我以及凯特尔元帅（Field-Marshal Keitel）转告这个消息。他非常惊讶"。然而，12月8日清晨，他给德国海军下令，攻击所看到的所有美国船只。这发生在德国正式对美宣战的三天以前。

※　　※　　※

我在12月9日夜间10点在内阁作战室召集了一次会议，参会的大部分是海军部人员，目的是评估海军的部署。我们大约有12个人。我们试图弄清楚在这个巨大变数之后，我们与日本之间的战争态势。除了大西洋，我们失去了其他大洋的控制权。澳大利亚、新西兰以及附近其他至关重要的岛屿都处于不设防状态。我们手中只有一件决定性武器。“威尔士亲王号”与“反击号”已经抵达新加坡。它们被派遣到此地的目的，是为了让这些高性能的主力舰在不停改变位置的情况下，迷惑敌海军。现在我们该如何使用它们？显然他们必须深入海洋，消失在无数小岛之间。大部分人都同意这一安排。

我认为它们应该穿过太平洋，去加入残存的美国舰队。在此刻这一定是个高尚的姿态，将让英语系国家团结起来。我们已经同意美国海军部将他们在大西洋上的主力舰撤回。因此，在数月之内，在美国西部海域，必须有一支在必要情况下能进行决战的海军舰队。保留这样一支舰队，他们将对我们在澳大拉西亚的兄弟们进行最好的掩护。我们都对这个想法很感兴趣。但时间已晚，我们决定先睡觉，第二天一早再确定该如何安排“威尔士亲王号”与“反击号”。

但不到两小时，它们就葬身海底了。

※　　※　　※

这些战舰遭遇的悲剧中，运气也占了很大部分，现在必须提一提。

“威尔士亲王号”与“反击号”在12月2日抵达新加坡。12月5日，海军上将汤姆·菲利普斯坐飞机抵达马尼拉，与麦克阿瑟将军和哈特海军上将商议可能的联合行动。哈特上将同意将四艘驱逐舰调配给菲利普斯指挥。两位上将都认为，新加坡以及马尼拉此刻都不是同盟国舰队合适的基地。第二天，情报显示日本一支大型舰队开进了暹罗湾 。显然，大战一触即发。7日清晨，菲利普斯返回新加坡。8日午夜刚过，有报告说日军已经开始在哥打巴鲁登陆，不久在宋卡以及北大年也有日军登陆。对马来亚的大规模入侵开始了。

菲利普斯认为对正在登陆的敌军进行打击是职责所在。在一次会议中，他的下属军官们都同意：在此危急时刻，海军不能置身事外。他将自己的计划汇报给了海军部。他请求新加坡的空军司令将战斗机挪到北方的机场，并请求我们力量薄弱的空军全力协助—— 也就是，在12月9日派一个飞行中队往北100英里进行空中侦察，12月10日黎明时分前往宋卡侦察，并在同一天的早晨派遣战斗机保护宋卡。但最后一项至关重要的支援是无法给予的，因为首先可以预期新加坡将受到攻击，其次北方的机场已经守不住了。8日下午5点35分，当登陆的消息传到他那里时，海军上将率领“威尔士亲王号”“反击号”以及驱逐舰“伊莱克特拉号”“特快号”“吸血鬼号”“特内多斯号”出发了。值得一提的是，此时大批日军轰炸机已经入驻印度支那半岛南部的基地。由于不时的暴雨和低云层对空中行动不利，菲利普斯决心快速前进。到了9日夜晚，天气转晴，他很快有理由相信自己已经覆盖于敌军战机的打击之下。奇袭的希望没有了，可以预料第二天早上在宋卡附近会出现大规模空袭。菲利普斯上将不甘心地放弃了原来的计划，并趁着夜色返回基地。他的确尽力了，原本一切都没事了。然而到了午夜传来了一个非常不幸的消息，有报告称另一股敌军在关丹登陆，那里在哥打巴鲁以南超过150英里。菲利普斯上将认为，既然他的舰队最后一次被敌军发现是在往北前进，那就不会预料到10日黎明他们会往南走这么远。别忘了，他可能进行奇袭。他决定承受风险，让舰队驶往关丹。

日军的记录没有报告他们在9日从空中观察到这支英国舰

队，但一艘潜艇报告说他们在下午两点往北航行。基地在西贡附近的日军第二十二飞行中队已经装上炸弹，准备袭击新加坡。他们立刻用鱼雷换掉炸弹，准备对英国舰队发起夜袭。他们什么也没发现，不得不在午夜返回基地。10日黎明前夕，另一艘日军潜艇报告说，英国人向南航行，早晨6点，9架日军战斗机搜索前进，一个小时后，一支由84架轰炸机和鱼雷轰炸机组成的机群出发，按每9架一个波次组成了9个波次。

关丹登陆的报告被证明是假的，但新加坡方面并没有修正相关报告，因此上将仍然期待着发现敌军，但等到"特快号"抵达港口，却没有发现任何敌人的踪迹。在继续向南前进之前，舰队花费了一些时间去搜索早间抓住的一艘拖船和其他一些小船。但很快危机降临，厄运到来。日军的空中编队往南一直飞到新加坡也没有发现任何舰队。它们往北折返，却迎头遇上它们的猎物。

上午10点20分，"威尔士亲王号"发现了一架侦察飞机，很快，11点之后，第一波轰炸机出现了。敌人连续多波次攻击。第一波，"反击号"被一颗炸弹命中，引发大火，但很快火情就被控制住，战舰的速度也未受影响。第二波时，"威尔士亲王号"同时被两枚相近的鱼雷命中，损伤严重并出现涌水。两边的螺旋桨都停止转动，战舰再也无法完全控制。"反击号"在此轮攻击中未受损害。几分钟后，又一个波次攻击"反击号"，但也未能命中。这时舰队变得七零八落，舰长坦南特此时向新加坡发出了紧急信号"遭遇敌人轰炸"，并带着"反击号"驶往上将的旗舰。到12点22分，另一波攻击对两位舰长的战舰造成了致命伤害。"反击号"在成功地躲过了一系列鱼雷攻击之后，其船身中部被命中。没过多久，又一波次的袭击，一枚鱼雷命中了舵机，接着三颗鱼雷连续击中目标。坦南特舰长明白他的战舰在劫难逃。他果断下令弃船，毫无疑问，这个举动挽救了很多人的性命。到了12点33分，“反击号”倾覆并沉没。12点23分左右，“威尔士亲王号”再次被两枚鱼雷击中，不久之后又中一枚。它的速度减到了八节，很快它便开始下沉。在又一次炸弹攻击中，它再次被命中，1点20分，它倾覆并沉没了。驱逐舰将近三千海军士兵中的两千救了上来。舰队司令、海军上将菲利普斯爵士以及他的旗舰舰长约翰·里奇一起沉入大海。

※ ※ ※

参谋长曾询问为什么没有从新加坡派飞机去支援舰队，得到的答复是，在9日当天，菲利普斯并没有告知他已改变作战计划，因为他正保持无线电静默。因此，坦南特舰长的紧急信号在中午传到之前，他在10日早晨的位置并不为新加坡所知。随后战斗机马上出动。但抵达现场时只能无奈目睹“威尔士亲王号”沉没。

在判断菲利普斯上将在这灾难性的一天里的行动时，需要强调的是，他自信有理由认为，他按预定折向关丹，会让他位于敌军岸基鱼雷轰炸机—— 这是他最为担心的—— 的航程之外，如此一来，他在回程就仅仅需要对付一般的轰炸机轰炸即可。从西贡的机场到关丹有大约400英里，此前还没有鱼雷轰炸机能接近并攻击这个航程的目标。日本空军的效率此前被我们以及美国人大大低估了。

※ ※ ※

10日，我正在打开箱子时听到床边的电话响了，是第一海务大臣打过来的。他的声音有些古怪，有一点噗噗和吞咽的感觉，所以一开始我没太听清。“首相，我必须向你汇报，‘威尔士亲王号’与‘反击号’都被日本人击沉了—— 我们认为是飞机干的。菲利普斯上将被淹死了。”“你确定这是真的？”“当然。”于是我放下了电话。我想静一静。在战争中，没有哪个消息比这个更让我震惊了。读到这里的读者们会明白，多少努力、希望和计划都随着这两艘船付诸东流了。我在床上辗转反侧，这个可怕的消息挥之不去。除了美军珍珠港事件中劫后余生的战舰—— 它们正加速赶回加利福尼亚，在印度洋或太平洋已没有英美的主力舰。在这片广袤的水域，日本占尽优势，我们各处都很脆弱而且暴露无遗。当天11点，我赶在下议院开议时，亲自向他们说明了这件事。

▸丘吉尔先生在下议院的发言，　　　　1941年12月10日

我这里有个坏消息，我想我应该尽早对此发表意见。从新加坡传来报告，皇家海军“威尔士亲王号”与“反击号”在针对日本人对马来半岛的攻击进行回击时，不幸沉没。除了日军的官方公告说两艘战舰都是被战机击沉的，目前还没有其他确切的细节。

我要说明的是，下次议会开议时，我会对整体战况做一个简短的说明，这个说明将从多个方面介绍最近几天战局的重要变化，有有利的，也有不利的。

※　　※　　※

现在，我在14日起程前往美国的计划正在秘密进行。而其间的九十六个小时非常忙碌。12日，我必须向议会做最新局势的完整说明。在利比亚的长期作战仍然悬而未决，已经引发了担忧和一些不满。我也无意隐瞒，未来日本人将会给我们带来更多苦头。另一方面，俄国人的胜利预示着希特勒在东线铸下大错，而冬季会让德军雪上加霜。潜艇战已经基本被抑制，我们的损失大为减少。最后，世界五分之四的人口都与我们并肩作战。最终的胜利是必然的。我从这个意义上发了言。我用陈述事实的冷静方式，避免允诺早日获胜。

在结束时我说：

> 自然，我不准备讨论在远东、太平洋上的战况，以及要花多少人力物力才能稳住局势。可以想见的是，我们将遭遇相当沉重的打击，但我们会用极大的勇气，在美国和荷兰的合作下，保护我们自己。对比三个轴心国联合起来的海军力量，英美具有极大的优势——并仍将继续占优。但谁也不能低估类似在马来半岛和夏威夷的巨大损失，甚至会出现新的敌人，也无法低估需要多少时间在远东创建、集结、部署一支为赢得最终胜利所必需的强大的军队。
>
> 我们需要挺过一段艰难岁月，对于每个人来说，一次新的冲击是必须面对的，也是即将到来的。如我所说，我们必须诚心诚意地保证给俄国提供约定的物资，与此同时，我们必须准备好，在未来几个月里，美国给大不列颠的物资以及其海军的支援将会削减。这个缺口必须补充，而且只有靠我们自己努力去补充它。然而，我确信，一亿三千万美国人民已经投入这场战争，一旦他们下定决心，并全力投入——他们会的——把这

当作他们人生中的首要目标，那么军火以及在和平时期拥有而现在紧缺的各种物资，将会源源不断地援助到我国。不仅仅是大英帝国，包括美国也在为生存而战；俄国在为生存而战，中国也在为生存而战。在这四个伟大的战斗集体背后，背负着欧洲沦陷国以及深受敌人残酷压迫而无能为力的人们的勇气和希望。某一天我说过，世界人口的五分之四站在我们这边。这很容易理解。这些邪恶的人组成的团伙和帮派，以及他们的军队或政党组织，已经将那些令人惊骇的罪恶施加于人类。如果我们不能教训他们，那么我们这一代人将在以后千年的历史记录中留下不可磨灭的耻辱。

议场一片沉默，似乎还有些迟疑。但我不能寻求或期待更多了。

12月7日至8日夜间，在珍珠港事件的消息传来我们这里时，艾登先生正乘船从斯卡帕湾（Scapa Flow）出发前往莫斯科。如果要召回他还是有时间的，但考虑到这次新的突发事件的结果，他的使命就变得更重要了。俄国与日本的关系，以及美国对俄国及英国的军火支援不可避免的重新安排会引发不少问题，也很微妙。内阁采纳了这个观点。艾登继续他的行程，而我也及时与他通气。要说的事情不少：

▸首相致艾登先生（在海上），　　1941年12月10日

1.自从你离开后，发生了很多事。美国在夏威夷遭受了一场大劫难，在太平洋上目前只剩下两艘战列舰来对付日本的十艘。他们要召回他们在大西洋上的所有战列舰。其次，根据来

自美国的线报，由于日本拥有了制海权，我们在马来半岛以及整个远东都将受到猛烈攻击。第三，我确信，意大利和德国会对美国宣战。第四，俄国在列宁格勒、整个莫斯科前线、库尔斯克以及南方的伟大胜利，再加上恐怖的冬季天气以及俄军越来越猛烈的直接攻击，将让德军陷入防御或后撤的境地。第五，奥金莱克（Auchinleck）报告说在利比亚局势已扭转，但在这条第二战线上还将面临多场恶战。第六，需要从中东调配部分空军增援马来半岛。

2.考虑以上几条，目前你不要答应给俄国人十个中队的飞机援助。这一切都取决于美国的供应，我也不能告诉你我们在哪儿，除非我抵达那里。

3.希望你很好。我们在这里过得很高兴。周四会启程前往华盛顿。

当我上船时，又发电报：

失去“威尔士亲王号”和“反击号”，再加上美国在珍珠港所受的损失，让日本在整个太平洋获得了制海权。他们可以随心所欲地进攻。幸运的是，区域如此广阔，他们的兵力只能覆盖有限的部分区域。我们认为他们的目标是菲律宾、新加坡和滇缅公路。英美建成新的战列舰并占据足够的优势，需要好几个月的时间。美国在震惊于太平洋的劫难和宣战之下，目前实行了物资禁运。我希望放松禁运，但在目前的情况下，随着俄国的胜利和我们面对的新危险，我们无法允诺提供超过已同意配额的物资。你要说明，由于在东方需要战斗机，我们对飞机的需求非常迫切。另一方面，随着美国参战，所有物资都要重新安排，但只要一些时间和耐心，胜利一定属于我们……

我刚刚出发。

在世界大战中远航

乘坐“约克公爵号”远航——我的团队——我们与大本营的信号与联络——我们应该施压，让苏联对日本宣战吗？——12月16日至18日，艾登先生与斯大林及莫洛托夫（Molotov）的会谈——斯大林的意见——战争契约——苏联对波罗的海数国的领土要求——内阁支持我的反对意见——莫斯科的进一步会谈——俄国与日本——友好的会面——我们与维希法国的关系：是敌是友？——日本攻占香港——忠诚的卫戍部队进行抵抗——投降——日本在马来半岛登陆——12月12日我给韦维尔（Wavell）的电报——重大战略问题——达夫·库珀的建议和我的判断——开启沙漠攻势——隆美尔撤退到欧盖莱（Agheila）——德国空军重回地中海——对美国策略的担忧——比弗布鲁克勋爵的乐观主义——未知的恐惧在这个火烧眉毛的时刻，有很多理由让我留在伦敦。但我从未怀疑，让英美彼此充分了解胜过一切，因此我必须立刻前往华盛顿，并带上能抽调的最强大的专业团队。在这个季节乘坐飞机前往一个不利于飞行的方向，对我们来说太冒险了。于是我们12日前往克莱德。“威尔士亲王号”已经沉没。“乔治五世号”得盯着“提尔皮茨号”。新服役的“约克公爵号”可以带上我们，同时也能将它的工作效能提升到满负荷状态。我们的团队主要成员包括：比弗布鲁克勋爵，战时内阁的一员；庞德海军上将，第一海务大臣；空军中将波特尔，空军参谋长；陆军元帅迪尔，他此时已经被布鲁克将军（General Brooke）接替了帝国总参谋长职务。

我有些担忧，因而将布鲁克留在了伦敦，因为有很多重大问题等着他处理。在他的职务上，我邀请迪尔随我去华盛顿，他仍旧是我们团队的核心成员，并被所有人信赖和尊敬。一个新的领域正在等待着他。

查尔斯·威尔逊爵士也与我随行，1941年时，他成为我的健康顾问。这是他第一次随我远航，自此之后，他陪我走过了所有的行程。他的可靠关照，让我感激不尽。尽管在他生病时我无法说服他听从我的建议，而我也没有对他所有的意见言听计从，但我们还是成了忠实的朋友。而且我们都活了下来。

考虑到德国潜艇的威胁，我们需要绕道走，并在七天的时间里以平均20节的速度完成这趟行程。海军在爱尔兰海的比斯开湾让我们上岸了。天气恶劣无法前进。海上狂风大作，浪涛汹涌。天空乌云密布。我们必须穿过从法国西海岸出发前往大西洋的德军潜艇能够攻击的海域。敌军潜艇数量很多，海军部命令舰长不得让我们的船落在舰队之后，但海况如此之差，我们的小舰队只能以6节的速度前进，我们就以这样的速度，花费四十八小时才走过南爱尔兰的海面。我们离布雷斯特不到400海里，一周前“威尔士亲王号”与“反击号”在此距离被岸基鱼雷轰炸机击沉仍让我记忆犹新。云层遮蔽了一切，偶尔有加入护航的舰队飞机飞过，但当我走上舰桥，令人讨厌的蓝色天空渐次出现。但还好，什么事都没发生。这艘大船和护航的驱逐舰一起缓慢前行。但我们很快就没有耐心忍受它如此之慢的速度了。第二天晚上，我们接近了德军潜艇的攻击海域。海军上将庞德下令，与其等着被鱼雷袭击，不如我们去搜寻并攻击潜艇。于是我们派出所有的驱逐舰，然后在天气仍旧糟糕的情况下，独自尽可能用最快的速度前进。我们被封在舱内，海浪不断冲上甲板。比弗布鲁克勋爵抱怨说，这还不如坐潜艇前行。

当然，我们仍然要处理收到的大量无线电信息并破译。我们会有限地回复一些。当新的护航舰从亚速尔群岛过来时，它们会在白天用摩尔斯电码将我们的信息发出，并航行离开100英里左右，这样既传递了信息，又避免暴露我们的位置。而我们这里要实行无线电静默——毕竟我们身处世界大战之中。

※　　※　　※

我们的所有事务也得在路上处理，我挂念外交大臣，他也在海上，并全速往跟我相反的方向前进。最紧急的事务是：我们是否要求苏联对日宣战。我已经给艾登先生发去如下电报：

在你启程前，你曾问参谋长：苏联对日宣战是否是我们的优先方案。参谋长认为：苏联对日本宣战当然是我们的优先方案，但需要强调的是，其条件是苏联自信（对日宣战）不会对他们现在和接下来的春天的西线战事有影响。

此后他们将赞成和反对的理由做了相当详细的罗列。两相抵消之后，他们强调避免俄国在西线溃败才是头等大事。

我接着给外交大臣发电报：

如果你们的会谈让你得出结论，应该让俄国准备对日宣战，那么需要考虑让美国而不是我国去向他们施加压力。

在他抵达莫斯科后，我又补充说明：

▸首相致外交大臣，　　1941年12月12日

考虑到美国、中国显而易见的强烈意愿，我希望澳大利亚、俄国能加入反日阵营，如果斯大林感觉足够强大并决定对日宣战，那么你不要说任何阻止这一有利行动的话。考虑到我们能付出的不多，我们不能给他施加过多的压力。

第二天，我又致电：

最近在俄国前线的几次胜利也许会让斯大林更有意与日本

作战。对我们有利的局面每天都在变化，你必须判断该在何时向他施压，并想清楚彼此想法差多远，有多难。

在航行中，我们很快收到艾登先生从莫斯科发来的一系列电报，其中讲述了他在抵达后所了解到的苏联对一些其他问题的看法。

在回程中，他自己将这些电报的内容归纳起来，做成了1942年1月5日的报告：

▶ 1942年1月5日

12月16日，我与斯大林和莫洛托夫的第一次会谈上，斯大林从他所认为的欧洲战后的边界开始，并特别提到了他对德国国境线的看法。他提议恢复奥地利的独立，并将莱茵兰从普鲁士分出，变为一个独立国家或受保护国，此外还可能建立一个独立的巴伐利亚国。他也提议东普鲁士应该交给波兰，而苏台德区将还给捷克斯洛伐克。他建议重组南斯拉夫，并从意大利分额外的地盘给他们；阿尔巴尼亚应重建为一个独立国家，土耳其可以占据多德卡尼斯群岛，作为交换，希腊可以占据爱琴海上对自己比较重要的岛屿。土耳其还可以占据部分保加利亚的区域，以及部分叙利亚北部的土地。总体来说，被占领的国家，包括捷克斯洛伐克以及希腊，都应该回到战前的国境线，斯大林也准备支持任何从英国向西欧—— 法国、比利时、荷兰、挪威和丹麦的登陆安排。而苏联的特殊利益方面，在尊重波罗的海各国、芬兰以及比萨拉比亚的前提下，斯大林希望恢复1941年德军进攻前的国境线。而“寇松线” 将成为未来苏联与波兰边界的基础，罗马利亚要在未来为苏联提供土地作为基地，作为补偿，他们可以收回当前被匈牙利占据的一片土地。

在第一次会谈的过程中，斯大林大体上同意德国需要补偿被占领的国家，特别是可以用机械来抵充补偿而不必用不受欢迎的现金赔偿。他也对战后“民主国家”之间的军事联盟感兴趣，并说苏联对欧洲特定国家在自愿的情况下加入这种联盟不持反对态度。

在12月17日的第二次会谈上，斯大林施压要求帝国政府承认苏联在未来的边界，特别是苏联吞并的波罗的海国家，以及恢复1941年苏联和芬兰之间的边界。他总结说，任何英苏之间的协议都取决于是否同意这点。对此，我向斯大林解释说，根据我们对美国政府的保证，帝国政府不可能在此时独自承认任何战后欧洲的国境线，但我回去后会和帝国政府、美国政府以及帝国海外自治领的各政府进行商议。这个斯大林认为是重要基础的问题，在12月18日的第三次会谈上进行了进一步讨论。

而俄国的第一要求就是，俄国在战争开始时所占领的波罗的海国家，最终应该被并入苏联。此外俄国还有很多关于领土扩张，外加无数的援助以及不可能的军事行动等条件。当我一读到电报，我就强烈地反对对波罗的海国家的吞并。

▸首相致掌玺大臣，　　　　1941年12月20日

1.斯大林对芬兰、波罗的海国家、罗马尼亚的要求，直接违背斯大林已经签署的《大西洋宪章》的第一、二、三条。当然，我们可以在没有美国首肯之下，或秘密或公开，或直接或间接地去同意这样的协定。然而现在还没到解决边界问题的时候，只有在我们赢得战争后的和会上才能商议。

2.签署协定的强烈愿望，绝不能导致我们做出错误的承诺。外交大臣的表现非常好，即使在离开莫斯科时没有任何成果也不必沮丧。俄国人仍要继续为生存而战，并将非常依赖我们的物资援助，而我们筹集物资非常艰难，要将这一点忠实地传达给他们。

3.我希望内阁能就以上问题与外交大臣沟通。毫无疑问，他的行为需要睿智和谨慎，但他必须清楚知道我们的立场。

内阁同意我的看法并据此发了电报。我给艾登先生回电：

▶首相（海上）致外交大臣（莫斯科） 1941年12月20日

1.当然，你不能和斯大林拟定这样的协议。我们向美国保证过，不能签署类似的秘密、特定条约。如果带着这些提议去见罗斯福总统，将招致直接反对，并将使双方之间麻烦不断。

2.俄国西部边界的战略安全，将会是和会的一个主题。列宁格勒的处境非常危险。当前的首要目标是防止德国发动新的突袭。将普鲁士与德国南部分离，以及肢解普鲁士本身都将是需要决定的最重要问题。但这要在不确定的、遥远的未来来决定。现在我们必须经过强硬而持久的战斗来赢下战争。现在就公开提及这些问题，将把所有德国人推向希特勒一边。

3.在我看来，此时在罗斯福总统面前提起这些都是非常不合适的。这是我必须坚持的立场，以避免任何对会谈的干扰甚至终结会谈的可能。如果你不能将一份公开联合宣言带回内阁的办公桌上，也不用感到失望。我确信你的访问非常好，而你的态度将得到广泛的认可。

这次航行似乎尤为漫长。

艾登先生在自己的记述中讲述了他与斯大林在莫斯科会谈结束时的情况：

> 我们在友好的气氛下彼此说了再见。经过我的解释之后，斯大林似乎完全理解为什么我们此时没有能力在欧洲开辟第二战场。他对我们在利比亚的攻势产生了很大兴趣，并认为最可取的就是将意大利击败，如此轴心国将因为其脆弱的溃败而产生骨牌效应。
>
> 他也认为，他们还没强大到在与德国开战的同时，发起与日本之间的战事。他希望在接下来的春天能重建远东的军队，并让其实力恢复到他将他们调到西线之前的状态。他也没有同意在接下来的春天对日宣战，而只是同意到时会考虑，当然，他宁愿战事由日本人挑起，他似乎期待事情这样发展。

※　　※　　※

此时，在我们心中最为敏感的外交关系是与法国的关系。如果美国宣布将对德宣战，对维希法国将产生什么效果？大不列颠与戴高乐保持着关系。而美国政府——尤其是国务院——与维希保持着紧密而有益的联系。德国的傀儡贝当正在生病。有人说他因为前列腺肥大而不得不动手术。魏刚不久前从北非被召回维希，并被解除了司令职务。海军上将达尔朗似乎到了最走运的时候。而且奥金莱克在利比亚及邻近区域的胜利，将让法属北非出现最严重的问题。希特勒在沙漠停滞不前，在俄国举步维艰，是否会不经过西班牙，而直接通过海上和空中将德军送入突尼斯、阿尔及利亚、摩洛哥和达喀尔？这以及类似的方式，是否就是他对美国参战的回应？

有消息说达尔朗海军上将会继承或取代贝当，外交部曾收到私下询问，如果他站在我们和我们的盟友这边会怎么样。这些令人困惑的可能性牵涉到我们整个海军的部署——土伦舰队，以及在卡萨布兰卡和达喀尔两艘未完工的战列舰、封锁部队和类似的军事力量。在从首相乡间官邸前往克莱德的火车上，我将一封关于海军方面的备忘录送给了旁边车厢的第一海务大臣。

▸首相致第一海务大臣，　　　　1941年12月13日

我希望我们能一起做一个针对维希，或者不考虑维希，针对法属北非是战是和的联合安排。

我们还不清楚随着美国的参战，法国会受到什么影响。我们也希望通过利比亚的胜利来继续有力地反击。总之，随着德军在俄国陷入越来越深的灾难，将对各方产生影响。美国可能会派遣一支美国远征军登陆卡萨布兰卡，而我们也能按照代号“体操”的行动来支援他们，而这一切将决定在法属北非（还有马达加斯加）采取何种行动。无论如何，这都值得一试。在我们知道维希的回应是什么之前，我不希望对“体操”和“棍子”行动做任何修订。

美国人心里也许会认为，北部和西部非洲能够作为英美联军合作行动的主战场。

我对史末资将军说：

我认为再次跨越大西洋是我的职责所在，我希望能在数日内与罗斯福总统就战争的整体组织进行商谈。当然，我希望在北非和西非的进攻策略能够获得他的支持。但这也需要按照美国人的想法来，他们可能会太过全神贯注于对日作战。我会和你保持联系。

※　　　※　　　※

与此同时，各个战场—— 无论新旧—— 的战斗都在进行中。在日军压倒性优势下，我对香港的命运并不抱幻想。但大不列颠的反击越出色，对大家就越有利。香港几乎在珍珠港受到攻击的同时就被日军攻击了。在莫尔特比少将（Major-General Maltby）率领下，守军面临着超越他们实力之外的任务。日本部署了三个师团的兵力，而我军能集合起来的只有六个营，而且其中两个营还是加拿大部队。除此之外，他们还有少量移动火炮，两千多人的民团，以及保卫港口的岸炮和高射炮。遭受围攻期间，日本人也拥有绝对的制空权。而活跃在当地居民中的第五纵队也帮了敌人大忙。

三个营的卫戍部队带着十六门炮部署在陆地上，以便在毁掉九龙港之前拖住攻击者。他们很快遭受猛烈攻击，12月11日，他们受命撤回岛上。在非常艰难的情况下，他们利用接下来的两个晚上巧妙完成了撤退任务。

▸首相致莫尔特比少将，　　　　1941年12月20日

我们每天每时都在看着你对香港港口和要塞的顽强防御。你守卫的是一个在世界文明史上闻名已久的远东与欧洲文化的

联结点。我们相信，在香港对野蛮而且不宣而战的攻击进行防御，为大不列颠历史添上了光辉的一页。我们的心都牵挂于你所面临的考验。你抵抗的每一天，都预示着我们离最终的胜利又近了一天。

敌人为准备跨越香港大陆与岛屿之间的一英里宽的长河准备了数天，其间，他们对我们的阵地进行了系统性的射击、轰炸和炮击。到了12月18日夜间，他们首次登陆，连续的增援部队也积极向内陆推进。在一浪强过一浪的攻击下，卫戍部队被迫逐步后退，严重伤亡让部队减员。他们没有得到增援和帮助的希望，但他们坚持战斗。

▸首相致香港总督及保卫者， 1941年12月12日

我们非常关心日本从被侵入的香港岛登陆的消息。在大本营我们无法判断这些登陆的可能性以及是否能对侵入者进行有效的反攻击。但我们从未想过投降。我们要在岛上的每一片土地战斗，并最顽强地抗击来敌。敌军将会极大地消耗人力和武器。而在内陆的防卫上，需要灵活的战斗，如果有必要，可以逐房战斗。你们能坚持抵抗多一天，你们就是在帮助世界各地的盟友，如果持续抵抗下去，你和你的属下将会得到你们应得的永久的荣耀。

这些命令在精神和字面上都得到服从。在很多忠勇的行为中，有一件值得在此铭记。12月19日，加拿大旅长劳森（Lawson）报告，他的旅部被攻占；战斗在点射射程内展开，他冲出去战斗到底。他这样做了，并和跟随他的属下全部战

死。卫戍部队支撑了一个星期。每个能扛起武器的人，包括有些来自皇家海军和皇家空军的人员，都加入到这场孤注一掷的抵抗中。他们的不屈不挠与大不列颠平民的刚毅完全相配。到了圣诞节这天，忍耐的极限已到，投降已不可避免。在他们毫不动摇的总督马克·扬的率领下，殖民地打了一场漂亮仗。他们已经赢得了他们应得的实实在在的“永久的荣耀”。

※ ※ ※

另外一系列的灾难在马来亚降临到我们头上。12月8日，日本人在这个半岛登陆，并完成了对我们的飞机场的突袭，让半岛北部的飞机场均无法使用，这让我们本已孱弱的空军雪上加霜。在哥打巴鲁，一个步兵旅防御着长达30英里的海岸线，尽管我们海岸上的步兵以及空军予敌以强烈的打击，日本人的近一个师团却成功登陆。经过三天激战，敌军在陆地站稳脚跟，附近的飞机场落入他们之手，而那个严重减员的旅，受命向南撤退。

12月8日，日军未遇抵抗便在更北的北大年和宋卡登陆。荷兰的潜艇大胆出击，击沉了几艘日军舰船。自此到12月12日没有发生大的战斗，而12日当天敌军的一个精锐师在亚罗士打以北对第十一印度师进行了成功的攻击，并造成严重伤亡。

在离开之前，我发电报给驻印军总司令韦维尔将军：

▸首相致韦维尔将军， 1941年12月12日

1.你现在必须向东看。缅甸将由你指挥。你必须抗击日军对缅甸和印度的进攻，并切断他们与马来半岛的联系。我们将

派遣第十八师抵达孟买，现在他们正经过好望角，与他们同去的还包括四个皇家空军中队，他们将取道高加索和里海前来。我们也会用船运载一些高射炮及 A.T.型山地炮过来，其中一些已经在路上了。你要保留第十七印度师，以防备日军。用你认为最好的想法将这些军力结合起来，然后投入东方前线的战斗，并力争最大的优势。

2.目前的计划是，在不久的将来，合适的时间，会在你和奥金莱克之间安排，将伊拉克和波斯置于开罗指挥之下。俄国的多次胜利和奥金莱克的进攻，暂时缓解了德国侵入叙利亚——伊拉克——波斯战线的危险。危险仍有可能重来，但我们遇到了另一场更紧迫的危机。

3.由于过去四天世界局势的巨变，我们派遣了新的支援力量，希望他们会向你推介他们自己。考虑当前我们面对的巨大压力，我会尽力给你提供装甲车、空军以及尽可能多的人力。希望我能够满足你的意见和需要。

以及另一封电报：

▶首相致掌玺大臣，伊斯梅将军，转参谋长委员会，

1941年12月13日

希望你们在权限之内尽力派遣更多人力和武器前往印度，并在利比亚战斗大局已定的情况下，从中东调派空军增援印度。当利比亚战役结束，应尽早调遣装甲部队前往印度。

▶首相致缅甸总督，　1941年12月13日

韦维尔已经受命组织缅甸的陆军和空军进行防御。我们派

遣了第十八师、四个战斗机中队，以及一些高射炮及A.T.型山地炮，这些炮正绕过好望角前往孟买，他可以在认为最需要的时候使用它们。利比亚的战斗进展很好，但在战局终结之前，我不能调走任何空中力量。一旦战斗胜利，我们准备将四至六个轰炸机中队调往你处。

致以美好的祝愿。

※　　　※　　　※

马来半岛的战术防御是带有重大的战略选择意义的。对此我有明确的信念，但很遗憾，当时我身处大海中，并不能亲自指挥。

▸首相致伊斯梅将军，转参谋长委员会　　　　1941年12月15日

恐怕要当心，那支最终防御新加坡岛和要塞的军队可能不能用，或者在马来半岛被切断。没有什么比那些要塞更重要了。你确定我们有足够的军队来进行长期防御吗？我们会考虑让奥金莱克和联邦政府将澳大利亚第一师从巴勒斯坦调往新加坡。报告你的看法。

我很高兴我们的国务大臣达夫·库珀先生也独立得出了相同的结论。

▸首相致伊斯梅将军，转参谋长委员会　　　　1941年12月19日

达夫·库珀先生表达了我在上一封电报中同样的忧虑之情。达夫·库珀的提议是集中兵力防御柔佛，以此来稳住新加

坡，迪尔也持相同的看法。

2.在太平洋和印度洋，英美两国经历海上惨败之后，已无力阻止日军进一步在暹罗和马来半岛登陆。因而防御是不可能了，只能在柔佛州以北采取一些破坏和拖延的战术，从而将柔佛州的防线作为防御新加坡岛要塞和海军基地的最后防线。

3.当地总司令应该被告知，他的防线范围就是柔佛州和新加坡，而新加坡的防线是重中之重。他应在往南的有序后撤中，采取拖延战术和破坏行动。

4.你没有说现在谁是远东总司令。波纳尔到那里了吗？如果没有，他在哪里？他应该尽早赶到那里。

5.预期从开罗派往印度的援兵将由韦维尔调遣来防守缅甸，并根据情势需要前往远东。而你调遣高射炮和战斗机中队的行动全部得到同意。

6.第十八师同样也归韦维尔调遣，可以用于自己的需要或者帮助远东司令。但不能这样就算了。如果第十八师被派往东方，明智的选择是再调遣一个澳大利亚师前往印度替代它。

7.在当前，增援新加坡越来越难，你正在怎么做，并准备如何克服它？有做什么来减少新加坡岛上的冗员吗？物资供给怎么处理？

※　　　　※　　　　※

在本卷中讲完这一事件的结局是不可能的。新加坡的惨败不久之后就会显露出来。在这里值得一提的是，在这个月剩余的日子里，印度师打了一系列拖延性的战斗，以阻止敌人顺半岛西部海岸快速推进。12月17日，敌军入侵槟榔屿，那里已进行破坏，但还是有不少小型船只被完整俘获了。这些舰船让日军后来能够屡次派遣小型两栖部队进行侧面进攻。到了这个月末，我们的军队遭受了数次猛烈打击，后来又到怡保（Ipoh）作战，离他们一开始的阵地已相差150英里，而此时，日军在半岛已登陆三个整编师团，其中还包括他们的近卫军。在空中，敌人的优势也在扩大。而敌军飞机的性能超出了所有人的预期，并且能够迅速部署在被占领的机场上。我们进入守势，损失惨重。12月16日，婆罗洲的北部也被入侵，并很快被占领，但好在在此之前，我们已经成功地毁掉了极具价值的油田。除此之外，荷兰潜艇也出击，击毁了数艘日军舰船。

※ ※ ※

我们航行在海上的同时，奥金莱克将军在北非沙漠的战役也进展很好。轴心国军队熟练地避开了各种包围圈，并全部撤退到贾扎拉（Gazala）往南的后方战线。12月13日，第八集团军对此阵地发起攻击。这个集团军包括第七装甲师、第四装甲旅和后勤部队，第四英印师、警卫旅（摩托化）、新西兰第五旅、波兰旅团、第三十二陆军坦克旅。这些部队都归第十三军军部指挥。而第三十军则需要对付在塞卢姆（Sollum）、哈法亚（Halfaya）和拜尔迪（Bardia）被切断和孤立且仍在负隅顽抗的敌军。敌军在贾扎拉打得非常好，但他们在沙漠的侧翼受到我装甲部队的攻击，隆美尔开始通过德尔纳（Derna）往艾季达比亚和欧盖莱后撤。而凡在此漫长战线上机动和补给的我军，都会对他们进行追击。

12月的第一周，敌军的空军得到强力增援。德军空军第一兵团从俄国战场撤退，然后抵达了地中海区域。德国的记录显示，他们的空军力量从11月15日的400架（206架可用）增加到了一个月后的637架（339架可用）。其中大部分被派往西西里岛，以保护通往北非的海上航线，而在沙漠区域，在高性能的“梅塞施密特109”型战斗机护航下的俯冲轰炸机，出现的数量越来越多。皇家空军在第一周的战场上所拥有的制空优势已不复存在。我们接下来就将知道，12月至来年1月间，敌军地中海区域空军力量的增强，以及几个月里我们在此区域制海权的丧失，让奥金莱克历经艰险并等待已久的胜利果实丧失殆尽。

※ ※ ※

在“约克公爵号”西行的同时，我们团队里的每个人都在不断工作，我们的思绪都集中在必须解决的新的、大的问题上。想到我们将与总统以及他的政治、军事顾问们做结盟之后的第一次直接会面，我们既满怀热诚，也有一些焦虑。我们出发前就知道，珍珠港的暴行让美国人民激愤不已。我们收到的官方报告以及媒体摘要都给了这样的印象，整个国家对日本充满怒火。我们担心，战争的整体局势可能并不被美国人民理解。这让我们意识到了严重的危险，那就是美国可能会独自在太平洋与日本战斗，而我们则要在欧洲、非洲、中东独自面对德国和意大利。

在此前的章节里，我已经描述过，大不列颠的实力正在稳步增强。针对U型潜艇的第一次大西洋战役让我们占据了很大优势。自此之后，我们不必担忧海上通道畅通的问题。我们相信，如果希特勒胆敢入侵本岛，我们必定能打败他。而俄国人的抵抗力量也让我们深受鼓舞。对利比亚战役，我们也抱有过度的希望。但我们对未来的所有计划，都依赖于各式各样、数量庞大的美国物资，此时此刻，它们正川流不息地穿过大西洋。特别是我们所需的飞机和坦克，以及美国大型商船的建设。迄今为止，作为一个非交战国，总统能够并且也愿意将那些并非处于作战状态的部队的大量武器、物资交给我们。而随着美国与德国、意大利以及日本开战，这样的做法就势必受到限制。本国需要难道不应该优先吗？在俄国受到攻击之后，我们做出了正确的牺牲，将我们工厂生产的一大批武器装备和物资支援给了苏联。美国所支援给苏联的物资甚至远远超出了支援给我们的物资。但考虑到俄国对纳粹入侵者给予的令人赞叹的抵抗，我们完全赞同这样的支援。

即使如此，要延迟交付我们自己军队的装备，尤其是无法给在利比亚战场上英勇作战的部队交付必需的武器，也是很困难的。我们必须假设，“美国优先”将成为我们盟友之间的支配性的原则。我们担心，在美国军队采取大规模行动之前，会有较长的时间间隔，而在此准备期，我们将必须面对巨大的困难。尤其是我们必须在马来亚、印度洋、缅甸和印度面对一个新的、可怕的敌手之时，这种困难就会发生。显然，物资的分配需要密切关注，而且充满困难，也很微妙。而且我们已接到通知，根据《租借法案》的清单所提供的物资均告停止，以待调整。幸运的是，英国正扩大军火产量和飞机制造的规模和产能，很快就能有大的产出。但是当我们乘坐“约克公爵号”驶过绵延不尽的风区时，在我们眼前隐约出现的一长串“瓶颈”以及关键部件可能的匮乏，将影响我们整个生产安排。通常在困难时期，比弗布鲁克总是乐观的。美国的资源尚未动及皮毛，是不可限量的，一旦美国人民的全部力量被转移到战争上，其能量是远远超出计划和想象的。而且，他认为美国人还没有弄清楚他们在生产领域的实力。随着美国人的努力，所有眼前的统计都将被超过，被抛离。大家所需的一切都会得到满足。在这一点上，他的判断是正确的。

在主要的战略问题面前，这些考虑是微不足道的。我们能够说服总统和美国军事领袖们：击败日本并不意味着击败希特勒。但是，为了击败希特勒，就必须花点儿时间和费点儿事击败日本吗？我们花很多时间来仔细思考这个大命题。两位参谋长、迪尔将军、霍利斯以及他的军官们一起准备了数份文件，以说明整个问题，并强调这场战争的各个战场都是一体的。而此后就能看到，这些工作和担忧都被证明是没有必要的。

我提议的战争计划和演变

我给总统的三份文件——第一部分，大西洋前线——希特勒在俄国的失利和损失——奥金莱克在昔兰尼加（Cyrenaica）的胜利让我们看到三点希望——德军可能从高加索杀出——最紧迫的是赢得法属北非战场的胜利——英美对北非增援——请求美军驻守北爱尔兰——请求美国轰炸机中队从英国出发轰炸德国——在北非面对维希可能的不合作——1942年英美联军的安排——我们与戴高乐将军的关系——西班牙问题——1942年的主要目标——第二部分，太平洋前线——日本海军的优势——他们资源消耗的因素——我们必须重获制海权——英国向美国提供“纳尔逊号”和“罗德尼号”——航空母舰的战争——临时提供重要军需——美军扩充规模过大的风险——我主张在欧洲大陆需要大规模登陆——第三部分，1943年的战役——1943年初可能的情势——西非和北非将被英美控制——土耳其将成为实际上的同盟国前线——占领意大利和西西里岛——需要准备在欧洲西部和南部登陆——1943年的主要攻击目标——大型水陆两栖作战——通过轰炸德国继续做准备——希望能在1943年或1944年终结战争——参谋长同意我的看法——最终所有目标均告实现——不幸拖延了最终攻击八天的远航中，眼前的工作被迫削减，没有内阁会议要参加，也没有接见什么人，让我有时间来好好评估一下我对这场突然急剧扩大的整体战争的所见与所思。我想起了拿破仑关于久而不倦地聚焦于某个事物的名言——“fixer les objets longtemps sans être fatigué（久而不倦，必有所得）”。像往常一样，我试图通过口授打字的形式来做这件事情。为了准备并确保与总统的会面以及一些关于美国的讨论，我带着两位参谋长庞德和波特尔、迪尔将军，并在必要时带着霍利斯将军和秘书长，去核对相关的事实，由此做了三份关于战争未来演变的文件，我确信对它是有把握的。每份文件都花四五个小时制订，然后分发下去两三天的时间。由于我对整个局势了然于胸，内容并不难，但进展却很缓慢。实际上，同样的时间里如果用传统速记法，可撰写两三遍。随着每份文件经过核对后完成，我将它送给我的专业同僚们，以表达我个人的确认。与此同时，他们也在为联合参谋会议准备自己的文件。我很高兴地看到，尽管我的主题更加笼统，而他们的更有技术性，但在原则和价值上我们是一以贯之的。没有什么会导致争论的异议，也很少有证据需要订正。因此，尽管没有精确和严格的方式来限定，但我们却达成了一系列能让我们都团结一致的富有建设性的原则。

第一份文件综述了一些理由，以说明为什么英美联军在1942年在欧洲战区的主要目标是占据非洲的海岸线以及从达喀尔到土耳其的地中海制海权。第二份文件说明的是重夺太平洋制海权而必须采取的措施，并提出在1942年5月实现这个目标。文件中特别指出，需要大量增加航空母舰的数量。第三份文件指出，为了实现最终解放欧洲的目标，将由英美联军在德占区最为适合的地点进行登陆，并将1943年定为此最重要一击的时间点。

在圣诞节前，我将这三份文件交给了总统。我解释说，它们仅仅是我的个人观点，不能替代参谋长之间的正式交流。我将它们写成了给英国参谋长委员会的非正式记录。此外，我告诉他，这些文件并非专门为他而写，但我认为，让他知道我的心中所想，我想做到的事情，以及涉及大不列颠所要试着付诸行动的目标，这是非常重要的。他收到它们之后立即阅读，第二天还询问是否能保存它们的复印件。对此我欣然同意。

尽管我在10月20日曾就艾德礼先生提过的这些议题给总统写过信，并从未收到过正式回复，实际上我也没有期待回复，但我感觉到，总统在法属西北非的行动上，是按着我的思考路径想了很多的。10月，我们仍在独自奋战之时，我只能告诉他英国的看法和计划。但现在我们是同盟了，必须协同一致，采取更大规模的行动。我感到有信心的是，在基础完备之下，他和我能够达成广泛的一致意见。因此，我满怀期待。

第一部分 大西洋前线

1941年12月16日

1.战争进入此时，希特勒在俄国的失败与损失成了首要因素。这对德军及纳粹政权来说是一场大灾难。因为这个政权是靠轻而易举的胜利维系的。现在不但想象的顺利且轻易的胜利没有了，还将面对猛烈的冬季攻势以及在燃料和武器装备上数不尽的消耗。英美并不需要卷入此事，只需要保证我们所承诺的物资按时送到即可。我们要抓住这一点，对斯大林施加影响，争取将巨大的俄国势力纳入战争的总体结构中。

2.而奥金莱克将军在昔兰尼加的胜利，对德国的实力也是不小的打击。我们可以期待年底之前看到利比亚的敌军崩溃。这不仅对德军和意大利军是沉重一击，也将让我们在尼罗河流域的军队解除长久遭受的自西而来的入侵威胁。

自然，奥金莱克将军将在代号为“变色龙”的行动中尽可能快地推进，然后占领的黎波里，并让它的装甲军团抵达突尼斯边境。在我们从华盛顿分开前，他可能就能完成这个目标。

3.德军在俄国的损失和失利，以及他们在利比亚被清除，或许会导致他们在接下来的春天将优先向靠近他们的东南方推进，要么通过高加索，要么通过安纳托利亚（Anatolia），甚至两条战线同时进攻。然而，我们不认为他们有足够的实力实现这一目标。苏军经过冬季的恢复之后，将陈兵列宁格勒和克里米亚一线。他们可能会轻易地被迫撤离克里米亚。但此时没有理由相信苏联海军会失去黑海的制海权。也没有理由相信，以德军现有的兵力和纳粹政权现在的境况，能够去进攻土耳其，同时通过安纳托利亚行军。土耳其人有五十个师，他们的战斗力和国内的地理障碍都举世闻名。尽管土耳其始终保持中立，但随着苏联控制黑海，英国在地中海和北非海岸的胜利，再加上已被证明实力弱小的意大利海军，都会逐步将土耳其推向我们一方，并无疑将有效鼓舞他们去抵抗德军的侵袭。与此同时，认为德国对波斯——伊拉克——叙利亚西南一线袭击的威胁已解除的想法也是不明智的，尽管现在看起来它的可能性也比之前小得多。

4.因此，我们必须全力以赴赢得法属北非，对于维希法国政府和法属北非当局，现在是动用各种诱导和施压方式进行处置的时候了。德国在俄罗斯遭受挫败，英国在利比亚获胜，意大利在道义和军事上的崩溃，再加上德美之间互相宣战，必定会强烈影响法国人和法兰西帝国的心理。现在到了要维希和法属北非选择是敌是友的时候了。如果是友，美国和大英帝国将承诺重建法国为一个大国，并保持他们的领土完整。为此他们必须对英美联军的远征军提供协助：包括从大西洋在摩洛哥登陆，从方便的地点登陆阿尔及利亚和突尼斯，以及奥金莱克将军的军队从东部的推进。英美将为法国和忠诚的摩洛哥人提供足够的物资。维希首先要做的是，必须将他们的舰队从土伦港调到奥兰和比塞大，并将法国重新投入战争。

这也意味着德国人将占领整个法国区域，并把它当作沦陷区来统治。但就沦陷区和此前的非占领区的情况来说，两者并无太大差异。不管发生什么，欧洲的法国都将不可避免地面对全面封锁。当然，尽管法属北非将会与他们作战，深陷在俄国的德国人也可能会选择不去攻击未沦陷的法属区域。

5.哪怕维希能默许法属北非加入我方，那么我们肯定要准备好尽快派遣相应的武装力量。如果奥金莱克将军在的黎波里塔尼亚胜利，那么除了他能从东边带过来的军力，英国方面已准备了55000名士兵，分成两个师和一个装甲团，还有相应的船只。一旦接到上船的命令，这支部队能够在二十三天内部署到法属北非去。而先遣军和空军可以从马耳他很快抵达比塞大。与此同时，希望美国也能允诺派出15万人，在接下来的六个月里派遣到卡萨布兰卡以及其他非洲通往大西洋的港口。而必不可少的美国先遣军需要大约25000人，在获得维希法国或者法属北非同意之后立刻出发。

6.此外还需要美国向北爱尔兰派遣相当于三个步兵师和一个装甲师的军力。这些师在必要时，可以在北爱尔兰完成训练。美军的出现将会让敌军知道，他们将夸大美军的数量。而美军部署在不列颠群岛，也将追加对德国人试图入侵的强大遏止力量。而这也将让我们能往法属北非增派两个步兵师及一个整装装甲师。如果这些力量能调遣过去，再加上北非的法军，辅以适当的空中支援，德国人要想穿越没有制海权的水域并征服北非，将变得极为困难，并会付出高昂代价。而西北非区域是英美联军行动的最佳地点，我们可以直接、方便地穿过大西洋抵达那里，而敌军穿越地中海将受到严重阻碍，就如他们在利比亚的战事中所遭遇的一样。

7.在此值得一提的是，我们非常希望美军的轰炸机中队能够从不列颠群岛起飞轰炸德国人。我们自己的轰炸机计划远逊于期待。它令人生畏而且不断增加，但它的全面生产延后了。需要记住的是，我们很期待，通过对德国城市和港口更剧烈、更精确的轰炸，能够影响德国的生产和德国人的士气，再加上他们被俄国人击败，可能会严重动摇德国人的战斗意志，并对德国政府内部产生影响。在联合王国部署大约二十个美军轰炸机中队，将加强、加速这一进程，而这也是对德国向美国宣战最直接、最有效的回应。大不列颠会安排增加轰炸计划，并自此增强英美联军对德国的无限制轰炸，直至战争结束。

8.然而，我们必须掂量一下，维希可能会出我们意料选择拒绝，也有可能让法属北非奋起反抗。尽管事实不太像会这样，但他们可能会帮助德军进入北非；德国人可能会强行推进，或者借道西班牙；土伦港的法国舰队可能会被德国控制，法国人和法兰西帝国在维希领导下，可能会与德国人联合反对我们。法国人中压倒性的多数仍与大不列颠在同一战线，而现在更多人与美国在同一战线。现在还不知道达尔朗海军上将是否会将土伦舰队完整无缺地交给德国人。但要让法国士兵和海员与英美有效地战斗，那是最不可能的事情。尽管如此，我们也不排除可能有一些三心二意的法国和北非投降主义分子与德国站在一起。如果真是这样，我们在北非的工作就会变得更难一点。

在1942年，必须发起一场战役，从而占领或征服所有北非国家，包括摩洛哥面向大西洋的港口。而在本年年终之前，必须占领达喀尔和其他法属西非的港口。鉴于进入法属北非防备德国渗透的紧迫性，我们要用八九个月准备，以控制达喀尔和西非的政权。执行计划已经刻不容缓。如果有足够的时间和准备，再加上合适的机构推动，此后的军事行动将不会有什么不能克服的难题。

9.我们与戴高乐将军及自由法国运动的关系也需要重新审视。迄今为止，美国还没有像我一样，在与他的通信中有过什么承诺。自始至终，他个人并没有特别的错误，他的运动在法国人心中创造了新的反抗运动。现在美国所感觉能够由他这方面采取的行动，都应该有这样的效果——对此应特别注意——能重新定义我们对他和法国的义务，而这些义务更多依赖于他和法国努力重建自己的可能性。如果维希在法属北非方面能如我们所愿，英美应该进行斡旋，让自由法国（戴高乐主义者）和那些重新拿起武器反抗德国人的法国人和解。另一方面，如果维希坚持与德国人勾结，让我们必须打进法国北部和西非，那么戴高乐的运动就应该得到支持，并充分加以利用。

10.我们不知道西班牙会怎么样。似乎可能的是，西班牙人不会让德国人自由通行去攻击直布罗陀和入侵北非。可能会有渗透，但陆军通行的正式请求会被拒绝。如果是这样，德国人想在冬季强行通过西班牙，对他们将是最糟糕的时间。再者，希特勒用陆军攻占的几乎整个欧洲正处于失败和半饥饿的状态，在攻占法国非占领区，卷入与伊比利亚半岛阴郁、凶猛、饥饿的人民进行痛苦的游击战上，他会保持小心谨慎。英美必须尽全力增强他们反抗的意志。当前供应有限物资的政策应该继续。直布罗陀港口和基地对我们的价值如此之大，在半岛被入侵或者西班牙人允许德国人借道之前，都应该让这个大西洋岛屿免遭攻击。

11.总之，在主要的攻势之后，1942年的战果将包括，英美联军将占据并控制整个法属北非和西非，如果海军局势允许的话，英国对从埃及到突尼斯的北非海岸国家的控制，将打通从地中海到黎凡特和苏伊士运河的自由通行权。

这些大的目标要实现，前提是英美在大西洋能够维持制海权和制空权，物资供应线不会被阻断，不列颠群岛能有效防备侵略。

※ ※ ※

我关于太平洋战争的第二份文件在我们登陆之后才完成。

第二部分 太平洋前线

1941年12月20日

1.日本人拥有海军的优势，这让他们能够将部队输送到任何想去的地点，然后占领它，并建起空军与海军的燃料补给基地。而盟军暂时还没有实力来发动一场军舰队之间的大型战役。由于这片海域面积广阔，让他们运送部队被拦截的机会变小了。甚而在丢掉海上优势之后，我们也会遭受零星的攻击。但我们无法跨过大洋，进行一场持久的作战行动。因此，我们可以预期，我们在太平洋上的领地和要塞会逐步丢失，而敌人能相当轻易地一个个战而胜之，横扫当地的守军。

2.在这段过渡时期，我们的任务就是在每个遭受攻击的地点进行顽强抵抗，如果有机会，冒必要的风险，也要运送物资和增援。如果我们的军队顽强抵抗，并尽可能加强防卫，敌军将会被迫在远离本国之外进行更大规模的海外作战，他们的船只将会紧张，而其运输线将容易受到英美荷等国海军、空军——尤其是潜艇——的集中攻击。最重要的是，不能让敌人轻易扩大战果，必须让他们在每次征服中付出代价，并扩大其资源消耗。

3.日本的资源是消耗性的。对中国作战的消耗已让这个国家苦不堪言。在珍珠港被攻击期间，他们的实力达到了顶峰。如果斯大林所言为真，日军除了自己的空军，又新添了1500架德国战机（斯大林清楚它们是怎么被弄到日本去的），显然按照日本每月生产350架战机的薄弱能力，是无法替代相应的损耗的。我们的策略应该是，让他们在海外征服地维持数量尽可能庞大的军队，并尽可能让这些队伍疲于奔命，从而让其运输线满负荷运转，并维持高比率的战机消耗。如果我们不发一枪，让他们轻易扩大征服区，从而在维持较小规模的海外兵力下，实现最大的战果和最小的消耗，这将会给我们造成巨大的损害。因此，有必要在每个我们有机会的地点和他们进行战斗，让他们陷入消耗和战线扩张之中。

4.但我们必须稳步推进，尽早重获海上优势。为此可以采取两种方式：一、增加我们的主力舰。日本无视条约限制，新建两艘战列舰，它们是非常难对付的，也会影响整个太平洋战场。听说5月时美国两艘新的战列舰也将服役。当然，战争中的所有举动都受到敌人、事故及命运的支配，但如果我们的主力舰不再减少，也没有新的无法预料的压力出现，我们希望能将“纳尔逊号”和“罗德尼号”编入新的两艘战列舰中，组成4艘16英寸炮的现代化主力战舰编队。在这支编队之后，美国新重组的旧战列舰数量足够支持一支舰队的行动了，而如果一切顺利的话，这个工作能在5月后完成。在太平洋恢复我们的海上优势，即使不能获得压倒性优势，也能够保证整个美国西海岸的海防，这样就能防止把本可以用于进攻的兵力用作无效的防御。因此作为战略目标，我们必须在太平洋组建一支有一定优势的舰队，并在5月实现它。

5.不只如此，航空母舰应该发挥最大的作用。我们自己有三个航空母舰编队，它们可以适当地参加在南非、印度和澳大利亚之间海域的行动。美国已经有7艘常规航空母舰，对上日本的10艘，而且美国的航母要更大。我们要大力发展简易航空母舰，大小都行。单就这一点，就能快速增强我们的海上力量。即使这些航母每艘只能装载十几架飞机，也能够与其他航母联合发挥自己的作用。我们必须发展出高效的浮动空军基地，从而让我们在一段时期内获得并保持对岸基空军的优势，并能够有效地攻击敌军登陆军队，阻止其获得新的战果。除非并直到这种地区空中优势完全实现，否则即使有舰队上的优势，战事对我们也相当不利。就1942年来说，我们无法获得比当前更多的战列舰了，但我们能，也必须获得更多航空母舰。建造一艘战列舰需要五年，但六个月里就可能改装出一艘航空母舰来。接下来就要像美国内战时期在密西西比河上战斗的额外的大小舰船那样，灵活机动地发挥了。必须要接受的是，优先建造适用的航空母舰，在进攻性的战略轰炸机上就会有所拖延，而轰炸德国是我们考虑持续战争的主要方式。然而，这不过是时间和程度的问题。在1942年，我们不能期望对德国的轰炸水平达到我们预定的目标，但在1943年，我们应超过这一年度目标。我们的联合计划可能会推迟，但它终会到来。而德国的城市和其他目标并不会消失。我们必须尽一切努力来提升对德国的轰炸力度，直到实现预定的1943年和1944年的目标，当然，也可能因为其他的需求，迫使我们放慢进度。而在此之前更重要的事情是，哪怕仅仅是象征性的，美国的轰炸机群也应该从不列颠群岛起飞对德国的城市和港口展开轰炸。

接下来，还会讨论建立空军基地，俄国的加入，太平洋上的护航，与新加坡的使用，就不在此赘述了。最后：

12.在第一波攻击过后，我们不必担忧在太平洋战争中美国的军力不足。按照计划，1942年在欧洲战场所需要的军队数量必须是有限的，不会大到妨碍在太平洋的战斗。而在两年里召集一支上千万人的美国军队，单是训练就足以耗费所有的储备物资，如果只将他们用于防卫美国本土，对我们是不利的。

因此，要避免出现这种窘境，合理地利用这支庞大的军队和充足的弹药物资，让美国能在太平洋恢复海上力量，而不是让他们为忧心的海外次要战场的作战感到失望。

※ ※ ※

关于我对在欧洲大陆进行大规模进攻行动的态度，曾有很多不同说法，因而在此强调一下事实就很重要。我一直认为，对沦陷区国家采取尽可能大规模的决定性进攻，是赢得战争的唯一方式，而恰当的时间则应该选定在1943年夏季。可以看到，早在1941年底，我就考虑过大规模行动，并认为需要为此准备40个装甲师和百万人的军队。我注意到有很多书中将我对此事的态度进行了错误的描述，我感觉有必要让读者了解一下当时的一些可信而且负责任的文献，而在此后的章节我将呈现其中的一些。

第三部分 1943年的战事

1941年12月18日

1.如果在第一部分和第二部分所设定的1942年的行动都成功的话，那么在1943年初的局势应该是这样的：（1）英美在太平洋重夺制海权，而日军在海外将受到两方面的打击，一是所有的海外联络线都会遭受攻击，二是英美远征军也将夺回被占领的地区；（2）不列颠群岛仍将固若金汤，并比之前更好地应对入侵；（3）从达喀尔到苏伊士运河一带的北非和西非地区，以及从黎凡特到土耳其边境的地中海区域都将掌控于英美之手。

尽管土耳其尚未参战，但肯定会站在英美苏一边。苏联的位置将会巩固，而英美所承诺的物资援助将部分弥补俄国军火生产能力的损失。到时我们可能将在西西里岛和意大利站稳脚跟，而意大利境内的反抗运动也将达到高潮。

2.但这些还不足以结束战争。将日本赶回本土，击败其派遣到海外的侵略军并不能终结战争。只有在欧洲击败德国军队，通过战争的不利局势、经济困难和盟军的轰炸，让德国内部陷入动乱，才足以终结战争。随着英美苏军力的发展，德国人会开始明白其国家的崩溃将可能发生，但我们不能仰赖于此。我们的计划必须着手让德国陆军和空军的反抗仅限于当前的水平，而其潜艇战也会被日益增多的大批小型舰队所抑制。

3.因此，通过英美军队在合适的地点进行联合一致的登陆，并帮助沦陷区人民奋起反抗，我们将解放西欧和南欧沦陷国。由于残酷的高压统治，仅凭他们自己是没有能力反抗的，但如果有适当的、足够的武装力量在挪威、丹麦、荷兰、比利时、法国南海岸及西海岸、意大利以及巴尔干的数个地方登陆，德国守备部队将无力同时应付解放武装和愤怒的反抗人民。由于我们拥有制海权，能够在数个地点和地区中选择登陆点，德国将没有足够的军队能同时在这些地方有效地防御。尤其是他们无法将自己的装甲车辆从南到北、从西到东不断调动，要么他们会分散在各个沦陷国——这种情况下兵力将极其分散；要么他们会回退集中到德国的中心地区——这种情况下，我们登陆占领大片重要区域后，他们也无法抵达。

4.此时，我们必须面对短期计划和长期计划之间的矛盾。战争是持续的斗争，因而必须日复一日地战斗。只有面对困难和瓶颈，才能为未来做好准备。经验告诉我们，预测总不准确，而准备总是会有欠缺。无论如何，都必须有个设计和安排，从而能在合适的时期让战争胜利结束。更何况，没有周密的专业机构做准备，在当前的情形下根本无法进行大规模的进攻行动。

5.因此，我们现在要面对的问题不仅仅是将日本赶回本土，在太平洋获得不容挑战的优势，更要在1943年夏季，通过英美军队在欧洲海岸的登陆来解放沦陷各国。我们必须为在以上各国登陆做好准备。而实际选择的三四个登陆点必须尽可能长地拖延，以期待有利的形势和做好保密。

6.原则上，必须由那些不仅能在港口而且能在海滨作战的装甲和机械化部队来登陆，可以通过登陆艇或者特别适用的运输舰来进行。而潜在的攻击前线必须够宽，如此一来德军将无法有足够兵力部署在不同国家的众多地点。而我们必须准备好水陆两栖装备，以便大型登陆行动迅速成功。英美各兵种的先遣军必须于1943年春在冰岛、不列颠群岛——如果可能的话，也在法属摩洛哥和埃及——集结。而主力部队将会直接跨越海洋登陆。

7.毫无疑问，登陆需要庞大的兵力。如果装甲编队登陆成功，他们将带足够多的武器，让起义的当地民众参与解放攻势。计划需要40个装甲师，每个师约15000人，或者同等战力的坦克旅——大英帝国将提供其中的半数，每个旅6000人。在装甲部队之后的是近百万兵力，他们将夺取希特勒统治的广大区域。而且这些战役一旦开始，就要维持很大的规模。我们的工业和训练基地必须高效运转，从而在1942年底完成准备。

8.除了制海权——没有它寸步难行——所有这些行动还需要制空权，而且为了登陆，还需要发展一支庞大的运输机队。

在1942年的战争也很需要它。为了消耗敌人，抑制其反击力量，从英格兰对德国的轰炸，从马耳他对意大利的轰炸——如果可能的话，也可以从的黎波里和突尼斯——必须达到最高强度。考虑到不列颠的一线空军实力已经稍微超过德军，苏联空军在前线部分地区也已占据优势，其实力已相当于德军的五分之三，再加上美国的资源和补充，没有理由认为到1943年夏季之前我方空军不能获得压倒性优势，并对德国进行持续性的猛烈惩罚。考虑到轰炸必要程度的问题，以及轰炸目标不可转移，因而应优先发展战斗机和鱼雷轰炸机，并需要众多可供使用的运输机和滑翔机。

9.如果我们现在就定下这些任务——要小心，它们不能有损我们当前的需求——如果德国没有崩溃的话，我们会有希望在1943年底或1944年赢得战争。我们可以现在就宣布我们将在1943年派遣军队解放欧洲。这将给沦陷区人民带来希望，避免他们与德国入侵者合作。设立并维持我们的计划，让无数人心里明白这个计划，将会造成强有力的影响。

在航程中，在写好这份文件的当天，我就把它读给参谋长听。下面是我们当时的讨论记录：

首相说，他希望参谋长能审阅整个文件，而他打算将这份文件作为他和总统会谈的基础。他认为，将大规模攻入欧洲作为1943年的目标，并把它置于英美人民面前是很重要的事情。总体上，战争的三个阶段将会被描述为：（1）紧缩包围；（2）解放人民；（3）对德国大本营的最终攻击。

我发现我的专业同僚们完全同意这些意见，并大体上同意其他文件里的观点，这些文件共同构成了我们对当前战争形势联合研究和讨论的结果。

※　※　※

回顾这三份文件，对照来看，总体上我是满意的，它们基本上解释了1942年和1943年英美完成的战役。最终，我获得了总统的同意，对西北非进行远征（行动代号“火炬”），它成了我们第一次大规模两栖联合作战。而我也热切渴望着在1943年夏季跨过海峡，解放法国（行动代号“围捕”，后来改为“霸王”）。

计划未来很重要，有时也可能在某些方面进行预测，但没有人能保证如此大规模的行动，其时间安排不会随着敌人的行动和反击而发生改变。而在此记录的所有目标，最终都通过这些文件所设定的安排实现了。我对奥金莱克将军在1942年2月扫清利比亚的希望落空了。他经历了一系列惨败，此后将会讲到。希特勒也许受这些胜利鼓舞，决定为争夺突尼斯发起大规模战役，随后调动20万新的军队通过意大利，跨过地中海。因此，英美联军在北非所卷入的大规模、漫长的战役大大超出我的预期。因为这个原因，我们的时间表推迟了四个月。英美联军没能在1942年3月完成“控制整个法属西非和北非，英国更进一步控制突尼斯到埃及的整个北非海岸”的目标，直到1943年5月这一目标才完成。而我热切期待和筹备的横渡海峡解放法国的计划，受此影响无法在那个夏季实施，并推迟了一整年，直到1944年夏季。

后来回顾我们现在所了解的事实，让我相信，我们因祸得福。西非远征拖延的一年，让我们躲过了极其冒险，并有可能让世界震惊的灾难性的计划。如果希特勒够聪明，他会减少在北非的损失，在新扩充的美军和装备达到完全成熟和优秀的境地之前，在大批登陆舰和特别建设的浮动港口（代号“桑树”）建成之前很久，以我们1944年实际遇到的兵力的两倍兵力来迎战我们。现在我敢肯定，即使“火炬”行动如我所期待的在1942年结束，或者这场战役从未发生，那么在1943年横渡海峡的尝试将遭受重大的、血腥的惨败，其对战争结果将产生压倒性的影响。整个1943年，我越来越清晰地看清了这点，并由此欣然接受了“霸王”行动不可避免的推迟，同时完全理解我们的盟友苏联的忧虑和愤怒。

一旦直到1944年我们才能横渡海峡变得确定起来，在地中海发动战役的需要就很清楚了。只有在西西里岛和意大利登陆，我们才能与敌人大干一场，并打掉轴心国中较弱的那个。为了确保这个显而易见的目标，我得到了总统的首肯，让马歇尔将军在1943年5月陪同我从华盛顿到了阿尔及尔。这些都将在这些事件真实发生时再予以详述。

澳大利亚人的担忧

战争的新形势—— 确信最终将会胜利—— 英美在太平洋丢盔弃甲—— 日本可能进攻澳大利亚和新西兰—— 我与柯廷先生（Mr. Curtin）的通信—— 他向罗斯福总统发出请求—— 鲍登先生（Mr. Bowden）对新加坡面临危险的报告—— 柯廷先生在《墨尔本先驱报》的文章—— 我对兵力的分配承担全部责任—— 我在1月3日给柯廷先生的回复—— 14日的回复—— 第一支先遣队安全抵达新加坡—— 新西兰的说明—— 柯廷先生在1月18日的电报，及我的回复—— 整体回顾—— 澳大利亚的情况——太平洋战争委员会在伦敦和华盛顿开始工作对于大不列颠来说，第二次世界大战的第二个年头——1942年，形势已经完全不同。我们不再孤军奋战。在我们一方站着两个强大的同盟。尽管原因不同，美俄却和大英帝国亲密无间，共同誓死御敌。这种联合除非分崩离析，或者德国人手中有了全新的战争武器，否则最终的胜利毫无疑问将属于我们。的确，战争双方都在紧锣密鼓地探索一种新式武器。就像后来所展示的，注定要投下的原子弹，其秘密最终属于我们——本就更为强大的一方。一场可怕而血腥的战争横亘在我们面前，我们无法预知其过程，但结局是显而易见的。

伟大的同盟现在需要面对日本的突击。这场突击蓄谋已久，并极其残酷而猛烈地降临到英美前线——如果可以这么说的话。谁也没有想过日本会战胜美国，美国在菲律宾和其他岛屿上，以及英国、倒霉的荷兰在东南亚和太平洋上，都付出了沉重代价。日本对英美的进攻，导致很多原本用于资助俄国的弹药和物资被移作他用，正和德军主力进行殊死一搏的俄国因而举步维艰。英美遭遇了长时间的惨败，这没有影响最终的结果，但很难让他们的人民忍受。我们的力量被他处拖住，在此地军力空虚，而美国才刚刚开始聚集他们几乎无穷尽的资源。在身处不列颠群岛的我们看来，一切都在变糟，然而在脑海里，我们清楚，我们会赢得战争。

尽管新的沉重负担降临到我们头上，但英国本土面临的危险并没有增加。另一方面，澳大利亚和新西兰却突然感觉自己沦为了战争的最前沿。他们认为自己暴露于直接被侵略的可能之中。此时的战争，不再意味着跨海援助遭受不幸和危险的母国。新的敌人可能会直接攻击澳大利亚本土。他们漫长的海岸线根本无法防御。而他们所有的大城市都在海边。他们仅有的四个训练有素的志愿师和新西兰师，所有最好的军官，都远离本土，隔着大洋。太平洋上的制海权瞬间转移至日本之手，且不知到何时。澳大拉西亚也几乎没有空军。澳大利亚已拉响警报，其内阁将集中应付自身的防务，对此我们毫不奇怪。

在此危急时刻，他们及他们的专业顾问似乎都认为，澳大利亚联邦所面临的毁灭已迫在眉睫，然而直到此时，他们却不能同心协力，这真是让人讶异。正是他们政党的漠视和死板，让地方政治不曾动摇地掌管一切。以两席占优的工党政府控制着整个权力机构，甚至为防卫本土而征兵的法令也被阻挡了。这些为一党之私的决定并不符合澳大利亚国民的精神，也让我们的工作更为艰难，我们要尽可能保证他们的安全，同时在世界战略上做到真正的平衡。

本卷中那些阴郁的页面必须要从我和澳大利亚总理柯廷先生的通信说起。在图卜鲁格的澳大利亚军队调防问题上，我们未能达成一致。此后在战争形势好一点的时候，他来到英格兰，我们都对他有了很好的了解，这位知名而杰出的澳大利亚人获得了广泛的尊敬和喜爱，我个人也与他建立了友谊，不幸的是，他过早的逝世，让这份友谊戛然而止。然而在当时，压力蜂拥而至之下，我过分关注于我们之间在很多问题上的严重分歧，我很遗憾，在发给他的电报里有很多焦躁的痕迹。

在华盛顿时，我收到了一系列由柯廷先生和澳大利亚外交部长伊瓦特博士（Dr. Evatt）让他们在华盛顿的代表凯西先生（Mr. Casey）转交给我的信息。柯廷先生还给罗斯福总统发过下面这封电报：

▶ 1941年12月26日

1.值此危急时刻，趁二位正为推进共同志业会商之时，我希望陈述己见。

2.我已就苏联问题与丘吉尔先生联系过，现认为其与日本之战争关系事关重大，兹希望二位在会谈中都能考虑此事。

3.现在，我将对一个更加迫切且重要的问题陈述己见。

4.根据多份报告，很显然，日本人已经完全控制马来半岛北部的海空。当地规模甚小的英军中包含一个澳大利亚师，而我们业已派遣三个飞行中队去马来半岛，以及两个中队去荷属东印度。陆军必须得到空中支援，否则在希腊和克里特岛的悲剧将会重演，新加坡也将受到严重威胁。

5.新加坡陷落将意味着菲律宾陷入孤立，荷属东印度沦陷，其他的基地也将被扼杀。我们在此区域与印度洋和太平洋之间的联系也将被切断。

6.而后撤将对我们以及美国的利益造成严重后果。

7.对我们来说，联合王国派遣去支援马来亚的力量是完全不足的，特别是飞机，战斗机尤甚……小的支援将毫无用处。实际上，在马来半岛对日本的抵抗力量直接依赖于联合王国政府和美国所提供的抵抗力量。

8.我军已参战，并将继续英勇奋战。但他们必须得到足够的支持。我们在中东有三个师。我们的飞行员在不列颠、中东参战，并在加拿大受训。我们运送大量的物资给不列颠、中东以及印度。实际上，我们的资源也很有限。

9.相信二位能处理此局面。如美国政府愿意，我们乐于在太平洋区域接受一位美国总司令。总统曾说澳大利亚将成为一个越来越重要的基地，但为确保此基地继续存在，新加坡必须得到增援。

10.尽管我们非常困难，但我们仍将继续增援马来半岛。

11.如果此事被视作最紧急事务，我会很欣慰。

而伊瓦特先生从鲍登先生——驻新加坡的联邦专员——那里收到的报告，也转交给了我。事态严重，业已证实。

► 1941年12月26日

今天的报告预示着空中局势一天比一天糟。昨天损失八架战机，而日军仅损失三四架。吉隆坡和巴生港现在是我们前线的空中侦察基地，但由于日本在飞机上的优势，甚至很难进行空中侦察了。我们大部分战斗机已经后撤至新加坡，以便保护这座岛屿及基地。不过，空军指挥官表示，为了给即将抵近，运载急需的增援、人员和物资的船队提供足够的战斗机护航，他不得不让新加坡空中不设防。

报告还说：

我想我必须强调，马来半岛防御战形势的恶化有可能导致整个防御体系的大崩溃。期待的现代战斗机装箱运来之后，需要数周进行组装，还将面对被轰炸摧毁的危险，根本无法挽回形势。而期待的增援力量将轮替业已疲惫的前线部队，也不会让局势改观多少。英国的防卫政策现在更多集中于马来半岛的战斗机和防空战，以保护新加坡岛上的海军基地，如此防御策略将让前线部队——包括澳大利亚帝国军队——坐以待毙。

现在对马来半岛的实际支援力量，只不过是个姿态而已。在我看来，要守住新加坡，当前唯一能做的就是立刻从中东调遣大批空中支援，包括大量最新式的战斗机以及受过充足作战训练的飞行员。增援不应是几个旅，而应是几个师。要帮上忙，他们必须尽快抵达。如果增援不够强、不够先进、不够快都是没用的。如果事情继续像现在这样发展，我感觉新加坡的沦陷只是时间问题。如果想挽救新加坡和马来半岛的皇家澳大利亚部队，必须立即采取彻底有效的行动。

现在一个澳大利亚部长到访不会有任何作用，事实很清楚，没有立即的空中支援，新加坡必将沦陷。现在必须在几小时内做出决定和行动，而不是几天。

伊瓦特博士补充说，据他判断，鲍登先生的形势总结十分到位。“如果不能按他提议的立即照做，结果不堪设想。”

※ ※ ※

12月27日，柯廷先生在《墨尔本先驱报》上发表了署名文章，这篇文章曾经被我们的敌人拿来在全世界炫耀。他在文章中说：

有人宣称太平洋战场在总体冲突中应被视作次要部分，我们对此无法接受。这并不是说其他战场没有太平洋战场重要，

> 而是澳大利亚寻求一种联合行动，从而能发挥民主国家最强大的潜力，坚定决心将日本打回去。
>
> 因此澳大利亚政府将太平洋战争视为优先目标，在这个战场，美澳应在民主国家战斗计划方面拥有最大发言权。
>
> 我必须不带任何顾虑地说清楚，澳大利亚指望美国，对于我们和联合王国之间的传统联系，我们也无需自责。
>
> 我们清楚联合王国所面对的难题。我们清楚其面对的持续性的侵略威胁。我们清楚力量分散的危险。但我们也清楚，即使澳大利亚崩溃，不列颠仍然能撑得住。
>
> 因此我们决心让澳大利亚撑住，我们必须全力以赴制订计划，以美国作为基石，从而让我们的国家有信心能够抵抗下去，直到战争的趋势对敌人不利为止。
>
> 总之，澳大利亚的外部策略是：在俄国的帮助下，以美国为主要力量，与英国、中国和荷兰军队一起制订一个太平洋战略计划。

这在美国高层中和加拿大造成了极糟糕的印象。我敢肯定这种对忧虑的宣泄——可以理解，但并不代表澳大利亚人的态度。W. M. 休斯先生（Mr. W. M. Hughes）——第一次世界大战时期的澳大利亚总理，澳大利亚联邦联合党党首（著名的“比利·休斯”）——立即说，“澳大利亚将不列颠的支持看得没有其他大的联盟国家的支持重要，这是一种自杀式的、错误的、危险的政策”。为此在澳大利亚发生了激烈的论战。我从华盛顿发电报给艾德礼先生：“我希望对此事不要煽风点火，同时我们应该尽人力所及，去支援他们……”我的脑海里痛苦地权衡，是否直接对澳大利亚人民做一次广播。与此同时，我完全接受落在我肩上的责任。“我希望你能尽力让一切问题搁置，直到我回来，亲自面对任何反对意见……如果因为利比亚和俄国的缘故，马来半岛沦陷，我将承担最大责任，并将继续这么做。如果在议会被问起任何问题，请声明我特别希望在回来之后亲自回答他们。”

我立刻就军事形势给柯廷先生回复：

▶首相致柯廷先生， 1942年1月3日

韦维尔将军的管辖区域仅限于现在战斗仍在进行的战区。自此之后，他的管辖区域将不包括澳大利亚、新西兰，以及美澳之间的交通线，或其他事实上的海上交通线。这当然不意味着，在我们军力覆盖范围下的这些至关重要的区域和交通线会从此失去保护。在我们看来，美国海军应该承担责任，保护交通线以及澳大利亚和新西兰周边的岛屿。这是我们正在施压让美国接受的。海军上将金刚刚受命掌管全部美国海军，他还没有接受我们的观点。显然，如果我不能说服美国人接受它，我们必须自己尽全力填补空缺，但我仍旧冀望我们的观点被接受，如此一来，我们或者你们在此区域的舰船在行动时都将接受美国的指挥。从来没人意图将盟军主力集中于新划定的西南太平洋战区，我不清楚你从哪里得到这个消息……

我在此日以继夜地工作，以便为你们的利益和安全做出可能最好的安排，并用我们有限的资源去面对其他战区和其他危险。不久之前，你们强烈要求为中东的澳大利亚陆军提供最好的装备。尽管前景看好，但那里的战斗仍未结束。如果调走飞机、坦克去支援马来半岛，让奥金莱克的战役变糟，那不是很愚蠢的事情吗？更何况当时还不确定日本会进行战争。苏联人的胜利缓解了高加索面临的危险，加之奥金莱克的胜利，让考虑增援成为可能，如你所建议的那样，暂时牺牲中东，目前也是合理的，因为马来半岛如今已成为战区……

我和柯廷先生之间继续交换了意见。

▶首相致澳大利亚总理，1942年1月11日

1.日本如此轻易地占据了除柔佛之外的马来亚全境，加之参谋长认为，即使现在按照他的计划，防御这片有限的区域，也需要接受相当的风险，这当然让人不安。

据说，澳大利亚第八师已被下达参与决战的任务。政府毫不怀疑他们会继承皇家澳大利亚军队的光荣传统，完成任务。然而，我强烈请求你根据我早先的陈述和你的打算，竭尽全力、最大限度地支援马来半岛。我也特别关心空中力量，如果重蹈希腊和克里特战役的覆辙，将会激起强烈的舆论反弹，必须排除这种情况发生的可能性。

你会注意到，我们已同意澳大利亚第六、第七师连同军部、给养和基地机关从中东调防到荷属东印度。

我继续向澳大利亚政府做保证，并更加完整地解释了我制订东南亚战区联合指挥策略的动机。在我从华盛顿离开的前夜，我对形势做了总结。

▶首相致澳大利亚总理，1942年1月14日

一旦日本掌控制海权，而我们又必须与德国和意大利殊死一搏，那时，我不认为有人会认为能守住马来半岛。唯一重要

的地方是新加坡要塞和它的腹地。我个人担忧的是，为了拖延时间，我们在半岛打防御战，反而损耗了防卫新加坡所必需的军力。我们调动了四个师，目前已损失一个师，另一个也损失惨重，仅获得了一个月或六个星期的时间。也有人认为，如果早些后撤，少受些损失会更好。

2.支持最高统帅的决定，这是我们的责任。我们不能身隔万里指指点点，是冒点险在半岛西北部的丰盛港（Mersing）作战更好呢，还是所有部队现在都撤入岛上要塞好。个人角度，我相信韦维尔是对的，而参谋长也支持这样部署。我敢肯定你多半也会同意这样部署。

3.我很有信心，你们的军队在即将发生的战役中将投入最高的战斗精神，不辱使命。为了增援新加坡及其腹地，我们正在尽一切努力。两支搭载印度第四旅团及其交通工具的船队业已抵达，而搭载英军第十八师主力旅的重要编队也定于13日抵达。我自然十分担忧搭乘一艘船的4500人是否能顺利通过巽他海峡（Sunda Strait）。无论如何，我希望他们按时抵达，并与他们的澳大利亚兄弟并肩作战。我已将我们为此重要的战役所做的变动，以及抵达的日期这些细节和盘托出。正是基于此，韦维尔希望在2月底进行反击才变得有了可能。

4.毫无疑问，你会留意到我已提出计划，将按你的想法，从巴勒斯坦撤出两个澳大利亚师，并派遣到与澳大利亚直接相关的新战区去。而他们调动的唯一障碍是船舶。我们必须尽全力从本土派遣兵力去换防。

5.我不接受任何针对希腊和克里特岛的指责。我们已为祖国竭尽全力，来迎接危机和进攻。我们放下政党歧见，并施行强制兵役，不仅对男人，也对女人。为了支持远东战争，我们派遣的舰队已极其惨痛地损失了两艘最好的战舰。我们组织已被削弱的力量，为海军提供最大的支持。在利比亚战场，截至1月7日报告，大英帝国已损失了1200名军官和16000名士兵，这支相当小的部队，是可能守住沙漠中的前沿阵地的。欧盖莱的大战一触即发。此前你们的士兵在图卜鲁格英勇坚持奋战，他们换防后撤之后，如今图卜鲁格已成功解围 。因此，对于这些和澳大利亚人命运如此亲近之人，我希望你们做出判断时能体谅他们。

至少还有些好消息：

▸首相致柯廷先生， 1942年1月14日

一支至关重要的海上编队，包括美军运输船弗农山庄号，搭载“50架‘飓风式’战机；一个反坦克团，50门反坦克炮；一个重型高射炮团，50门高射炮；一个轻型高射炮团，50门轻型高射炮；英国第54步兵旅团，合计9000人”，已于昨天安全、准时抵达新加坡。

弗雷泽先生（Mr. Fraser）也表达了他的担忧，我回复说：

▸首相致新西兰总理， 1942年1月17日

1.像往常一样，我欢迎你直抒胸臆，对你的主要见解我也深有同感，而且你跟我提出这些看法时，考虑也是很理智的。

2.新西兰政府和人民对这场战争持有有益、现实的态度，这场战争一开始局限在欧洲范围，逐渐扩大到几乎整个世界，现在已到了新西兰家门口。

3.如果你们说过去我们没有留意过你们的需求——尽管事实绝非如此，我敢向你保证，伦敦和惠灵顿遥远的距离不会妨碍我们关心你们，也不会让你们在危急时刻孤立无援。

4.如果我在工作时间里未能事无巨细地理解你的观点，我相信你会原谅我的。自你发送电报给我，到你收到这封电报之时，你会了解英美两国向你们派遣的海空增援力量。我希望，新的澳新海军战区的成立，会让你高兴一些。

此外，美国已经考虑尽早向远东区域派遣可观的陆军和空军兵力。

5.然而，请不要期待，我会做出无法兑现的支援承诺，也不要期待远东局势会很快扭转，它会扭转的，但需要时间。

6.我理解你[指责我们]在过去对太平洋区域总体，特别是新西兰面对的可能危险，在军事观点上过于自满，犯下了错误。但谁能想到美国舰队在12月7日一开始就遭受惨重损失，以及此后我们会损失两艘优秀战舰？

这场战争中的事件始终是无法预料的，也并非全部对我们不利。我敢说，德军参谋部并不总是料事如神。譬如不列颠之战、大西洋之战，以及苏联的抵抗，必将动摇希特勒对军事评估准确性的信心。

※ ※ ※

没过多久，柯廷先生就对我14日的电报回电。

▸澳大利亚总理致首相， 1942年1月18日

1.我不清楚，在我的电报中，你是如何读出我方持“在没

有制海权的情况下也要守住整个马来半岛”这种意见的。

2.相反，如果你看一看澳大利亚内阁在1941年12月1日针对第一次新加坡会议的报告，那么下面这段话就不幸而言中了：

“代表团的总体结论是，由于远东缺少一支主力舰队，当前此区域的兵力和装备完全不足以抵御日本对马来半岛的猛烈进攻。”

3.联合王国的参谋长们调遣了以下这些力量：

(1) 为防卫马来半岛所必需的陆军兵力；

(2) 为条款(1)所提到的兵力提供相应数量的装备；

(3) 为马来半岛“保证相当程度安全”所需的空军兵力。

4.我们已倾尽所能向此区域调入陆军、空军和物资，并不断要求增强防御力量，但对当前的局势有人存在自满的意见，日军进展迅速，这种意见是不合理的。这也是为什么在[12月5日]的电报里，我说我很不安的原因……

5.回首1937年，联邦政府得到保证：联合王国政府的目标是让新加坡坚不可摧。1933年，新加坡的防务尚由帝国国防委员会掌管，澳大利亚高级专员曾指出，新加坡沦陷或主力舰队一旦无法使用它，会引发严重后果。他在最后陈词中说，整个澳大利亚国防都建立在守住新加坡并在那里维持一支主力舰队的基础上。他曾补充说，如果没有这个合理的可能性，澳大利亚为了平衡海上兵力难以抵御侵略的风险，就不得不扩充陆军和空军。我重提这些，是为了将我们所相信的帝国和当地防务的设想说清楚。我们拥有的资源相当有限，在太平洋战场也有自己的义务，这将影响我们在其他战区进行合作的决策。

……

7.我提及克里特岛和希腊，目的并非责怪你，也非妄议哪个人，但不可否认，当时的空中支持并没达到承诺的规模……我将此局势坦诚地告知澳大利亚人民，是因为我相信，让他们认清现实，总比刚开始认为安然无事，此后被事实泼一头冷水要好。

8.联合王国人民的伟大牺牲，没有谁比他们的澳大利亚同胞更为钦佩。不过，我们对自己的努力，甚至是那些你认为我们未做到的，都不会辩解。如你所知，帝国各部分情势不同，资源各异，也各有各自特有的问题。

我有责任完全谅解澳大利亚政府的惊恐及困扰他们的危险。然而我不能不提澳大利亚各政党—— 尤其是工党—— 在战前对轻视防务和绥靖政策的强烈支持。由于下面这封电报总结了我认为自己应该采取的立场，因而应该在此登载。

▸首相致柯廷先生，　　1942年1月19日

1.非常感谢你坦陈己见。对于战前的疏于防务和绥靖政策，我是毫无责任的。我在野十一年，在战争爆发前的六年里，我一直喋喋不休地发出警告。另一方面，自1940年5月我担任首相之后，我对资源的分配布置和整体安排负有全部责任。自此之后，本岛向东源源不断提供援军和飞机，我们的海上运输和调动飞机、坦克的其他方式，几乎达到了能力极限。我将中东视作比新的美英荷澳地区更紧迫的战区。我们也必须保证我们对苏联物资援助的承诺。没人能预料日本的所作所为，但我敢肯定，如果他们攻击我们和你们，美国将参战，澳大利亚的安全和最终的胜利都是确信无疑的。

2.不能忘记，仅仅三个月前我们在中东—— 皇家澳大利亚

军队的驻扎地—— 的局势，我们面临着两方面的威胁：隆美尔从西边进攻，另外一股敌军意图从北部进攻高加索、伊朗、叙利亚、伊拉克一线。在此困境之下，所有战争学说都会说，必须集中力量摧毁敌一路。我认为最好打掉隆美尔这一路，因而我们利用余下的资源，尽可能最好地组织黎凡特—— 里海战线。后面这条战线是远超出我们能力的。自此之后，隆美尔三分之二的军队被摧毁，昔兰尼加之敌也被肃清，而且双方的实力差距非常微小。不要忘记，当奥金莱克接替坎宁安（Cunningham）时，双方仍势均力敌。

3.尽管我不能保证会完全消灭隆美尔，至少我们得到了非常切实的胜利，这已经解除了我们一个严重的威胁，并空出众多的兵力。与此同时，苏联伟大而远超预期的抵抗给了我们喘息的空间，更让黎凡特—— 里海前线轻松不少。如此一来，我们就能够很快调动原本安排在黎凡特—— 里海前线的兵力，包括印度第十七师和其他几个印度步兵师，同时调动中东的兵力支援远东战区，包括英国第十八师，澳大利亚第七、第八师，大量的飞机和装甲部队。我们正在全速推进此事。你可以想象，如果我们被隆美尔击败，如果高加索、巴库油井和伊朗被敌军蹂躏，我们的局势将有多凶险。我认为，在日本仍按兵不动之际，将本用来击败隆美尔的兵力派去支援马来半岛，这是错误的。处处求安全，则处处不安全。

4.我们首先必须感谢苏联人的胜利，其次感谢我们战胜了隆美尔，第三感谢日本同时攻击了美国和我们。对在过去和将来都不得不面对的风险，我们应归咎于在职或在野的官员，以及那些未能看透纳粹的威胁，未能在其弱小时将其钳制的人。

5.没有人能预见到，在1941年至1942年交替之时，降临在我们及美国身上的一系列重要海上惨剧。不到一个小时，美国在太平洋上的优势就荡然无存。不到一个小时，“威尔士亲王号”和“反击号”就葬身海底。如此一来，日军在太平洋水域暂时占得先机，毫无疑问，在远东我们还将面对更多令人痛心的悲剧。在这场影响你们的新危机中，我已经批准派遣三艘地中海地区的快速战列舰，四艘“复仇级”和刚修好的“厌战号”（Warspite），组成一支印度洋里的新舰队，前去保护你们，这可能是最管用的了。

6.我已经告知过你“巴勒姆号”被击沉的消息。现在我必须继续告诉你，“伊丽莎白女王号”和“勇士号”都在水下遭人控鱼雷毁坏，分别在未来三个月和六个月里无法投入作战。敌人现在还不知道以上提及的三艘军舰的情况，你也清楚我们没有必要让他们知道，所以我必须请你独自保守这个极其重要的秘密。

7.但是，面对这些不幸状况，我们会挺过去的。到5月，美国在夏威夷将有一支数量庞大的舰队。如果他们需要的话，我们会支持他们从大西洋撤回两艘新式战列舰，如此一来，我们的负担就更大了。我们正将四艘先进航空母舰中的两艘——甚至是三艘——派往印度洋，“厌战号”将很快抵达，不久之后是“勇士号”。因此，如果不发生更多的悲剧，印度洋和太平洋上的海上优势将回到我们一方，日本人的海外行动将不再像如今一样大胆。与此同时，我们也试着增强地中海区域的空中力量，以弥补战舰的匮乏，而“安森号”（我们最新式的战列舰）会很快抵达，“约克公爵号”完全入役，届时美军为太平洋局势而大量减少在大西洋的力量，我们也能应付得来。

8.我们一定不能气馁或相互指责，而要精诚团结。请不要怀疑我对澳大利亚和新西兰的忠诚。我无法对未来做任何保证，我敢肯定我们必将面临重大考验，然而我从未像如今这样充满希望，我们终将安全、光荣地穿越黑暗的山谷。

下面是收到的回复：

▶澳大利亚总理致首相，　　1942年1月22日

1.非常感谢你完整的答复，我们将协力回报你的盛情。

2.就如同你能预见欧洲的局势一样，我们认为，比起远在伦敦所见，我们能更加清楚地看到太平洋战局的趋势。

3.我们对马来半岛的观点不幸而言中，而戈登·本内特认为局势严重的报告让我甚为不安。

4.你所描述的长期战略是鼓舞人心的，但需要迫切考虑的是不远的将来。日军将遭遇很多反击，与此同时，我们将他们从沦陷区驱赶出去的能力，也许会被严重削弱。

澳大利亚人认为，他们对远东来自日本的威胁所做的了解和预见，要比我在伦敦以整体战局做出的判断更准确。集中注意力研究他们自身的局势，这是他们的职责所在。但我们则必须为整体着想。

※　※　※

为了澳大利亚、新西兰和荷兰政府能整体协同、全面、持久地对日作战，我们提议在伦敦组建一个机构，我向澳大利亚和新西兰总理报告了这个机构的最终组成方式。

► 1942年1月19日

应该成立一个部长级的远东委员会。我将担任委员会主席，其他成员包括掌玺大臣（他在防务委员会是我的副手）、达夫·库珀，以及澳大利亚、新西兰、荷兰的代表。一开始，澳大利亚的代表大概会是厄尔·佩吉（Earle Page），新西兰的代表可能是高级专员。里头还包括一名荷兰内阁部长。委员会将由自治领联络处的参谋们进行协助，并与联合王国联合计划委员们商议。委员的职责是将所代表的自治领的意见集中向主席阐述，并将主席的意见转达给所代表的自治领。当然，这种安排不会妨碍厄尔·佩吉列席涉及澳大利亚事务内阁会议。你们同意吗？我也正在同弗雷泽和荷兰政府商量。

太平洋战争委员会的第一次会议在2月10日召开。我担任主席，其他出席者包括掌玺大臣、外交大臣、荷兰首相（格布兰迪博士，Dr. P. S.Gerbrandy）、荷兰部长（范·维杜纳，Jonkheer E. Michiels Van Verduynen）、厄尔·佩吉爵士（代表澳大利亚）、W·J. 乔丹先生（代表新西兰）、艾默里先生（代表印缅），以及三军参谋长。后来中国的代表也加入委员会。委员会的主要功能是“审议在太平洋区域对日作战所需遵循的总体基本策略”。

在罗斯福总统的领导下，华盛顿也成立了一个太平洋战争委员会，两个委员会紧密合作。1943年8月，在伦敦的委员会最后一次召开会议。战争仍然由旧的机构指挥，但太平洋战争委员会的会议让那些在旧机构没有代表的国家也能一起商议下一步行动。

但所有这些很快因为数个悲剧性的事件而中断了。

在马来亚遭受的惩罚

激战马来半岛——日军继续推进——昔加末-麻坡之战——撤回新加坡岛——对战略问题的争辩——新加坡防卫部队的浪费——波纳尔将军的记录——我对西海岸海军防务的抱怨——第一海务大臣的回复——韦维尔将军对新加坡防御战的持久性抱有质疑——我在1月15日的电报——韦维尔在16日的回复——没有攻不破的陆上堡垒——陆地防御——1月19日，我给三军参谋长的备忘录——三军参谋长在1月20日给韦维尔将军的命令——我在1月20日给韦维尔的电报——强调要保证缅甸公路的开放——韦维尔的悲观报告——三军参谋长的困境——厄尔·佩吉爵士的介入——1月24日，柯廷先生的信息——“不可原谅的背叛”——我们继续执行在新加坡战斗到底的策略马来亚在1941年12月底的情况已经在此前讲述过了。新年一开始，由第九、第十一英印师组成的我军第三军在希斯中将的率领下，在东海岸与西海岸同时遭受猛烈攻击。敌人从哥打巴鲁的海岸南下，此时已经与驻关丹的我军第九师的一个旅遭遇。而在西边，印度第十一师在金宝据守坚固的山头阵地，同时一个旅在左翼防守霹雳河。澳大利亚第八师的两个旅据守柔佛州，其中一个旅死守丰盛港的海岸—— 有一股敌军在此登陆，几乎可能切断我先头部队的退路。进攻我方的日军此时已有足足三个整编师团，而汇聚在宋卡的船队显示，另一个师团可能即将到来。在我方一侧，热切盼望的援军也已抵达。印度第四十五旅，英国第十八师第一旅，50架“飓风式”战斗机也在1月中旬安全抵达。到了这个月末，第十八师全部及另一个从印度来的旅也如期抵达。

要在新加坡南部狭窄的水域为这些编队护航，我们用上了除了小船之外的所有海军舰船，外加几乎我们所有仍能战斗的战斗机。结果就是日本空军能够随意地攻击我们的军队和交通线。荷兰人忠实地执行着他们与我们之间的协议，派遣了四个飞行中队防卫新加坡，但这些飞机和我们自己的飞行中队一样，没能派上用场。剩下几架轰炸机缺乏战斗机护航，什么也干不了。我们战斗部队的任务是拖延时间等待援军的到来，尽可能将日军牵制在北方漫长的战线上，但并不与敌人激烈交战，以免损害防卫新加坡岛的军力。

到了12月底，我军组织了一支小型两栖作战部队，并试着攻击敌军后方的西海岸。12月27日的奇袭相当成功，但敌军几乎完全掌控了天空，很快就将登陆的我军小股部队压制在巴生港动弹不得。1月1日，刚从美国抵达的一支由六艘快速登陆艇组成的小舰队被摧毁。自此之后，唯一的办法就是想办法在海上尽可能避开日军的攻击。

在四天的猛烈进攻之后，金宝被印度第十一师攻占，但紧接着1月2日，有报告说日军在霹雳河口附近登陆，我军身后的道路面临被切断的威胁。希斯将军预料在瓜拉雪兰莪附近，我军后方几英里会有一次海上攻击，因而命令在巴生港的一小队皇家陆战队准备进行两栖反击作战，却并未发现遭受攻击。1月3日至4日的夜间，似乎在瓜拉雪兰莪附近有一支军队登陆，但我军缺乏侦察，无法评估这支军队的实力。我军对敌军的行动情报不足而且混乱，无论如何，我军没有足够的兵力去阻挡。我军后撤，随后在斯林河（Slim River）重建防线，并分出一个旅去西南方向以防备可能来自我军后方的威胁。

※　　※　　※

部队疲惫不堪地等待着下一波不可避免的攻击，他们大部分已经连续作战三周，到了1月7日，他们再也无力抵抗敌军的猛烈进攻。日军坦克在月光下直接沿着主路进攻，并突破我军防线。两个旅都陷入了混乱，在损失惨重之后脱离了战斗。这次突然的后撤危及了整个拖住敌军、等待援军的计划。而且，在东海岸的第九师也遭遇猛攻。它的所属各旅在歼敌2000余人之后，从关丹撤退，随后这个师在劳勿（Raub）集结。此时，如果继续向西海岸撤退，它的侧翼将暴露无遗。

抵达新加坡指挥美英荷澳联军作战的韦维尔将军，在此时视察了前线。他命令往纵深后撤，脱离与日军的接触，这让我军精疲力竭的士兵能在新生力量，或相对新生的部队后面，重新集结。在后撤了150英里之后，新的阵地沿着麻坡河设立，在它的右侧是昔加末。澳大利亚师的戈登·本内特少将受命指挥，部队包括他自己的一个旅（第27旅）、第九英印师，以及从东海岸撤退并即将抵达的印度第四十五步兵旅。而在此前迎战敌主要力量的第十一英印师得到休息，并在这条前线之后整装待发。后撤从1月10日开始。在殿后部队的英勇拼杀之后，敌军也不敢贸然前进，四天之后，新的前线设立了。与此同时，我们在巴生港的海军基地也被放弃，残余的小型舰船撤往了峇株巴辖（Batu Pahat）。1月16日，一小股日军在这里从海上登陆。只剩两艘舰船还能拦截敌人，但它们却未能发现敌军。

那支至关重要的编队，载着第十八师的主力旅（第五十三旅），50架飞机抵达新加坡并卸货。他们在海空军的安全护送下，穿过在敌空军攻击范围内的危险海域抵达。这支援兵的价值并不像他们的数字那么耀眼。印度第四十五旅都是新兵，只接受部分训练，还没接受过丛林战的培训。英国第十八师在船上待了三个月之后，需要时间休整，但他们一登陆，就不得不投入这场必败的战役。

希望都寄托在了“飓风式”战斗机上。终于，这里有了和日军机旗鼓相当的战机了。它们被火速装配起来，飞上天空。数天里，它们杀敌甚多，但环境对于新抵达的飞行员们来说太

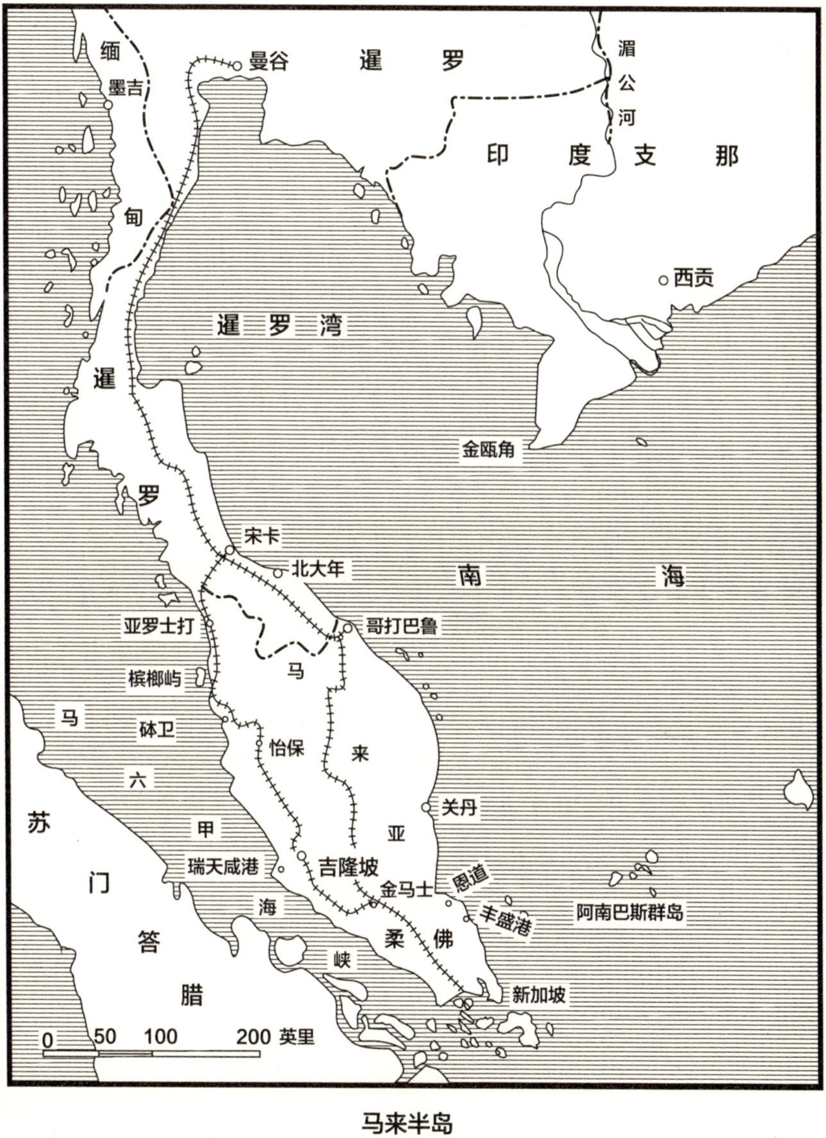
缅
墨吉
甸
曼谷
暹
罗
湄
公
河
印
度
支
那
西贡
暹罗湾
暹
罗
金瓯角
宋卡
北大年
南
海
亚罗士打
哥打巴鲁
马
槟榔屿
马
砵卫
怡保
来
六
关丹
亚
苏
甲
瑞天咸港
吉隆坡
门
金马士
恩道
海
丰盛港
阿南巴斯群岛
答
柔
佛
峡
腊
新加坡
0
50
100
200 英里

马来半岛

陌生了，再加上日军在数量上的绝对优势，我方损失日益严重。它们的数量快速减少。

※　　※　　※

昔加末-麻坡战役，双方激烈拼杀了整整一周。戈登·本内特将军让他的主力部队阻挡靠近昔加末的敌军，印度第四十五旅和一个澳大利亚营—— 后来又增加一个营—— 防守麻坡河下游。在昔加末前线，我军成功伏击日军，杀敌数百人，此后的战斗更趋激烈，但敌人被完全挡住了。但是在1月15日，在麻坡的四个营守军遭到日军近卫师整个师团的攻击，既有正面攻击，也有一连串海上登陆攻击。数日之后，他们想往南杀出时被包围了。最终他们被迫放弃了运输工具，分散成小股部队突围。这支4000人的守军，只有800人得以生还。第四十五旅的旅长邓肯、所有的营级指挥官、所有副官都牺牲了。这股小部队，在与敌众寡悬殊、敌军又掌握天空之下，顽强抵抗，避免了昔加末守军侧翼和后方遭受到威胁，从而让这支守军能够及时后撤。为了掩护这次撤退，第五十三旅的两个英国营投入战斗，在后方休整的第十一英印师一部奉命在峇株巴辖海岸及以南地区，进行反登陆作战或应对自身受到的威胁。

此时，我军兵力分散在近90英里的前线上，横跨马来半岛南部从丰盛港到峇株巴辖的区域。敌军紧追在后。在丰盛港和居銮（Kluang）双方短兵相接，又一次决定性的进攻在西海岸发生，在那里，两个英国营据守峇株巴辖五天。此时，所有直接的退路均被切断，部队沿着海岸后撤了20英里，其间连续几个晚上，海军将2000人载走。

与此同时，日军强大的援兵抵达了。1月15日，一支大船队载着两个师在宋卡上岸，此后他们向南直奔居銮—— 我军防线的中央。敌军在马来亚现已有五个整编师。1月26日，我们不多但却无畏的空中侦察报告说，有两艘巡洋舰、11艘驱逐舰、两艘运输舰及其他小船组成的编队在兴楼（Endau）外海。所有能用来空袭的23架飞机都被集结起来，对他们进行了两轮攻击。这支编队受日本战斗机掩护，我们的损失很惨重，尤其是老式的“威格士”战机。但这两轮攻击却正中靶心，两艘运输舰均被命中，至少13架敌机被摧毁。这次奋勇一击是我空中进攻力量最后的辉煌一战。第二天晚上，两艘驱逐舰从新加坡出发前去攻击敌军，但它们被拦截，其中一艘被击沉。登陆的日军迅速沿着海岸从兴楼出发攻击驻丰盛港的澳大利亚第二十二旅。此后，1月27日，在我军丰盛港前线的右翼、居銮的中间以及暴露的左翼，双方密集交战。珀西瓦尔（Percival）将军决定退至新加坡岛。每个人、每辆车到最后都必须越过一道海堤才能抵达对岸。后撤早期，我们就损失了大半个旅，到了1月31日早晨，剩余的兵力跨过海堤，随后它就被炸毁。

※ ※ ※

如果集中所有兵力固守新加坡岛，仅仅派遣小股机动部队在马来半岛拖住敌人，结果是否会更好？这至少是可以辩论的。负责指挥的指挥官决定—— 我批准了—— 是在柔佛进行新加坡防御战，并尽力延迟敌人抵近的时间。陆地上的防御依靠有序的多次后撤，辅以多次阻击战和强大的支援。参战的军队和指挥官怀抱高尚的荣誉感参与此次作战。然而当援军抵达后，他们逐渐被卷进了战斗中。敌军占据了所有优势。他们在战前已经仔细研究了地形和环境。他们仔细制订大规模的计划，并派遣特务渗透，甚至还为日军自行车队秘密存储了自行车。他们实力占优，并集结了大量储备，有些甚至是多余的。所有的日军师团也都很擅长丛林作战。

日军的空中优势，如之前所述，是我们需要在其他地区苦战造成的，当地的指挥官对此没有任何责任，这是另一个致命的现实。结果就是，我们派去防卫新加坡的兵力中，其主要作战力量，以及自日本宣战之后派去的援军，都用来在半岛与敌军进行阵地战，当那些跨过堤道的军人进入原本最重要的战场时，他们已失去战斗力。在新加坡岛上，他们加入当地卫戍部队和挤进基地的大批群众—— 他们增加了人数但不能增加战斗力—— 之中。那里还有新抵达的英国第十八师两个旅，在长途远航之后，他们在一片陌生、无法想象的环境中登陆。这支原本用来为新加坡打决定性战役的军队，以及那些为此战区最重要的战役准备的军备，在日军进攻开始之前，已经消耗殆尽。那里可能仍有10万人，但已不再算得上是一支军队了。

※ ※ ※

新加坡悲剧出现时，随之而来的是在本土的严肃的辩论，以及与韦维尔将军和柯廷先生紧张的通信。

▸首相致韦维尔将军， 1942年1月9日

如你从此前的电报中所知，我很希望马来半岛的英国军队得到尽可能的保护，以便用来防御新加坡要塞和柔佛州内陆

地区。为此，我非常认可进行防御作战行动为主，给敌人造成最大损失的同时，也拖住敌人，并破坏他们所能利用的一切。然而，我不清楚为什么我们的阵地会不断地随着自半岛西海岸登陆的敌军行动而改变，他们只不过坐着没有武装的轮船、帆船或渔船，从不同的河流和海湾进入，就能迫使我军后撤。毫无疑问，一两艘潜艇就能封锁类似的河口，从而利用它们的4英寸炮或鱼雷攻击这些未被武装的运输船。当敌军的飞机到来时，他们可以潜入水中，如此一来就能保护我军在半岛的西侧，让敌军占领每寸土地时，都会付出昂贵的代价，并且不至于让我军陷入危险。如果你能告诉我目前情况怎么样，是否能做些什么来挽回局势，我将非常高兴，如此我就可以向总统解释，我正在和他一直讨论战事的方方面面。

对于我对日军在马来亚西海岸的两栖登陆提出的批评，韦维尔将军回复：

▸韦维尔将军致首相，　　　　　　　　　　　　1942年1月10日

你可以看看我给三军参谋长的电报，里面介绍了马来亚的总体局势。海军对西海岸面临的威胁第一次发生之后，我就一直加以留意。一开始我们尝试用巡逻船，但它们在白天遭到飞机袭击沉没了。最近三个晚上，“斯考特号”驱逐舰将从苏门答腊的基地出发执行任务。在马来亚，目前只有三艘荷兰潜艇可供动用，但我们已做安排，自1月12日开始，一旦有潜艇从其他行动中归来，就将到西海岸槟榔屿与雪兰莪州之间行动。

对此回复我并不满意，对不久后接到的详细解释也是如此。

▸首相致第一海务大臣　　　　1942年1月22日

事情真的不太好。在马来亚西海岸，我们本来绝对占优，面对在附近连军舰都没有的敌军，我军显然可以打败他们。结果却是我军连续从数个阵地后撤，让敌军占了先机，而我军战斗部队已如惊弓之鸟。我军的破绽可是太过明显了。为什么会让敌军拥有这么多船只呢？显然我们都没有这么多船只，而且这片水域直到最近仍旧处于我军控制之下。其次，河岸上有重机枪开火，那么这些敌人是怎么占领这些河岸的？这些驳船一定是沿着海岸过来的，而他们不可能在海岸的每一处都配备机枪据点。

你一定要下命令做更详细的报告。日军在没有任何一艘战舰的情况下，却掌控了马来亚的西海岸，这一定是英国海军历史上最令人吃惊的记录了。我很抱歉把话说得很讨厌，但我希望看到一份经过更加彻底调查后的进一步报告。

海军上将庞德给了一份详尽的回复。

▸第一海务大臣致首相，　　　　1942年1月24日

1.在1月22日你的备忘录中，你是纯粹从海军的角度来看马来亚西海岸的军事行动的，按照我们的经验，敌人在哪里拥有制空权，那些小舰船就能接近哪里的海岸，这不仅是海军的问题，也是空军的问题。

2.如果这种海岸渗透发生在1941年，说是海军失职，那么是相当公允的。但在1942年，情况已经完全不同了……

3.根据现在我们得到的消息，事情发展的顺序是这样的：（1）根据总督发给殖民地事务大臣的电报，在战争开始前已

经做出安排，要防止小船落入敌手，为此将所有的船只都送往河的上游，当军部被提醒当地受到威胁时，这项工作已经完成了。由于敌军通过丛林渗透，并接近了部分船只所隐藏的水域，我们的这项工作部分失败了。但我们知道，所有动力船只和大部分其他船只都被摧毁了。（2）失误是从槟榔屿开始的，在那里安排兵力施行“焦土”政策的指令完全失败了。敌军因此获得了一小批小船，并开始利用这些小船沿海岸南下。而在那一端我们却没有任何船只。由于敌军拥有制空权，我们也无法保留任何小船。（3）为了反击敌军从离新加坡340英里的槟榔屿发动的攻击，我们将战争初期在新加坡组织的一小批配备轻型炮的小船利用起来。但归咎于敌军掌控天空，在白昼实际上不可能让这些小船活动，而试图进行活动的小船都被击沉了。（4）敌军已从宋卡运了一批摩托登陆艇过来，并正在利用它们。

……

5.现今的局势是，在马来亚的海军少将正尽全力补充巡逻船，韦维尔将军也询问荷兰是否能提供帮助，印度政府也已询问皇家印度海军是否能提供协助。空军尽管力量有限，也在全力配合。

必须承认，我军实际的军舰数量仅够掩护增援编队，并保证通往新加坡的海域可以通行而已。关于海岸防御，我们仅有不多的几艘火力很弱的小艇和一些改装的、火力很弱的运输艇。我们几艘很弱的小艇就这么面对有压倒性优势的敌空军，并坚持了下来。它们不缺乏精神，但确实不是获得胜利的办法。

※　　　※　　　※

很快，事情变得非常清楚：韦维尔将军已经怀疑，我军没有在新加坡维持长期防御的能力。读者会看到，日军若要围攻新加坡岛和要塞，必须携重炮登陆，运输并安装好，我多么期待在这段时间里他们能顶住。在我离开华盛顿之前，我仍然期待至少会抵抗两个月。我充满疑惧地留意着我军在马来半岛撤退时的折损，但却无能为力。但另一方面，这样也赢得了宝贵的时间。

▸韦维尔将军致三军参谋长，　　　　1942年1月14日

昨日，即1月13日，（我）飞抵新加坡，然后乘汽车至昔加末，与希斯和戈登·本内特会面。计划正在执行，但第九、第十一师经过在吉隆坡北部的战斗，在兵力和士气上都被进一步削弱，敌军的推进速度比我预期的要快得多。新加坡战役将势均力敌，我们需要运气，让增援编队安全、及时抵达。昨天整日的大雨，既掩护了重要编队的最终抵近，也可能对拖延敌军有帮助。戈登·本内特和澳大利亚人士气高昂，我相信他们会痛击敌军。

※　　　※　　　※

为了确保迄今我设想不会有问题的近陆防御，并准备好应对围困，我发了下面这封电报：

▶首相（华盛顿）致韦维尔将军， 1942年1月15日

1.请告诉我，如果你们被迫撤入岛中，你认为会发生什么情况。

2.为了防御这片区域，需要多少部队？有什么方法能阻止敌人像在香港那样的登陆？在近陆一侧有哪些防御工事和障碍物？你能确定要塞的大炮能摧毁任何布置围城炮阵的企图吗？一切都准备妥当了吗？如何应对众多吃闲饭的人？我认为最重要的是：这座岛屿的防御战要拉长到最后一分钟。当然，我希望事不至此……

3.这里的每个人对你发来的电报都非常高兴，它让我们觉得：如今你重任在肩，踌躇满志。所有的美国人都和你的英国朋友一样，对你充满信心。

直到回到伦敦，我才收到韦维尔的回电。

▶韦维尔将军致首相， 1942年1月16日

近几日我在新加坡讨论岛防事务，并要求做好详细计划。直到最近，所有的计划仍然是基于抵御海上攻击，并在柔佛或以北地区进行地面战来进行的，除了已安排炸掉海堤，岛屿北部抵御敌军横渡柔佛海峡的防御工事几乎没有。要塞里最重型的大炮自然有全面覆盖的能力，但它们水平的弹道并不适宜进行反炮击作战，肯定无法保证压制敌军的炮火围攻。补给令人满意。目前已下令将部分空军设施和储存移往苏门答腊和爪哇，以防止本岛拥挤。我收到详细报告后会再发电报。（战局）很大程度上要随空中局面而定。

1月19日早晨，当我读到这份电报，感觉痛苦而讶异。海军基地和城市的近陆一侧，竟然没有防御工事！而且更令人惊讶的是，自战争开始，特别是自敌军在印度支那半岛建立基地以来，竟然没有任何一个指挥官下令构建野战防御！他们甚至没有注意到，野战防御根本不存在。

按照我对战争的见闻，我确信，以现代火力，几周就足以构造强大的野战防御，并通过布雷和其他障碍物限制和阻隔敌军的进攻线。况且，我绝不会想到，在这座著名的要塞背后，竟没有绕成一圈的永久性炮台工事来保护。我无法理解，我怎么会不知道这件事呢？但当地的军官以及本部的职业幕僚们，似乎都不知道如此重要的需求。至少，他们从未向我指出这一点，即使是那些看过我的电报的人也没有指出说，我的电报是基于错误的假设，认为正规军的围攻是必然的。我曾经读过1877年普利文的故事，那是在机枪时代之前，在俄国人攻击的獠牙之下，土耳其人仍然搭起了简易工事；我也在1917年考察过凡尔登，仅仅一年多前，一支野战军在各自分离的炮台之间，打下了辉煌的战果。我自信满满地认定，敌军为了撕碎我军在新加坡的强大据点，将不得不大规模使用大炮，但由于条件极其困难且持续时间很久，他们很难让大炮集中起来并沿着马来亚的交通线运送弹药。而现在，突然之间，这一切都烟消云散，在我眼前的是如此骇人的场景：一座几乎不设防的岛屿，刚撤进去的一批疲惫不堪——如果不是筋疲力尽的话——的部队。

我写这些并不是为自己申辩。我应该知道这些的。我的幕僚们也应该知道，我应该被告知，也应该去询问。我问了上千个问题，为何没有问这个？原因是在我的脑海里，新加坡没有近陆防御的可能性，就如同一艘战舰没有船底就不可能下水一样。我知道这场失败可以归结为好几个理由：我军正集中精力训练，并在马来亚北部修建防御工事；缺乏劳动力；战前的财力限制和陆军部的集中指挥；陆军事实上的角色是保护海军基地，布阵于岛屿的北海岸，因此他们的职责是在北海岸战斗，而不是沿着所有海岸线战斗。我并不认为这些理由是合理的。防御工事本应建好的。

我当即的反应是，在时间允许的情况下，弥补这一疏忽。我立刻口授了下面这份备忘录：

▸首相致伊斯梅将军，转参谋长委员会　　　　1942年1月19日

我得说，我对韦维尔16日及其他关于同一问题的电报深感震惊。我未想到，曾与我在外海谈过这一问题的约翰·迪尔爵士也没想到，新加坡要塞半英里长一英里宽的壮观海峡之后，竟然完全没有构筑防御工事，以抵御来自北方的攻击。如果不弄成一个城堡的样子，将一个岛屿设置成要塞有何用？设置一条独立的防御线，探照灯加上交叉火力，再辅以众多的铁丝网和沼泽区域的障碍物，并储备足够的弹药，从而让要塞里的大炮能压制敌军设立在柔佛的炮台，这应是和平时期的基本准备，而令人难以置信的是，这个要塞已建设二十年，这些工事竟然不存在。如果事已至此，那么在当前的战争已进行了两年半之时，这些野战工事总应该建起来了吧？当我们数次讨论这些的时候，你们为何没有一个人跟我指出这个问题？更不必说，我在过去两年的数次备忘录中不断重复说，要依靠新加坡岛上的防御工事来抵御正式的围攻，而不是依赖于克拉地峡的计划，这些工事是应该做的啊？当前在英格兰，我们已经发现

有必要保护所有炮台的背面，以抵御来自背后的登陆突袭，位于朴茨茅斯的波斯陶（Portsdown）山要塞就显示了这一长期被接受的原则。

……

3.面向大海的炮台以及海军基地并不能构成一个要塞，要塞是完全环绕一圈的强大基地。仅仅有面朝大海的炮台，而没有地堡或者固定的防御工事去守住炮台后方，这是任何理由都无法辩解的。由于这一疏忽，当上万士兵乘着小船渡过海峡之时，要塞的整体安全将岌岌可危。我提醒你们，这将可能是会被揭露的最大的耻辱之一。

4.当柔佛的战斗仍在继续的时候，最好立刻制订计划，尽可能做到最好。这个计划必须包括：（1）尝试在北部前线使用填装弱性炸药的要塞大炮，如果没有这种炸药，可以用一定数量的高爆炸药代替。（2）在任何大批兵力可以登陆的地方埋雷和设置障碍物。（3）在树林沼泽地和其他地方设置铁丝网和陷阱。（4）修建野战工事和强大据点，并设置野战炮和机枪的交叉火力。（5）将在柔佛海峡或其他地方抵近的每一艘可以想到的小船收集起来，加以控制。（6）在海峡两端设置野战炮，做好伪装，并结合探照灯，摧毁任何试图进入海峡的敌军船只。（7）当被逐出柔佛的部队能够集结起来时，将他们编成三四个机动预备队。（8）所有的男性人口必须为建设防御工事服务。要采用最严格的征用令，尽可能利用好镐和铁锹。（9）不仅要采取各种方法守住新加坡岛，而且整个岛屿必须战斗直至每一支连队、各个据点都分别被攻破为止。（10）最后，新加坡城必须要变成一个要塞，并拼死守住。投降是不可接受的……

为此，三军参谋长发出了如下指令：

▸三军参谋长致韦维尔将军，　　　　1942年1月20日

柔佛战斗的结果可能将不利于你们，应该加以关注，为了最终尽最大可能防住这座岛屿，必须做好一切准备。以下是一些要点：

1.必须全力做好准备，利用要塞大炮对付近陆攻击和组织有效火力压制。查明高爆炸药的储量，并报告最紧急情况下的需求数量。

2.从海峡过来的公路，岛上的登陆点及出口，应该用铁丝网、地雷、陷阱和任何其他可能的方法堵住。

3.应该将相当数量的岸防炮和机枪从岛屿南部调送到北部和西部。

4.所有海峡里外的船只与小艇，只要是岛上覆盖范围内的，都应该被收缴置于我军控制之下或者摧毁。

5.防御基础在于阵地体系，防御阵地应覆盖一切最危险的进攻路线。考虑到湿地区域设立阵地防御之难度，必须建立能够快速调遣进行反击的机动后备队。在内陆区域也应该建起战壕体系，以阻止敌军成功登陆之后的扩张。应该将能利用的居民和军人全部利用起来，以修筑各种防御工事。

6.应该采取所有可能举措，应对敌军夜间奇袭登陆的企图。为此，鉴于日军的战术和机动性，对不可能登陆的区域也应该再次侦察。

7.应派遣足够的兵力保卫机场和柔佛、新加坡其他可能的登陆点，以应付据称在印度支那半岛做准备的日军空降兵。必须用好全部皇家空军兵力。

8.应采取有效手段，遣散并管理平民，并肃清第五纵队的活动。

9.为固定防御工事安排的人员应该被武装起来，并根据当地防御计划安排任务。

10.必须在全岛建成最好的信号通信系统，也包括苏门答腊岛的机场，那里可能会是最近的空军支援基地。

11.（我们）相信以上各点中的很多措施已经做过了，如果是这样的话，我们希望尽早得到报告。其余各项措施必须即刻推进，为准备长期防御，必须穷尽所有可能的手段。

与此同时，我也给韦维尔将军发了电报：

▶ 1942年1月20日

你现已成为西南太平洋美英荷澳联军的最高统帅，我当然不能直接对你发令。所有关键命令—— 我希望这样的命令越少越好—— 都将由总统在华盛顿通过联合参谋部发布给你。尽管如此，我打算在我想提出建议或询问问题时，仍继续维持我们之间的通信。尤其是像新加坡这样的要塞防御之时，更需如此。今天，参谋长委员会发来关于新加坡岛近陆防御的电报，你应比照以上提议阅读。你的不少电报让我深感不安，我想特别说清楚，我希望寸土必争，为避免被敌军俘获，所有物资和防御工事都要炸成粉碎，毫无疑问，我们要在新加坡城的废墟持久战斗，投降是不容考虑的。

我也给三军参谋长发去备忘录：

▸首相致伊斯梅将军，转参谋长委员会　　　　　　1942年1月20日

[增援缅甸]当然是最高统帅的事情，但三军参谋长应该发表意见。显然，我们不能从新加坡的战役上分心，但如果新加坡陷落，将兵力快速撤到缅甸是可能的。作为战略目标，我认为保持滇缅公路畅通，要比留住新加坡更加重要。

▸三军参谋长致珀西瓦尔将军（新加坡）　　　　　　1942年1月21日

1.战时内阁讨论了马来亚最近的局势。

2.日军不断从我军身后的马来亚西岸登陆，这些报告让他们很担忧。他们希望当地海军能够随时应对，有效处理这些可能未武装的敌军船只的进犯。请详细报告你们已为此做了什么，以及还准备做什么。

3.另一个被讨论的问题是新加坡岛的供水问题。鉴于香港曾因缺水而投降，你们确信一旦来自陆地的水源被切断，新加坡还能支撑住吗？

4.总督在一个月前已受命尽可能将冗员从新加坡撤离。请电报已撤离的人数及未来的计划。

※　　　※　　　※

21日清晨，我醒来的时候，韦维尔将军对新加坡防御前景最悲观的电报就放在我的公文箱上，内容如下：

▸韦维尔将军致首相，　　　　　　1942年1月19日

为了新加坡岛的防御计划，我派遣了军官前往，现在他已回来了。现在，岛屿北部的防御已经列入安排。要想有效守住

岛屿，所需要的兵力和防御柔佛所需要的兵力差不多，甚至要更多。我已命令珀西瓦尔在柔佛战斗到底，但要制订好计划，一旦柔佛战役失败，要在岛上尽可能长地进行持久战。但我必须提醒你，一旦柔佛失守，我不认为岛上能坚持多久。要塞的大炮设立本是用来反舰的，而且大部分弹药只能用于这个目的，很多只能对海开火。守军一部分已调往柔佛，剩余的很多部队也战力存疑。我很遗憾，给你的描述令人沮丧，但我不想你对岛上的要塞有错误的构想。新加坡的防御是完全建立在对付海上攻击基础上的。我希望，在下一支编队抵达之前，柔佛能被守住。

很快下面这封电报也来了：

▸波纳尔将军致首相， 1942年1月20日

由于局势似乎恶化，韦维尔已仓促飞往新加坡。

麻坡前线的局势不明，但第四十五旅和澳大利亚第二营已从巴克里（Bakri）地区撤退，然后与防守芭东山（Payong Hill）的第五十三步兵旅结合，那里位于峇株巴辖以北8英里。而右翼现已后撤至昔加末河之后，准备今晚前往拉美士（Labis）。

韦维尔回来后会发电报。

▸韦维尔将军致三军参谋长， 1942年1月20日

今日飞往新加坡，并与珀西瓦尔、希斯和西蒙斯会面。

1.马来亚的局势严重恶化。印度第四十五步兵旅整个旅和

两个澳大利亚营在麻坡以东的巴克里被切断，并显然无法顺利后撤。在巴克里以东20英里的芭东，第五十三旅也遭受到猛烈攻击。

2.南线的局势将迫使昔加末——拉美士一线的部队后撤，可能会撤往柔佛巴鲁，并最终撤至小岛。

3.正利用有限的资源来准备岛上的防御工作。防御战的胜利，取决于从柔佛撤回的兵力、士气、抵达的援军，以及空军在岛上剩余战斗机的战力。如果一切顺利，希望尽可能拖长防御时间。

4.新加坡今早已遭遇两批次，每批次50架飞机的轰炸。军事损失现尚未知。

韦维尔将军也回复了我20日发的电报，但回电到晚上才到我手。

▸韦维尔将军致首相，　　1942年1月21日

我很高兴你将继续让我知道你的意见。

……

2.我所忧虑的是，你不可对新加坡岛的防御有错误印象。直到最近，我才清楚，防御工事按计划，是完全只用于应对海上攻击的。参谋长委员会的电报上的各点都考虑过了，并尽快着手落实。

3.我希望将印度旅及第十八师余部调入新加坡。如果我们照此执行，在考虑兵力损失之后，将有相当于三个师的兵力来防守此岛。其后的援兵可能必须用于防守爪哇和苏门答腊，它们都兵力不足。我们正在与荷兰一起制订计划。

※ ※ ※

韦维尔19日的电报让我沉思许久。迄今为止，我所考虑的仅仅是激励他们，并尽可能促使他们死守岛屿、要塞和城区，除非出现了决定性的战略上的改变，否则在任何情况下都应该保持这一态度。但现在我开始更多地想到缅甸，以及正在前往新加坡路上的援军。他们可能难逃一死，也可能转移方向。现在仍有足够的时间让他们掉转船头，向北前往仰光。为此，我准备了下面这份备忘录发给三军参谋长，并交给伊斯梅将军以便赶上他们在21日上午11点半的会议。然而，我坦承自己并没有下定决心。我倾听我的朋友们和顾问们的意见。此时我们都极其痛苦。

▶首相致伊斯梅将军，转参谋长委员会　　　　1942年1月21日

鉴于韦维尔将军电报上的坏消息，今晚的国防委员会会议上，我们必须重新考虑整个局势。

我在起程时，在船上发了一封“恐怕要当心”的电报，我们现在正是犯了当时所担心的错误。本应固守柔佛一线，或者布置在新加坡海滨一线的兵力，现在已经被分割。在近陆区域并没有构建防御工事。海军也没有对敌军在半岛西海岸的转移做任何防御。韦维尔将军的观点是，要守住新加坡岛，比赢得柔佛之战需要更多兵力。柔佛之役几乎确定失利。

1.他的消息认为长期坚守也希望渺茫。显然这种防御只会白白葬送正在路上的所有援军。如果韦维尔将军无法确定是否能多拖延几周，那么问题来了：我们是否应立刻炸毁码头、炮台和工厂，集中力量守住缅甸，保持滇缅公路畅通?

2.在我看来，这个问题必须当机立断，并直接提交给韦维尔。如果所有海军和陆军的破坏行动完全执行的话，在西南太平洋众多的港口中，新加坡岛[对敌军]还有何价值？另一方面，缅甸沦陷将让局势非常严重。它将切断我们与中国的联系，而中国军队是与日作战的军队中最为成功的。如果我们此时犯糊涂，对此难堪之决定犹豫不决，可能会导致同时丢掉新加坡和滇缅公路。显然，这个决定取决于新加坡岛的防御战能维持多久。如果仅仅只能维持数周，那么肯定不值得我们用掉所有的援兵和飞机。

3.而且还必须考虑的是，新加坡沦陷，随之而来的将是科雷吉多尔岛（Corregidor）的沦陷，这将给印度带来极大震动，只有强大的军力抵达，并在缅甸一线取得行动胜利，印度才能支撑住。

希望所有这些都能在今早被考虑。

※　　※　　※

三军参谋长没有做出明确结论，晚上当国防委员会开会时，如此事关重大的一步，让我们也同样犹豫不决。作为盟军最高统帅，韦维尔将军将承担直接、首要的责任。就个人而言，我发现问题如此困难，因而没有坚持己见，如果我已下定决心的话，本应该坚持的。我们都没有预料到，三周多一点，防御就崩溃了。我们本应至少花一两天来做进一步考虑的。

澳大利亚代表厄尔·佩吉爵士，没有列席参谋长委员会，我也没有邀请他列席国防委员会。不知为何，他看到了一份我发给三军参谋长的备忘录。立刻发电报转达给他的政府，1月24

日，我们收到了柯廷先生的信息，里头进行了数次指责：

▸柯廷先生致首相，　　　　　　　　　　　　1942年1月23日

今日战时内阁召开紧急会议，商讨马来亚的局势，为此，我表达以下讯息：

……佩奇报告说，国防委员会已考虑从马来亚和新加坡撤离。根据我们此前所得到的保证，从新加坡撤离将被我们及各方视为不可原谅的背叛。新加坡在帝国和地区防御体系中，是一个核心要塞。如我电报里所说，我们认为它将牢不可破，任何情况下，它都能长久坚持，直到主力舰队抵达。

即使在紧急情况下，援兵也应该转移至荷属东印度，而不是缅甸。否则将会令人极为愤怒，并迫使荷属东印度进行单独媾和。

在保证援兵会源源不断之下，我们已经切实执行并完成我们这部分的责任。我们希望你们不要因撤离援兵而导致整个作战目标的挫败。

马来亚局势的趋向，以及拉包尔（Rabaul）受到攻击，让公众对于盟军无力遏制日军进攻深感担忧。政府的职责所在，是让公众准备好抵抗侵略者的可能性，并有责任和义务解释，为什么无法阻止敌军抵近我们的海岸线。因此亦有责任彻底探讨局势的所有可能性，而众多澳大利亚人志愿在海外参战，他们很难理解，为何当对他们的政权、帝国的威信和盟军的团结都将造成无法弥补的损害到来之时，他们却必须等待许久才能迎来局势的改观。

柯廷先生的电报非常严肃，也非同寻常。“不可原谅的背

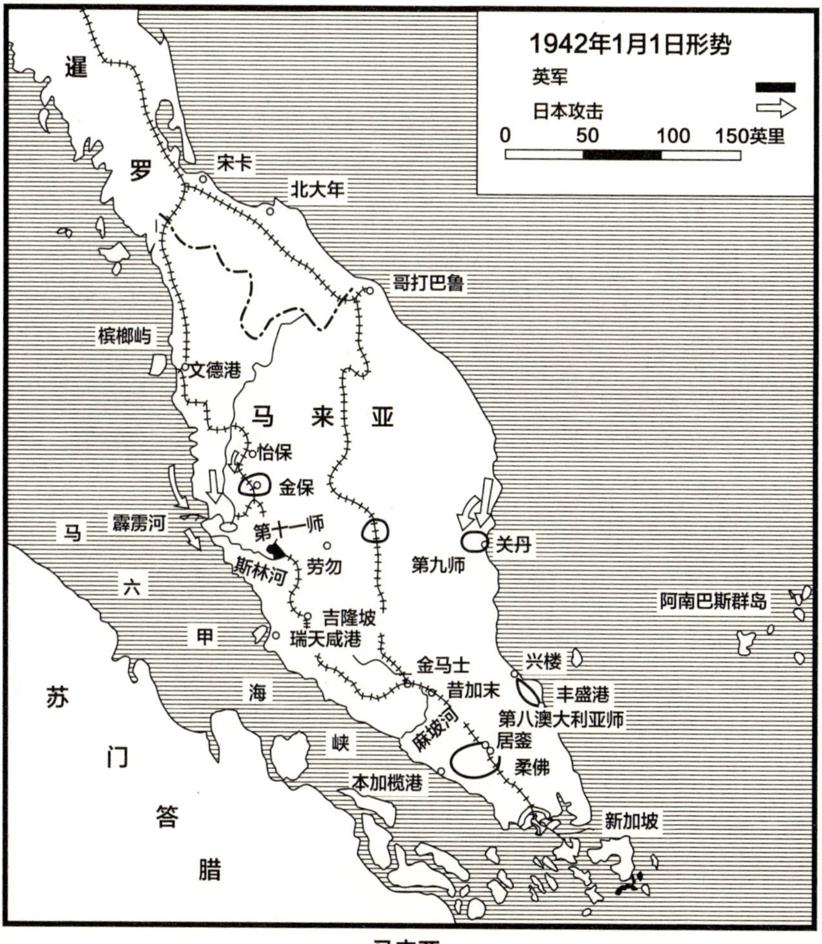
1942年1月1日形势
英军
日本攻击
0
50
100
150英里
暹
罗
宋卡
北大年
哥打巴鲁
槟榔屿
文德港
马　来　亚
怡保
金保
霹雳河
第十一师
斯林河
劳勿
第九师
关丹
吉隆坡
瑞天咸港
阿南巴斯群岛
兴楼
金马士
昔加末
丰盛港
第八澳大利亚师
麻坡河
居銮
柔佛
本加榄港
新加坡
马
六
甲
海
峡
苏
门
答
腊

马来亚

叛”之表述并不符合真相和军事现实。可怕的不幸正在靠近。我们能避开吗？在得失之间该如何平衡？此时，重要兵力的目的地仍掌控于我们之手。用现实的眼光来检验这个问题，并不存在什么“背叛”。而且，澳大利亚战争委员会并无法考量整个战局。否则，他们不会全然忽略缅甸，众多事件很快证明，那里也是唯一一个我们还有办法守住的地方。

不能说柯廷先生的讯息决定了这个问题。如果我们都同意这个战略的话，我们应该如我所建议的那样，下决心将方案“直率地”提交给韦维尔。当然，我很清楚有人坚持己见，反对放弃远东这个享有盛誉的关键据点。其影响将遍及全球，特别是美国，当美国人在科雷吉多尔岛英勇奋战之时，英国的“逃跑”是无法想象的。但毫无疑问，纯粹的军事决定就是这样的。

然而，在总体的同意或默许之下，我们还是尽了一切努力增援新加坡，维持它的防御。第十八师的一部已经登陆，余部也在前进的路上。

新加坡沦陷

对新加坡沦陷没有调查—— 珀西瓦尔将军的位置—— 虚弱的守备军队—— 英国政府没有幻想—— 破坏的重要性——在美英荷澳区域的总体战略—— 2月2日，我给三军参谋长的备忘录—— 新加坡的空军力量薄弱—— 2月8日，日本人跨过海峡—— 他们在岛上建立阵地—— 2月10日，我给韦维尔将军的电报—— 2月11日，韦维尔的绝望回复—— 2月12日，整个阵地上的激战—— 日军受阻—— 不幸的大撤退—— 新加坡城的严峻局势—— 韦维尔命令继续抵抗—— 2月14日，他给我的电报—— 帝国参谋总长和我让韦维尔自行决定是否投降—— 他给珀西瓦尔将军的最后命令——投降——罗斯福总统发来的信息我判断在战争激烈之时，皇家战争委员会对新加坡沦陷的情况进行调查是不太可能的。我们没有人力、时间和精力。议会也接受这个观点，但我也认为，为了让与此事有关的军官和士兵得到公正评价，战争一旦结束，应立刻开启调查。但当时的政府并没有这么做。八年过去了，很多亲历者已经过世。可能我们永远无法由一个胜任的法庭，来对英国历史上最惨重的灾难和规模最大的投降事件做出正式判决。而我在这里也不会试图让自己担任法庭的角色，也不会对个别人的领导发表观点。在此，我仅仅要记录一些我所认定的重要的事实，以及当时所写的文献。从这些内容中，读者可以自行做出判断。

这些军事叙述，由我自己负责，并得到了波纳尔将军的大力协助。当时，我们在华盛顿决定成立美英荷澳战区司令部，他被任命为远东的总司令，司令部位于新加坡。其后，他成为韦维尔将军的参谋长。若非如此，他将受命接手落在珀西瓦尔将军肩上的重担。

珀西瓦尔将军对新加坡岛防御的安排可在地图上看清。英国第十八师（贝克维斯·史密斯少将）—— 其主力在1月29日抵达，第十一英印师（基少将）—— 其吸收了第九师的余部，它们一起组成了第三军（希斯将军）。这个军的责任区域是岛屿的北部海岸，但不包括堤道。此后这条战线由澳大利亚第八师（戈登·本内特少将）负责，并下辖印度第四十四旅。这个旅在几天前刚刚抵达，和第四十五旅一样，他们由一些年轻的、只受过部分训练的部队组成。而南海岸则由要塞部队防守，包括两个马来亚步兵旅和志愿兵，指挥官为西蒙斯少将。

用于海岸防御并可向北海岸开火的重炮并没多大用处，弹药也很有限，且面对的是敌军聚集处的茂密丛林。岛上只剩下一个飞行中队，以及一个可用的飞机场。损失和消耗让守军的人数减少，现在终于集中起来，人数从战争办公室预估的106000人减少到实际的85000人，其中还包括基地、行政单位和各种非战斗人员。这其中可能只有70000人是有武装的人员。尽管在当地极大的努力之下，野战防御和障碍物的准备却远远未达到实际的需求。在前线受到攻击的地方，没有任何永久性防御工事。在半岛长时间的后撤和艰难的战斗中，陆军的士气低下。受到威胁的北海岸和西海岸受到柔佛海峡的保护，其宽度从600到2000码不等，而且在某些河口区域，有大片的红树林沼泽区。防御前线长达30英里，由于对岸有丛林，根本看不到敌军的行动。岛上也被茂密的树林和植被覆盖，都无法看清远处的情况。在武吉知马（Bukit Timah）村区域，除了有大型军用储备仓库，还有三个供水的水库，位置极其重要。而在前线之后就是新加坡城，当时城里庇护着各种族大约100万人和一大批难民。

※　　※　　※

在大本营，我们不再对新加坡的长久防御抱有幻想。唯一的问题是要坚持多久。三军参谋长早在1月21日就关心了破坏的情况，并发电报给珀西瓦尔将军，“一旦危局将至”，应确保新加坡的破坏工作顺利完成。他们说，“根据焦土计划，你应该确保没有什么东西能为敌军所利用”。他们也要求销毁弹药。1月31日，我在通信中附议：“最好的销毁办法是将弹药射向敌军。撤离是不允许的，如果不得已要撤离，应该有两三天可以完成这件事……当要塞的沦陷迫在眉睫之时，将弹药射向敌军是自然且应遵循的准则。应该有足够的时间来安排好这件事。如果要塞防御恰当，我们到最后可能会弹药不足，而非留下大批弹药。”

两天之后我又附议：

▶首相致伊斯梅将军，转参谋长委员会，　　　　1942年2月2日

1.绝对必要的是：首先，海军基地必须完全破坏，让码头和船坞至少在十八个月内不能使用；其次，要塞大炮必须全部破坏，并确保十八个月内无法恢复。如此一来，新加坡对敌军来说，将失去作为海军基地的价值。以上破坏的准备工作不应导致恐慌，因为它们都位于军事区，公众严禁入内，而实际安放炸药的工作，则应由工兵负责。

2.对其他有价值的物品，也必须做好破坏计划，但这项准备工作不能削弱防御能力，本岛的防御正如将军所说，必须尽可能延长到最后一小时。每拖延一天都是至关重要的。

※　　　※　　　※

关于印度洋的整体局势，我与参谋部举行了长时间的会议，并询问了各种问题。

▸首相致伊斯梅将军， 1942年2月2日

我想在今晚10点与三军参谋长一起，举行一次参谋部会议，目的是讨论对马来亚和缅甸的进一步增援以及印度洋的防御问题。

我有以下观点：

1.新加坡：上周我们被告知，岛上三座机场中的两座已在陆上大炮的射程之内，怎么会这样？为什么没有建其他的机场？为增强北海岸的防御，采取了哪些举措？岛上的内部通信、公路辐射等工作，已做了哪些？我认为已被部分破坏的堤道，尤其需要布置大炮及机枪火力。看起来敌军在登陆方面无所不能，而我军却无能为力，对于敌军与马来亚的海上联络线，有现成的反击计划吗？

2.通过护航编队运送援兵、军队、飞机和食物以救援新加坡，正在执行哪些计划？为了救援，可以从苏门答腊和爪哇起飞重型轰炸机轰炸日军机场，此事已做哪些安排？有在附近岛屿上建新机场的计划吗？对仍在新加坡岛上的男性人口实施强制义务劳动，已做了什么布置？必须进一步努力减少无用的人口。这里头的很多事情都是韦维尔将军的职责，但我们必须全面了解局势，确保没有哪一点被忽略。

3.印度洋上的基地。为了保护这些基地，正在做哪些工作？譬如亭可马里（Trincomalee），那里的驻军有哪些？大炮安排了吗？为保护海港入口，已经做出安排了吗？附近有哪些机场能使用？海军应负责印度洋的防御。增援的计划是什么？三艘航空母舰什么时候能投入作战？“厌战号”未来的部署是如何安排的？“勇士号”的修理进展如何？我留意到在孟加拉湾，有一艘敌潜艇用炮火击沉了一艘商船。在此区域的商船都

进行武装了吗？甲板上有合格的炮兵吗？为确保对孟加拉湾的控制，采取了哪些措施？当前我们看起来没有海军——轻型的，或者重型的——能投入行动。将要调遣到印度洋的驱逐舰、轻型巡洋舰、重型巡洋舰是哪些？请将未来四个月的增援计划，按一个月一个月的时间表呈交给我。

4.在两个澳大利亚师被调入美英荷澳战区之后，还会安排哪些增援兵力？随着美军根据“磁石”计划进驻[北爱尔兰]，以及由于苏联及其他原因导致进攻的日期可能会推迟，看起来我们还将派遣四个师的兵力投入战场。这几个师应该派往埃及，还是派往黎凡特——里海前线，或派往印度，以及美英荷澳战区，以后要进行考虑。重要的是要让他们行动起来。我们必须做好大量减少配给及进口物品的准备，以执行更多的兵力调遣。应该考虑通过小型商船进行兵力调遣。从弗里敦（Freetown）出发的西印度旅怎么样了？我们必须在苏伊士以东有更多兵力，并对整个战区进行评估。

5.增援印度已成最迫切之事。我非常关心，日军在亚洲各地的胜利会带来什么回响。在印度追加英国军队的数量是必要的。这些军队不必是整编师，因为他们仅仅用于内部安全，以防反叛。为此，可以考虑海岸师或者独立营。

6.在其他的文件中，我已经提及美军进入波斯湾，并在黎凡特——里海前线组织一支军队的可能性。

为了让以上各点发挥作用，请将建议和时间表提交给我，并请你们将思虑周详的问题忝列其中。

※ ※ ※

新加坡的空中局势变得更糟了。

▸首相致韦维尔将军， 1942年2月2日

我留意到你命令刚刚抵达新加坡的“飓风式”战机前往巨港（Palembang）。如果你能解释一下这个新决定，我将不胜感激，因为甫一看来，预示着新加坡防御无望。

▸韦维尔将军致首相， 1942年2月3日

我与皮尔斯（Peirse）在1月29日视察新加坡，其间，做出了将大部分战斗机撤往苏门答腊的决定。

随着部队撤入新加坡，岛上的四个机场有三个暴露于敌军炮兵火力之下。对飞机场的空中攻击也增加了很多，因而有必要将轰炸机调往更安全的苏门答腊机场。丢掉马来亚也突出了守住苏门答腊的极端重要性，维持那里的机场，可以采取进攻行动，减少新加坡受到的攻击规模。而要守住这些机场，战斗机是必不可少的。

将战斗机安排在新加坡暴露的机场上，会让它们在几天内被摧毁殆尽。与此同时，我们也在尽一切努力保持战斗机的巡防，在加冷（Kallang）布置有一个飞行中队，并在情况允许时，利用其他机场给从苏门答腊起飞的战斗机加油。

我认为，这种安排为新加坡的空中巡防提供了最好的前景，全力以赴，是可以守住它的。

▸首相致韦维尔将军， 1942年2月4日

1.了解到你打算通过给苏门答腊起飞的“飓风式”战机加油，从而保持新加坡的战斗机巡防，让我放心不少。

2.然而，严重不利的是，你的大部分战斗机无法从各自基地起飞拦截，而不得不在苏门答腊和新加坡之间浪费大量飞行时间。

3.尽管我明白在新加坡的机场暴露所带来的风险，但不太清楚的是，如果日军进攻新加坡，那里急切地需要战斗机护航时，苏门答腊的基地是否能满足需要。此外，我们希望在2月底之前，通过“雅典娜号”和“可畏号”运送90架“飓风式”给你们。因此，我希望在支持新加坡时，战斗机能冒一切应该冒的风险。

4.很难理解，为什么留在岛上的战斗机一半是“水牛式”？如果数量必须限制，肯定要选择战力最高的。

※ ※ ※

2月8日早晨，巡逻队报告，敌军在岛上西北角的丛林里集结，我们的阵地遭到猛烈炮击。下午10点45分，澳大利亚第二十二步兵旅在克兰芝河西岸，遭到日军第五师团和第十八师团的攻击。日军穿过柔佛海峡进行的第一波攻击队是由装甲登陆艇带过来的，他们早已做了详细计划，通过公路将这些装甲登陆艇运到了发起点。战斗激烈，很多船只被击沉，但澳大利亚人在阵地上兵力薄弱，多股敌军在数个地点登陆成功。当这个旅重整旗鼓之时，敌军已攻占亚妈宫村（Ama Keng），那里是数条公路和交通线的交叉口。第二天早晨8点，他们开始攻击登加（Tengah）机场。此时明显可以建立阻击线的位置，是在克兰芝河和裕廊河上游之间的一处相当狭窄的地峡。澳大利亚第二十二旅和印度第四十四旅受命回到此阵地，并从司令部预备队补充了两个营的兵力。

军事报告如下：

▸珀西瓦尔将军致韦维尔将军，　　　　1942年2月9日

敌军昨晚在西海岸登陆，业已深入5英里。登加机场已落入敌手。防守此区域的澳大利亚旅伤亡惨重。在调遣司令部预备队之后，敌军的前进暂时被挡住，但考虑到我军须防守漫长的海岸线，局势无疑严峻至极。已经制订计划，如有必要，将集中兵力回防新加坡城。

※　　　※　　　※

9日夜间，一场新的类似攻击在澳大利亚第二十七旅所处的堤道与克兰芝河之间的前线展开，敌军再次成功站稳脚跟，如此一来，在这个旅和克兰芝—— 裕廊一线就被撕开了一个口子。这还不算完，有两个旅从西部也后撤到这条战线，然而这里并没有准备好防御工事，他们撤过了头，在他们重新确定方向之前，敌军已经穿过了这道防线。印度第十一师的一个旅和英国第十八师的三个营连续被派去夺回戈登·本内特前线的阵地，但到了10日夜间，敌军已经抵近武吉知马村，当夜他们在坦克的支援下更进一步。

我们收到消息后，立刻发电报：

▸首相致韦维尔将军，　　　　1942年2月10日

我想你是知道我们对新加坡局势的看法的。据帝国总参谋长向内阁报告说，珀西瓦尔有超过10万人，其中33000人是英

国人，17000人是澳大利亚人。我怀疑，日军在整个马来半岛都没有这么多军人，我们名义上已经有五个师了，而第六个师也即将抵达。如此一来，防御兵力肯定要比日军渡过海峡的兵力要多得多，打得好的话，他们应该能歼灭敌军。此刻，绝不可有保存兵力或怜悯百姓之想法，应不惜一切代价战斗到底。第十八师有了名垂青史的机会。指挥官和高级军官应该和士兵同生共死。大英帝国军队的荣耀在此一举。我相信，对任何形式的软弱你都不会怜惜。俄国人战斗不止，美国人在吕宋岛浴血奋战，我们整个国家和民族的声誉都系于此战。希望各单位都能与敌短兵相接，将敌军打出去。我相信你也是这么想的，此刻发此电报给你，是为了与你共肩重担。

韦维尔用悲观的措辞报告了他的视察情况。

▸韦维尔将军致首相，　　　　1942年2月11日

1.在新加坡视察二十四小时之后，我于今日返回。我刚要离开前收到了你的电报。我已与所有师级指挥官和总督见过面，也将你电报中的要领告知了他们。我用同样的内容，给珀西瓦尔留下了书面指示。

2.新加坡之战形势不妙。日军用惯用的渗透战术，在岛屿西部的进展比我们预想的要快得多。我已下令，让珀西瓦尔组织所有能用的部队在那条战线上进行反攻。有些部队的士气不高，没有哪支部队有我想看到的高士气。地形条件也让防御很难，在每个孤立的村庄，都有大片的空地需要防御。主要的麻烦是，一些增援部队缺乏有效训练，敌军英勇且战术高超，又握有制空权，让他们产生畏战情绪。

3.为了提升战斗意志和乐观情绪，我们已穷尽可能，但我要说，这些努力迄今没能完全成功。我也下了死命令，不允许投降，所有部队必须战斗到底。

4.我不认为珀西瓦尔有你所提到的那么多兵力可以支配。我认为他指挥的兵力最多不过五六万人。但如果部队的战斗足够有力、坚定，这些兵力也足够去对付登陆的敌军了。

5.北部三个机场现有一个已落入敌手，另外两个在炮火覆盖之下，无法使用。只剩下岛南部的机场，但由于不停被轰炸，利用率极低。

6.从新加坡回来时，我在黑暗中从码头上摔倒，背部的两根肋骨折断。受伤并不严重，但我要在医院待上数日，在未来两三周里可能像个残废。

※ ※ ※

2月11日是全线混战的一天。从预备队里抽调的兵力被派往填补麦里芝水库（MacRitchie）与武吉知马公路之间的缺口。通向敌军一侧的堤道已被破坏，但随着我军掩护部队后撤，它们很快就能被修复。日军近卫军在当晚攻破堤道，并接近义顺村（Nee Soon）。次日，也就是12日，第三军奉命撤退至一个环形阵地，范围覆盖武吉知马公路至第五十三师守卫的两个水库，并自此延伸至巴耶利峇村（Paya Lebar village）和加冷。从樟宜岬（Changi）出发的要塞部队被安排在这条战线之后。12日整天，武吉知马公路南部都在激战。澳大利亚第二十二旅仍然守住武吉知马村以南的阵地，在那里，敌军整整四十八小时都未能撼动他们。他们随后陷入孤立，并奉命撤退至东陵

（Tanglin），在那里，印度第四十四旅和马来亚第一旅的阵地成了南部防线。

13日，日军在地面进展不大。马来团守住了巴西班让山，经受两个小时的猛烈轰炸之后，顽强击退了日军第十八师团。

※　　※　　※

13日，是预定将三千名挑选的人员疏散至爪哇的计划执行之日。这些受命离开的包括要人、技术人员、多余的参谋官、护士以及其他一些对后续战争有特殊价值的人员。这些人当中包括要塞指挥空军的空军准将普尔福德（Pulford）和指挥海军的海军少将斯普纳。这是他们的最后旅程。一支给进攻苏门答腊的日军护航的敌海军舰队发现了他们。这一天及第二天从新加坡出发的各式各样的近八十艘小船，都被敌军击沉或俘获了。直到战后，普尔福德和斯普纳的命运才广为人知。2月15日，他们的船被敌军驱逐舰攻击后，驶上了一座小岛的海岸。他们和其他同船的四十五个人一起毫无阻碍地上了岸。他们中有一个年轻的新西兰军官，乘坐一艘当地的小舟出发，在经历千难万险之后，于2月27日安全抵达了巴达维亚（Batavia）。而此时，爪哇本身也一片混乱，但还是安排了一架飞机去拯救这些生还者。不幸的是，这次努力失败了。在岛上，孤立无援和深受发热困扰的人们苟延残喘，希望日趋渺茫，但也未被敌军发现。到了3月底，普尔福德和其他十三人死去，4月，斯普纳和另外三个人死去。到了5月14日，幸存的高级军官，空中中校阿特金斯（Atkins）知道末日将至。他与其他人乘坐当地的一艘小船抵达苏门答腊，并向日军投降，日军立刻登上小岛，带走了剩余的幸存者，他们此后在新加坡的战俘营中饱受摧残。

※ ※ ※

14日的主要战斗发生在南部，武吉知马公路两侧，在那里，我军被迫撤退到他们事实上的最后防线。现在，新加坡城的局势岌岌可危。民工溃散，供水中断即将发生，大批仓库落入敌手，因而守军的粮食和弹药补给严重减少。此后，守军开始着手有组织的破坏工作。固定工事中的大炮和所有野战炮、高射炮都被毁掉，一些秘密装备和文件也被毁掉。所有的航空汽油和航空炸弹都被点燃或者引爆。但海军基地的破坏工作有些混乱。命令被执行，浮动船坞被击沉，干船坞里的沉箱和抽水机都被毁掉，但整个计划并没有全部完成。

这一天，海峡殖民地总督向殖民部报告：

▶ 1942年2月14日

总司令告诉我，新加坡城已被层层包围。现在，三英里半径的城区里有将近100万人。供水系统遭到严重破坏，坚持不了二十四小时。很多人死在大街上，无法掩埋。我们即将断水，而后必然面临瘟疫。我认为自己有责任将此情况报告给总司令。

※ ※ ※

下面这些电报发生在韦维尔将军和珀西瓦尔之间，伦敦并没有收到，直到几周之后我提出要求，才发过来。

►韦维尔将军致珀西瓦尔将军　　1942年2月13日

你们必须像现在这样，奋战到底。但尽完人力，一些勇敢而果断的人可以通过小船逃跑，并通过各个小岛撤退到苏门答腊。这些小船可以用沙包保护一下，并配上机关枪或者两磅炮，对于防守苏门答腊的河流也会很有用。

►珀西瓦尔将军致韦维尔将军　　1942年2月13日

敌军现在深入海岸线5000码，让整个新加坡城都在其野战炮射程内。我们也有陷入缺水缺食的危险。我已询问各部队指挥官的意见，他们都消耗殆尽，既无法抵挡猛烈的进攻，也无法发起反击。我们都热切地期待迎来发起进攻的机会，即使这只是一种姿态，然而这也是不可能办到的，因为没有哪支部队能承担这次攻击。在此情形下，抵抗的时间不太能超过一两天。我的下级指挥官们私下认为，为争取时间而给新加坡城带来大范围的损坏和大量的伤亡，这是得不偿失的。考虑到帝国的海外利益，我认为有义务上报他们的观点。事已至此，为了部队和平民的利益，继续流血将于事无补。你在2月10日的命令已经执行，但在目前的情况下，你是否能考虑给我更多的自由裁量权？

►韦维尔将军致珀西瓦尔将军　　1942年2月14日

你必须持续给敌军造成最大的伤亡，越久越好，如有必要，可以巷战。你们拖住敌军，承担牺牲，会对其他战区有重大的影响。完全理解你的处境，但继续作战是必不可少的。

此时，韦维尔跟我传来了如下讯息，看起来是下了结论：

▸韦维尔将军致首相　　1942年2月14日

收到珀西瓦尔的电报，敌军已接近城区，他的部队没有能力继续反击。已经命令他继续给敌军造成最大杀伤，如有必要，可以巷战。然而，还是担心抵抗并不会很久。

※　※　※

读者可以回看我在1月21日发给三军参谋长的备忘录，我打算放弃新加坡的防御，将援军调往仰光，又没能坚持己见。当我们所有的心思都在新加坡决一死战之上时，胜利的唯一机会，以及我们所期望的赢得时间，都依赖于严格命令部队死战到底。这些命令被韦维尔将军接受并赞同，而他如电报所示，也对珀西瓦尔将军施加了最大的压力。正确的事情是，无论进行战争指挥的高层有何疑问，在外的将军不需要知道它们，只需要接受简单、清楚的命令即可。但现在看起来，新加坡必定会沦陷，我敢肯定，强迫无畏的牺牲，没有胜利的希望，却把残酷的巷战强加于这座巨大的城市，以及数量众多、无助甚至惊恐的平民，这是错误的。我将自己的立场告诉布鲁克将军，他也认为，我们不应该继续从大本营向韦维尔将军施加更多压力，而应该授权他去做无法避免的决定，为此，我发了下面这封电报，并表示我们应该共担责任。

▸首相致韦维尔将军　　1942年2月14日

当在新加坡不能得到有利的结果之时，你当然是唯一的决定者，并以此向珀西瓦尔下命令。帝国总参谋长也同意如此。

总司令于是向珀西瓦尔将军传达命令，内容都包含在给我的这封电报里：

▸韦维尔将军致首相　　1942年2月15日

在过去四十八小时里，已收到珀西瓦尔的两封电报，由于城内缺水以及其他困难，他所率各部的抵抗力量已严重削弱。已两次命令他战斗到底。而现在，我给他发出了以下命令：

▸韦维尔将军致珀西瓦尔将军　　1942年2月15日

只要你们在阵地上，你的部队还有能力给敌军造成伤亡和损失，就应该继续战斗。在此危急时刻，赢得时间和杀伤敌人都是极其重要的。当你完全确信这不再可能时，我允许你自行判断，停止抵抗。在这么做之前，所有对敌军有价值的武器、装备和运输船，必须摧毁。在最终停止战斗之前，应该给意志坚定的团体或个人机会，让他们采用各种方式尝试逃离。他们必须武装起来。告知我[你的]意图。不论出现什么情况，我要感谢你和所有部队在过去数天里的浴血奋战。

2月15日，星期天，是投降的日子。军粮储备只余数日之需，弹药也已短缺，尤其是车辆都没了汽油。最糟糕的是，供水仅能维持二十四小时。下级指挥官向珀西瓦尔将军提议，要么进攻，要么投降，但前者完全在精疲力竭的军队能力之外。他决定投降，并给韦维尔将军发出了最后的悲惨电报：

▸　　1942年2月15日

由于敌军的攻击，水、汽油、粮食和弹药均已用完。因而

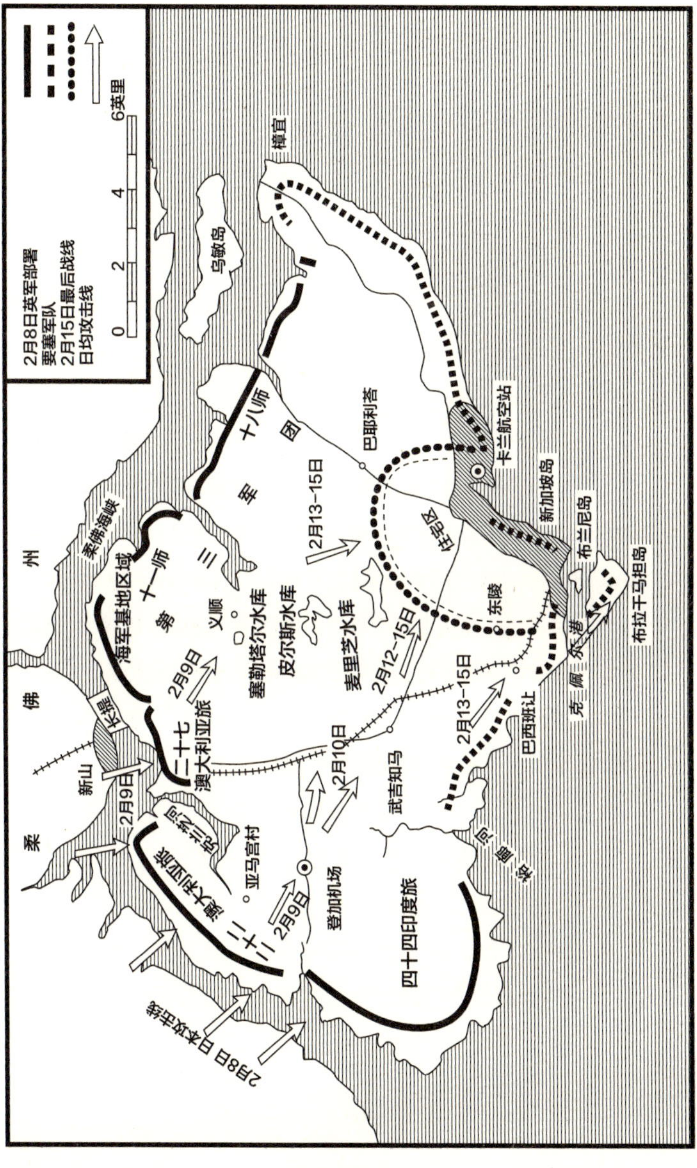
2月8日英军部署
要塞军队
2月15日最后战线
日均攻击线
0
2
4
6英里
乌敏岛
樟宜
柔
佛
州
柔佛海峡
新山
长堤
海军基地区域
十一师
第
三
军
团
十八师
二十七澳大利亚旅
二十二澳大利亚旅
四十四印度旅
义顺
塞勒塔尔水库
皮尔斯水库
麦里芝水库
亚马宫村
登加机场
武吉知马
巴耶利答
卡兰航空站
住宅区
东陵
新加坡岛
布兰尼岛
布拉干马担岛
巴西班让
克
佩
尔
港
2月8日 日本攻击线
2月9日
2月10日
2月12–15日
2月13–15日

新加坡岛

无法再战。各级士兵已尽最大努力，感谢你的帮助。

日军要求并接受了无条件投降。下午8点半，战事结束。

※ ※ ※

在此黑暗时刻，收到我们最伟大的盟友发来的信息，甚感安慰，内容如下：

►总统致前海军人员 1942年2月19日

我明白，新加坡的沦陷将对你和英国人民带来多大打击。这给那些事后诸葛亮带来忙碌的一天，但不论我们遭受的挫折多么严重——我一刻也不敢轻视它们——我们必须继续向前看，采取进一步行动去打击敌人。在这令人难堪的几周里，我希望你能放心下来，因为我相信你仍得到大多数英国人民的信任。我希望你知道，我十分想念你，如果有什么我能做的，请不要犹豫，告诉我……敬盼你的回复。

荷属东印度失守

短命的美英荷澳战区——中国在美国人心中的意义——韦维尔与蒋介石元帅在昆明会面——1月10日，韦维尔抵达巴达维亚：司令部设在万隆（Bandoeng）——英美努力增援美英荷澳战区——日军1月战果——柏林的观点——韦维尔面临风暴——他在2月13日和16日的报告——2月17日，我给三军参谋长，内阁致罗斯福总统的备忘录——韦维尔劝说将澳大利亚部队转移至缅甸——2月28日，爪哇的决战日——我打算重新任命韦维尔为驻印军总司令——我与他的通信——他前往锡兰时的空中历险——海军的惨剧——海军上将杜尔曼（Admiral Doorman）的绝望一战——埃克塞特号沉没——盟军舰队被消灭——爪哇的最后据点——日军完全占领荷属东印度在一定的密码下，英国、美国、荷兰、澳大利亚、新西兰、印度和中国政府之间互换了上万字的电报，目的是创建一个由最高统帅领导的美英荷澳战区。人员是按照各国所要求的精确比率组成的，同时都分成陆、海、空三军。我们曾经有过仔细的争论，是否要做折中，任命一位荷兰海军上将指挥海军兵力；如何与美国和英国做出所有安排；澳大利亚人安排在哪里，等等。一切要被五个国家和三军同意是非常难的事情，再加上这片区域很大部分已被日军占据，盟军的联合舰队也在爪哇海域的绝望一战中沉没。

※　　　※　　　※

在一开始，一场误会发生在了我们和蒋介石之间，这尽管没有影响大局，却引发了复杂的政治关系。在华盛顿，我发现中国在美国人的心目中，尤其是美国高层的心目中，有奇怪的不成比例的特殊意义。我意识到有一种价值标准，将中国几乎与大英帝国的战力相提并论，将中国军队看成和俄国军队一样的重要力量。我告诉总统，我认为美国的观点高估了中国能给总体战局带来的贡献。他强烈不认同。在中国有五万万人口。如果如此众多的人口能像日本在上个世纪一样的方式发展，拥有了现代化武器，会发生什么？我回复说，我要说的是当前的战争，此时要坚持下去已很费力了。我说，当然，对于中国人，我总是愿意提供帮助，并礼貌以待，作为一个种族，我对中国是羡慕并喜爱的，同时也为他们没完没了的政治腐败深感痛惜，但是，对于我认定的完全失真的价值标准，不能指望我去适应。

与此同时，仍担任驻印军总司令的韦维尔将军，飞过喜马拉雅山，在昆明与蒋介石大元帅见面。这与美国人的想法很一致。这次拜访的结果却令人失望，蒋介石向罗斯福总统抱怨说，英国司令官显然对帮助中国解决自己的问题缺乏热情。我想纠正这个说法。

▸首相致韦维尔将军　　1942年1月23日

1.你拒绝中国人协助防御缅甸和滇缅公路的理由，仍让我深感困惑。据我了解，你已经接受了中国第四十九师和第九十三师，而中国第五军和第六军余部都驻扎于边境。缅甸看起来有被蹂躏的极大危险。让我们回忆一下，中国在孤军奋战、武装低劣之下，与日军坚持战斗了多久，而现在我们在日本人股掌之下，处境多么艰难，我就不能理解，为什么我们不欢迎他们来协助。

2.我必须提示一下美国人的观点。中国的分量在他们很多人心目中等同于大不列颠。非常赞赏你的总统，对蒋介石和你会谈之后的沮丧之情，也略感吃惊。美国三军参谋长坚持缅甸由你指挥的唯一原因，就是他们认为你会帮助中国，并保护滇缅公路开放，这是世界性胜利不可或缺的战略。绝不能忘记，在这一切之后，隐约出现的亚洲团结的幽灵，让我们本就要经历数不清的灾难和挫败的前进之路，会变得更加险恶。

3.如果我能把我在美国受到的教训缩写成一个词，这个词就是“中国”。

▶韦维尔将军致首相

我并没有拒绝中国的帮助。你说我“现在”才接受第四十九师和第九十三师。12月23日我在昆明时，我接受了这两个师，而这两个师迟迟未能开拔纯属中国人自己的事。据我了解，这两个师外加一个杂牌师组成了中国第五军。我所要求的是，第六军不应该被布置到缅甸边境，因为供给不上。如果一切顺利，有很多交通线可以支援的话，从印度和非洲开往缅甸的英国军队已经足够了。我明白美国人对中国的感情，但民主国家往往是从情感而不是理智上去思考，而一个将军的任务，应该是用理智做规划。我认为，接受两个中国师（第五军的两个师），并要求第六军在昆明地区充当预备队，这个判断是正确的，很遗憾我的行为似乎被误解了。如果有机会的话，我希望你能帮忙纠正总统的印象。我清楚英国在中国的威信很低，除非我们能获得一些胜利，否则很难有所改变。而承认没有中国的帮助，我们不能守住缅甸，对于增加威信毫无裨益。

▶首相致韦维尔将军　　1942年1月28日

谢谢你。我很高兴我们的看法是一致的。如果有机会向总统解释，我是不会错过的。

※　※　※

1月10日，韦维尔将军抵达巴达维亚，并在荷兰军队指挥中心万隆建起了司令部。他们与增援地远隔万里，仅有一小队核心军官，而他指挥的5000英里的战线上，有很多据点都在激战，他全心投入错综复杂和紧迫的任务，建起了战时盟军间第一个指挥中心。

日军的战果已威胁到了马来亚防线南部的岛链，其中最大的岛是苏门答腊和爪哇。在东边，麦克阿瑟将军在没有希望突围的情况下，仍在菲律宾的巴丹半岛奋勇抵抗。在西边，英属马来亚的大部已被占领。新加坡已岌岌可危。而在两个侧翼之间，已受到威胁的盟军抵抗的核心地区，另一批日军已通过迷宫般的荷属群岛，向南推进了。沙捞越和文莱，婆罗洲以及西里伯斯岛（Celebes）的荷兰石油港口已经沦陷了。日军每攻占一处，就建立空军基地，如此就能依托此基地袭击所选择的下个目标。其军队从不会越过其强大的岸上基地和海上的航空母舰上的飞机覆盖范围。军国主义政府蓄谋已久的长远计划，在此次战略突袭中完全实现了。

对韦维尔来说，一切都寄托在援兵抵达上了。新加坡殷鉴不远，对于中部岛屿重要据点里的少量荷兰守备部队，我们也爱莫能助。荷兰本土沦陷，也没有更多的力量。他们一开始就使出全力，现在逐渐变弱了。从中东调遣来的两个澳大利亚师和一个装甲旅还在路上。三个防空团紧急赶往爪哇暴露的机场。“可畏号”上起飞了全部48架“飓风式”战机；两个轰炸机中队从埃及出发，在印度转场至苏门答腊，最终8架成功抵达爪哇。我们能用的兵力全部派出去了。从菲律宾后撤的美国亚洲舰队，也加入到了英国和荷兰的海军舰队中。美国人已倾尽所能从空中和海上调飞机给盟军指挥；但相距太远，而日军的战争机器运转得又快又准。

到了1月底，西里伯斯岛上的肯达里（Kendari），以及东婆罗洲的重要油港巴厘巴板（Balikpapan）均告沦陷。而拥有重要机场的安汶岛，也被优势巨大的敌军虏获。再往东，美英荷澳战区之外，日军占领了新不列颠岛上的拉包尔（Rabaul），以及所罗门群岛的布干维尔岛（Bougainville）。这是他们隔断澳大利亚与美国生命线的重要尝试的第一步。到了2月初，第一批日军登陆新几内亚的芬施哈芬（Finschaven），但此时由于其他地方的战事，让他们还不足以有效掌控这些偏远地区。而在另一端，对缅甸的入侵也已开始。

※　※　※

看到此时德国人是怎么想的，真是件有趣的事情。2月13日，雷德尔海军上将向元首报告：

> 仰光、新加坡，可能还有达尔文港，都会在几周内落入日本人之手。只有苏门答腊岛上发生了微弱的抵抗，爪哇也守不了多久。日本计划占领锡兰这个关键地区，从而从印度洋保护这条战线，也计划通过获得制海权，从而控制那一片海域。
>
> 15艘日军潜艇此时正在孟加拉湾锡兰外侧的水域、苏门答腊与爪哇之间的海峡展开行动。
>
> 随着仰光、苏门答腊和爪哇的丢失，从波斯湾到美国大陆之间的最后一批油井也会失守。澳大利亚和新西兰要想获得石油补给，必须从波斯湾或者美国运来了。一旦日本的战列舰、航空母舰、潜艇，以及日军海军航空兵能以锡兰为基地，英国如果想保住印度和近东之间的交通线，就被迫要依靠大批护航

的编队了。在世界的那一端，只有亚历山大港、德班和西蒙斯敦能作为英国大型海军舰船的维修基地了。

※ ※ ※

面对风暴，韦维尔全力以赴。他在巨港组建了一支空中打击力量。在海上，美国和荷兰的潜艇侵扰着婆罗洲东西方向的侵入敌军，并取得了不少战果。对巴厘巴板的攻击被抵挡住了，4艘美国驱逐舰击沉了4艘运输舰。荷兰空军也击沉了第五艘运输舰。空军的补给勉强能抵得上消耗。2月4日，一支小型海军编队试图攻击一支从马卡萨海峡（Macassar Strait）经过的敌编队时，被敌空中攻击而遭受损失并后撤，此时有报告说，一支强大的日本军队在阿南巴斯群岛（Anambas Islands）集结。我们在巨港的空军，以澳大利亚中队为主，有60架轰炸机、50架“飓风式”战机，维护不够，保护它们的高射炮也弹药匮乏。2月13日，从阿南巴斯出发的日军25艘或以上的运输船编队，受到了我军能出战的所有轰炸机的攻击，但并没有什么决定性的战果。我们损失了7架飞机。第二天早上，700名日军伞兵在巨港空降，为争夺机场，双方激战一整天。由于缺乏支援，当时伞兵都被消灭了，但到了15日，大批入侵的兵力呈梯队进入视线，并搭载登陆舰向河口进发。所有能用的飞机都起飞对船只和登陆艇进行攻击，敌军损失惨重，从而停止进攻——但我空军的进攻力量不可避免地衰减，他们还是会重新发起攻击。我们在巨港的兵力不过是20架“飓风式”和40架轰炸机，其中很多架还无法起飞，而充当它们基地的机场连检修设备都没有。夜幕降临，显然势单力薄的我军必须撤退，苏门答腊岛南部全部落入敌手。当日，也是新加坡沦陷之日。

在这场惨剧发生的前夕，韦维尔将军就事态的可能进展给我们发了一份详细的备忘录，我将它复述给了两位直接相关的自治领总理。

▸韦维尔将军致首相　　1942年2月13日

……敌军在新加坡超乎预期的快速进展，以及敌军护航编队抵近苏门答腊岛南部，让我们必须重新审视我们的荷属东印度防御计划，原计划中，苏门答腊岛南部具有重要地位。如果多一些时间，加上计划调往苏门答腊岛南部的澳大利亚第七师抵达，我们将能够建起强大的防御线。但目前阵地还没有完全准备好。

澳大利亚第七师的先锋旅要在3月8日才能投入作战，而整个师投入作战则要到3月21日。

如果苏门答腊岛南部失守，继续防御爪哇也变得不太可能了。鉴于该岛的面积，守备力量非常薄弱。现在，计划将澳大利亚第六师增援爪哇，但3月底以前不会抵达。如果澳大利亚第七师从苏门答腊岛南部转入，将可以投入爪哇岛的防御。

爪哇的空中防御本就是个难题，丢了苏门答腊岛是难上加难。即使有空中增援，我空军的消耗仍将远大于补充。

我有限的空军不仅要直接与敌空军交锋，还要攻击敌军船只，甚而不能保护己方船只。

显然，守住苏门答腊岛是爪哇防御成功的基本条件。目前的局势并不需要改变计划，但它可能迫使我们这样做。如果那样的话，首先要考虑的就是澳大利亚兵团的目的地，因为这个兵团囊括了大多数训练有素、装备精良的澳大利亚军队。

我们必须增援苏门答腊，直到明显无用为止。其后增援爪哇可能会毫无用处。

※ ※ ※

新加坡沦陷次日，最高统帅部再次讨论了韦维尔将军统率区的局势，而他井井有条的报告，让我们对情势有了清晰而全面的了解。

▶韦维尔将军致首相 1942年2月16日

你将知道，我们最近在新加坡和苏门答腊南部所面临的情势，将给我们在战略、战术上带来极大的、紧迫的问题。

地理上：爪哇长达500英里——约等于从伦敦到因弗内斯（Inverness）的距离——几乎整个北部海岸线都是容易登陆的地点。

敌军进攻的规模和可能的行动：利用现有的船只和护航力量，敌军能够在接下来的十到十四天内，投入四个师团进攻爪哇，而在一个月内，还能增援两个或以上的师团。空中攻击的最大规模可能达到400至500架战斗机（包括航空母舰），以及300至400架轰炸机。

而在爪哇与敌军对阵的我军军力如下：

（1）海军。能作为进攻力量的最多只有三四艘巡洋舰和10艘左右的驱逐舰。如果它们被分散到受到威胁的两端，任何一端力量都将太弱。如果集中起来，考虑到距离遥远，又很难及时驰援受到攻击的据点。而无论在何处，都容易遭受猛烈的空中袭击。

（2）陆军。当前有三个战斗力弱小的荷兰师。大英帝国军队：第三游骑兵旅的一个营，装备着轻型坦克；分散在各部队的3000名澳大利亚士兵。还有上千名皇家空军地勤人员，但相当比率都没有武装。美军：一个野战炮团，但装备不足。

（3）空军。现在有50架战斗机、65架中型或鱼雷轰炸机、20架重型轰炸机。

只有当地海军和空军占优的情况下，未来敌军登陆爪哇才能被挡住。但现实来看，这种优势是不可能获得的。一旦敌军成功登陆，我军现在无力阻止敌军快速占领岛上的海空军基地。

澳大利亚军团的先头部队在本月底之前无法抵达爪哇。到3月8日，他们才能投入战斗，而整个师在3月21日之前都无法上岸并投入战斗。军团其余各师到了4月中旬才能上岸。

总体来说，缅甸和澳大利亚在对日战争中是绝对重要的。失去爪哇，尽管从各个角度上看都是沉重打击，但不是致命的。因此，我们不应该驰援爪哇，如此可能会损害缅甸和澳大利亚的防御。

最迫切的问题是澳大利亚兵团的目的地。如果有好机会，把这个兵团布置在岛上，并顺利攻击日军，我将毫不犹豫地去冒必要之险，就像我在一年前在希腊所做的那样。那时候，我认为我们很有机会挡住德军的入侵，不论结果如何，我认为冒险是值当的。而当前的例子，我必须说，无论是从战略，还是从战术上来看，我认为冒险都是毫无必要的。我也完全承认涉及政治方面的考虑……

对此，我发了备忘录说：

▸首相致伊斯梅将军，转参谋长委员会　　　　1942年2月17日

我相信，要采取与韦维尔将军主要意见相左的行动是不可能的。个人来说，我赞同他的意见。最好的解决办法似乎是：

（1）如果澳大利亚政府允许的话，将澳大利亚师先头部队调往缅甸。

（2）原本运载澳大利亚第二师的船只，改为运送第七十师，取道孟买，并在抵达锡兰时，卸下一个师。

（3）一旦船只能用，立刻将剩余的两个澳大利亚师送回澳大利亚。

（4）为确保亭可马里的绝对安全，可以通过皇家海军第十七护航编队运送高射炮部队支援，并将这支编队的余部送往仰光。

我尚不清楚韦维尔将军将如何使用爪哇岛上的现有兵力。他们会被用于和荷兰人并肩作战，以拖延敌军的占领，还是别有所图，将他们都转移？在我看来，比起其他问题，这个问题更值得讨论。

我对罗斯福总统说：

▸　　　　1942年2月17日

你会看到韦维尔的一系列电报，内容涉及新加坡沦陷和日军在苏门答腊强力登陆之后的新形势。我们将在今晚的国防委员会以及明天的太平洋委员会上考虑我们的应对策略，并会将我们的方案发给你。除非在苏门答腊和爪哇能有力抵抗，且前景光明，否则问题将是：是否将援兵转移至仰光和澳大利亚。澳大利亚政府似乎倾向于施压，让他们的两个师回到澳大利

亚。我无法长时间拒绝他们，可能他们现布阵于巴勒斯坦的第三师将随后回国。在我看来，当前最重要的据点是仰光，唯一能确保与中国的联系的地方。如你所见，韦维尔已经非常正确地将原本在本月20日抵达（新加坡）的我军装甲旅调走了。三军参谋长将在明天通过军用频道将我们讨论的结果告知你。

在利比亚，大战一触即发，隆美尔可能选择进攻。我们希望能取得好的结果。昨日的首次空战结果不错。

韦维尔将军已经预料到对爪哇—— 我们最后的据点—— 的入侵，会在2月底之前开始，按他现有的兵力，或能得到的支援，胜利的希望渺茫。因此，他提议所有在运输中的澳大利亚部队都开往缅甸。18日，爪哇岛以东的美丽的巴厘岛沦陷，接下来的几天，帝汶岛也告沦陷，我们与澳大利亚之间硕果仅存的空中航线也被占领了。此时，海军大将南云率领的那支在珍珠港一战闻名的快速航空母舰编队—— 由4艘大型航母组成，并伴有战列舰和巡洋舰支援—— 在帝汶海出现了，19日，他们对达尔文港密集的船只进行了毁灭性的攻击，造成了无数人伤亡。经此短暂一战，达尔文港已失去了作为基地的价值。

我们现在知道，日军入侵爪哇的登陆日是2月28日。由五十六艘运输船及强大护航舰队组成的敌西部攻击群，在18日离开法属印度支那半岛的金兰湾（Camranh Bay）。而由四十一艘运输舰组成的东部攻击群，19日自霍洛岛（Jolo）启航，经过苏禄海（Sulu Sea），在23日抵达巴厘巴板。21日，我们的联合参谋部告诉韦维尔将军，爪哇将由已在岛上的我军坚守到最后一刻，但不会再增派援军。他也下令，将自己的司令部撤离爪哇。韦维尔回复说，他认为美英荷澳司令部应该被解散，而不是撤退，这个提议得到了同意。

※　　　※　　　※

随着战事完全展开，我看到结局已定。

▸首相致韦维尔将军　　1942年2月20日

显然，美英荷澳战区的防御计划已被敌军在各方向的快速突进打乱了。此时必须决定，所有现存的兵力和在路上的部分增援部队投入爪哇，作战到底，增援主力应调往缅甸和印度。总统的意见是，美国将协防澳大利亚的侧翼，而我们则倾尽全力防御或重夺缅甸、滇缅公路，当然还要尽一切可能延长在爪哇的抵抗。他也看到了锡兰的极端重要性，它是我海军卷土重来的必经之地。

2.我推断，如果麦克阿瑟将军从科雷吉多尔岛脱身，他会去指挥澳大利亚一侧的战斗。我还没有得到你的决定，你的司令部被迫离开爪哇之后，要设在哪里。

3.我个人的想法是，你应该重新担任驻印军总司令，让哈特利（Hartley）重回他的北方司令部。在这个中心地带，你能让我军对日整体作战获得生机。

2月21日，我收到韦维尔将军悲观的答复。

我恐怕美英荷澳战区的防御已经崩溃，爪哇的防御也持续不了多久。关键还是在空战……投入爪哇的其他兵力都无法帮忙拖延战斗时间，问题主要是，你要选择救什么……我看这个司令部没什么进一步的作用了……

最后，关于我自己。我一如既往，不管你认为哪里最需要我，我都会尽心尽力。在这里我辜负了你和总统，如果换个更好的人，也许能获胜……如果你认为我最好能回印度任职，我当然愿意听从调遣，但你应该首先和总督商议，由于此次失利，我的声望和影响力——这在东方是很重要的——是否还足够；也要考虑给哈特利和他的北方司令部继任者带来的困扰。

我痛恨让我离开这些勇敢的荷兰人的提法，如果你认为对局势有帮助的话，我愿意继续待在这里，奋战到底。

祝你好运！恐怕你将面临艰难岁月，但我清楚，你的勇气将能让你勇闯此关。

到目前为止，我一直坚持此原则：判断军事指挥官不能仅看结果，而应该看他们工作的质量。我对美英荷澳战区从未有过幻想，现在所求的仅仅是挽救缅甸和印度。韦维尔面对着一连串灾难，而这些灾难是我们用礼节和恰当的方式来指定他承担的，而他的冷静和坚决让我很钦佩。有些人可能会找理由拒绝，或者在接受这个艰难甚而无望的工作时，提出不可能达到的条件，唯恐失败之后，会有损他们在公众面前的声誉。韦维尔的领导符合我军最好的传统。为此，我回复说：

▶首相致韦维尔将军　　　　1942年2月22日

当你终止领导美英荷澳战区的同时，你应该去印度，我们命令恢复你在这个对日作战的主要基地的总司令职务。

可能你需要一个副总司令来处理你手头的常规事务，但等你到了德里，这件事情能够得到解决。其他要考虑的事情都是次要的。

我希望你明白，我和你所有的朋友，还有总统和华盛顿的联合参谋部，对你在时运不济、逆境之下，所指挥美英荷澳战区的行动都做出了高度评价。

韦维尔回复说：

我们暂时计划在2月25日离开。我对你如此慷慨的命令和信心，重新委托我担任驻印军总司令，致以最高的感激。如果哈特利能留下来担任副手，那就再好不过了。

25日又致电：

我和皮尔斯将在今晚离开，前往科伦坡。抵达之后，我会给哈特利发电报，并根据他的答复选择飞往仰光或德里。

韦维尔和皮尔斯乘飞机离开万隆。给最高统帅驾驶飞机的美国飞行员曾对进入他的驾驶座的某个人说："看，我仅有这张铁路线地图，但没问题，因为我被告知我们将去一个被称为'瑟龙'的地方，它已经被标出来了。"随后他们飞往近2000英里外的"瑟龙"。韦维尔在空中经历了一次非凡之旅。他经历了六七次致命事故带来的危险，但却毫发无损。他就像是飞机上的约拿，而约拿总是会死里逃生，这架飞机也是如此。有一次，飞机在空中着火，但经过一番努力后，随员们扑灭了火，而且没有惊醒这位总司令。

在锡兰他收到下面这封电报：

▸首相致韦维尔将军　　1942年2月26日

请考虑一下，当务之急是，锡兰是否需要一个一流的军人来统率当地驻军，执掌平民政府，波纳尔是否合适担任此职。我们不想再出现一个新加坡。

波纳尔将军受命于3月6日掌管当地守军。

※　　※　　※

对那些留在爪哇与荷兰人并肩战斗到底的军人，我传达了以下信息：

▸首相致空军少将莫尔特比（Maltby）　　1942年2月26日

我要向坚守爪哇的你和英国各级官兵致以最好的祝愿，希望你们能在当前的大战中取得胜利和荣耀。能争取的每一天都是珍贵的，我相信你们会尽己所能，拉长这场战役。

荷兰海军上将赫尔弗里希（Helfrich）现在统率兵力逐渐减少的盟军海军。这位坚毅的荷兰人从未放弃希望，不惜一切代价、积极地持续攻击敌军，面对实力明显占优的敌军毫不畏惧。他不愧是史上闻名的荷兰海上勇士的继承者。为了迎战入侵爪哇的敌海上大型编队，他组建了两个攻击群，东部位于泗水（Surabaya），由海军上将杜尔曼指挥；西部包括英国军舰，基地在巴达维亚的港口丹戎不碌（Tanjong Priok）。28日，由巡洋舰“霍巴特号”（澳大利亚）“达娜厄号”“天龙号”，驱逐舰“斯考特号”“特内多斯号”组成的西部攻击群，在多次尝试找出敌军之后，受命通过巽他海峡撤离至科伦坡，几天之后他们安全抵达。缺乏油料和敌军对丹戎不碌的不断空袭是西部攻击群在此关键时刻离开的原因。如果他们加入海军上将杜尔曼的东部攻击群，不过会一起遭受厄运。

与此同时，26日下午6点30分，杜尔曼乘坐“德·鲁伊特尔号”（De Ruyter），升起他的旗帜，与重型巡洋舰“埃克塞特号”（英国）和“休斯敦号”（美国）—— 这艘军舰的后方舰炮无法使用，轻型巡洋舰“爪哇号”（荷兰）和“珀斯号”（澳大利亚）以及九艘驱逐舰—— 英国三艘，美国四艘，荷兰两艘，从泗水启航。海军上将赫尔弗里希给杜尔曼的命令是：“你必须不停进攻，直到敌军被摧毁。”这是个讲原则的论调，而对于日军入侵编队来说，他们是个巨大的战利品，而且这一次，它忽略了敌军的绝对优势—— 他们掌控天空，而且事实上西部攻击群已经受命离开了。海军上将杜尔曼也缺乏一套战术信号的通用密码。他的命令在传达之前，必须由德·鲁伊特尔号舰桥上的美国联络官译出。他向泗水仅有的几架战斗机发出的紧急求救也没得到回应。26日夜间，他搜寻敌军，却徒劳无功，到了早上，他回到泗水为他的驱逐舰加油。在他进入港口时，海军上将赫尔弗里希发出了不容置疑的命令，要求他攻击位于巴韦安岛（Baween）以西的敌军。

杜尔曼带着他疲惫的将士再次启航，一个小时后，下午4点刚过，战斗打响了。一开始双方兵力旗鼓相当。远距离的炮战让双方都毫发无损，日军驱逐舰的一系列鱼雷攻击也没有任何收获。半个小时的海战之后，敌军的一艘军舰被击中并起火，但不久之后，“埃克塞特号”的锅炉房被击中，它的速度下降，于是离开战场开往港口。它后面的军舰对它的后撤进行协同保护。差不多同时，荷兰驱逐舰“科顿艾尔号”（Kortenaer）被鱼雷命中，随后沉没。

海军上将杜尔曼此时决定向东南方后撤，战斗大体上停止了，只有驱逐舰“伊莱克特拉”（Electra）试图利用日军的烟幕，用鱼雷攻击敌船，但被三艘日军驱逐舰拦截，随后沉没。

“埃克塞特号”在停止了一会儿后，速度恢复到了15节，受命在余下的荷兰驱逐舰的护送下，回到泗水。

海军上将杜尔曼重新集中分散的、数量变少的舰队，带领他们冲过敌军的侧翼，希望攻击敌编队中的运输舰。间歇性的混战持续进行。此时得到加强的敌军，从空中完全掌握了它的行踪。美国驱逐舰发射完了所有鱼雷，受命返回泗水。英国驱逐舰“木星号”撞到了荷兰人当天布下的水雷，当即下沉，伤亡惨重。10点30分后，海军上将杜尔曼奋勇前进，遇到了两艘日军巡洋舰，经过激战之后，两艘荷兰巡洋舰均被鱼雷击沉，那位以寡敌众、打得很好的、英勇的荷兰海军上将也随舰陨落。“珀斯号”和“休斯敦号”成功逃脱，驶向巴达维亚，并在第二天下午抵达了那里。

※ ※ ※

我们必须把这件事讲完。在重新加油后，澳大利亚和美国的巡洋舰在当晚再次离开巴达维亚，希望能穿过巽他海峡。无意中，他们闯入了日军西部攻击群主力中间，其运输船正在向爪哇岛最西端的万丹海滩运送军队。在被击毁之前，他们抓住机会报复，击沉了两艘正在卸下部队的运输船。“珀斯号”上的307名军官和士兵，以及“休斯敦号”上的368人幸存，并被关入了日军的战俘营。澳大利亚和美国两艘军舰的舰长都随船下沉了。与此同时，受伤的“埃克塞特号”和唯一幸存的英国驱逐舰“英康特号”已经回到了泗水，而很快那里也待不下去了。尽管所有的逃离路线看起来都被敌军封锁了，但他们还是驶向了大海。前一天经历了海战的四艘美国驱逐舰已用完了它们的鱼雷。尽管如此，他们还是在2月28日夜间启航，并通过了狭窄的巴厘海峡，路上仅仅遇到了一艘地方巡逻舰，他们没有理睬。天亮之后，他们已脱离战场向南而去，并抵达了澳大利亚。这条路线对于更大的“埃克塞特号”是不可能的，28日夜间，他在“英康特号”和美国驱逐舰“教皇号”陪伴下，希望穿越巽他海峡，抵达锡兰。第二天一早这支小舰队被发现了，很快四艘巡航的日本巡洋舰，在驱逐舰和飞机的支援下，接近了猎物。在敌军的压倒性的炮火压制下，在1939年普拉塔河口海战中闻名的“埃克塞特号”很快失去动力，中午刚过，一枚鱼雷给了它致命一击。“英康特号”和“教皇号”都沉没了。两艘英国战舰与“教皇号”上幸存的合计50名军官和750名海军士兵被日军救起。

※　※　※

经此一战，我海军被摧毁了，爪哇被日军从三个方向攻入。为了填补快速消耗的空军兵力，我方进行了最后的绝望尝试，两艘美国船只搭载着59架战斗机开了过来。其中一艘旧式的飞机运载船“兰利号”在靠近时被空袭击沉了；另一艘安全抵达，但那时，甚至没有办法卸下装在箱子里的飞机了。在最高统帅部解散之后，为了防御该岛，所有的盟军兵力都移交给荷兰人指挥。德波登将军指挥着荷兰守军的25000名常规军，外加西特维尔少将率领的英国军团，这个军团包含三个澳大利亚营，第三骑兵旅的一个轻型坦克中队，以及一些勤务单位临时拼凑的武装人员——包括皇家空军的450人和一些美国炮兵。荷兰拥有十个空军中队，但他们的很多飞机已无法战斗。皇家空军从苏门答腊后撤至此后编成了五个中队，仅仅只有四十架飞机。此外还有二十架残存的美国战斗机和轰炸机。

防御这座岛的责任就落在了数量有限的这些官兵身上，这座岛的北部海岸长达八百英里，有数不清的可供登陆的海滩。日军的编队从东西两侧卸下了四五个师团。结局已无法延迟多久。3月8日，随着荷兰的决定，数万名英国人和美国人——包括五千名空军和他们优秀的指挥官莫尔特比，八千名英国和澳大利亚部队——都投降了。

我已决心在爪哇与荷兰人并肩战斗到底。尽管没有获胜的希望，但至少延迟了敌军进攻新目标的时间。日军由此完全征服了荷属东印度。

入侵缅甸

日军空袭仰光——1月16日，他们从暹罗攻入缅甸——第十七英印师在萨尔温江被击败——渡过锡当河——我军撤退至勃固河——与澳大利亚政府之间讨厌的不同意见——澳大利亚人的观点——我在2月20日给柯廷先生的电报——以及给罗斯福总统的电报——总统给柯廷先生的讯息——美国驰援澳大拉西亚的重要性——2月23日，我们满足了他们的要求——罗斯福总统的进一步努力——澳大利亚部队撤出缅甸——亚历山大将军接手指挥——他斩断了撤出仰光的退路——成功撤退至卑谬（Prome）——对战区指挥的怨言——解救我们余下的部队——滇缅公路被截断了大家的总体看法是，至少在日军对马来亚的行动胜利结束之前，他们不会大规模进攻缅甸。但事实并非如此。日军对仰光的空袭从12月底前就开始了。那时，我们的空中防御力量仅仅有一个英国战斗机中队和一个美国志愿飞行队的战斗机中队，美国志愿飞行队是在战争爆发前组建的，目的是支援中国。我请求罗斯福总统将这支英勇的团队留在仰光。

▸首相致罗斯福总统　　1942年1月31日

我被告知，在保卫仰光的战斗中提供有效帮助的美国志愿飞行队的战斗机中队将应蒋介石的要求在1月31日撤至中国。对我们来说，仰光的安全显然与蒋的安全一样重要，如果在“飓风式”于2月15日至20日抵达之前，就撤回这些中队，将是一场灾难。我知道马格鲁德将军已经奉命将此信息转达给大元帅，但我想事态紧急，应让你亲自过问为好。

总统同意了我的请求。而这些薄弱的兵力，却给日军飞机造成了巨大伤亡。军事损害虽小，但轰炸造成了混乱，给这座拥挤的城市带来很多伤亡。很多当地工人和下级管理人员，军人和平民皆有，离开了他们的岗位，虽然没有妨碍港口的使用，但却给港口的工作带来严重影响。当然，日军在1月和2月的每次空袭都被拦截，并付出了代价。

1月16日，日军开始从暹罗进攻缅甸，他们攻击土瓦，并轻松地占领了它，我们在土瓦南方很远的丹老（Mergui）的一小队守军因此通过海路后撤。日军一个师团在高加力打败抵抗的印度旅之后，从东部于1月20日攻入毛淡棉。几天之后，他们占领了毛淡棉。

缅甸总督雷金纳德·多曼·史密斯爵士自日军开始攻入缅甸之后的不安的几个星期里，一直展现着坚毅和勇敢的品质。我想，新加坡沦陷的次日，是一个向他致意的好时机，并提醒他危机将至。

▶首相致缅甸总督　　1942年2月16日

我迄今没有发信息来打扰你，但我想告诉你，我和我的同僚们钦佩你在日益增加的困难和危险之下所表现的坚强和坚定的态度。现在，新加坡已经沦陷，可以想见，更多的进攻将冲着你而来。大量的援军，包括装甲旅和两个中队的“飓风式”战斗机，将很快抵达。我们今晚将开会讨论更多可能的支援。在整个东部战区，我将缅甸和与中国的联络线视为最重要的目标。祝一切顺利。

※　※　※

在敌军实力占优且后援不断之下，我军第十七师的三个英印旅在苦战两个星期后，被迫撤往萨尔温江一线，并围绕此地的比林（Bilin）展开了敌众我寡的攻击与反攻击的激战。到了2月20日，很明显，如果不想全军覆没，我军必须撤往锡当河。这条河水流湍急，有五百米宽，仅有一座桥能通过。在十七师的主力部队抵达之前，桥头堡已受到一股强大的日军攻击，即将撤退到桥头的行军队伍也受到敌新抵达的一个师的攻击，并与他们在两侧展开遭遇战。因而桥头守军有了这样的印象，我后撤的三个旅已经大为削弱、分散、损耗，实际上已经无法动弹，于是在所属师长的允许之下，桥头指挥官下令炸毁大桥。当第十七师经过奋战，成功抵达河岸边时，他们发现桥被毁了，他们面对的是湍急的河水。即使如此，3300名军人仍想方设法渡过了这道天堑，但却只剩下了1400支步枪和几支机关枪。其他的武器装备都丢掉了。这是场重大灾难。

现在在日军与仰光之间，只剩下勃固河防线了。在这里，第十七师残部自行整编，又加入了从印度来的三个英国营以及新抵达的英国第七装甲旅——他们原本要从中东去爪哇，韦维尔将军下令将他们转移至缅甸。而这个装甲旅在后来的战斗中发挥了无可估量的作用。再往北是缅甸第一师，他们在南掸邦的防区被中国第六军解放之后，转移到了东吁（Toungoo）南部，并在那里防守着通往曼德勒的北方公路。

※ ※ ※

现在，我不得不记录一段我们与澳大利亚政府之间关系的痛苦插曲，他们拒绝了我们的求援。我曾希望自己不用去回顾这些事实，但讲述缅甸战役需要讲到它。这段插曲在英国和澳大利亚已有部分人道听途说了一些内容。如果双方都能完整陈述，那样会更好，这样也能形成公正的评价，并吸取教训作为未来的指南。

在重压之下，苦涩的感觉席卷了伦敦的军政界，但战时内阁和三军参谋长的观点却是一致的。然而也必须记得，澳大利亚政府的观点完全不同。孟席斯先生（Mr. Menzies）率领的前任政府组建了皇家澳大利亚军队，并派遣了不下于四个师的力量，并带着他们军队的刚毅之气，横跨世界来支援处在战争中的母国，而这场战争形成的原因，以及准备的匮乏跟他们毫无关系。从巴迪亚（Bardia）开始，澳大利亚军队和新西兰师在保卫埃及的沙漠之战中发挥着重要作用。他们在胜利之前表现突出，并在不少惨败中并肩承担。九个月后，在历史上具有决定性的阿莱曼战役中，是澳大利亚第九师发起了进攻。他们在希腊也冒了很大风险，伤亡不少。还有一个澳大利亚师，在极其出色地完成柔佛的战斗后，在新加坡被摧毁或俘获，这个事件从未被解释，而英国的战争策略应该对此负责。锡当河的惨败似乎已决定了缅甸的命运，在这里，帝国政府的物力和安排再次被证明是不够的。那些知道事实的人，都不会怀疑，日军在兵力上的巨大优势，拥有制空权和制海权，还能自由地选择攻击地点，会让他们在接下来的几个月占领和控制组成韦维尔的美英荷澳战区的大部分区域。

澳大利亚军事思维的一切是将新加坡视为整个防御前哨和前沿阵地的关键，澳大利亚依赖于守住这里来赢得必要时间，让美国重获太平洋的控制权，让美国的军事援助抵达澳大利亚，并集结和重建澳大利亚军队，以防御自己的国土。自然，他们将日军入侵澳大利亚视为可能而且迫在眉睫的危险，并让澳大利亚的人民，不论是男人、女人还是孩子，都处于被日军征服的恐怖中。对他们以及我们来说，缅甸只是世界大战的一角，然而日军的推进对不列颠群岛的安全毫无影响，但对澳大利亚则是致命的威胁。而此时，持续恶化的失败和伤亡成了我们的命运，澳大利亚政府对英国的战争指挥和我们在大本营所做的判断已经失去信心。他们认为，是时候聚集起所有能组织起来的力量，来处理那些对他们的城市和人民造成生死攸关的威胁了。

另一方面，这让我们无法不想到，1940年，我们曾更接近也更可能置身于同样的致命危险中，但我们并没有失去理智，也毫不犹豫地为至关重要的事由付出，而不在乎这样会增加自己面临的风险。1940年8月，为了守住埃及，我们将本就不多的装甲部队的半数送往了沙漠，因而，我们感觉有资格要求他们做出同样的决定。而且这并不是徒劳的。如果在此紧急时刻，澳大利亚能做出同样的奉献，也可能会有好的结果。

就我个人来说，我并不相信日本在获得了荷属东印度富裕、广阔的战利品之后，会派遣一支14万人的军队—— 兵力少了是没用的—— 向南跨过4000英里，和澳大利亚来一场决战，要知道澳大利亚军人已经在所参与的数个战场证明了自己的战斗力。而且，我也第一个提出让中东的两个澳大利亚师回到澳大利亚，并且在澳大利亚总理未提出此要求时，就向议会宣布了这一实情。再者，1月在华盛顿时，我得到了罗斯福总统的承诺，美国舰队会负责澳大利亚周边海域的防御，并派遣9万余名美国士兵去那里；这些举措正在迅速实现。现在，在缅甸的决定性的激战已陷入危局，在战时内阁和三军参谋长的诚挚支持下，我亲自给柯廷先生发了电报。

▸首相致柯廷先生　　1942年2月20日

1.我想你已经知道，你的先遣师先头部队，目前正在英美两国为数不多的运输船上（“弗农山庄号”），从科伦坡南部驶向荷属东印度，而这是唯一能及时抵达仰光，防止仰光失守、与中国的联络线被切断的兵力了。26日或27日，他们就能在仰光下船。没有别的兵力可以弥补这一空缺了。

2.我们完全支持所有的澳大利亚部队回去保卫自己的国土，我们应该采用各种方式运输他们。但战争中出现无法被忽略的决定性的危机时，正在前往其他目的地路上的部队必须准备好调转方向，投入战斗之中。我们会尽力尽早轮换该师，送他们回到澳大利亚。我没有支持美国将你们另外两个师调到缅甸的要求。他们会尽快回国。但现在我们需要这个师，而且他们也是唯一能挽回局势的兵力。

3.请重读一下你1月23日的电报，在里面你说，从新加坡撤离会是“不可原谅的背叛”。我们同意你的意见，因而将十八师和其他重要的援兵派往新加坡而非缅甸，并要求他们战斗到底。他们在新加坡打光了炮弹，却未能守住它，本来，他们几乎可以确定能守住仰光的。我和国防委员会的同僚们对此决定承担全部责任，而由于你的电报，你也应该承担重要责任。

4.在此危急时刻，你所能得到的最大的支援来自美国。他们独力就能给澳大利亚带来众多的部队和空军，而他们也准备好这么做了。如你所知，总统将维持与中国的联络线的畅通视为头等要事，否则他就无法对日发动空中轰炸攻势，而如果中国获得盟军援助的通道被切断，对亚洲将产生最严重的后果。

5.假如你拒绝允许部队停下来弥补这个缺口，那么我确信，上述恶果都将变为现实，并将影响整个战争趋势，随之而来的，将会对你以及你所大为依赖的总统及华盛顿圈子产生非常重要的影响。特别要留意，美国是否有将海军主力从夏威夷转入澳新海域的倾向。

6.我们必须立刻得到答复，因为海上编队正向仰光相反的方向疾驰，每过一天就失去一天。因此，我相信考虑到各方利益，以及你本国的利益，你会以最大程度的审慎考虑我提交给你的意见。

我也给罗斯福总统发了电报，他不仅自己特别关心滇缅公路，也强烈要求澳大利亚人考虑。

▸前海军人员致罗斯福总统　　1942年2月20日

1.唯一能及时抵达仰光，阻止敌军，并让其他支援成为可能的军队，是澳大利亚师的先头部队。他们能够在26日或27日抵达那里。战事需要之下，我们请求澳大利亚政府允许转移他们，并承诺尽早送他们回国。所有其他的澳大利亚部队正在尽早回国。澳大利亚政府断然拒绝了。由于此事关涉维持滇缅公路畅通，以及保持与蒋的联系的极端重要性，我已再次对他们提出请求。

2.鉴于你提出用美国军队协防澳大利亚以及可能的海军行动，我认为你有权对盟国政府施压，以便完成此行动。因此，请给我发个信息，以便我把它们附加在我刚刚发出去的非常强硬的电报之后。我们的三军参谋长此时最为急迫，我相信我们在华盛顿的联合参谋部也同样如此。你应该和凯西谈一谈。

罗斯福总统立刻发了两封电报。他在2月21日给我回复：

我希望你能说服澳大利亚政府，让他们同意，将他们的澳大利亚师先头部队转移至缅甸。我相信兹事体大。告诉他们，我会加速增派部队和飞机前往澳大利亚，我对澳大利亚局势的看法是高度乐观的，绝不是悲观的。

他给柯廷先生发电报：

▶罗斯福总统致澳大利亚总理　　1942年2月20日

在当前的危险局势下，你要做出决定，安排从中东撤回的澳大利亚第一师，我能理解你背负的巨大责任。

我想你现在知道我们已决定，除了当前已在陆上的所有部队和兵力，另外派遣27000人去澳大利亚。这支军队装备精良。我们必须用有限的军队在两翼作战——一个以澳大利亚为基地，另一个以缅甸、印度和中国为基地。由于我们的地理位置，我们美国人能更好地负责支援澳大利亚和右翼。

我告诉你这些，是为了让你能够有信心，我们将以尽可能快的速度来对你的部队进行支援。与此同时，美国海军的行动已经开始，不久将采取措施，组织起来对澳大利亚和新西兰的海岸进行保护。另一方面，左翼也必须守住。如果丢掉缅甸，在我看来，我们整个阵地，包括澳大利亚的阵地，会极度危险。你的澳大利亚师是能来立即增援的唯一兵力。他们能够立刻投入作战，而且我相信，他们有力量来挽回目前看来非常危险的局势。

此刻我清楚日军正快速推进，从贵国的地理位置看，从正在开向贵国，或在贵国周边行动的敌军兵力来看，我不相信贵国至关重要的中心位置有迫在眉睫的威胁。

我明白，贵国军人曾在全世界范围内战斗，并仍在奋战，我完全知道澳大利亚所付出的巨大牺牲，不过我还是请求你，为了我们在远东的整体战局，你是否能重新考虑自己的决定，并命令现在正开往澳大利亚的那个师开足马力去支援在缅甸作战的英军。

你可以相信，我们将用全部的力量与贵国并肩作战，直至胜利。

对整个美英荷澳战区的防御负责，并受到柯廷政府认可的韦维尔将军，在数日前也独自做出了同样的请求。他甚至请求如此调动整个澳大利亚军团。

但答复让大家普遍感到惊讶。

▸陆军元帅迪尔致首相　　1942年2月22日

霍普金斯刚刚告诉我，柯廷拒绝了总统将澳大利亚第一师转移至缅甸的请求。

▸澳大利亚总理致首相　　1942年2月22日

1.在为时已晚之际，我收到了你措辞相当强硬的要求，然而我们将皇家澳大利亚军队调往太平洋战区的意愿，是你久已所知的，你甚而在下议院发出声明表达支持。此外，佩奇也在2月15日对我方观点提供了很长的陈述。

2.增加军力协防缅甸的提议是美英荷澳战区的最高统帅提出的。马来亚、新加坡和帝汶岛已经沦陷，整个荷属东印度显然会在很短的时间内被日军攻占。敌军拥有制空权和制海权，已经开始从西北方向以及东北方向的拉包尔威胁我国国土。我国政府为支援美英荷澳战区做出了尽可能大的贡献。一开始，我军派遣了两个旅外加辅助部队前往马来亚。后来又派遣了一个机枪营和大量的援兵。同时我们还派遣兵力前往安汶岛、爪哇、荷兰以及葡萄牙的帝汶岛。空军的六个中队也被派遣到这个区域，此外还有皇家澳大利亚海军的两艘巡洋舰。

3.是你提议将两个澳大利亚师转移至太平洋战场，后来你通过声明公开地进一步提议说：皇家澳大利亚军队回国保卫祖国将没有障碍。我方同意两个师分别调往苏门答腊和爪哇，并在2月15日的电报中向佩奇指出，如果局势仍对日军有利，这个计划应该保留一条让我军撤回澳大利亚的选择。

4.美英荷澳战区局势不断恶化，我们曾对此密切协调，而日军也向南推进到澳新海域，政府按照我国三军参谋长的建议，需要足够的兵力来阻止敌军对澳大利亚的攻击，而此时我方却被要求继续做出贡献，将我国军队安排至美英荷澳战区离我国最遥远的地方，这是最难理解的。尽管如此，你声称，并没有同意将皇家澳大利亚军队的另外两个师调往缅甸的要求，我国的顾问们却关心韦维尔对整个军团的诉求和迪尔的声明—— 由于在缅甸迫切需要更多军队，澳大利亚第六和第九师的目的地应该是可以变动的。一旦一个师卷入其中，就不可能不提供支持，这也预示着整个军团可能被安排在这个区域，更何况在这里还可能重蹈希腊和马来亚战役的覆辙。最后，考虑到日军的制海权和制空权，我们有必要怀疑这个师是否能在缅甸登陆，更需要怀疑的是，他们是否会如承诺的那样被带出来。随着新加坡、槟榔屿和莫塔马湾的沦陷，孟加拉湾的海滩现在极易受到在此区域海空均占优势的日军攻击。因而将我军调往此战场，将冒战争中不合理的风险，考虑到之前发生的事情，此不利后果将对澳大利亚人民的士气产生最严重的后果。因此，政府必须坚持自己的决定。

5.关于你声称第十八师从缅甸调往新加坡是因为我方的电报，在此需要指出的是，我方电报发出的日期是1月23日，反之，你在1月14日的电报已告诉我，该师的一个旅将于1月13日抵达，余部于1月27日抵达。

6.因此我们认为，考虑到之前所述以及皇家澳大利亚军队在中东提供的支持，我们有权利希望他们尽可能早地回国，并配备适当的护航力量以确保他们安全抵达。

7.我们向你保证，并希望你告知总统——他完全知道我们为了共同的事业都付出了多大的牺牲，如果在转移我们的部队到缅甸和印度的同时，我国顾问们判断不会损害我国的安全，我们会乐意同意转移。

上述第五条是对我的声明的反驳，我曾字斟句酌，以避免表达出因为柯廷先生的抗议而影响了我们的判断。实际上，第十八师的一个旅在他的电报之前登陆，但这是可以改变的，而另外两个旅和其他重要的援兵仍未定去向。这个决定如我经常陈述的那样，由我们来负责，但柯廷先生在谈论中参与如此之深，不能认为他对此没有责任。

同时，为了取得好的回应，我将澳大利亚护航编队转移至仰光。这至少能让澳大利亚政府多些时间来深入思考此事。

►首相致澳大利亚总理　　1942年2月22日

我们都没有想到，你会拒绝我方的请求，以及美国总统的请求——将澳大利亚师的先头部队转移至缅甸以挽回局势。我们知道，如果我们的船继续往澳大利亚行驶，而与此同时我们等着你正式的批准，那么他们要么抵达仰光太晚，要么会没有足够的燃油抵达澳大利亚。因此，我们决定这支编队暂时向北方略作转移。这支编队现在太靠北方，有些船只如不重新加油无法抵达澳大利亚。这些自然的考虑给了我们几天时间去看局势如何发展，如愿意的话，你也可以审视局势。否则，澳大利亚师的先头部队将如你所愿，尽快返回澳大利亚。

▸首相致韦维尔将军 1942年2月22日

澳大利亚政府拒绝让他们的先头部队在仰光施以援手。然而，昨日我们命令编队转向北方，相信澳大利亚政府会对危机有所行动。编队现在走向太靠北，需要重新加油才能继续前往澳大利亚。为何如此？这给了我们三四天时间，让仅以一票占据多数的澳大利亚政府，按照总统的不断呼吁思考此问题，同时也让我们看看在缅甸前线的局势发展。

非常感谢你的祝福。我相信整个国家紧密团结在我身后，考虑到我们将面对的麻烦，这是件好事。

澳大利亚政府的反应是负面的。

▸澳大利亚总理致首相 1942年2月23日

1.在你2月20日的电报中，已清楚说明编队将不会向北前进。而你2月22日的电报却显示，你将编队转向仰光，并仅仅将我们对这次事关重大的转移的同意当作形式问题。你的做法，自然增加了编队所面对的危险局势，这次转移的后果将完全由你负责。

2.我方已将做出决定的理由告知了总统，根据他给我的回复电报，我们非常满意他充满同情的答复，他完全理解和支持

缅甸
仰光
法属印度支那
暹罗
曼谷
安达曼群岛
南海
金兰湾
西贡
暹罗湾
12月8日
12月8日
尼科巴群岛
宋卡
哥打巴鲁
马六甲海峡
槟榔屿
马来亚
哥打基纳巴卢
12月6日
文莱
北文莱
米里
阿南巴斯群岛
纳士纳群岛
吉隆坡
柔佛
12月23日
2月15日
沙捞越
新加坡
古晋
苏门答腊
婆罗洲
巴厘巴板
2月14/5日
2月16日
邦加岛
马辰
印度洋
巨港
勿里洞岛
3月1日
爪哇海
3月1日
奥斯芬
班腾湾
3月1日
巽他海峡
伦邦
万隆
雅加达
芝拉扎
苏腊巴亚
爪哇
龙目海峡
圣诞岛
科科斯群岛
0 100 200 300

美、英、荷、澳战区

12月10日
12月11日
12月21日
仁牙因湾
吕宋
菲
太
马尼拉
12月24日
巴丹
律
12月11日
科里几多尔
宾
群
平
苏禄海
明达瑙岛
岛
和乐岛
12月20日
婆罗洲
1月10日
打拉根
西里伯斯海
洋
1月11日
万鸦老
哈尔马赫拉岛
望
1月23日
加
板
锡
海
峡
西里伯斯岛
1月24日
1月30日
安汶岛
新几内亚
肯达里
佛罗勒斯海
2月18日
巴厘岛
佛罗勒斯岛
松巴哇岛
2月20日
帝汶岛
松巴岛
古邦
400 500英里
达尔文港
澳大利亚

美、英、荷、澳战区

我们做出决定的理由。

3.韦维尔的消息，在周六经过太平洋战争委员会的考虑之后，认为爪哇面临立即的入侵危险。澳大利亚的外部防线现在迅速瓦解，我方的弱点已完全暴露。

4.我们曾经寻求用皇家澳大利亚军队保卫马来亚和新加坡，继而后撤防御荷属东印度。所有这些北部防御阵地都已沦陷或正在沦陷。现在你又盘算用皇家澳大利亚军队去保卫缅甸。而且所有这些都如同在希腊一样，在没有适当的空中支援下完成。

5.我方认为首要责任是保卫澳大利亚，不仅是为了自己，也是确保它能在对日作战的发展中成为基地。在此情形下，要撤销一个我们非常审慎做出，并重申再重申的决定，是根本不可能的。

6.我方的参谋总长提醒说，尽管你在2月20日的电报中提及的只有先头师，事实上考虑到运输的装载问题，在当前不可能将两个师分开，所有运输船的目的地将由排头的运输船决定。这一事实支持我们做出自己的决定。

我回复说：

▸首相致澳大利亚总理　　1942年2月23日

你在2月23日发来电报。

1.你的编队现在正驶向科伦坡加油。接下来将根据你的意愿开往澳大利亚。

2.我做出向北移动的决定是在等待你最终回复的那几个小时里，这是有必要的，因为万一你愿意提供帮助，他们可能无法及时抵达。

3.在编队向北转移的安排做出之后，立刻增加了护航力量，这支增加的护航力量将一直伴随他们前往科伦坡，并在离开科伦坡后伴随他们尽可能远的距离。

4.当然，我对自己的行为完全负责。

所有可能做的，现在都做了。

▸罗斯福总统致首相　　1942年2月23日

1.考虑到柯廷的最终答复拒绝了我们的强烈要求，我给他发出下面这封电报，并希望我们能找到第二支分遣队去帮忙协防缅甸前线。

2.“致柯廷。感谢你20日的复电。我完全理解你的意见，尽管事实上我无法完全同意澳大利亚急需调回一个师。我认为，今天澳大利亚和缅甸作为两个主要基地都是需要不惜一切代价死守的，但今日的主要威胁是在缅甸或左翼，我们能够安全地守住澳大利亚或右翼。全副武装的美国援兵已准备好出发前往贵国。考虑到这一切，当然也要考虑接下来几周局势的发展，我希望你能够考虑，是否可能将返回的第二个师转移至印度或缅甸的某个地方，以帮助守住那里的防线，从而巩固那里的防御阵地。不论形势如何，你都会得到我们的全力支持。罗斯福。”

3.我正在制订另外的计划，以确保澳新区域的岛屿更加安全，并进一步瓦解日军的推进。

▸首相致澳大利亚总理　　1942年2月26日

1.2月24日18点30分，缅甸总督从仰光发来电报："没有大的改变，但如果我们能让澳大利亚人到这里，我们也许能让局势大为改观。显然，要让他们过来是不容易的事情，但我认为这是值得冒的风险，否则对于日军来说，缅甸将门户大开。"

2.2月25日23点20分，缅甸总督从仰光发来电报："澳大利亚师能不能来，知道这件事情对我们来说是极其重要的。请告诉我是来，还是不来。"

3.当然，我已向总督告知了你的决定。

▸首相致缅甸总督　　1942年2月25日

我们已经做出各种呼吁，并有总统的支持，但澳大利亚政府完全拒绝了。继续战斗。

▸首相致伊斯梅将军，转参谋长委员会　　1942年2月27日

请给我一份备忘录，标明我们能派哪些部队前往仰光前线，哪些正在路上。同时也给我一份报告，在印度的哪些部队能用来抵抗袭击和入侵。最后，请给我一份详细的报告，说清楚锡兰的空军、海军和陆军守备情况，以及空军和陆军增援的日程表。

▸首相致霍利斯准将，转参谋长委员会　　1942年2月28日

1.鉴于仰光的撤离以及随之而来的新交通线的限制，第七十师的第二旅是否还要去锡兰，现在成了问题。他们要多久能到达那里?

2.请给我一份关于雷达设备及任何改进措施的报告，并附

带时间表。

3.我希望海军部在亭可马里保持足够的重型军舰，以便我们能度过增援之前的焦虑的两三周，击退敌军的海上进攻。

4.我认为，有必要让“无畏级”各中队在锡兰卸货。

5.请给我一份海军增援的清单和时间表，以及3、4、5月间，我海军舰队在印度洋的组建情况。

※ ※ ※

我们所掌握的军队都无法及时抵达仰光去挽救它。但如果我们不能派遣一支军队，那至少我们可以派一个人。在电报来往的暗淡一页翻开之后，我们的决定是让亚历山大将军（General Alexander）乘坐飞机前往这座难逃一劫的首都。为了省时间，他将直接飞越大片敌占区。在他从三军参谋长和陆军部那里熟悉了局势的详情之后，在离开前的几个小时，他还来到首相官邸附属楼与我、我的妻子共进晚餐。我清楚地记得那个晚上，因为我还从没有承担过这种责任——在希望越发渺茫的情形下送走一位将军。亚历山大如往常一样冷静而且高兴。他说他很高兴去那里。在第一次世界大战中，他曾担任警卫师的一名团级军官，参战数年，他被誉为有护身符的人，即使面临枪林弹雨，士兵们也乐于紧随他的脚步。他总是自信满满，不论是当一名中尉还是做最高统帅。他曾是在敦刻尔克的最后一位英国指挥官。没有什么事情会让他感到烦恼或惊慌失措，职责本身就会让他完全满足，特别是在职责重大和艰难之时。而所有这些之外，他的举止愉快而且轻松，因而与他交朋友的人，都珍视他的友情所带来的乐趣与荣幸，而我也是其中之一。因此，我必须承认，在我们的晚宴上，我发现自己很难比得上他的冷静。

3月5日，亚历山大将军接手指挥，命令是，如果可能的话守住仰光，如果丢了就向北撤退去守住上缅甸，同时与他左翼的中国军队保持联系。对他来说，仰光没有希望，很快就要沦陷了。日军猛攻勃固，并向北侧移动，以切断从仰光到卑谬的道路，从而堵住这座城市唯一的陆上通道。此时担任驻印军总司令的韦维尔，对缅甸战役拥有最高指挥权。

▸韦维尔将军致帝国总参谋长及首相　　　　1942年3月7日

与缅甸的通信在过去两天延误很久；无线电似乎已经中断，我没有收到亚历山大的任何信息。我从海军今天早上接收的信息推断，昨日午夜已突然做出决定，放弃仰光，在路上的海上编队折回，并开始破坏工作。向亚历山大致电一次询问局势，但未得回复。一有官方消息，我会立刻知会你。

亚历山大实际上已经下令破坏了仰光的大炼油厂，还安排了其他破坏工作，全部兵力也沿公路向北准备突围至卑谬。日军本打算从西边进攻这座城市。为了保护他们围城的师团，他们在路两侧安排了强大的兵力。我军一开始的进攻尝试被击退了，因而有必要积聚所有能用的援兵。激战持续了足足二十四个小时，而日军指挥官死板地坚持他的命令，在确认围城的师团已经抵达西部的攻击阵地后，他认为他的狙击任务已经完成。因此，他放开了通往卑谬的道路，出发加入到进攻这座城市的日军主力当中。与此同时，亚历山大带着所有兵力前进，逃离了仰光，一路上秩序井然，还带着所有的运输车辆和大

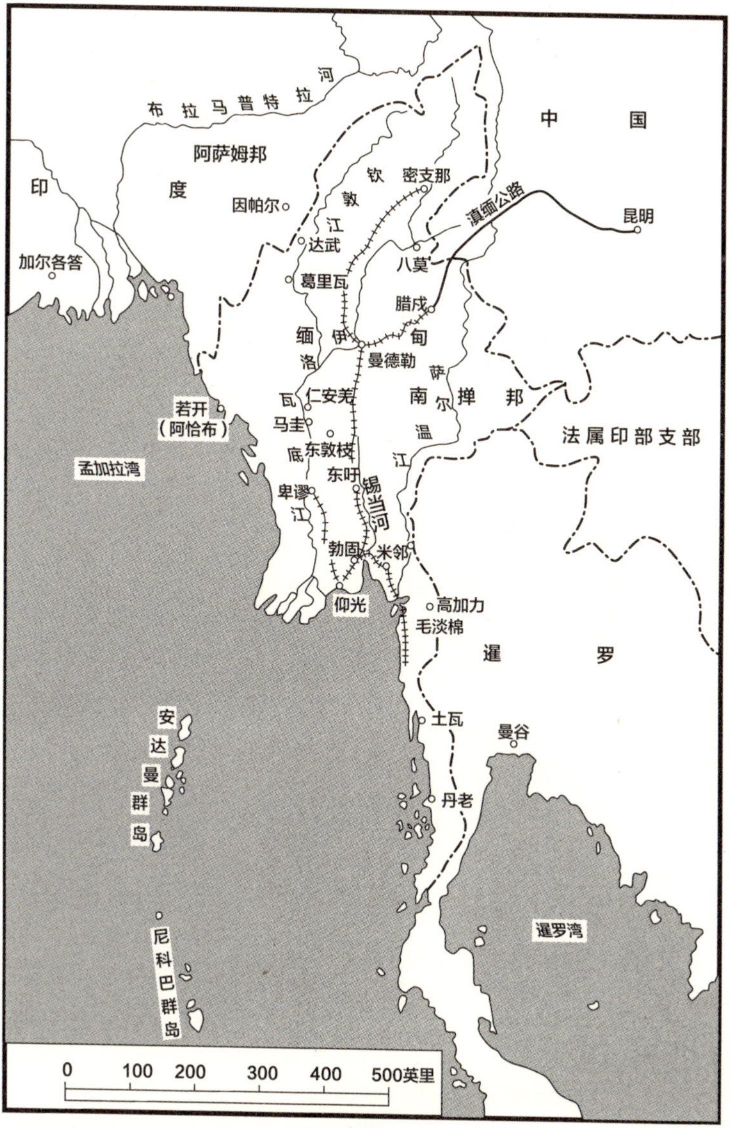

布拉马普特拉河
中国
阿萨姆邦
印度
因帕尔
钦敦江
密支那
滇缅公路
昆明
达武
加尔各答
八莫
葛里瓦
腊戌
缅甸
伊洛瓦底江
曼德勒
萨尔温江
南掸邦
若开
（阿恰布）
仁安羌
马圭
法属印部支部
孟加拉湾
东敦枝
东吁
锡当河
卑谬
勃固
米邻
仰光
高加力
毛淡棉
暹罗
安达曼群岛
土瓦
曼谷
丹老
暹罗湾
尼科巴群岛
0
100
200
300
400
500英里

缅甸

炮。日军并没有对我军向北撤退进行追击，因为在经过数次激战和大量伤亡之后，他们长途行军，精疲力竭，也需要休整一下。缅甸师打了一场掩护战之后退回东吁，与此同时，第十七师和装甲旅轻松地赶往了卑谬。

※　　※　　※

要让上缅甸的军队脱身，还需要长期的、痛苦的战斗。韦维尔并没有低估这种困难。

▸韦维尔将军致首相　　1942年3月19日

我不认为在日军坚决进攻之下，我们能指望长期守住上缅甸。很多部队仍旧缺乏装备，同时被下缅甸的经历吓坏了，余下的缅甸步枪营作用也不大。大炮很少。援兵在当前几乎不可能有。中国的合作也不容易。他们怀疑我军的战斗能力，并倾向于退缩。我不认为他们与日军进行丛林战能比我们打得更出色。然而相信亚历山大能打好，日军的困难必不会少。

亚历山大、蒋介石和美国史迪威将军之间的指挥难题已经混乱不堪。史迪威将军从中国过来，指挥中国陆军第五军和第六军，下辖六个师，他们目前都在缅甸。蒋介石大元帅接受了我们的要求，亚历山大应该是在缅甸的所有部队的最高统帅。但罗斯福总统认为，能保持亚历山大和史迪威的双重指挥更好。在此艰难时刻，我没有争论这一点。

▸罗斯福总统致前海军人员　　1942年3月20日

提及你涉及缅甸指挥权的信息，我最近要求大元帅继续增兵缅甸前线，并允许史迪威根据联合参谋部批准后发给他的原始指令上的原则，来进行合作安排。最近收到的史迪威的信息表明，他能够和亚历山大一起继续有效合作，但急需的是中国军队增兵。大元帅已指定史迪威指挥第五军和第六军，但不幸的是，在指挥权的问题解决之前，他还不会允许他们全部转移至缅甸。史迪威不仅急切地请求大元帅撤回这种意见，而且实际上已下令增援各单位向南移动，希望大元帅能够同意。史迪威不管指挥权的复杂，已提供办法确保完全合作，然而一个中国指挥官可能还是会让亚历山大将军为难的。史迪威不仅是个知识广博、机智的人，而且非常熟悉中国人民，能流利地说他们的语言，无疑也非自私自利的人。他最新的电报中说："已与亚历山大将军安排进行合作，指挥问题不能影响军事行动。已请求大元帅让另外三个师开始开向缅甸。"在此情形下，我建议，我们应该让指挥权问题维持现状。我感觉亚历山大将军和史迪威将会合作无间。奇怪的是，这两个人原本打算在"超级体操家（Super-Gymnast）"计划[在法属北非]中见面的，而实际上应该会在眉谬（Maymyo）相见。

※ ※ ※

丢掉仰光，就意味着丢掉了缅甸，余下的战役是与日军和连绵不尽的雨水之间的可怕竞赛。对亚历山大来说，援兵毫无希望，因为我们没有合适的海岸让援兵登陆。我们数量很少的空军曾掩护过撤退行动，并始终以寡敌众，后来被迫从仰光完善的基地撤离至连警报系统都没有的机场，而到了3月底之前，残存的飞机也大部分被击毁在了地面上。以印度为基地的飞机投下补给和药品，撤离了8600名将士，其中有2600名伤员，但对于我们余下的部队和大部分平民来说，他们只能从600英里长的丛林和群山走出去。

3月24日，敌军重新发起进攻，攻击在东吁的中国师，经过一周刺刀见红的战斗，最终攻占了这座小镇。四天之后，他们沿伊洛瓦底江两岸往上逼近卑谬。4月底，敌军已推进至曼德勒，与中国军队保持联系以及守住滇缅公路的希望都没有了。部分中国军队撤回了中国，部分跟随史迪威将军沿伊洛瓦底江向上，爬过群山走到了印度。亚历山大和英军一起，行军至西北方的葛礼瓦（Kalewa）。唯有如此，他们才能守住印度东部边境，已有一支日本纵队顺钦敦江（Chindwin）往上威胁这一地区，他们在印度还受到国大党的干扰。这条路线几乎就是丛林之路。数万名难民拖累着他们，其中很多人受伤、生病，所有人都很饥饿。由于亚历山大的军队和缅甸国民政府——总督和他的夫人也加入其中——的良好管理，以及从印度这边的援助之手，特别是在北阿萨姆邦的农场主们的帮助下，这一大群人被安全地带出去了，到了5月17日，离预料的雨季到来只剩下两天之际，亚历山大才能报告说，他的部队顺利通过，并在英帕尔集中，虽然已经失去了所有的交通工具以及残余的几辆坦克。就这样，他第一次独立指挥的经历，虽然结果是完全失败的，却展示了娴熟的军事技巧、冷静以及明智的判断，这些让他在此后跻身于盟军中一流战场指挥官之列。通往印度之路被阻断了。

锡兰与孟加拉湾

日军的胜利——关键据点锡兰——“T港”——组建英国东方舰队——增援印度战区——高估日海军建造能力——适合中国的任务——让科伦坡的防御更牢固——印度洋上的危机——日本舰队的入侵——“多塞特郡号”和“康沃尔号”的命运——孟加拉湾的浩劫——我在4月7日发电报给总统——决定将东方舰队撤至东非——守住锡兰至关重要——4月15日进一步知会总统——4月17日，他的回复——我消除韦维尔的疑虑——日军的侵袭停止——印度水域的真空——我们坚持我们的主要目标在压倒性优势的海军和空军的推动和维持下，日军的进攻已席卷了荷属东印度的所有岛屿，以及暹罗、整个英属马来亚。他们占据了缅甸南部和安达曼群岛，现在已威胁到了印度。印度和锡兰的海岸往西，就是维持中东军队补给的唯一的、至关重要的海上交通线，而它也有遭受敌大规模进攻的风险。在马达加斯加，维希法国似乎会像他们放弃印度支那半岛那样放弃这里，这已经让我们极其不安。

我们的首要工作是用相当的兵力增援印度，并确保印度洋的制海权，特别是对孟加拉湾的控制。我们所组建的东方舰队，其唯一真正优良的基地就在锡兰，那里有科伦坡港和亭可马里港。我们已做了积极的甚而疯狂的努力，以确保在这座岛屿被日军攻击之前，能获得足够多的战斗机。“可畏号”航空母舰在此刻已不再是一艘战舰，而成为一艘全速来回穿梭的运输飞机及其装备的大船。澳大利亚政府也答应允许他们两个本来从沙漠回国的旅团改变航线，在此危急时刻协防锡兰，直到英国军队抵达为止。这是个令人高兴的权宜之计。

对日作战时期，海军部研究了许久，在印度洋为我们的舰队找了一个秘密而又偏僻的停泊地。阿杜环礁（Addu Atoll）是一串珊瑚岛，中间是一个水很深的潟湖，位于马尔代夫群岛的南端，离锡兰有600英里，是科伦坡的临时替代地。这里远离了所有的主要海上航线，敌军只有在经过长期航行之后才能抵达这里，在科伦坡受到攻击时，我军舰艇在此可以停泊、加油和补给。这个潟湖有斯卡帕湾那么大，在暗礁之中，有四道深渠可以驶入。在周围被树林覆盖的岛上，我们安置了大炮和探照灯。补给船和医疗船都聚集在这里。这里还将有一个陆上机场和一个水上飞行基地。而所有这些暂时还不为敌军所知。这个港口我们称其为“T港”，在印度洋的战略中是非常有用的。

自这年开始，我海军的工作就是在印度洋组建一支能够捍卫我方利益的兵力。萨默维尔海军上将（Admiral Somerville）曾在直布罗陀指挥H舰队时名声大噪，如今被选来接替不幸的汤姆·菲利普斯的职位。2月24日，他搭载“可畏号”航母抵达科伦坡。接管指挥后，归他指挥的军舰有：“厌战号”战列舰——九个月前曾在克里特岛战役受损，刚刚完成修理之后从美国经澳大利亚抵达这里，四艘老式的“复仇级”战列舰；三艘航空母舰，包括轻型航母“竞技神号”；七艘巡洋舰，包括荷兰海姆斯凯克号，以及十六艘驱逐舰。

对于这支从远方聚集起来的舰队，已经没有时间来进行协同作战训练了。一开始，它们分成了两部分：一部位于科伦坡，一部位于“T港”。由于一些飞机已经抵达，因而我们再三命令，尽快在孟加拉湾建起机场。但在印度，一切进展缓慢。我只能全力协调，并急切地施压。

▸首相致伊斯梅将军，转参谋长委员会　　1942年3月4日

1.请再次告知我印度战区增援的情况。第七十师的先头旅必须尽早抵达锡兰（什么时候？）。还有高射炮和反坦克炮什么时候运到？接下来澳大利亚第六师的第十六和第十七旅也将抵达。这些部队会待七八个星期，船舶必须指挥到位，以保证

调用方便和准时。届时第七十师余下的两个旅进入印度，韦维尔可自由调遣他们以及其他在路上的援兵，并在缅甸前线安排他们。而他们的到来，也将使他能够更加自由地安排缅甸前线上的英国内务安全营。

2.“可畏号”上的两个中队将在本月6日抵达锡兰，再加上现有的飞机，考虑到敌军仅仅依靠一艘航母进行空袭，应该足够保护两个澳大利亚旅团（当他们到了后）以及港口内的两艘“复仇级”战列舰了。在本月底之前，“可畏号”将做好战斗准备，而“厌战号”也即将到达。再加上一些巡洋舰和相当多的小船，将聚集起近二十艘船。此后局势将稳步改善，因为“可畏号”将会抵达，“勇士号”也会在几周后抵达。

3.请告知我，是否大家都同意以上意见，在细节上的观点分歧和误解，将会大为增加我们的负担。

※　※　※

对日军的实力我们自然极为重视。但重要的是，也不能夸大他们的实力。

▸首相致海军大臣及第一海务大臣　1942年3月10日

日军当前正同时建造九艘主力舰以及两艘大型航空母舰，真是不可思议。果真如此，未来局势将相当严峻。但这种判断的证据是什么？要从现在开始的两年内完成如此多的军舰，其所需要的大量的甲板、钢铁和各种现代化设备从哪里来？有哪些船坞可以用来同时建造如此多的军舰？它们是什么时候铺设龙骨的？大家对日本军工业知道多少？诸如此类的问题还有很多。请给我一份经得起推敲的回复。

1.我们一定不能低估日本。但需要事实证明。

2.当前上述假设还不能完全确认，因而我谨慎地批准了岸基鱼雷飞机的发展计划。

▸首相致海军大臣　　1942年3月19日

现在的假定是，所有这些船只都能如此完工。“大和号”1937年铺设龙骨，应该已经在1941年完工了。但它直到现在才被认为已加入其舰队，推迟了整整一年。在佐世保建造一艘船需要五年，在舞鹤建造也至少需要四年。这与建造五艘英王乔治五世的英国和同时代的美国军舰建造相比怎么样？再说，他们能在四年内建造一艘27000吨级的航空母舰吗？他们真的能在下水一年内就完工吗？请告知我同时期英美两国的战舰建造情况。

人不能总是按最坏的假设来做准备，如果这样做，将阻碍我们对有限的资源做出最佳安排。海军部情报局为求保险是对的，但在我看来，很多冒险虽然证明是错误的，但还得去冒。实际上，如我们现在所知的，日军的海军建设和我们的一样，都大大落后于书面计划。

而我军情报单位对日军师团布置的情报，则是相当令人放心的。

▸首相致参谋长委员会　　1942年3月13日

1.从日军的布置上看，似乎不像是会对澳大利亚立刻发起大规模入侵的样子。你们现在可以对澳大利亚局势进行评估，而这次日军的布置情况可以作为评估的起点。

2.在我看来，如果日军在阿萨姆的行进遇到困难，如果我们防守的锡兰固若金汤，他们更可能会转向北方，攻击中国。

▸首相致澳大利亚总理　　　　　　　　　　1942年3月20日

我们注意到你表达的观点，并完全理解你的意见。我们将不能像你所建议的那样，撤去我们对通往中东的交通线的掩护兵力，因为那是在中东作战的部队所仰赖的生命线。我们也不可能忽略对锡兰的防御，我们将尽力保住它，我们也不可能取消我们支援和防御印度的办法。如果将我们四艘快速装甲航空母舰的三艘派往太平洋，你将看到，我们留在印度洋的战列舰或将要派往印度洋的战舰面对空袭时将毫无保护，因而将不能执行任务。这也会暴露我们所有在印度和中东之间穿行的编队，要知道其平均每个月运载量达到五万人，如果两三艘日本巡洋舰或驱逐舰在得到一艘航空母舰的支援下，就能摧毁他们。我们钦佩你照会中的进取精神，也理解你希望早日获得主动的愿望，但我们不认为应该像你所建议的那样，无视所有其他的风险和责任。

但是，罗斯福总统已提议并得到大家同意，将成立一个新的组织机构，毫无疑问，这些问题会作为在华盛顿进行的讨论的一部分，而我也将你的观点通过陛下的联合王国政府转达给总统。

此时我深信，如果我们做好所有可能的准备去遏止，如果需要的时候，去抵抗的话，那么日本是不会入侵澳大利亚的。在我看来，他们最好的策略是结束与中国的战争。

▸首相致伊斯梅将军，转参谋长委员会　　1942年3月25日

日军的正确选择是向北往重庆进发，特别是现在我们在锡兰准备更加充足之时，会让他们决定避开印度的。但很重要的是，如果我们将自己的命运与中国人紧紧联系在一起，那我们应该与大元帅取得良好的共识，而如果可能的话，让他要求我们去做在战略上正确的事情。

▸首相致伊斯梅将军，转参谋长委员会　　1942年3月27日

1.让我们把锡兰说清楚。我们想要在那里完整地保护好[科伦坡]的海军基地。这是因为我们想要通过这里让我们的舰队在孟加拉湾展开行动，而不是离这里远达600英里的T港。不允许有任何危及锡兰的海军基地和妨碍舰队行动的行为。

2.我们希望"厌战号"和两艘装甲航空母舰会在孟加拉湾大显身手。如果将其中的一艘快速航母派到T港去保护没什么用的"复仇级"，那将是个很大的损失。如果它们没什么用处，只是个累赘，为什么不让它们离开，去亚丁湾或者巡逻，让航空母舰能轻松迎敌？两艘在一起的航空母舰要比各自分开的两艘更好，三艘合在一起要比三艘分成两队的更好。

到了3月底，科伦坡的局势明显已更加安全。在我们努力之后，我们聚集起了60架战斗机，以及一小批由空军少将多比亚克（Dalbiac）指挥的短程轰炸机。这至少确保了日军的空袭将遇到激烈抵抗。

※　　※　　※

在孟加拉湾和印度洋上，即将发生惊心动魄的事件。3月28日，海军上将萨默维尔收到信息，日军一支包括航空母舰在内的强大舰队将在4月1日左右袭击锡兰。他在3月31日将他的舰队集中到锡兰南部，以待进攻时机，并且从科伦坡向120英里外派出了巡逻机。能用来做远处巡逻的仅有六架“卡特琳娜级”水上飞机。能力卓著的锡兰总司令——海军上将莱顿命令他的部下做好战斗准备，并将商船从港口疏散。巡洋舰“多塞特郡号”的整修工作突然停了下来，并出航与“康沃尔号”一起加入了海军上将萨默维尔的舰队。

从3月31日到4月2日，大家焦急地等待着，舰队持续在等待阵地巡航，但除了在锡兰东南发现了日军潜艇巡逻，没什么事情发生。到了2日的晚上，“复仇级”战列舰的水用完了，海军上将萨默维尔盘算着，要么是敌军在等待我军因缺油而被迫返航，要么是关于即将发生袭击的情报是错误的。于是，他不太情愿但很幸运地决定回到600英里外的T港。

4月4日，几乎在舰队抵达阿杜环礁的同时，一架“卡特琳娜级”飞机在巡逻中发现大批敌军抵近锡兰。在报告完敌军的情况之前，这架飞机就被击落了。先前的警报因此被证明是正确的，只是时间不准确，毫无疑问，第二天锡兰将受到猛烈袭击。海军上将当晚搭载“厌战号”离开了阿杜环礁，而“可畏号”“无畏号”航空母舰，两艘巡洋舰，六艘驱逐舰在海军上将威利斯的指挥下，将在“复仇级”及其他的军舰准备好之后紧随其后。

“多塞特郡号”和“康沃尔号”再次从科伦坡启航加入舰队。4日夜间，空中巡逻不断向海军上将莱顿报告敌军抵近的消息，4月5日，复活节这个星期天的8点钟之前，预期的攻击到来了，日军近80架俯冲轰炸机攻击了科伦坡。一切准备就绪。在紧张的空战中，我军损失19架战斗机和6架舰队所属航空兵的“箭鱼式”飞机，击毁了敌军21架飞机。到了9点30分，攻击停止了。感谢之前疏散了港口里的船只，我们没什么损失，只是一些港口设备受了损失。驱逐舰“特内多斯号”以及一艘武装商船“赫克托号”被击沉，但仅有一艘商船被击中。

与此同时，“多塞特郡号”和“康沃尔号”正在前往和海军上将萨默维尔会合的路上。天气平和而晴朗。“多塞特郡号”舰长阿加（Captain Agar）清楚敌军非常接近，因而全力加速前进。到了上午11点，一架日军战机进入了视线。下午1点40分，这两艘船遭遇了逐渐增强的极其猛烈的攻击。敌俯冲式轰炸机以每隔几秒钟三架一组的队形进行了数波攻击。不到十五分钟，我军两艘巡洋舰就沉没了。幸存者爬到漂浮的残骸上，以坚强的精神面对着等待救援的煎熬，他们知道救援需要很久才能抵达。两艘船上的1120名将士中，很多受了伤，他们在鲨鱼出没的海域上等待了近30个小时，在第二天夜间被我军“企业号”（Enterprise）和两艘驱逐舰救起。29位军官和395名士兵牺牲了。

海军上将萨默维尔现在清楚了，日军舰队在实力上远远超出自己的舰队。后来我们知道，指挥偷袭珍珠港的海军大将南云，指挥着这支由五艘航空母舰、四艘快速战列舰，再加上巡洋舰、驱逐舰以及油轮组成的舰队。这就是我们在4月2日急切等待一战的敌军舰队。我们勉强逃过了一次灾难性的舰队行动。萨默维尔在救起幸存者后，向西边撤退，在4月8日早晨抵达T港。

※　　※　　※

接下来的这天，我们在锡兰遭遇了更多不幸。一早，一场猛烈的空袭扑向了亭可马里。54架日本轰炸机在战斗机的掩护下，炸毁了造船厂、工厂和机场。我军飞机奋勇迎敌，以损失11架的代价，击毁了敌15架飞机。我军屈指可数的轻型轰炸机也做出了一次英雄般的搏命一击—— 在实力悬殊之下攻击了敌航空母舰。仅有一半飞机得以返航。小型航母“竞技神号”和驱逐舰“吸血鬼号”为求安全，在前一个晚上离开了亭可马里，他们都被日军飞机击沉，300多名官兵丧生。

与此同时，在孟加拉湾，日军由一艘轻型航母和六艘重型巡洋舰组成的第二支编队开始攻击我方毫无防护的船只。在3月31日，科伦坡采取紧急措施的同时，我方也决定清空加尔各答港。在此区域的我海军力量是微不足道的，我方决定将船只编成小队起航离开。五天之后一艘船在加尔各答南部被空袭击沉，于是这项可疑的政策被取消了，自此之后船只就不再出航了。接下来的几天，日军肆无忌惮地从海上和空中击沉了我方93000吨的船只。再加上南云的舰队在同一时间造成的毁坏，我们在此期间损失的船只达到了116000吨。

※　　※　　※

日本海军力量向我方集中，让我渴望美国舰队能帮忙分散日军注意力。

▸前海军人员致罗斯福总统　　1942年4月7日

1.根据我方的情报，日军有五六艘战列舰——可能包括两艘装备16英寸大炮的在内，确定有五艘航空母舰在印度洋游弋。我们当然不能与这支舰队硬碰硬，特别是它们在集中之时。你是知道我方舰队的组成的。四艘“复仇级”战列舰实力强大，再加上其他军舰，如果遇上三艘“金刚级”，我们相信结果会对我们有利。当然，它们还比不上现代化的日军军舰。尽管在袭击科伦坡时，日本军机遭受了巨大损失，但我们还是不敢说，我们的两艘航空母舰能够对付集中在锡兰以南的四艘日军航空母舰。因此，局势让我们甚为忧虑。

2.目前还不清楚，日军仅仅是在印度洋耀武扬威，还是此次进攻是大规模入侵锡兰的前奏。在目前的情势下，我海军力量是无力对抗日军舰队的。

3.贵方现在太平洋对敌军占有决定性优势，以此局势来看，对美国海军太平洋舰队来说，提供了一个难得的机会，如此也将迫使在印度洋的日海军回到太平洋，这将让日军放弃其侵略企图，并让已进行的入侵行动缺乏支援。当然，我不能太过急切地将此事的重要性强加于你。

※　　※　　※

这几日的经历，任何人都可以毫无疑问地看出，此时海军上将萨默维尔是无力进行一次大规模作战的。日军的胜利和制海权是无法撼动的。在暹罗湾，我军两艘一流的主力舰在几分钟内就被鱼雷轰炸机炸沉了。而这次，两艘重要的巡洋舰又被全然不同的方式——俯冲式轰炸机击沉。我们在地中海与德国和意大利海军的作战中还从未遇到这种局面。将东方舰队的余部安排在锡兰周围将招致大灾难。日军已经得到了孟加拉湾的控制权，到了他们选定的时间，他们也能掌控锡兰周边的海域。能用的英国飞机数量远少于敌军。除了“厌战号”，我方其他战舰航速慢、射程不足、航程不足，在此时已都是累赘，当击沉“多塞特郡号”和“康沃尔号”那样规模的袭击再次发生，现有的空中保护也远远不够。在大规模空中攻击和地面进攻之下，锡兰的基地将不再安全，阿杜环礁的基地就更加不安全了。

有一点是我们都同意的，那就是“复仇级”应该尽早脱离危险。当我将此告知第一海务大臣时，大家对此并无争论。命令照此下达，海军部还授权海军上将萨默维尔将舰队向西撤退至两千英里外的东非。在这里，它至少能为前往中东的重要海运路线提供保护。而海军上将自己带着“厌战号”和两艘航空母舰，继续在印度洋水域保护印度和伊朗之间的海上交通线。为此，他打算把自己的基地设在孟买。他的这一举动立即被海军部批准了，在前几日事态严重时，海军部也抱有同样的想法。这些新的安排也立刻得以施行。

此时，产生了新的一波恐慌，而且是在高级指挥机构散播开来的。至关重要的是守住锡兰。我认为将待在孟买的“厌战号”和两艘航空母舰撤走时机过早，此刻他们似乎是安全的。

▸首相致伊斯梅将军，转参谋长委员会　　　　1942年4月14日

我们必须尽一切努力，冒巨大风险去守住锡兰。海军上将萨默维尔此刻待在孟买是没问题的。难道锡兰和南印度会在如此短的时间丢掉，让孟买变得不安全？这种假设极为片面。应

该告诉他，不要从锡兰撤走任何参谋人员。

三军参谋长同意将锡兰建成为主要舰队基地，与此同时东方舰队的快速舰应该以英属东非海岸的启林迪尼港（Kilindini）为基地。两星期之后，海军上将萨默维尔出发前往启林迪尼。到此时，除了非洲海岸，我们已经全然放弃了印度洋。

※ ※ ※

罗斯福总统没有回复我在7日发出的信息，因而我再次发送了我的意见。

▶前海军人员致罗斯福总统 1942年4月15日

1.我必须重提在印度洋的严重局势，日军自认为能分拆三分之一的战舰和一半的航空母舰在此区域，这样一支军力我们在未来数个月里都无法抗衡。其结果可能是：（1）锡兰沦陷。（2）入侵东印度。这将对我们的整个战争计划造成无法估量的后果：包括丢掉加尔各答，失去通过缅甸与中国的联系。而这仅仅只是开始。在我们能够再进行舰队作战行动之前，没有理由认为日本不会掌控印度洋西部。这将导致我们整个中东局势的崩溃，不仅仅是因为我们在印度和中东之间的编队会中断，而且我们从阿巴丹的石油供给线路也会被切断，没有石油，我们在印度洋区域，无论是海上还是陆上都无法坚守阵地。从波斯湾给俄国的补给也会中断。日军所能施加的影响，是我们无法忍受的。

2.我们希望到4月底，美国太平洋舰队能足够强大，收复珍珠港，并对日军施加威胁，他们必然会对此威胁严阵以待。目前我方对日军的西进并没有足够的限制手段。我们还不能肯定，考虑到距离遥远，美国舰队重新回到珍珠港是否会对日军海军部高层产生强迫性的压力。我们非常清楚，你在太平洋区域面对的问题，困难重重。

3.如果你认为不能采取快速行动，迫使日军向太平洋集中，那么挽救当前我们所面对的危险局势的唯一办法，就是在印度洋尽快建起一支包含现代化主力舰和航空母舰在内的强大的海军力量。

我也请求空中增援。

6.当前另一件重要的事情就是弄一些美国重型轰炸机到印度去。现在那里有十四架，还有五十架已受命前来。但上周，这些飞机都还不能攻击日本海军。我们在尽可能不损及重新发动的攻势之下，已从利比亚调出了能调出的一切力量。我们正将能派遣到东方去的飞机都派去了，但没有你的援助，这些是不够的。总统先生，请允许我向您施压，做出必需的决定吧！

如我所预料的，总统更倾向于提供空中支援。

▸罗斯福总统致首相　　1942年4月17日

我们已经并将持续研究迫切之需。我希望你读一下我方空军部门提交给马歇尔的建议，以供参考。这将是能把飞机派往印度的最快方式了，尽管它们都是岸基飞机，但此时可以将贵方的舰队置于它们的掩护之下。另一方面，对于阻止日军登陆锡兰、马德拉斯或加尔各答来说，这一计划是最好的方案。换句话说，它们无疑将改善我方在印度洋的总体军事形势。然而这些飞机涉及利用“突击者号”作为载船的问题，如此一来，它就无法搭载它自己的飞机了。“突击者号”当然是最适合载运此批飞机的，更不必夸耀它的分区和结构强度了。太平洋舰队当前着手的措施因为保密的要求，还没有告知你细节，但我们会很快告知你，希望届时你会认为它们是有效的。我完全体会得到，当前缺乏海军就像面包缺少黄油一样，但我希望你能同意我的意见，由于两个兵种之间的行动差异，是否在锡兰区域集中一支主力舰队以及混合部队，倒成了一个大问题。部分原因在此，部分原因在于我认为接下来几周，更重要的是阻止日军在印度和锡兰的任何地方登陆，因而我们倾向于更多考虑暂时接替贵方的本土舰队，而不是在印度洋的混合舰队。

我个人认为，接下来几周贵方在印度洋的舰队将受到很好的保护，同时也不会有重大作战行动，其间可以组织岸基飞行队阻止日军的运输舰。我希望你能将对以上提及的空军措施的看法告知于我。我们能立刻将它们付诸实施。

我力所能及地给韦维尔消除疑虑。

▸首相致韦维尔将军　　1942年4月18日

我们正竭力在印度洋组织一支足够强大的舰队，从而让日军被迫从他们的主力舰队中抽调比预期多得多的战舰。为此，我已请求罗斯福总统让北卡罗来纳号和华盛顿号到斯卡帕湾和我们会合，这些都是美国最新式的两艘战舰。届时，“约克公爵号”将空出来，可以和“声望号”一起去印度洋。“光辉号”将于5月，“勇士号”于6月加入海军上将萨默维尔的舰队，很快，在印度洋我们就能拥有三艘快速主力舰和三艘最大的装甲航空母舰。我们正在采取措施，让航空母舰尽可能多地搭载战机。因此，在八至十周里，萨默维尔的舰队将不断加强，壮大起来。特别是，我们有理由相信，美国的主力舰队会比之前更为活跃，日军将更加关注对付他们。

但如果期间锡兰，特别是科伦坡沦陷，聚集起如此多的海军将毫无意义。因此，要用高射炮和飞机来保卫科伦坡，并将此目标视为比保卫加尔各答更紧急而且同样重要的任务。对于锡兰和加尔各答之间的印度漫长海岸线，在不远的未来，不可能提供空军来阻止登陆或者掩护海军行动。但你真的认为，日本人会认为派遣四五个师团占领马德拉斯省是值得的吗？这样的战果怎么比得上占领锡兰，或者向北攻入中国，结束蒋介石的反抗？只有在中国，日本在今年能获得主要的决定性战果。因此，我的看法是，你必须仔细斟酌处理问题的方法。科伦坡的海军基地，以及通过加尔各答与中国的联络线是重中之重。

我必须指出的是，如果中国崩溃，日军将空出来十五至二十个师团。如此一来，日军主力对印度的入侵将变得极有可能发生。

※ ※ ※

由于失去在孟加拉湾和印度洋的制海权，我们所感觉到的严重疑虑随着事态的发展缓解了。实际上，我们已位于日军向西推进的终点。他们的海军入侵已经超出了日本扩张政策的主要范围。他们不过是在进行奇袭和示威。他们并没有严谨的计划来在海外侵入印度南部和锡兰。当然，如果他们发觉科伦坡缺乏准备，没有空中保护，他们有可能将武装巡航转变为一场主要行动。他们可能会遭遇英国舰队，并可能让我方遭受数次惨败。如果发生了这些，没有人能看到他们潜在行动的终点。但由于幸运和当机立断，让我们避开了这样的惨剧。在科伦坡遭遇的顽强抵抗让日军相信，进一步的战果将代价高昂。他们损失的飞机让他们相信，他们踢到了铁板。美国海军在太平洋的复兴是决定性因素。除了数艘潜艇和伪装的袭击等孤立行动，日本海军再也没有出现在印度洋水域。它像突然冲过来那样突然消失，现在在两个对手都已撤离之下，让这片海域沦为真空地带。

当然，我们还不知道，在印度洋上的我方交通线所面对的危险，实际上已经结束了。我们仍旧预测敌军在拥有制海权之际，会派遣一支军队入侵印度大陆。我们的责任、疑虑和准备仍在继续。其表现就是大量向东方增援空中力量，从而严重影响了我们在欧洲战场的主要战略。

4月12日，在给三军参谋长的信息中，韦维尔将军说：

> 除非努力满足我们的基本需要——我从未夸大过，我必须提醒你——我们将永远无法重获印度洋和孟加拉湾的控制权，并且会有印度沦陷的风险。在敌机击沉我方三艘重要战舰和其他数艘战舰，击沉近10万吨商船之时，我方却仅有不超过20架轻型轰炸机迎战敌机，如今我们却看到超过200架重型轰炸机袭击了德国的一座小镇，这肯定会让我们愤怒不已。

在一些自治领圈子里，这种观点自然获得支持。

▶首相致自治领大臣　　1942年4月16日

此刻，这些观点甚嚣尘上。每个人都想派遣轰炸机队到印度和中东去。但是，已经不可能做出任何决定性的改变了。所有能做的都已经做了。如果你能去拜访空军参谋长，听听他怎么说，我将非常高兴。这是个需要详细说明的问题。派几个中队，到了之后，无所事事地待在那里，这是毫无用处的。为了轰炸德国，我们在此建了一座大工厂，而轰炸德国是我们能帮助俄国的唯一方式。但各方却都想破坏它。一个人必须清楚，我们不能自废武功却又不能在其他地方得到任何相应的好处。

我们没有从主要目标上分散力量，即便如此，如此后将看到的，也没有阻止我们新的、有力的进攻行动。曾经有一段困扰我们的插曲，但它已结束了。自此之后，我们开始变得更强大了。

※　　※　　※

在锡兰的空战所产生的重要的战略结果，在当时我们是无法预知的。海军大将南云著名的航母编队，在过去四个月内，战无不胜且几乎没什么损失，却在此遭受了巨大空中损失，他的三艘航母不得不回撤至日本进行整修和重装。因此，当一个月后日军在新几内亚发起对莫尔斯比港的进攻之时，仅有两艘航空母舰能参加战斗。如果它们能全部参加珊瑚海海战，那么在这场重要遭遇战中，将会扭转形势，对美国人不利。

船舶紧缺的瓶颈

在东方需要一支机动后备队—— 我请求罗斯福总统帮忙多运送两个师—— 货运船只—— 3月5日，我对战争的总体概括—— 对日战场—— 罗斯福总统的回复—— 我对运输的请求得到保证—— 重要条件—— 美国的运兵船及潜力—— 美国空军的部署—— 我们在策略上达成一致—— 总统对战略的简化提出个人见解—— 1942年他第一次踏足欧洲战线—— 美国造舰的上升势头——3月18日，总统给我的信函——4月1日，我的回复潜艇战的重要性一直萦绕在我们心头，即使有其他一系列大事，也没有让我们分散对它的注意力。3月初，我亲自写信给罗斯福总统，向他说明我方对船舶运输的战略性使用与进口预算之间的关系。我热切地期盼他能借给我们足够多的美国船舶，以便我们再送两个师到东方去。在这片广阔的区域里，很多地方正在开战或即将开战，谁也不知道会发生什么。我非常希望手头能有多一点的兵力。如果在5月或6月，我能有两个师绕过好望角，那么这支机动预备队就能让我们拥有一个非常宝贵的有利条件，他们可以根据战事需要，被派往埃及、波斯、印度或澳大利亚。

▶前海军人员致罗斯福总统　　1942年3月4日

自我回国之后，我就特别关注船舶的情况，我们整个1942年的工作都可能因此束手束脚。主要有两方面。首先是军事行动。你知道我们正在移动大批兵力，包括澳大利亚军团的三个师以及英国第七十师，他们正从中东出发穿越印度洋。为了弥补中东的消耗，同时通过陆地和海上大批增援印度和锡兰，我们将在2、3、4、5月用船舶从联合王国运走295000名士兵。一支搭载45000人的编队已于2月起航。另一支搭载50000人的编队，包括第五师和七个飞行中队，将在3月起航。还有两个编队，合计搭载85000人，将在4月和5月起航。为了达到此目标，我们已搜刮了手头所有能载人的船舶，并采取应急手段加速回程，增加船舶的运力。即便如此，我们离目标仍相差115000人。

在此形势下，我需要你的襄助。

我认为，我们必须无异议地承认，“体操家”[由英国从东，美国跨过大西洋，对法属北非进行不同形式的干预]在未来几个月无法施行。考虑到这个因素，你是否能将船舶借给我们，让我们在接下来形势严峻的四个月里，组织船舶编队将两个整编师（大约40000人）以及必须伴随的运输车辆、大炮和装备送到印度洋。也就是说，在4月和5月上旬将船舶借给联合王国。现分配给“磁石”（将美国军队送到北爱尔兰）、满载而来的船舶能分担10000人，而这些船舶以及其他你能找来的船舶能将“磁石”所需的相当多的兵力送到联合王国了，我们可以延迟剩余部队的调动。

其次，我们所指挥的运输船舶不仅要维持联合王国必需的进口物资，也要向俄国持续提供物资，还要应对在东方日益增加的物资需求和部队的补给。一些船舶不得不从进口服务中撤出，载着物资前往东方，不仅是我国，美国原本运送我方进口物资的一些货船也转移至其他紧急任务中去了。这种新的状态，再加上远东战争的数次结果，对我们的进口能力产生了严重影响。本年度的前四个月里，我们预估进口物资仅仅725万吨，而且最近被击沉的船舶还大为增加了。

这意味着本年度的前半年，我们的储备物资将严重缩水，不能继续这样了，接下来的几个月里，必须提高进口率来代替它们。我们仔细分析过1942年我们必须确保的进口量，为了维持运转，为了确保我们的储备在年底不至于低于警戒线，必须满足2600万吨的非石油进口物资，低于这个数量将是不合理的。如果不能大量增加我们的船舶来源，达到这个进口量，完成全部任务肯定是不现实的。如果你能让我知道，按照贵方逐月的造舰计划，在船舶服役日益增多的情况下，对我方的进口，以及从美国将我方的装备送到中东，我们能期待贵方帮助到何种程度，这将对我们所有的计划有莫大的帮助。

接下来的一天：

▶前海军人员致罗斯福总统　　1942年3月5日

1.在我渴望和恳求美国加入战争之时，却很难想到，自12月7日所发生的战事，竟让英国战事的恶化如此之大。我们在新加坡遭受了有史以来最大的惨败，其他的惨剧也纷至沓来。由于距离遥远，缺乏船舶，贵国的强大实力也只能渐次投入。日本人的入侵是很难限定范围的。一切都能在1943年和1944年夺回，但与此同时，我们将付出惨重代价。整个黎凡特——里海前线完全取决于俄国军队的胜利了。恐怕到了春天，德军对俄国的进攻将是最难应付的。马耳他的危险也与日俱增，隆美尔的大批援兵已抵达的黎波里，正前往昔兰尼加。

2.自我们上次商谈后，我对美国海空陆三军对付日本的计划还没有全面的了解。我希望的是，到了5月，贵方在太平洋的制海权能够得到恢复，敌军将为此不断分心。到了3月中旬，我们希望增加四艘翻新的“拉米利斯级”战列舰外，还能增派两艘最新的航空母舰到印度洋与“厌战号”一起作战；到了4月，还会继续增援一艘航空母舰；到了5月，“勇士号”也会加入。这支舰队将有四艘现代化巡洋舰，数艘旧式巡洋舰，以及近二十艘驱逐舰。基地将设在锡兰，随着新加坡沦陷，我们将这里视为至关重要的据点。除非多半日军舰队从贵方战区调过来，否则我方这支舰队能够阻止敌军从海上入侵印度。我再次希望，逐渐增强的美国海军会阻止这件事发生。

我希望数量众多的荷兰潜艇能够逃到锡兰来，这些潜艇再加上我们能从地中海抽调的仅仅两艘潜艇，能够密切监视马六甲海峡。据我们所知，贵国在美英荷澳区域的潜艇是以弗里曼特尔（Fremantle）为基地，目的是巡防巽他海峡以及荷属群岛的其他通道，我们应不仅留意而且务必摧毁任何进入印度洋的日军兵力。接下来的两周对锡兰来说是最关键的，到了3月底，我们将在那里稳住阵脚，尽管还没有办法完全获得安全。

3.由于“提尔皮茨号”和“希佩尔海军上将号”在特隆赫姆（Trondheim），我们的北方舰队不仅要监视北方航线，而且还要保护去俄罗斯的编队。然而，随着“沙恩霍斯特号”（Scharnhorst）、“格奈森瑙号”（Gneisenau）、“欧根亲王号”失去战斗力——尤其是“欧根亲王号”，我们认为它已严重受损——紧张局势暂时缓解了，我们将抓住机会修复“罗德尼号”。“罗德尼号”和“纳尔逊号”应该会在5月准备好，但“安森号”（Anson）直到8月才能加入战斗序列。

4.如果你能给我一份美国空军部署和作战计划的备忘录的话，我将甚为高兴。我们在爪哇的阵地上都遭受到了巨大的伤亡，我最悲痛的是看到“兰利号”的意外沉没，它运载的货物是极其珍贵的。我很希望知道，你从中国或阿留申群岛发起作战行动的计划有何进展？我们也希望美国轰炸机能利用印度东北部的基地，对敌军在暹罗和印度支那的基地展开行动。

5.你将会清楚，我们原本部署在黎凡特——里海前线的部队是什么情况，又是如何几乎全部调到印度和澳大利亚去的。你也会看到，如果俄国的高加索防线被击破，我们立刻会陷入困境。如果你能向新西兰支援一个美国师的话，那么将会帮我们很大一个忙，如此一来，这个师就可以代替现在部署于巴勒斯坦并被新西兰要求撤回的一个师。对中东的澳大利亚师，我们也有同样的诉求。我们可以理解澳大利亚和新西兰，当他们最好的军队不在国内时，自然会感到焦虑。但如果美国能支援澳大利亚和新西兰的话，那么省出了船舶，同时也保证了两国的安全，这要比将中东的两个师跨越大洋送回去要好得多。我已准备好接受“磁石”行动延迟相当久，以协助你对澳大利亚追加援助。最后，似乎最重要的是，美国海军应增加对澳新海域的保护，因为这个问题是让当地的政府真正忧虑的，如此也能确保我们反攻的重要基地。

6.然而，一切都取决于船舶。我给你单独发了一封电报，详细说明了1942年度英国的进口计划。在第三和第四季度，它肯定需要占用美国新建船舶吨位的相当大部分。然而，目前最急迫和关键的，还是安排运输部队的吨位。我的意见是，目前我国运力合计为28万人，其中至少半数船只在经过远航之后，回程时都是没有部队的空船。贵方有9万人的运力，而最让我惶恐的是，据称即便到了1943年夏季，美国的运力也只能再提升9万人。如果这不能改进的话，那么在1944年前，是谈不上挽回局势的，而随着战争的延长，很多危险都会接踵而至。但如果现在下令，让美国的运力在1943年提升两倍或三倍，是肯定可能的。我方28万人的运力已无力提升，而且最近这方面的船只还遭受很大损失。如果你能出手缓解我在这个问题上的忧虑的话，我将不胜感激。我与你都完全赞同“体操家”行动的必要性，但奥金莱克遭受的挫败和船舶紧缺，让这一计划似乎会被迫拖延许久。

7.我们每月前往东方的编队都会带过去4万至5万人。当前，需要在印度维持当地现存部队，以及组建空军和防空军，这让我们在3、4、5月里能运载过去的部队不超过三个师，而每个编队都要晚到两个月。在我看来，要保卫印度，这些部队都是必需的，除了我在第5条中提及的跨里海前线以及类似的建议，做不了其他准备。

8.请允许我提及一下我们在一起时，我向你提过的话题。日本正在通过一系列易受攻击的据点展开兵力，并试图通过空中和海上的保护，让它们连在一起。我们知道，敌军分散的范围越来越宽，东京会为此日益感到焦虑。除非专业和战术设备有长期准备，否则大规模行动根本干不了。当你告诉我打算在加尼福利亚海岸组织大规模的突击兵力，我就感觉你抓住了关键。一旦准备好数支优秀的部队，每一支都可以攻击日军占据的基地或岛屿，击垮守军，所有他们的岛屿都将成为牢笼。甚至在本年度（1942年），就能弄几个例子，制造很大的不安，吸引日军用更多的力量来加强其他据点。

9.如果当下就制订计划，在加利福尼亚的海岸准备船舶、登陆艇、飞机、远征军，等等，那么在1943年，就能对日军发动猛攻，这肯定是我们可以采用的可靠的策略。而且，美国的实力如此强大，整个西线的部队可以在太平洋展开，而不会妨碍我们在大西洋会议上一起讨论过的进攻希特勒的计划。相当长时间内，你的困难在于将贵国的兵力投入战斗，届时船舶紧缺将成为瓶颈。

8日，我收到了总统完整的答复，这份答复显然是参谋们长时间研究的结果。

“自从在3月4日收到你的信息，我们一直在开会。”他说，“对于贵国在印度洋面对的问题，我们完全认可其量级，尤其是自我们承担保卫澳大利亚和新西兰的责任以来，就将它与我们在太平洋面对的问题相提并论。”他指出，美国将太平洋舰队的很大一部分用在澳新海域和美英荷澳战区。日本在巧妙的部署下全力扩张，其攻击力仍旧十分强大。现在，太平洋的局势严峻。将船舶借给英国调兵前往印度，将削弱美国在其他区域的进攻能力。然而，如果澳大利亚和新西兰政府能够将他们的两个师留在中东，并随时保护印度，除当前已接受澳大利亚和新喀里多尼亚（New Caledonia）指挥的两个师外，美国将准备再派遣两个师，一个前往澳大利亚，一个前往新西兰。这就牵涉暂时减少根据租借法案通过红海调往中国的物资运输。一切都取决于将两个澳新师留在中东。之外，再没有其他方式能够提升船舶的使用效率了。

除此之外，总统同意了我建议中的主要请求。他将提供船舶供我方将两个师及其装备从英国调往好望角。第一支编队将在4月26日起程，剩下的在5月6日起程。我们后面将会看到，采取预防措施是多么有用。然而，这次同意是附带某些重要条件的。总统说，“提供这些船只，取决于在使用它们期间接受以下条件：（1）‘体操家’[目标是法属北非]不能进行；（2）调往不列颠群岛的美国军队将仅限于这些船舶能从美国搭载的兵力；（3）不能直接调往冰岛；（4）在四五月间必须从驶往缅甸和红海的船只中撤回十一艘货船。这些船只将用来搭载根据租借法案调往中国和中东的物资；（5）在1942年美国承担的对德攻击任务将稍微减少；1942年美国承担的在欧洲大陆的地面战行动将大为减少。而一旦这些船只完成调运两个英国师的任务，它们应该立刻归还给我方，这是基本条件。”

对此，我已经非常满足了。我的一个基本观点是，为主要目的的实现提供尽可能多的选择是很重要的，特别是在战争时代。总统额外借的运输工具，让我能第二次调遣两个师到好望角去，这就是这一原则的表现。

关于我们联合运送兵力的能力，总统和他的顾问提供了一些数字，讲到这里，我们应该对这些数字铭记于心。他说，当前的造船计划似乎已达到极限，在1944年6月之前，这项能力不可能再有任何提升。

我们现在建造的船只能运送225250人。据了解，英国没有增加运输舰数量的计划。悬挂美国国旗的现有船只运送能力达到130000人。1942年因改建而增加的运力预估至少35000人。运力增加情况如下：1943年6月，40000人；1943年12月，100000人；1944年6月，95000人。因此，不计算损失的情况下，1944年6月时，美国船只的合计运送能力将达到400000人。

这一因素决定了英美的战略路线。

到1942年底，美国空军部署的完整计划的相关细节，美方也给了我。

总统补充说，如果在1942年对德国军事和资源目标进行协同攻击，那么这支部队有必要尽可能多地驻扎在英国。包括先前为“体操家”“磁石”所准备的部队。他在最后说：

我亲自将我们的军事计划事无巨细地完全吐露给你，当然，这并不意味着它们不能让你亲近的军事顾问们知道。但我请求你，对进一步的散播要严格限制。

星期日，对于战区责任的简化，我将给你一份个人建议。

这可能是一段危急时刻，但是请记住，它并不比之前你安然挺过的那些时间更糟。

对此我完全赞同，我回复说：

▸前海军人员致总统 1942年3月9日

非常感谢你对我的意见及时、慷慨的回复。我方参谋部正在评估新的局势，我会很快致电你。

总统又发了一封私人电报过来，提及了复杂的指挥和责任范围的问题，这些问题最终都得以圆满解决。他说："我在星期六晚上给你发的电报，与联合参谋部的大致提议是一致的，毫无疑问，你可以从字里行间看出来。我将这份纯粹的个人观点转达给你，这样你就能知道我的想法是如何发展而来的。"他继续说：

自我们1月份见面之后，当时对西南太平洋区域的合理安排，很大部分都变得过时了。

因此，我希望你能考虑一下，简化下面这些区域的军事指挥安排：

太平洋区域的全部军事指挥将由美国负责。此区域整体的陆海空三军的行动决定，将由华盛顿的美国三军参谋长做出，在华盛顿将成立一个顾问委员会来商讨军事行动问题，其成员将来自澳大利亚、新西兰、荷属东印度和中国，由美国人任主

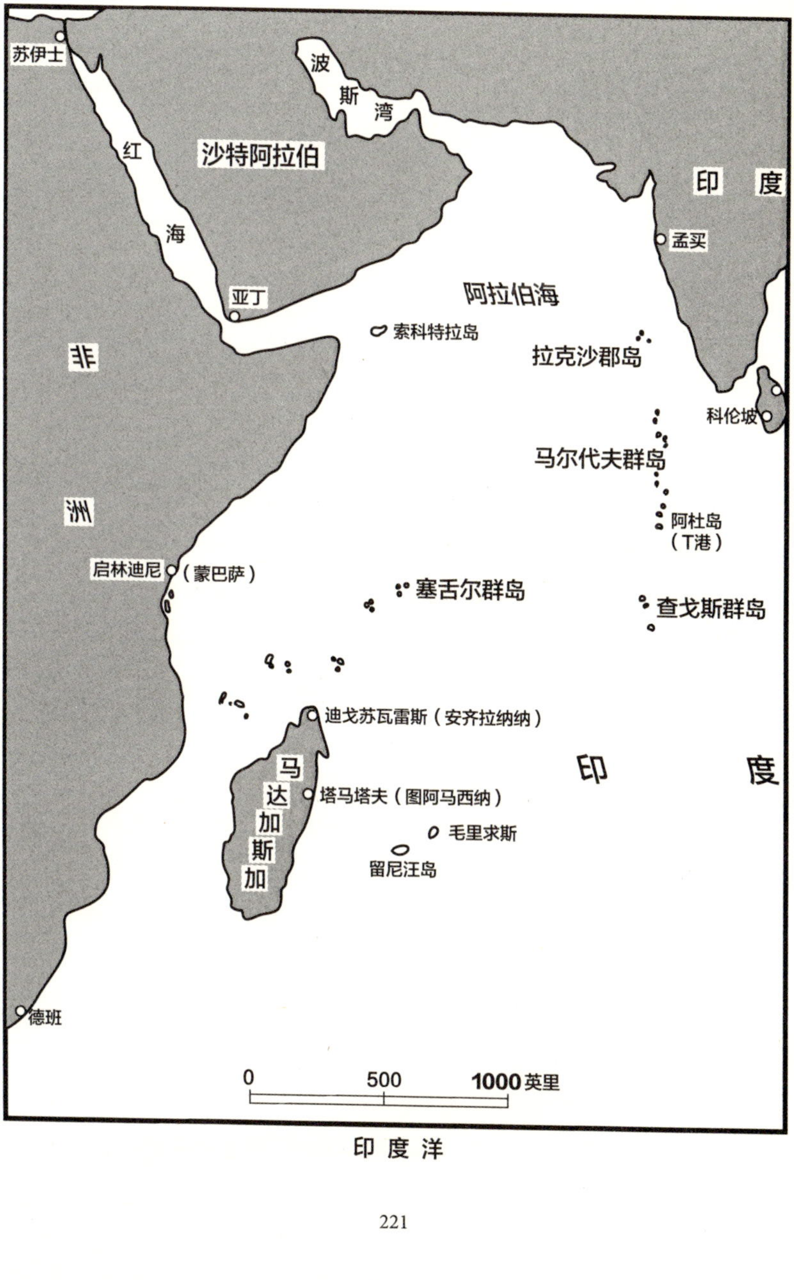
苏伊士
波
斯
湾
红
海
沙特阿拉伯
印
度
孟买
亚丁
阿拉伯海
索科特拉岛
拉克沙郡岛
非
科伦坡
马尔代夫群岛
洲
阿杜岛
（T港）
启林迪尼
（蒙巴萨）
塞舌尔群岛
查戈斯群岛
迪戈苏瓦雷斯（安齐拉纳纳）
马
达
加
斯
加
印
度
塔马塔夫（图阿马西纳）
毛里求斯
留尼汪岛
德班
0
500
1000英里

印度洋

席。加拿大也可以加入。目前设立在伦敦的太平洋委员会应该移到这里；无论如何，它在军事行动部分的职能，包括补给，都将由这里提供。你可能会认为，考虑到政治问题，最好能在伦敦有一个太平洋委员会。这一区域的最高统帅将为美国人。在澳大利亚大陆的军事行动指挥将由一位澳大利亚人负责。在新西兰由一位新西兰人负责。在中国的指挥由大元帅负责。如果此后的进攻能从日军手中夺回荷属东印度的话，此区域的指挥将由荷兰人负责。

1.按照如此安排，当前的行动方针将在华盛顿由一位美国最高统帅决定，他将统帅太平洋战区，并接受美国三军参谋长的监督。重新发动攻势的方式也将用类似的方式决定。这将包括，譬如，从南方的主要基地向西北方向进攻，和从中国，或阿留申，或西伯利亚的基地对日本发起彻底进攻。而这些责任将明确由我国承担，在此区域，英国除了尽己所能提供物资支援外，不必负担任何工作。

2.中部区域，自新加坡延伸，包括印度和印度洋、波斯湾、红海、利比亚和地中海，将由英国直接负责。在此区域的所有军事行动问题都由你们决定；但需要理解的是，由于澳大利亚和新西兰在印度或近东给予的诸多协助，诸事应尽量和他们的政府商议后决定。我们也将尽己所能继续为这些军事行动调送弹药和船只。需要理解的是，这些都是以暂时搁置“体操家”计划为前提的。

还有极其重要的第三方面。

对于今夏在欧洲大陆开辟新的战场，我是越来越感兴趣了，当然这是指进行空袭。从调动船舶和物资的角度看，距离远达3000英里，当然是参与空袭更加容易。即便我们因此遭受极大损失，但至少也会让德国付出同等的代价，并且迫使德军从俄国前线撤回大量兵力。

此外，在此计划之下，因为我们向欧洲大陆的敌军直接发动攻势，冰岛和“磁石”[将美国军队调运到北爱尔兰]将变得不那么重要了。当然这也包括我们会尽力支援俄国。

船舶立刻成为我们战争策略中的瓶颈和唯一基础。随着日本加入战局，英美的军事行动几乎直接依赖于新建船舶对损失船舶的替代。在1942年的前六个月里，英美两国沉没的船舶吨位已接近1941年整年的吨位，超出整个造船计划近300万吨。与此同时，美国陆军和海军对船舶的要求大为增加。但到了3月，美国次年的造船计划已提升到了1400万吨。到了1942年5月，美国的新船已经与损失持平。但直到8月，整个盟国才实现这一目标。又过了一年，我们才弥补了之前的损失。尽管美国的需求与日俱增，还是留了近300万吨的美国货运船只和油轮为我军服务。即便有美国如此大方的决定，还是没能弥补英国武装商船日益增多的损失。

※　※　※

随着故事的发展，我们将会看到新的可能性是如何展开的；新的任务如何加载于英语世界中的两支强大海军之上；还有执行这些任务时的胜负情况。此后，美国海军在太平洋对日本取得了第一场胜利，整个局势很快露出曙光，加上美国商船惊人的建设速度，所有的海上问题最终都迎刃而解。在这些焦头烂额的日子里，我和罗斯福总统之间互换的信件，能看出我们之间是如何亲密合作。

► 1942年3月18日

亲爱的温斯顿：

相信你知道，在过去的一个月里，我对你们的困难多有顾及。我们俩除了承受军事方面的困难，你还有额外的负担，贵国令人可笑的不成文宪法，让贵国在战时的政府形式和和平时期是一样的。严格来说，美国的成文宪法中规定的四年任期，让不幸身居高位者免去了很多头痛的问题。

其次是那个我们共同膜拜的、令人可笑的神—— 所谓的“新闻自由”。我们俩都没有太受新闻故事的困扰，而总体来说，这些新闻故事并不算太坏。但在最危急时刻，也有一小撮头脑中只有政治的人，他们既没有专业背景，也没多少常识，却在此基础上引领着公共舆论，我们俩都深受他们所谓的阐释性评述的困扰。

我自己的媒体—— 其中最糟糕的一群—— 一个劲儿地对不那么重要的国内事务夸大其词，并含沙影射地建议说，美国的任务只是保卫夏威夷；我们的东西海岸都如乌龟一般行动着，坐等有人攻击我们的本土海岸。说来古怪，这些残存的孤立主义者并没有攻击我个人，而是反复地表达说，我承受的负担过重了，或者说我自认为是军事家，决策时从不听陆军和海军的意见。这都是老调重弹。你也很熟悉。

我这位“业余军事家”的思考是这样的。当前，没有必要继续考虑新加坡或荷属东印度的问题。它们业已沦陷。澳大利亚必须守住，而且如我电告你的那样，我们愿意承担此责任。印度必须守住，贵国将承担此责任；但直率地说，对此问题我并没有对其他问题那么担心。日军可能会在缅甸以西的海岸登陆。他们也可能轰炸加尔各答。但我预判他们没有足够的兵力，对印缅边境仅会造成少量的损失——我相信你们能守住锡兰。我希望你们能多派一些潜艇去那里，它们比一些落后的水面战舰管用多了。我希望你们一定要比当前更多地增援近东地区。你们一定要守住埃及、运河、叙利亚、伊朗以及通往高加索的交通线。

最后，我期待在数日之后，会给你一份更加明确的联合攻击欧洲的计划。

等你拿到这份计划时，会收到我和李维诺夫（Litvinov）会谈的通知，我期待能很快得到斯大林的答复。但我坦率地告诉你，我认为自己个人能比你的外交部和我的国务院更好地应付斯大林，我相信你是不会介意我这么说的。斯大林痛恨所有贵国高层人士。他认为他更喜欢我，我希望他仍会如此。

我的海军在准备这次远离本国海岸的潜艇战中，行动相当迟缓。不用说你也知道，我国大部分海军军官在过去对小于2000吨的舰船都不感兴趣。两年之前，你们学到了这个教训。如今我们仍要重蹈覆辙。到5月1日，我希望能在纽芬兰至佛罗里达，以及通往西印度群岛的航线上，建起完备的海岸巡逻队。我已用恳求、租借和偷窃的方式拿走了所有超过八十英尺长的船只，并为这些船只建立了单独的指挥部，由海军上将安德鲁斯负责。

我知道你将保持乐观以及旺盛的精力，但如果我告诉你，应该效仿我的做法，你是不会介意的。每个月，我都有四天会去海德公园，就像钻进一个洞里，封上身后的洞口。只有真正非常重大的事情发生时，我才会接电话。我希望你也试一试，并希望你能砌几块砖或者画一幅画。

代我向丘吉尔夫人问好。我和我妻子都希望能与他们再次见面。

你永远的，

富兰克林·罗斯福

附：怀南特在这里。我觉得他真的是个最通情达理的人。

我用同样的语气进行了回复。

▶前海军人员致罗斯福总统　　1942年4月1日

1.收到你3月18日的信，我甚欣喜。非常感谢你对我的工作的关心和个人的关怀。我们的位置始终很稳固，但自然在议会和媒体上有一些不耐烦的人，会对一个人全部的工作吹毛求疵。我发现很难忘怀新加坡，但我希望过不了多久我们就能夺回它。

2.迪基在圣纳泽尔的表演虽然规模很小，但却非常令人振奋。作为你个人的耳目，在几周前，我提拔他为海军中将、陆军中将和空军中将，并让他加入参谋长委员会，担任联合作战总指挥。他胜任此职，讨论他自己负责的事务或战争总体安排时，他都会参加。在你所提过的对欧洲的联合攻击中，他将是核心人物。我期待收到你的计划。我们在此努力工作，不仅制订各种计划，也在做各种准备。

3.作为一个业余军事家对上另一个业余军事家，我的感觉是，日本最聪明的进攻将是自缅甸向北攻入中国，让中国崩溃。他们可能会袭扰印度，但我怀疑其规模不会大。我们正在每个月派遣四五万人到东方去。他们绕过好望角后，我们能够调送他们去苏伊士、巴士拉、孟买、锡兰，或者澳大利亚。我已告诉柯廷，如果他受到严重侵犯—— 我所说的是敌军有六到八个师团—— 英国将会支援他。当然，其代价就是需要从其他战场调走最急需的兵力。我希望你继续尽力给澳大利亚以支援，如此才能确保我成功守住埃及、黎凡特和印度。这是一件艰难的差事。

4.我们无法从地中海调遣更多的潜艇到印度洋去，目前在那里仅有两艘英国潜艇，四艘荷兰潜艇。现在，我们在锡兰的兵力更为强大了，有装备精良的守军、“飓风式”战斗机、一些鱼雷轰炸机和雷达，还有炮火猛烈的高射炮。海军上将萨默维尔的舰队规模颇为可观，一旦战事发生，他们很有机会。与此同时，“铁甲衣”行动[马达加斯加]正在进行。这次行动也与迪基有很大关系。总之，我希望我们不久就能扭转在印度洋的局势，让日本失去获得胜利的机会。

5.日本的占领区数不胜数，这妨碍了他们集中兵力做进一步大规模远征，让日本对此感到焦虑是很重要的。如果能知道你的“加利福尼亚突击队”计划的进展，我将非常高兴。我看到一些蛛丝马迹，说多诺万正在运作此事。

6.现在，一切取决于大规模的俄德战斗。看起来德国的大规模进攻在5月中旬甚至6月初之前都无法展开。我们将尽力支援俄国，也要减轻他们的压力。我们必须为了每支编队顺利抵达摩尔曼斯克（Murmansk）而战。斯大林对我们送去的物资很高兴。6月之后，运到的物资将达到应到物资的50%，考虑到新的战场以及船舶的情况，这其实很难做到。只有天气能阻挡我们对德国无止境的猛烈轰炸。我们的新方法是最成功的。埃森（Essen）、科隆，尤其是吕贝克（Lübeck），都遭到了考文垂规模的轰炸 。在希特勒正在与熊（俄国）搏斗之时，去轰炸他的后方，我敢肯定在整个夏天都保持这样的轰炸是最重要的。你送来的东西，只要能提升我们的攻击力，都是极具价值的。在马耳他非常艰难的战斗中，我们牵制了近六百架德国和意大利飞机。我怀疑这些飞机在不远的将来是否会调到俄国南部前线去。然而也有流言说，马耳他将遭到空降部队的攻击，可能就在这个月。

7.我已从斯大林处听说，他预料德国人会对他进行毒气攻击，我向他保证，我们将此恶行视作直接针对我们的恶行，将采取无限制的报复。我们要这么做是很容易的。按照他的意愿，我提议在本月底将此公布出去，并在此间隔期，完成我们自身的预防措施。请保证以上内容仅限于我们之间知晓。

自我回来之后，尽管感觉战争的重压比之前更甚，但我个人的健康非常好。谨在此携我的妻子向你及罗斯福夫人致以最亲切的问候。

也许天气好转之后，我可以飞过来与你共度一个周末。我们还有很多事要确定，最好还是当面沟通。

印度——克里普斯代表团

英国对印度的忠诚—— 我们花费巨大代价保卫印度人民—— 印度军队的忠诚与勇猛—— 250万印度志愿军—— 日军西进的结果—— 国大党的失败主义论调—— 蒋介石的拜访——我在2月12日给他的信息—— 战后独立地位的提议—— 我个人对制宪会议的设想—— 处理印度事务的内阁委员会—— 美国的参与—— 我将印度方面的完整声明递交给罗斯福总统——旁遮普总督的看法—— 罗斯福总统的个人观点—— 英国起草公告—— 斯塔福德·克里普斯爵士（Sir Stafford Cripps）的使命—— 国大党拒绝了我们的提议—— 我在4月11日给斯塔福德爵士的信—— 总统对谈判破裂感到惊愕—— 联合内阁—— 我在4月12日给总统的回复——斯塔福德爵士返回

世界上没有更多的人民能像印度斯坦的人民那样，被有效地保护起来，免于遭受世界大战的恐怖和危险。而我们这座小岛通过努力，承担了这个任务。英国政府在印度的官员们一旦遇到分歧，总是将印度的利益置于大不列颠的利益之前，并认为这关乎他们的声誉。当预期战争将在欧洲进行到底时，我们就签订了协议，保卫印度所需的物资和军队开支将全部算在我们头上。在印度签订的合同利率过高，而且我们的债务被换算成贬值的卢比，并按战前的汇率转换成所谓的“英镑余额”。因此产生了大量的所谓“英镑余额”—— 换句话说，英国对印度的负债—— 大量累积。为了保卫印度，让其免遭其他岛屿曾遭受的侵略之苦，在没有充分细看或者计算下，我们每天要负担的开支竟高达一百万镑。我们结束了战争，经受了最大程度的苦难，他们避开了这种苦难，而我们欠他们的债务几乎和我们第一次世界大战欠美国的债务一样多。我宣布这些问题必须得到修正，并保留权利，对保卫印度所欠下的所谓债务进行反诉，我就这样告知了总督。

但所有这些都仅是背景而已。在此背景下，印度军队光荣的英雄气概和军事素质—— 在中东战场的战斗中；在保卫埃及、解放阿比西尼亚中；在扮演重要角色去解放意大利中；在与英国同袍并肩作战将日本逐出缅甸之中—— 都熠熠生辉。印度军队对国王陛下的忠心，印度王公们对所签协议的信守，以及印度穆斯林和印度教官兵们卓越的勇敢精神，在战争史上会永远闪耀。在印度的英国政府忙于征召一支庞大的印度军队。而印度两个大的政治派别，国大党和穆斯林联盟，要么积极作对，要么袖手旁观。尽管如此，总共有超过250万印度人志愿参军；1942年，一支100万人的印度陆军已经建立起来，而且志愿参军的人数每月高达5万人。尽管这个扩大印度军队的策略就世界冲突而言是个错误，但印度人民的响应丝毫不亚于他们士兵的行动，并在我们的印度帝国史上留下了辉煌的最后一页。

※　　　※　　　※

随着日本在亚洲的西进，印度的气氛以令人不安的方式恶化着。珍珠港的消息是个令人震惊的打击。我们的威信也随着香港沦陷而变差。印度次大陆的安全现在直接遭受威胁。而日本海军似乎能随心所欲地进入孟加拉湾而不受任何挑战。在英国统治下，印度第一次受到来自亚洲力量的大规模入侵之威胁。印度政治中潜在的压力与日俱增。有一小撮极端分子在诸如苏巴斯·鲍斯（Subhas Bose）这类人的率领下，直接进行颠覆活动，希望轴心国能获胜。而热情支持甘地的一大群人表达意见认为，印度应该在世界冲突中保持不抵抗和中立。随着日军的推进，这种失败主义扩散开来。如果印度能照暗示的那样想办法摆脱与英国的联系，也许日本就没有动机来入侵。印度面临的危险可能仅仅在于它和大英帝国之间的联系。如果这种联系能一刀两断，那么印度肯定能获得爱尔兰那样的地位。于是，这些并非没有说服力的论点就散播开了。

在日本威胁之下，国大党的态度更坏了。当1942年2月，蒋介石大元帅携夫人到访印度时，这种态度变得很清楚了。他们此行的目的是唤起印度民意的反日态度，强调亚洲作为一个整体，尤其是对印度和中国来说，打败日本的重要性。印度政党领袖们利用这个场合，通过大元帅向英国政府施压，要求英国对国大党的要求进行让步。

战争内阁无法同意一个外国元首在国王陛下的代表和甘地先生、尼赫鲁之间，充当某种公正的仲裁者的角色。为此，我写信给大元帅：

> ▶ 1942年2月12日
>
> 我国内阁的看法是，你提议去沃尔塔（Wardha）拜访甘地先生，可能会妨碍我们号召所有印度人投入抗日作战的努力。这样做可能导致意想不到的后果，那就是在急需团结之时，却强调了社会中的分歧，我冒昧地希望阁下在此问题上，不要有悖总督和国王陛下的意愿。贵军长久以来抗衡着日本侵略军主力，我最诚挚地期待英国、印度以及其他帝国军队能与英勇的中国军队之间加强合作。

结果大元帅尊重了我的意愿，并在总督的协助下，让这场本就不合时宜的拜访在没有产生任何危害的情况下过去了。

※ ※ ※

2月15日，新加坡投降当天。印度政客和媒体的表现，反映着印度教和穆斯林团体之间日益增长的不和。为了希望建立某种共同阵线，有一些国大党领袖提出条件，要求承认印度主权，并成立全印国民政府。内阁仔细考虑过这些问题，在印度官员和总督之间也有很多平常的大量通信往来。我发给他一份私人电报，表达了我对成立印度自治政府的看法，此事当然与我是有关系的。几乎我所有的同僚都感到，在战后以最隆重的方式给予印度人民自治领地位是必须的。

▸首相致印度总督　　1942年2月16日

我个人的看法是，应要求印度不同团体——印度教徒、穆斯林、锡克教徒、贱民，等等——将他们最好的领袖送到所述及的机构中来。然而，我们所能想到的最好的选举基本方案，结果可能会将整个议会扔到国大党决策圈之手。这与我的意愿大相径庭。

此刻以及未来，我遵循的构想是，让每个大的社会团体和种族推选他们一流的领袖组成国民制宪大会。这样就避免只能与政党的政客们协商。

2月25日，我组织了一群大臣，研究印度事务的每日进程，并向战时内阁提出建议。这些大臣中的每一个人，都有直接在印度任职的个人履历。担任主席的艾德礼先生、大法官、西蒙勋爵都曾经是1930年“西蒙”调查团的成员。斯塔福德·克里普斯爵士精通印度政治，并与甘地先生和尼赫鲁先生关系亲近。枢密院议长约翰·安德森爵士曾担任过五年的孟加拉总督。陆军大臣詹姆斯·格里格爵士曾任总督执委会中的财政专员。印度事务大臣艾默里先生是委员会中唯一的保守党成员。其他人都是工党、自由党或无党派人士。我也保留了在认为必要的情况下参加会议的权利。然而在实践中，委员会的意见跟我个人的信条经常是一致的，所以我发现没有机会参加。战时内阁对委员会完全信任，并采纳他们的大部分建议。因而我们能用恰当的方式来做一些困难的决策。尽管如此，我也会与战时内阁之外的内阁成员进行商议。

▸首相致爱德华·布里奇斯爵士 1942年2月28日

战时内阁将在周二中午讨论印度事务。其后，由于此次决定后果的重要性，有必要与所有战时内阁之外的大臣们进行商议，可能还包括所有副大臣。而且，由于帝国王室的权利明显受到此决定的影响，因而必须尽早获得国王的同意。你应该立刻将此事提请印度委员会注意。

我对草案颇为赞许，但我们不能冒分裂之险，我必须看一看多数人的反应，而不仅仅是当下我们一小群人的反应。

※ ※ ※

随着日本攻入亚洲并向西推进，美国对印度事务的直接兴趣也日益增加。美国人对世界战争战略的关心，让他们开始接触政治问题，对这些问题，他们固执己见，但缺乏经验。在珍珠港事件之前，印度被视为英国帝国主义的可悲缩影，不过也是英国独有的责任。现在日本人正在向它的边境推进，美国政府开始表达意见，并对印度事务提出建议。在只有一个种族的国家，对于肤色问题有着广阔和高尚的胸襟。同样，没有海外殖民地或领地的国家，对需要处理这些事务的国家，会表现出一种优越感和超然的情绪。

1941年12月我访问华盛顿期间，总统按美国惯有的方针，第一次和我讨论了印度问题。我反应强烈，以至于让他再也没在口头上说起此事。后来，到了1942年2月底，他指示埃弗里尔·哈里曼来试探我，看看在英国政府和印度政治领袖们之间是否有达成一致的可能。我告诉哈里曼，我打算就此问题发电报给总统，并在3月4日发了这封电报。

▸前海军人员致罗斯福总统　　1942年3月4日

我们认真地考虑过，是否应在此危急时刻，宣告在战后给印度自治领地位，如果他们要求，也能保留退出英联邦的权利。我们一定不能与穆斯林关系破裂，他们有一亿人，而且是我们在当前的战斗中甚为依赖的主要兵力来源。我们也必须考虑我们对三四千万贱民的义务，以及我们与印度王公各邦之间的协定——这些邦加起来也许有八千万人。自然，在面临入侵的前夜，我们也不想让印度陷入混乱。

美国人熟悉印度教徒的态度。我认为有必要让他们看看穆斯林方面的意见。因此，在同一天，我将印度各方对印度局势的完整陈述转给了总统。以下摘录给出了争论的核心。第一份陈述是来自真纳先生，他是穆斯林联盟的主席。

少数人所开的萨普鲁会议，根本没有拥护者，只不过是国大党的探子和侦察代理人，他们推出了一些花言巧语，狡猾而且结果更不可信的提案。如果英国政府跳进了他们所设的圈套，穆斯林印度将被牺牲，并会出现最悲惨的结果，特别是在战争工作上。萨普鲁提案实际上将所有权力立刻转交给了一个印度教全印度政府，因而立刻决定了影响深远的宪制问题，这违背了英国政府1940年8月8日在宣言中给予穆斯林和其他少数民族的保证，宣言中承诺，没有穆斯林的同意，不会进行临时或永久的宪制更改，而且穆斯林也不会被强迫服从一个不可接受的政府体系。萨普鲁提案提出的主要改变，其基础是印度变成一个单一的国家，因而损害了穆斯林对巴基斯坦的要求，这是他们坚定不移的主张。穆斯林深表疑惧，局势相当紧张。他们呼吁英国政府，在打算进行任何重大的宪制改动之时，如果陛下的政府想要拥有自由、平等的穆斯林伙伴的话，就声明接受巴基斯坦计划。

"巴基斯坦"意味着穆斯林拥有独立的领土和政府，以及印度必然的分裂。这一巨大的变化现在终于完成了，但代价是近五十万人的生命和上千万人的迁徙。在战争时期，敌军入侵已迫在眉睫之时，是不可能进行这种改变的。

第二份记述来自费罗兹·汗·农爵士（Sir Firoz Khan Noon），他是总督的执行委员会中的穆斯林成员。他用有说服力的措辞重复说明，反对真纳先生所强烈反对的印度教解决方案。他做结论说：

> 我认为有义务让陛下的政府注意，如果他们在印度的反英分子的威胁下让步，并违背之前的保证，那么印度将面对巨大的危险。因为这样做是对人们信任的背叛，大英帝国宣称总是代表着印度全体人民的利益，而非仅仅代表国大党的利益。我希望陛下的政府能坚定地承担保护全体印度人民的最高利益的义务，而不被对英联邦有异议的外部压力所左右。

第三份记述来自印度国务大臣的军事顾问，其中包含印度军队的以下信息：

组成印度军队的各个阶层不能从地理上的省份来划分。大多数穆斯林来自西北边境各省和旁遮普，但拉杰普塔那（Rajputana）、印度中央省、联合省、比哈尔、马德拉斯都有贡献。大批印度尚武阶层（多戈斯[Dogras]，查特人[Jats]），与锡克教徒一样，都来自旁遮普。来自外国尼泊尔的廓尔喀人，是人数众多的独立兵源。只有宣言的大体轮廓广为人知之后，每一阶层的特殊反应才能被估量，但当前对军队的影响是可以预料的。

印度士兵是自愿的雇佣兵[可以称作志愿兵]。他们为薪水和养活家人而战，也希望获得奖赏、津贴、抚恤金和可能授予的土地，但最重要的是，由于所在阶层有长期尚武的传统，他们以自己的职业为荣，其中的领袖对他们的英国军官都很忠义，并总体忠于英国国王。任何对服役条件，或者让他们接受服役的权力方面发生根本改变的迹象，不论是会影响他们的物质利益，还是有损他们作为英王士兵的信念，都会立刻产生让人不安的影响。

3月7日，我再次发电报给罗斯福总统：

▸前海军人员致罗斯福总统　　1942年3月7日

为了履行让你知道我国对印政策的诺言，现在我将旁遮普省总督的一封电报发给你。当然，它并不是对这些问题的唯一观点，但当敌军兵临城下，而旁遮普提供了能保卫印度的兵力中的一半之时，他们就非常重要了。我们仍在坚持寻找能安抚和鼓舞人心的办法，但我必须谨慎，以免在日益胆战心惊之际，让英国政治陷入混乱。

总督写道：

对于当前声明印度将在未来某天获得从帝国脱离的权利，会给旁遮普造成的影响，以下是我的看法。多数穆斯林负责人都坚定不移地认为，在穆斯林印度的宪制制订之前，英国必须继续主持大局。他们非常担忧，预期的宪制将会把权力交予印度教徒之手，而他们已经怀疑印度教徒有亲日倾向。如此一来，他们将偏离作为整体来保卫印度的工作，而是寻求在各地保护自己。锡克教徒和穆斯林之间的关系业已十分紧张，如此一来，必将使矛盾前所未有地激化。所有的团体都想留自己的男丁在家，保护自己的利益，结果是招募新兵的工作将受到严重影响。骚乱将不可避免，现在已减员的安全部队很可能会左支右绌。

※ ※ ※

这时，总统也将他对印度的个人看法发给了我。

▸罗斯福总统致前海军人员 1942年3月11日

对于印度问题，我思虑良多，你能让我接触它，我亦深表感激。如你所知，我对给予任何建议都感觉缺乏自信，当然，你们精通此问题的人比我所知道的多得多。我曾试图从历史的观点来处理这个问题，并希望新思维的注入，会对你们处理印度问题有所助益。这就是为什么我会追溯至美国政府初期。1775年至1783年之间的革命时期，英国殖民地自身划分为十三个州，尽管每个州都取得了独立的主权，政体却各有不同。随着战争持续，在各个独立主权之间产生了众多的混乱，而唯二的纽带是大陆会议（一个权责不明、效率很低的机构）和大陆军—— 由十三个州维持得很差。1783年，到了战争结束时，虽然仍在进行尝试，达成一份最终框架的努力却已成泡影，十三个独立州各有新的职责，但显然无法融合为一个联邦。因此，十三个独立州签署《联邦条例》，这个明显的临时政体一直起着作用，直到通过经验、试验和错误把大家结合成一个永久性联邦为止。从1783年到1789年，由于缺少联邦权力，十三个独立州可能很快分开为各自独立的国家。1787年召开了制宪会议，其中只有20到25，至多30个活跃的参与者，他们代表了所有各州。他们聚在一起，不是作为一个国会，而是作为一小群真诚的爱国者，唯一的目标是建立一个联邦政府。这场讨论被记录下来，但会议并没有听众。美国现存的政体由此而来，并迅速受到三分之二的州赞成。

这仅仅是我个人的一个想法，建议在印度也成立一个所谓的“临时政府”，并由少数代表领导，覆盖不同的种姓、职业、宗教和地域—— 这个团体可以被确认为一个临时自治领政府。它当然会有现存的英国各省政府的代表，也将有各王公会议的代表，但我主要的想法是，由这样一个团体负责，为整个国家考虑一个更加永久性的政府，这个考虑期限可以延长至五到六年，或者至少延长到战后一年。我认为，这个临时中央政府组织，会代表新的自治领，拥有—— 对公共服务，例如财政、铁路、电报和其他我们所谓的公共服务—— 一定的行政权和管理权。

也许美国在1783年到1789年所经历的阵痛和问题，能类推出一些方法，给印度人民带来新的思考倾向。它可以让人们忘记怨恨，对大英帝国更加忠心；让人们支持和平演进，反对无秩序的革命的同时，强调日本统治的危险。

这样的改变符合过去半个世纪世界的变化趋势，也符合所有与纳粹战斗的国家的民主进程。我希望诸如此类的改变会从伦敦做出，而在印度不会因为勉强或强迫而产生批评。尽管我很想帮忙，但看在上天的份上，请不要把我卷进去。严格来说，要不是它是你和我正在进行的成功作战的一部分和包袱，此事与我无关。

这份文件很有意思，因为它表明了在不同时代和背景下，尤其是在几乎所有的重要事实都完全不同的情况下，对局势进行对比是多么困难；也表明了试图去应用任何表面上的相似性—— 尤其是这些相似性还是在指挥战争时留意到的，是多么危险。

※ ※ ※

3月8日，日军攻入仰光。如果要在印度组织有生力量进行防御，对我的同僚们来说，最重要的莫过于尽一切努力打破政治僵局。印度事务不断地在战时内阁进行讨论。英国政府对英属印度政府的提议的反应已经表现在了一份宣言草案上，我们决定派斯塔福德·克里普斯爵士去印度，与所有印度各党派和团体的领袖就此草案进行直接讨论。

▶首相致印度总督 1942年3月10日

1.我同意你的观点，在没有弄清我们与印度各党派之间的异同点之前，就贸然抛出我们的宣言，将招致——你正确地称之为——“失败”，并有可能在最不恰当的时间，激起每个人都会卷入的强烈争论。昨天，在我看到你的电报之前，我们就决定现在不公开任何宣言，但要派遣一个战时内阁大臣出去看一看它是否会被立刻接受，否则我们自找麻烦干什么？斯塔福德·克里普斯是个大公无私的人，他自愿去做这份吃力不讨好而且碰运气的工作。他会立刻动身。尽管我们[各自]的路线方针不同，但对他用压倒一切的决心去击败希特勒及其同伙，我是完全有信心的。宣布对他的派遣，将让激动的热潮平静下来，从而能让我们赢得冷静解决问题的机会，或者相反，去证明问题暂时无法解决。

2.我们所协商的宣言代表了我们一致的方针。宣言维护了印度各党派的利益，如果他们对这份宣言加以拒绝，那么我们将向全世界证明我们的诚意，并且在必要时联合起来，为此而战斗。

3.因此，我希望你们等待掌玺大臣的到来，并与他一起调查所有问题。当然，他是受宣言草案约束的，这份草案是我们的最大公约数。而且，他将充分考虑印度现在所面对的军事和行政状况。

4.由于可叹的谣言、舆论和美国的总体观点，我们不可能完全无动于衷，克里普斯代表团需要证明我们真诚的目的，并为可能的磋商赢得时间，这都属责无旁贷。

5.我个人的立场是，为了整体的胜利，需要成功和坚定地守住印度，除此之外的其他问题都无关紧要，这也是斯塔福德·克里普斯爵士的信念。

接下来的这天，我将这些决议公之于世。

※ ※ ※

斯塔福德·克里普斯爵士在3月22日抵达德里，在英国内阁所批准的宣言草案的基础上，他组织了长时间的讨论。英国所提草案的精髓是：英国政府将正式保证印度将完全获得独立，前提是战后印度的制宪会议提出这项要求。由于篇幅所限，我不可能将所有谈判的细节记录在此。斯塔福德·克里普斯爵士的电报可以最好地陈述结果。

▸掌玺大臣（德里）致首相 1942年4月11日

1.今晚我收到了国大党主席的一封长信，信中说国大党不能接受提议。拒绝的理由很宽泛，而不仅仅是防卫问题。尽管信中表示，国大党同意总司令可以自由控制战争的指挥以及总司令与军事委员之间的活动，但草案让国防委员的功能受到过分限制。而他们拒绝的主要原因是，在国大党看来，需要立即成立一个国民政府，并且不做政体上的改变，应该“完全确保在协议中表明，新政府将像自由政府一样行使职责，它的成员应该有在立宪政府中的内阁成员一样的身份”。信中也指出，当前草案所提议的安排，画饼方面与旧的并无本质区别。“在我们看来，[这个草案的]整体目标是想让人民有新的心理期待，让他们觉得，他们自己的国家自由在望，他们需要保卫他们刚赢得的自由，而当他们再次看到这只是画饼时，他们会失望透顶，因而国大党不能参与。”

2.这里显然没有达成协议的希望，我将在周日启程回国。

同一天又发来电报：

你将会了解，国大党几乎用全新的观点来拒绝[草案]。但这很难在电报里解释清楚。

在现有的情况下，我们已尽最大努力，从士气或人心的角度来说，我认为你不必担忧我的访问会让情况更糟。我认为，在过去几天里，怒气已消弭不少。

我个人的观点是，尽管失败了，但气氛确实好了很多。

尼赫鲁出来发了一个很好的声明，宣称会一致抗日；真纳向我保证穆斯林会毫不动摇地支持我们，锡克教徒和其他少数族群总体上也宽慰不少，我希望能有进一步的保证。真正的难题在于国大党自身内部的情结；因为他们为做出决定进行了长时间的讨论，并且变化无常。

如果我们能聪明地掌控局势，而不是互相指责，那么在4月21日召开的全印国大党委员会上，仍有机会做出改变，因为这个委员会的代表性要强于工作委员会。

尽管对结果感到伤感，但我们并不沮丧。现在我们必须接着做保卫印度的工作了。回来之后，我会与你讨论这方面的问题。致以良好的祝愿。回见。

为生存而进行的战斗一日比一日剧烈，需要保护四万万无助的人民免遭日本恐怖的蹂躏，在此情形下，我能接受这些消息。可能从一开始，我的生活信条就认为事情会是这样。我清楚斯塔福德·克里普斯会为他的代表团的失败而感到痛苦，于是我想法安慰他。

▸首相致掌玺大臣　　1942年4月11日

你已尽了人事，而你的坚韧、毅力和智谋，证明了英国是多么希望达成协议。你一定不要对结果感到过分灰心和失望。这件事在英国和美国的回响是完全有利我们的。实际上裂痕发生在宽泛的问题上，而非混乱的防御措施上，这对我们也是很有利的。我非常高兴你能立即回家，最热情的欢迎将等待着你。尽管你的志业并未实现，但对我们共同的事业做出了重要贡献，并为印度人民的未来发展奠定了基础。

我立刻将克里普斯在4月11日的第一封电报以及我的回复转给了罗斯福总统。总统对谈判破裂很是震惊，他敦促我暂缓让克里普斯离开，并希望能做最后的努力。

▸罗斯福总统致哈里·霍普金斯先生（伦敦）　　1942年4月12日

请将以下信息立刻转给前海军人员。我们必须尽一切努力防止谈判破裂。

[致前海军人员]

我最诚挚地希望，你能够让克里普斯暂缓离开印度，并再做最后一次努力，以免谈判破裂。

我很遗憾地说，我不能同意你转给我的信息中的观点，美国的舆论认为，谈判破裂是因为存在广泛而明显的问题。这里的总体情况恰恰相反。人们几乎普遍感觉，僵局应归因于英国政府不愿意让步给印度以自治权，尽管印度人心甘情愿地将陆军和海军防御的控制权托付给了有决定权的英国当局。美国舆论不可能理解，为什么英国政府方面乐意允许印度各部分在战后脱离大英帝国，却不愿意允许他们在战争中就享有一定的自治呢?

我认为我不得不直率地向你提出这个问题，我知道你是理解我这么做的原因的。如果导致当前谈判崩盘的原因，正是现在美国人民所在乎的那些问题；如果印度随后被日本成功入侵，再加上紧随其后我方在陆海军方面的惨重失败，那么就很难估计美国舆论会有多么强烈的反应。因此你是否可以立即让克里普斯暂缓离开，并由你个人对他发出指示，为达成广泛共识做最后一次努力？按我的理解，上周四晚上就非常接近达成协议了。如果你能授权他说，他是在你个人的指示下对此问题重新展开谈判，并且希望双方都能做些小的让步，那么在我看来，仍有可能达成协议。

如我在早先的信息里向你表达的那样，我仍然认为，如果现在能给印度各团体机会去成立一个国民政府，让这个政府本质上类似于我国以《联邦条例》组建的政府那样，按照约定，结束一段试验期和试错期后，最终去决定国家的宪政形式，并按照你已向他们做出的许诺那样，自行决定他们未来与大英帝国的关系，就能找到解决方案了。如果我们曾能朝这方向努力，如果届时克里普斯仍然不能撮合出一份协议，那么至少在这个问题上，美国舆论会感到满意，英国政府为了印度人民已经做出了公正且认真的努力，到那时，此事失败的责任就不在英国政府身上，而在印度人民身上了。

※　　※　　※

我要感谢事态的发展，让这种疯狂的行为变得不可能发生。没有理想主义，人类无法进步；但让其他人为此付出代价，并且不考虑这样会造成千百万平民百姓流离失所，带来毁灭性后果和屠杀，这种理想主义，我们不认为它是高尚的和好的。总统的心思回到了美国独立战争时期，他将印度问题比作18世纪末十三个殖民地反抗乔治三世。而另一方面，我负有保护印度大陆和平与安全的责任，这里庇护着全球近五分之一的人口。在日本毁灭性的攻击下，我军不断投降和退缩。我海军被逐出了孟加拉湾，事实上也被赶出了印度洋的大部分地区。在空中，我们也明显落后。但我们仍然抱有希望和机会，让一切重整旗鼓，并承担责任，让我们主管近两百年的古老印度社会免遭可怕而猛烈的大毁灭。没有完整的军事执行权以及战区的统治权，希望和机会就是一场空。此事没有时间来进行“有试验期和试错期”的宪制试验，以决定印度与大英帝国的“未来关系”。要满足美国舆论的那个问题绝非一个决定性因素。我们不能不顾自己的责任，抛弃印度人民，让他们陷入无政府状态或被征服。这至少是一种策略，但确实耻辱的策略。如果我们这样做，那就不仅背叛了印度人民，也背叛了我们自己的士兵，让他们的作战基地和并肩战斗的英勇的印度军队，因为分崩离析而沦为政治混乱和血腥的废墟。为保卫印度而殚精竭虑，这是我们不可推卸的职责。

幸运的是，我那些琢磨过印度问题的最重要的同僚们都同意我的意见。如果不是这样，我将毫不犹豫地卸下个人的重负，有时候这些重负是超出个人承受力的。在此情形下，对人最大的安慰就是毫不犹豫。而正如这本书随后所讲述的，我和战时内阁成员们的信念，是有依据的。

我给总统发去了如下的回复：

▶前海军人员（首相乡间别墅）致罗斯福总统　1942年4月12日

今日（12日）早晨三点左右，违背了你的叮嘱[关于霍普金斯的健康]，哈里和我仍在讨论你发给我的关于印度问题的电文。不召开内阁会议的话，我是不能决定如此重大的问题的，但内阁直到周一才会开会。与此同时，克里普斯已经离开了，双方都已经发布了对此事的说明。在此情况下，哈里打算打电话给你解释，但由于天气问题，电话没通。他将在本日下午打电话给你，并将备忘录用电报发给你。

你知道，你对我所说的每一件事，我都深知其分量，但在此危急时刻，如果每一件事都要再次扔进熔炉里，我不认为我能肩负起保卫印度的责任。我确定，这也是内阁和议会的看法。你的电文称我为“前海军人员”，因此我视它为纯粹的私人电报，并且不打算将它正式提交给内阁，除非你告诉我你想这么做。任何你我之间类似的重要分歧，都会让我心碎，而在这可怕的战斗正在高潮时，也肯定会深深地伤害我们两国之间的关系。

※　　※　　※

4月21日，斯塔福德·克里普斯爵士离开德里，坐飞机返回英格兰。两星期后，全印国大党委员会开会，并确认了他们的工作委员会与掌玺大臣谈判时的立场。他们确认：“任何保留英国对印度的部分控制的计划和提案，国大党都（不可能）考虑……英国必须放弃对印度的控制。”

如斯塔福德·克里普斯爵士所预料的那样，梵语学家尼赫鲁坚决主张抵抗日本。在代表团离开的翌日，他说：“我们不会向侵略者投降。尽管发生了这些事，我们也不会为难英国在印度的战争工作……而我们的问题是如何组织我们自己的（战争工作）。”他是独一无二的，或者几乎独一无二的。大多数国大党领导人回到了甘地的绝对的和平主义上，甘地在5月10日自己的报纸上写道：“英国在印度的存在，就是日本入侵印度的请柬。他们撤走将让这个诱饵消失。即便假设它没有消失，自由的印度也能更好地对付侵略。纯粹的不合作主义那时将完全发挥作用。”

马达加斯加

对马达加斯加的担忧—— 戴高乐将军的想法—— 我们决定攻占这座岛屿—— 同一时间在希特勒总部的会议—— 我请求罗斯福总统派遣海军支援大西洋—— 他同意支援英国本土舰队—— 我在3月24日给史末资将军的电报—— 他的喜悦之情—— 对马达加斯加守军的宣传行动—— 美国协会的道德优势—— 总统担忧他与维希之间的关系—— 采取有限行动的重要性—— 我给韦维尔将军的保证—— 给奥金莱克将军的信息——5月5日在马达加斯加成功登陆—— 一次按部就班的行动—— 给指挥官的贺电—— 史末资将军希望延伸占领区—— 一次不安的事故—— “拉米利斯号”被鱼雷击中—— 整座岛投降

尽管马达加斯加和锡兰之间隔着宽阔的印度洋，但它倾向日方或者维希背叛的担忧仍萦绕我们心头。我们自顾不暇，资源有限，很难对此做出决定。

1942年2月7日，当我了解到美国和维希之间正在筹备会谈，而美国倾向于认可维希继续控制马达加斯加时，我立刻给罗斯福总统发电报。

我希望不要向维希保证不攻占马达加斯加或留尼汪。日本可能会向前些日子那样攻入此地，而维希的抵抗，甚至会不如他们在印度支那半岛的抵抗。一旦日本在迪戈加西亚建立空军、潜艇或巡洋舰基地，将瘫痪我们通往中东和远东的所有海上航线。因此我们曾计划从尼罗河或南非出发，在迪戈加西亚建立我们自己的基地。现在我们自顾不暇，行动被无限期推迟了，但我不希望这个计划就此终结。当然，在我们决定行动时，我们会告知你的。

我收到的回电中有如下保证：

你可以放心，不会有“不占领马达加斯加或留尼汪”这样的保证。

和我一样，史末资也对和维希谈判马达加斯加问题感到不安，2月12日，他在电报中表示，非常担忧“为了微不足道的交易，放弃我们行动的自由”。他继续说：“我将马达加斯加视为印度洋安全的关键，维希和日本可能会把印度支那玩的那一套重来一遍，那时这座岛屿将危及我们的安全。我们与各战场的所有交通线，以及帝国通往东方的通道，都将受到波及。”

为了让他放心，我将我和总统之间交换的电报复述给了他。

※ ※ ※

早在1941年12月16日，日本投入战争之后，戴高乐将军就强烈要求由自由法国发起对马达加斯加的军事行动。1942年2月19日，他再次写信给我，力促批准此决定，还向我三军参谋长提交了一份计划，在英国空军和海军的支持下组织一支自由法国远征军。

我一直都赞成让戴高乐的人进驻马达加斯加的想法。

▸首相致外交大臣和参谋长委员会 1942年2月21日

如果有机会让自由法国控制马达加斯加，我会强烈支持。但我们做什么才能让这件事成为可能？

三军参谋长在他们给我的意见中指出，如果我们自己采取行动，则需要动用相当多的英国部队，此调动将危及对印度、锡兰和印度洋基地的支援。

我从开始就没有强烈要求组织远征军，并做过如下备忘：

▸首相致参谋长委员会　　1942年3月1日

我同意马达加斯加必须仍然当作次要问题处理。

无论发生什么，我们一定不要组织一个混合远征军。要么自由法国军队登陆后独立作战，要么英军独立作战。

我不想太急于拒绝戴高乐的计划。请记住，十六个人就占领了法属喀麦隆。

▸首相致史末资将军　　1942年3月5日

现在，我们已仔细考虑过戴高乐将军由自由法国军队占领马达加斯加的提议。这个计划依赖于英国海军和空军的支援，我们怀疑自由法国的军队是否足够。我们非常担忧，特别是考虑到维希政府当前的态度，让我们既不能立刻拒绝戴高乐的计划，也无法冒失败的风险。

※　　※　　※

孟加拉湾日益面临威胁，锡兰也处于危险之中，导致我们必须确保控制非常有价值的迪戈加西亚港。这座大岛其余地方的战略价值较小，但是，如果日本人能在马达加斯加建起一支潜艇编队，对我们就是场灾难。从好望角到印度的源源不断的援兵，似乎顺便就能完成这项工作而不至于遭受多大损失。达喀尔的记忆仍在我们脑海里闪现，所以我们并没有让自由法国介入，以免军事行动变得复杂。我们决定成立一支纯粹的英国远征军。

▶首相致伊斯梅将军，转参谋长委员会　　　　1942年3月12日

有必要尽快研究马达加斯加问题。为此要有以下前提：（1）“H”编队[监控地中海西部的强大的英国舰队]要从直布罗陀出发；（2）他们的位置将由一支美国编队负责——如果可以，我将在明天向总统发出请求；（3）联合作战司令[蒙巴顿勋爵]在会议中提出的四千兵力和相应船只应做好安排；（4）作战发起时间应该在4月30日左右；（5）如果行动成功，守备部队必须尽快接替突击队的职责。外交大臣建议可以用刚果的比利时部队来替代他们，据说这支部队训练有素，人员充足，已准备好开拔。毫无疑问，可以找一些英国和南非的部队加入其中。应该考虑一下，在战斗之后应限定条件让自由法国部队进入此区域，以安抚法国舆论。而美国人在直布罗陀驻扎是很有用处的，正如第一海务大臣所指出的，他们可以阻止因为“博福斯（Bonus）”计划而导致的敌军对港口的报复性轰炸。

以上各条似乎需要进行协调。请给我一份行动计划，或者给我一份反对的理由。无论如何，在东方，我们需要类似的突击队。

※　　※　　※

并非只有我们的目光瞄向了这个方向。在同一天夜里，希特勒的总部也召开了会议，海军总司令向元首做了以下汇报：

日本已认识到马达加斯加对于海军作战的巨大战略重要性。根据已确认的报告，除了锡兰之外，他们计划在马达加斯

加建立基地，以瘫痪敌军在印度洋和阿拉伯海区域的海上交通线。从那里，他们也可以成功地攻击好望角附近的船只。在建立这些基地之前，日本必须得到德国的同意。从军事上说，我们应当同意。然而，需要注意的是，这是一个重大的政治信号问题，它一方面涉及法国与轴心三国的关系，另一方面也涉及法国与盎格鲁——撒克逊人之间的关系。日本的这种行动，将对法国本土和非洲殖民地，以及葡萄牙属东非产生影响。

希特勒说，他不认为法国会同意让日本占领马达加斯加。

※ ※ ※

海军军事行动的范围如此之广，而“提尔皮茨号”对我国本土的威胁又如此之大，我不得不请求罗斯福总统在大西洋临时支援我们。当然我并不知道这对他自己的问题会造成何种影响，但我知道他会尽全力来帮助我们。

▸前海军人员致罗斯福总统 1942年3月14日

我们已决定执行“博福斯”计划，由于不能削弱东方舰队的实力，我们能用的只有目前在直布罗陀的“H”舰队。如此一来，将让西地中海门户大开，这是我们最不愿意看到的。你是否能从大西洋派遣大约两艘战列舰，一艘航空母舰，一些巡洋舰和驱逐舰来暂时接替“H”舰队的位置？最晚3月30日，“H”舰队必须离开直布罗陀，到6月底之前，他们都无法回到直布罗陀。4月1日至6月底之间，“H”舰队在地中海没有安排任何军事行动。而法国也不太可能因为报复“博福斯”计划，而从空中对美国军舰进行攻击。美国军舰出现在直布罗陀，对（英吉利）海峡两方都会有很好的道义上的影响。除非你能帮此大忙，否则“博福斯”计划将无法实施。另一方面，如果不执行“博福斯”计划，让那里变成日本人的基地，将会造成最大的威胁。我们还未向任何人告知过此计划，而攻击部队能很轻易地从我们三月派往东方的编队中抽调……

总统给予了满意的回复，尽管其安排与海军部的建议略有不同。他更愿意将他最新的战列舰和其他几艘重要战舰加入我们的本土舰队中，而不是让美国舰队驻扎到直布罗陀去。

※　　　※　　　※

尽管我们的计划并没有泄露，但在我们心中仍有潜在的担忧，总体来看，维希可能会从达喀尔增援马达加斯加，而在达喀尔聚集着大批极其仇视我们的将领和部队。因此，我要求对任何从达喀尔到这座岛屿的编队和船只保持最高警惕，而我们的进攻部队此时已向马达加斯加进发了。海军在好望角准备对法国舰船进行拦截，史末资将军也注意到了，他对那些船只也不知如何是好。因此，我发电报给他：

▶ 1942年3月24日

1.我们已决定攻击并占领迪戈加西亚港，一旦维希法国不能有效抵抗到达那里的日军，对我们通往中东的编队安全将是灾难，对南非也将构成最大的威胁。我们相信，这次军事行动规模很大，成功很有希望。攻击部队今晚已出发，他们混合在一支去东方的载有50000人的编队中。

2.专门的海军护航队需要出动直布罗陀的舰队，外加数艘航空母舰和坦克登陆舰，这些已做了安排。为了帮助这次行动，罗斯福总统派遣他最新式的战列舰和数艘其他的重要军舰来增强我们本土舰队的力量，而直布罗陀的海军的空缺将从本土舰队中抽调。

3.我们不能允许达喀尔的法国军队对这座岛屿进行支援。我们的计划并没有泄露，但这座岛屿港口的战略意义是众所周知的，没有人能阻止德国——维希的推测或英国报纸的臆测。尽管如此，如果我们挡住这支达喀尔的援军，我们就能首先抵达那里，如果军事行动取得成功，我们将占尽先机。

4.尽管我们的计划已研究了数周，但在罗斯福总统把我们需要的海军替代船只送给我们之前，我们还不能做决定。这件事在上周末才得以解决，我会找时间详细告知你这件事。自然，我不会亲自去研究技术细节，但我知道我们已费尽心机，三军参谋长自信所安排的强大兵力足以对付当地的守军。我们已仔细考虑过维希的所有反应。我不认为他们对此会像巴黎遭到轰炸那样的愤怒，就算是那样，他们不也忍了吗。

5.因此，我必须请你赞同这个计划，帮助我们，责无旁贷地挡住法国船只，有必要时可以在好望角封锁他们。各种可能的考虑都要想到，但无论如何，都不能让他们抵达这座岛屿。

6. 现在我的处境仍然艰难，但看起来比一年之前可好多了，那时候我们正在孤军奋战。我们一定不能失去胆量，尤其是在黑暗的岁月里。

史末资立刻回复：

▶史末资将军致首相　　　　　　　　　　　　　　　1942年3月24日

你的信息改变了整个局势。从此前的通信中，我认为，马达加斯加的军事行动将推迟到锡兰的局势稳定为止。如果是那样的话，现在拦截维希的编队将过早地造成与法国之间的危机，并可能冒着与美国人之间造成误解的风险。现在这些风险都消失了，我会尽全力支持拦截相关编队。你无畏的精神让我钦佩。我相信你会战胜所有这些难题的。

史末资对此计划十分热心，而且立即开始制订攻占整座岛屿的计划，并聚集南非军队支持我们这一曾被无限期搁置的计划。然而需要记住的是，占领马达加斯加的海军基地，或者占领整座岛屿，尽管是必要的，但只是我们主要战略的副产品，而这个战略就是，增援印度，以阻挡日军迫在眉睫的入侵。

▶首相致伊斯梅将军，转参谋长委员会　　　　　　1942年4月2日

1. “铁甲舰”行动（马达加斯加，此前称作“博福斯”）。我们给维希守军的传单和宣传做得怎么样了？据报告，尽管法国海军是反英的，但他们的陆军是相当反维希的。我们一定不要忽略这一点。我已发电报给罗斯福总统，询问他我们是否能称此次行动为英美联合行动。无论如何，我们应该让守军知道，我们占领这个地方仅仅是为了阻止日本人进入，在轴心国被击败之后，会将它归还给法国。传单已经写好了吗？如果可以的话，请让我看一看。如果没写好，仍然有时间通过史末资将军在开普敦印好。因此，请起草这些传单。除非总统完全否决，否则我已准备好宣称此岛将置于英美联合保护之下，直至法国被解放。应该就此与外交部门商议。

2.在登陆行动就绪之后，是否可能派遣一艘挂着白旗的小船驶入港口，提供最有吸引力的条件，让守军在面临压倒性优势的我军兵力下，选择投降。所有这些一定要仔细琢磨。

▸首相致罗斯福总统　　1942年3月27日

我们珍惜你们与维希的联系，这种联系值得付出一定的代价，但是，请注意：

不能妨碍我们正在执行的“铁甲舰”计划，美国也不要向法国保证，可以接受他们像保护印度支那那样保护他们的帝国，以免他们之后抱怨美国背信弃义。

我们的军事行动已经过仔细筹划，包括两个强大而且训练有素的旅，以及负责掩护的第三个旅，辅以坦克登陆舰和两艘航空母舰，以及一艘战列舰和数艘巡洋舰。所有这些军舰都是补充给我们的东方舰队的，东方舰队规模正日益壮大而且均衡。如果我们能在进攻之时，通过投下传单让人得出这次远征是英美联合行动的印象，对我们将大有裨益。请考虑一下，你是否能允许我们这么做或做类似的事情。

总统不太情愿接受我关于投下美国传单的建议，为了更为远大的目标，他希望保护他与维希的关系。

▸罗斯福总统致首相　　1942年4月3日

我认为，照你的电报里所说来指明远征队的方式，并不明智。我的理由是，我们是唯一能与维希进行外交交涉，并且有希望成功的国家，对我来说，我们能这样做是极其重要的，不能由于你的行动中所投下的传单或其他非正式的方式，导致问题复杂化。对此，我希望你能同意。

我被说服了。

※ ※ ※

4月22日，整个远征军在德班集结，现在它包括战列舰“拉米利斯号”—— 由海军上将萨默维尔的舰队派遣而来，航空母舰“光辉号”，两艘巡洋舰，十一艘驱逐舰，除了扫雷艇和轻型巡洋舰，还有十五艘辅助船只和运输陆军的船只。此后，“可畏号”航母也加入其中，代替了沉没的“竟技神号”。随后是紧张的日子。很多船只中的货物必须重新分配，以达到攻击条件，计划的最终细节必须熟练，命令发布后，经过长期远洋航行之后的部队进行训练，并为各自特殊的、绝大部分不太熟悉的任务进行预演。这是自二十七年前的达达尼尔海峡之后，我们第一次大规模的两栖进攻，而此时对比当时，整个两栖作战的技术已彻底改变。两军的指挥官和参谋，以及士兵们都对这种最困难的战斗方式缺乏经验。

▸首相致伊斯梅将军，转参谋长委员会　　1942年4月30日

我特别忧虑的是，一旦主要的港口被攻占，不要太过深入马达加斯加丛林。在“控制整座岛屿”上不要有太多压力。它有九百英里长，我们真正在意的不过两三个主要的枢纽，最重要的就是迪戈加西亚。我们不是要去征服马达加斯加，而是要在关键位置上建起我们自己的基地以阻止日军广泛的进攻。我们的首要目标必须是尽早将我们优秀的部队送到印度和锡兰，

因而要从东方或者西非派遣守备部队来代替他们。占领这个地方意味着有一份助力而非新的负担。真正守卫马达加斯加的将是东方舰队，他们将以科伦坡和T港为基地，并辅以足够的空军。如果以下观点得到认同，我将非常高兴……正如凯斯内斯郡有敌军，朴茨茅斯仍能守住一样，即便敌军仍占据安塔纳利佛和图阿马西纳，迪戈加西亚也能守住。

韦维尔将军正面临着日军入侵印度的危险，他请求对整体局势有更多的了解，我也不厌其烦向他保证会给他更多信息。

▶首相致韦维尔将军　　1942年5月5日

马达加斯加对印度极其重要，因为如果日军跳过锡兰，和在印度支那时那样，在法国的默许之下建立基地，我们所有与你以及中东的联络线即使不会被切断，也将陷入危险。当然，我们也可能有对此地太过重视的风险，让它变为一个负担，而非一份助力。我们希望通过使用强大的兵力和狠狠的、猛烈的军事行动，来最小化这种风险。一旦占领迪戈加西亚，我们将尽快把各种支援推向你处。我们希望用两个非洲旅和一个从比利时属刚果或西海岸来的旅驻守马达加斯加。两个非洲旅已经待命，第一个旅将在6月1日动身。他们在马达加斯加就和在非洲一样。届时，第五师将立即可以独立行动……

我同意你的观点，五六月肯定是我们在东方最为担忧的岁月，但我非常相信你能在5月得到第五师，6月得到第二师。除非战争中有出人意料的危险，否则我们就是这么决定的。

我也向奥金莱克将军解释了局势。

▸首相致奥金莱克将军　　1942年5月5日

毫无疑问，接下来的两个月对印度和太平洋区域是非常危险的，没人能预测日军的下一个行动。澳大利亚人自然会认为他们将会遭到大量兵力的入侵。确实在他们看起来，日军将会威胁和进攻莫尔斯比港或达尔文，毫无疑问，他们尤其会尽可能地将我们更多的部队锁定在澳大利亚。然而，日军最值得注意的行动，是将本土十个师团中的三个派去支援在俄国——满洲前线的二十个师。很明显，日军的打算是终结中国，而他们向北猛攻，似乎正合此意。

有一件事情是肯定的——他们无法同时四面出击。他们不想遭受在科伦坡和亭可马里那样的结果，他们所有的航空母舰都已返回日本或台湾，以弥补损失惨重的飞机。如果他们准备大举入侵锡兰或者印度，奇怪的是为什么不在爪哇沦陷之后尽早就做，或者至少在4月初其海空军大举进入印度洋时进行呢。我们找不到可靠的理由来推定，此时此刻对印度的大规模入侵已箭在弦上或确定无疑……

我们希望今天能占领迪戈加西亚，为此已集结强大的兵力。英国第八装甲师将在7月初绕过好望角，他们或去印度，或去中东，或去澳大利亚，届时要看哪个国家被大举入侵。

我们感谢你在印度受到威胁之下，从中东抽调兵力前去支援，但我们认为在此关键时刻，你可以给予整个战争的最大的帮助，就是紧紧缠住你西部前线的敌军并击败他们。在这一问题上，我们所有的命令，其目的和效力都没有改变，我们相信你会全力以赴，在你向掌玺大臣所提及的日子完成任务。

※　　※　　※

4月28日，搭载攻击部队的快速船只离开德班。而速度较慢的船只业已搭载着登陆部队和物资提前出发了。海军上将塞弗特（Admiral Syfret）和斯图吉斯将军（General Sturges）一起都在“拉米利斯号”上，5月4日，整个远征军进入攻击距离内。迪戈加西亚湾深入马达加斯加东北部的海岸很深，几乎把这座岛屿的北部与其他陆地切割开来。设防的安齐拉纳港（Antsirane）正对着城区，控制着海湾的入口。我们已知，东部接近，戒备森严，而在地峡的西部有数个海湾，尽管难以接近，却足够大型船只驶入。那里的防御并不强大；如果夜袭的话，会让敌军大吃一惊，一旦登陆，陆军距离安齐拉纳不超过十八英里。因此，西部的库里耶湾就被选定为攻击发起点。运输船在夜色中不得不被引导着通过弯弯绕绕、狭窄的通道，那里还可能设有水雷，而目的地是未知的敌军海岸。5日，先头部队在凌晨4点登陆，未遭遇任何损失，并很快占领了唯一能向海面开火的炮台。半个小时之后，海军航空兵的飞机攻击了迪戈加西亚海湾的机场和船只。而巡洋舰“赫尔迈厄尼号”也在东部发起佯攻。维希法国尽管完全惊慌失措，但还是进行抵抗。然而到了下午，二十九旅和全部装备几乎全部上岸，并向前推进，突击队已抵达安德拉卡（Andraka）半岛的最东端，第十七旅的登陆此时开始。

第二十九旅的先锋团在两门大炮和十二辆坦克的支持下，在攻占了两个敌军拖延我军的阵地后，受阻于敌军公路两侧的主阵地，那里位于安齐拉纳以南两英里。这里防御坚固，并备有混凝土碉堡。6日黎明时分，南兰开夏第二团攻破敌军左翼，在敌军后方建立阵地，并整日给敌军造成重大伤亡。在这个胜利的消息传来之前，斯图吉斯将军请海军上将塞弗特派遣一支海军陆战队在安齐拉纳港登陆。这是勇敢的一击。五十名皇家陆战队队员从“拉米利斯号”上出发，乘坐驱逐舰安东尼号前进，安东尼号在娴熟的技巧掌控之下，在夜幕降临时直奔港口的入口处，并成功将陆战队送上城区的码头。随后，驱逐舰在猛烈的炮火中撤退。普莱斯上尉和他的五十名队员搜索前进，进入城区。他们很快发现并占领了后来被证明是海军仓库的地方，在那里他们发现了大批步枪、机枪，以及近五十名英国战俘。这是一次精彩的转移战。与此同时，第二十九旅在第十七旅的增援下，大获全胜。7日拂晓之前，敌军指挥官率安齐拉纳投降，城区和大部分防御阵地都落入我军之手。然而，覆盖港口入口的炮台仍需要处理，但经过早晨“拉米利斯号”的一阵轰炸之后，他们也投降了。上午11点，所有战斗都停止了，当日下午，英国舰队进入港口。我方伤亡人数合计不到400人。

▸首相致海军上将塞弗特将军及斯图吉斯将军　　1942年5月8日

我诚挚地祝贺你们，用迅速而果断的方式赢得了这场艰难而且危险的军事行动。请转达我对全体官兵的祝福，并告诉他们，他们的功绩让大不列颠及盟国受益良多。

另单独给第二十九旅：当九个月前我在因弗雷里（Inverary）看到你们时，我就相信第二十九旅会崭露头角。

※　※　※

海军上将塞弗特曾是我在海军部时的海军秘书，私下我们也是朋友，我向他详细地解释了我们的战略。

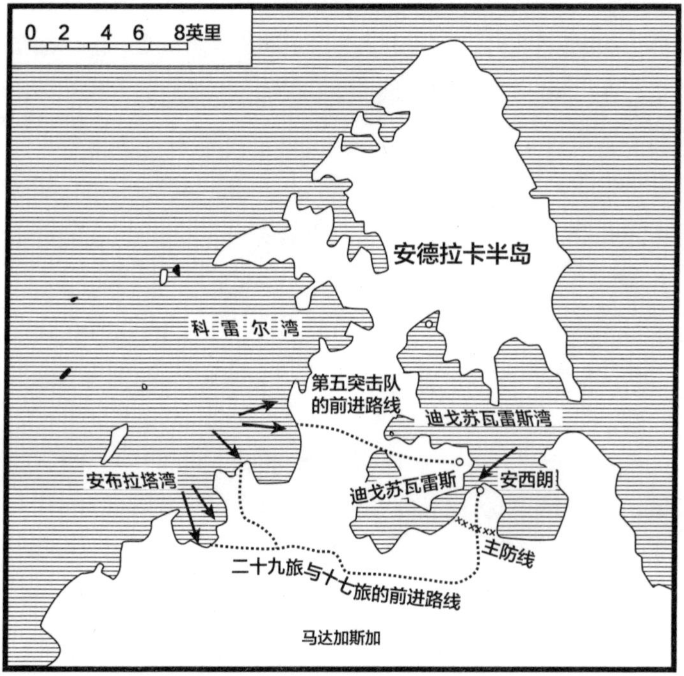

进攻迪戈苏瓦雷斯（安齐拉纳纳）

▸首相致海军上将塞弗特　　　　　　　　　　　　1942年5月15日

我想让你清楚地了解马达加斯加行动的情景。它必须是一份助力而非一个障碍。它必须是一个安全点，而非负担。因此，我们不能将野战部队的有生力量长久地留在那里。第十三旅和十七旅将立即动身前往印度。如果你们能在接下来的几天占领图阿马西纳和马哈赞加（Majunga），他们可能帮上忙，但无论如何，他们都会继续开拔。

自从“铁甲舰”计划被设想和执行后，印度洋的局势转为对我们有利了。随着时间流逝，日本尚未对锡兰和印度展开攻击。相反，这种威胁看起来不比之前更近、更可能……很难想象，日本会试图攻占迪戈加西亚，那需要至少运输一万名士兵，再加上战列舰和航空母舰护航，这将会动用他们有限的舰队的很大一部分兵力。比起我们，他们对每艘军舰不得不更加精打细算。因此，你的问题是，尽可能少地抽调我们有限的兵力，来守住这个地方。

也许你会认为，更好的办法是让事态平息，与法国当局达成某种暂时妥协。可以用金钱和利益去引诱他们。

你对战争最好的支持就是让第十三、十七旅尽早抵达印度，并让第二十九旅在两个月内出发。当然，除了守住迪戈加西亚，让它没有任何风险之外，其他的所有事情都不如这些重要。

海军上将塞弗特立刻回复：

▸　　　　　　　　　　　　　　　　　　　　　1942年5月15日

你描绘的整体形势对我们大有助益……就我们占领迪戈加西亚来说，我认为法国会采取一种“自己活，也让别人活”

的政策。除非我们占领图阿马西纳和马哈赞加，否则我们不会与法国有更密切的关系，或者扩展我们的控制区……除非用武力，否则我认为不可能达成此目的。

我回复说，占领图阿马西纳和马哈赞加的军事行动应该暂时搁置，应该用最少的兵力来保证迪戈加西亚的安全。然而，史末资将军仍然坚持进一步的军事行动，并有理有据。

▶史末资将军致首相　　1942年5月28日

图阿马西纳和马哈赞加，与其他港口一样，曾经常被法国潜艇使用，也可能被日军使用。马达加斯加当局的敌意很强，尽管当地人并没有这样的敌意。在占领迭戈之后，现阶段没有大规模的抵抗，但如果给予时间让当局组织抵抗，我们将面临艰巨的任务。要保护我们印度洋的交通线，首当其冲就应当控制马达加斯加，对此，不能冒任何风险。

外交部门也急于向前推进。但我仍得考虑韦维尔的需求，以及日本对印度的入侵威胁。

※　※　※

到此时为止，一切都按部就班地进行，但随后，一次最让人不安的意外发生了。5月29日，一架不明的飞机出现在港口上空，然后飞走了。这似乎预示着会有一场空中或潜艇的袭击，于是我方下达了最高警戒命令。第二天晚上，“拉米利斯号”和附近的一艘油轮被鱼雷击中。他们从哪里来？预告着什么？

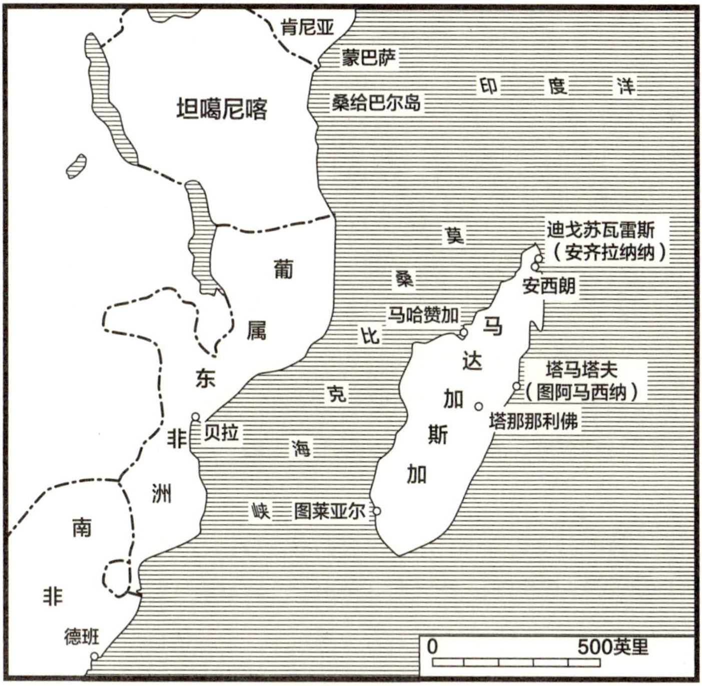
肯尼亚
蒙巴萨
坦噶尼喀
桑给巴尔岛
印 度 洋
莫
桑
比
克
海
峡
葡
属
东
非
洲
南
非
德班
贝拉
马哈赞加
迪戈苏瓦雷斯
（安齐拉纳纳）
安西朗
马
达
加
斯
加
塔马塔夫
（图阿马西纳）
塔那那利佛
图莱亚尔
0
500英里

马达加斯加

▶史末资将军致首相　　　　　　　　　　　　1942年6月1日

对迭戈的惨剧致以诚挚的慰问。这次攻击一定是在维希的情报和建议之下，由维希的潜艇或日本潜艇干的。我们有必要尽快完全解除维希对整座岛屿的控制。姑息养奸在此次事件中已被证明是危险的，我相信我们应该尽快占领全境。我的南非旅团已经准备好，只待运输船只了。祝一切安好。

※　　　※　　　※

在此需要对马达加斯加的故事做个了结了。在占领迪戈加西亚之后，我们给了一段时间，让法国总督改变他亲维希的态度。我们需要西部海岸的港口来控制莫桑比克海峡，在那里，我们开往东方的舰船编队曾被德国潜艇骚扰。但总督仍然冥顽不灵。因此，我们不得不在指挥东非作战的普拉特将军的指挥下，进行进一步的军事行动。9月10日，英国第二十九步兵旅只遭遇少许抵抗就占领马哈赞加。接下来登陆的是东非第二十二旅，他们超越第二十九旅，沿公路直奔塔那那利佛，马达加斯加的首都和政府所在地。与此同时，一小支南非部队沿着南部海岸公路向北开进。第二十九旅重新出发，开向东海岸的图阿马西纳，9月18日，他们几乎未经抵抗就占领了那里，随后他们向塔那那利佛进发。9月23日，这座首都落入我军之手。

我们的军队受到了当地居民的欢迎，但总督和他的一些参谋带着部队向南撤退了。他被我军追击，在10月19日一次成功的行动之后，我军抓获了750多名俘虏，自己毫无伤亡。这就是结局，11月5日，总督接受了我们的投降条件。岛上的政府留在了法国人手中。在我们付出了一百多人伤亡的代价之后，这次军事行动的结果是我们最终完全控制了这座岛屿——这座对我们通往近东和远东的交通线的安全具有极高战略价值的岛屿。马达加斯加战役在计划的保密上，在精准的战术执行上，都是两栖登陆作战的样板。消息在我们非常需要胜利的时刻到来了。实际上，这是数月以来，在战争趋向上，英国舆论留意到对我方有利、收效大的唯一迹象。

美国海军的胜利——珊瑚海和中途岛

日军胜利时期——他们扩张的新前进策略——海军上将尼米兹在珊瑚海的对策——日军在图拉吉岛登陆——5月7日，第一次冲突——5月8日，海军少将弗莱彻的行动——空中格斗——美国人的胜利——海军史上第一次航空母舰之间的战斗——“列克星敦号”的命运——山本大将的计划——日本海军精锐尽出——美国胜算较小——他们在珍珠港的准备——6月4日，战役开始——攻击与反击——海军少将弗莱彻和斯普鲁恩斯高超的战术——双方的特殊损失——摧毁四艘日本航空母舰——太平洋战争的转折点——山本辞职——美国的追赶——美国大获全胜——日本海军最高统帅的特点——美国人的勇气和牺牲精神的胜利现在，激动人心且影响整个战争进程的战事在太平洋上发生了。3月底时，日本的战争计划的开篇是如此完胜，以至于其始作俑者也大感意外。日本控制着香港、暹罗、马来亚及其附近组成荷属东印度的所有岛屿。日军已深入缅甸。在菲律宾，美国人仍在科雷吉多尔岛奋战，但却突围无望。

日本人得意到了极点。他们日益认定西方强权没有战斗到底的意志，这增强了他们对军事胜利的骄傲以及对领袖们的信心。皇军已经站在了战前计划所设定的推进的边界上。在这片广大的区域，有取之不尽的资源与财富，他们可以巩固他们的战果，并发展新获得的力量。他们蓄谋已久的图谋已设定好，要在此阶段暂停，以获得喘息，从而迎战美国的反攻，或者组织进一步的推进。但现在，在胜利冲昏头脑之下，日本领袖们似乎认定上天让他们完成使命的时刻到来了。他们一定不能辜负它。这些想法之所以产生，不仅是凡夫俗子因为胜利而冲昏头脑，也有重要的军事理由。是彻底巩固他们的新边界，还是为了保护新边界而奋勇向前去获得更多纵深，哪一种更为明智，这对他们来说成了一个战略权衡的问题。

东京在权衡之后，采用了更加有野心的计划。他们决定向外扩张，包括西阿留申群岛、中途岛、萨摩亚群岛、斐济、新喀里多尼亚，以及新几内亚以南的莫尔斯比港。这次扩张将危及珍珠港，此时它仍然是美国的主要基地。如果他们能占领

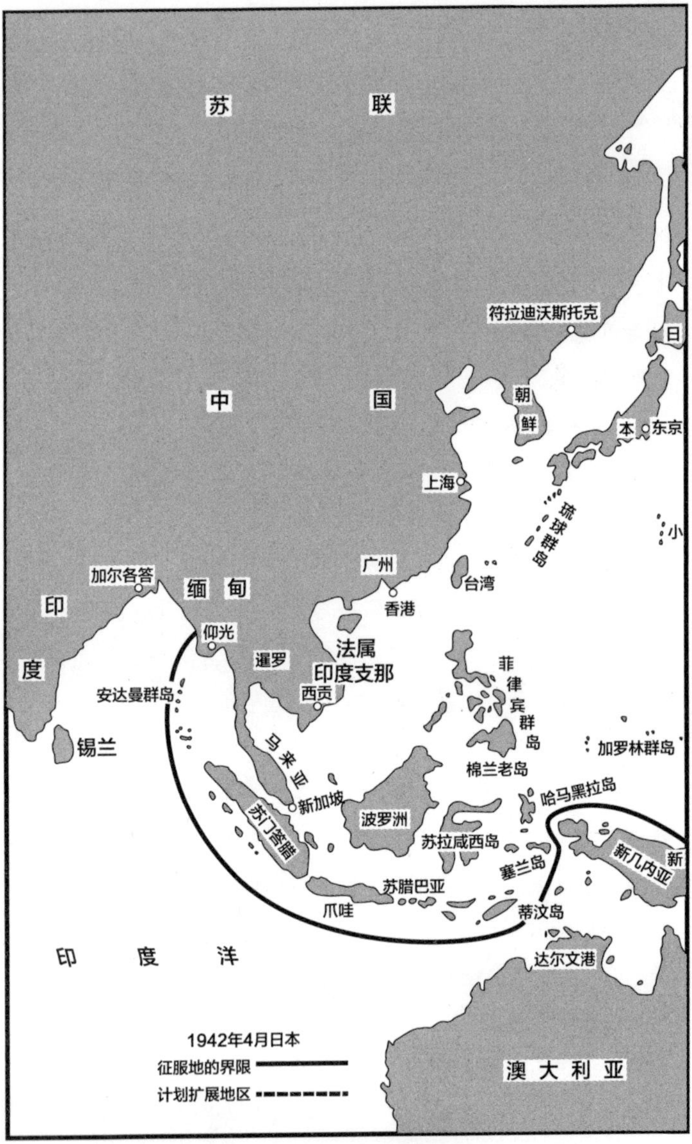
苏 联
中 国
符拉迪沃斯托克
日
本
东京
朝
鲜
上海
琉球群岛
小
台湾
广州
香港
加尔各答
缅 甸
印
度
仰光
暹罗
法属
印度支那
西贡
安达曼群岛
锡兰
菲
律
宾
群
岛
加罗林群岛
棉兰老岛
马来亚
新加坡
哈马黑拉岛
苏门答腊
波罗洲
苏拉威西岛
塞兰岛
新几内亚
新
苏腊巴亚
爪哇
蒂汶岛
达尔文港
印 度 洋
1942年4月日本
征服地的界限
计划扩展地区
澳 大 利 亚

太平洋战场形势图

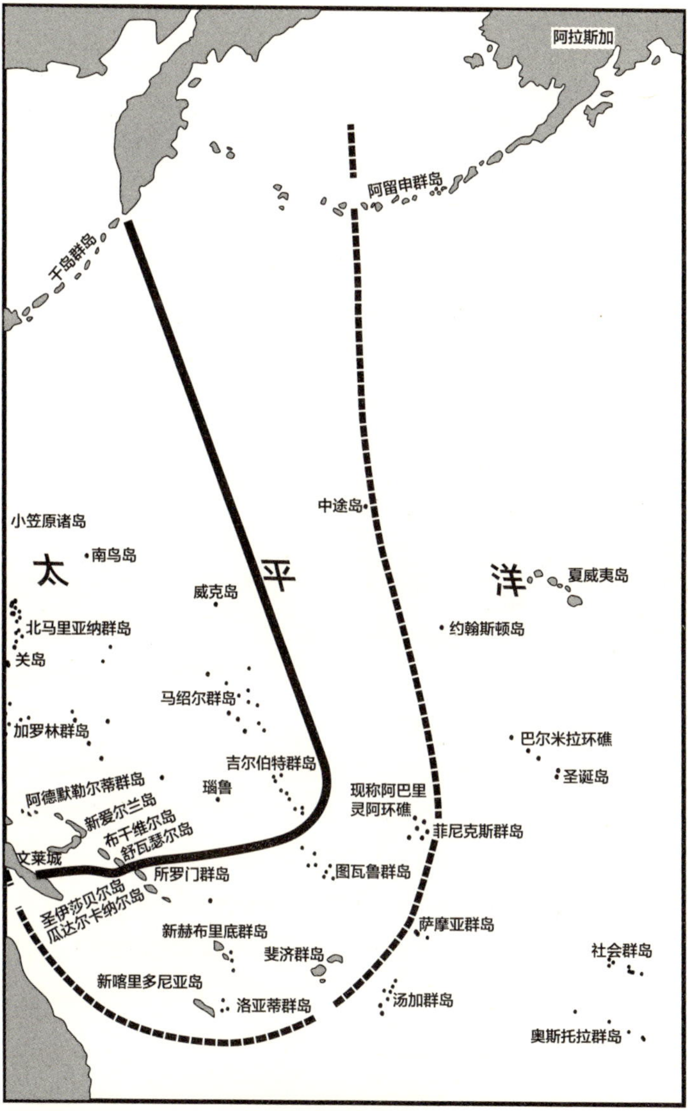

阿拉斯加
阿留申群岛
千岛群岛
中途岛
小笠原诸岛
南鸟岛
太
平
洋
夏威夷岛
威克岛
约翰斯顿岛
北马里亚纳群岛
关岛
马绍尔群岛
加罗林群岛
巴尔米拉环礁
吉尔伯特群岛
圣诞岛
阿德默勒尔蒂群岛
瑙鲁
现称阿巴里
灵阿环礁
新爱尔兰岛
布干维尔岛
舒瓦瑟尔岛
菲尼克斯群岛
文莱城
所罗门群岛
图瓦鲁群岛
圣伊莎贝尔岛
瓜达尔卡纳尔岛
萨摩亚群岛
新赫布里底群岛
社会群岛
斐济群岛
新喀里多尼亚岛
汤加群岛
洛亚蒂群岛
奥斯托拉群岛

太平洋战场形势图

它，也会威胁美国与澳大利亚之间的数条交通线，同时也能给日本提供合适的基地，发动更多的进攻。

日本最高统帅部在制订和执行计划上，展示了最大的才能和勇气。然而，他们一开始的基础是建立在对世界力量的不准确对比上的。他们从未想过美国的巨大潜力。在此时，他们仍然认为，希特勒的德国将在欧洲获得胜利。他们热血满怀地认定，要统率亚洲前进，希望战功卓著，建立功勋。因此他们进行了一场豪赌，即使他们赢了，也只能延长一年左右的优势，如果他们输了，也会在同样的时间一败涂地。实际的结果是，他们用相当牢固而且稳定的区域换得了一片宽广但松散的疆土，而他们无力控制这片疆土；而且在这片外部区域被击败之后，他们发现自己已没有力量来组织内部和核心区域的连贯的防御。

尽管如此，在此时的世界大战，没有人能确定德国不会撕碎俄国的防线；或者把他们赶到乌拉尔山之后去，然后能回过头来，入侵英国；或者选择通过高加索和波斯，最终与日本先头部队在印度联手。伟大的同盟要想让一切回归正轨，需要美国海军赢得一次决定性的胜利，即使不能立刻在太平洋赢得制海权，并能由此获得优势地位。我们始终在寻求这样的胜利。我也始终像所表述的那样，相信到了5月，在太平洋或大西洋，我们给予协助之下，美国海军会重夺太平洋的制海权。这种希望仅仅是基于估算美国和英国新建成的战列舰、航空母舰和其他军舰之上的。现在我们有必要简单叙述一下这场精彩而且不可思议的海军战役，它以无可争辩的方式，确认了上述伟大的功绩。

※ ※ ※

1942年4月底，日本最高统帅部开始了他们的新扩张策略。这包括占领莫尔斯比港，夺取南所罗门群岛的图拉吉岛，那里正对着大岛瓜达尔卡纳尔岛。占领莫尔斯比港将会完成他们对新几内亚控制的第一阶段，并巩固他们在新不列颠的拉包尔的海军前进基地。从新几内亚和所罗门群岛，他们可以开始侵蚀澳大利亚。

美国的情报机构很快意识到日本正在向这片水域集结。据观察，有部队从他们主要的基地加罗林群岛上的特鲁克向拉包尔集结，并随时准备向南进发。甚至预测可能5月3日就是行动开始的日子。此时美国的航空母舰正在分散执行不同的任务。这包括杜立特将军在4月18日对东京发起的勇敢而且引起轰动的空袭。这次空袭发生在关键时刻，可能也是日本决定新政策的一个因素。

意识到南部面临威胁之后，海军上将尼米兹立刻开始在珊瑚海区域集结可以集结的最强大的兵力。海军少将弗莱彻已在那里，配有航空母舰“约克城号”和三艘重型巡洋舰。5月1日，在菲奇少将（Rear-Admiral Fitch）率领下，从珍珠港过来的航空母舰“列克星敦号”、两艘巡洋舰也加入他们；三天之后，一支由英国海军少将克雷斯（Rear -Admiral Crace）率领的、由澳大利亚巡洋舰“澳大利亚号”和“霍巴特号”，以及美国巡洋舰“芝加哥号”组成的编队也抵达这里。其他能立即派上用场的航空母舰是“企业号”和“大黄蜂号”，他们参加了对东京的袭击，尽管已经全速向南进发，但要到5月中旬才能加入海军少将弗莱彻的队伍。而在此之前，箭在弦上的战役已经打响了。

5月3日，正在瓜达尔卡纳尔岛以南400英里的海面上补给燃料时，海军少将弗莱彻了解到敌军已在图拉吉登陆，显然他们眼下的目标是在那里建立一个水上飞机基地，然后从那里可以监视从东部抵近珊瑚海的船只。考虑到日军对这个前哨显而易见的威胁，这里的一小支澳大利亚守军已在两天之前撤退。弗莱彻立刻出发，仅带着自己的攻击群去攻击这座岛；菲奇的攻击群仍然在补给燃料。第二天一早，从“约克城号”上起飞的飞机对图拉吉猛烈轰炸。然而敌军的掩护部队已经后撤，只剩下几艘驱逐舰和小飞机留在那里。因此，攻击的结果是令人失望的。

接下来的两天没有重要的战事发生，但很显然，一场大的冲突在所难免。弗莱彻的三个攻击群已加满燃料，现在集结在一起，位置在新几内亚的西北方。他了解到入侵莫尔斯比港的敌军已离开拉包尔，可能会在7日或8日穿过路易西亚德群岛的乔玛德通道（Jomard Passage）。他也了解到三艘敌军航空母舰就在附近，但不在它们的驻地。日本的攻击群包括航空母舰“瑞鹤号”和“翔鹤号”，外加两艘重型巡洋舰支持，已从特鲁克向南进发，接近所罗门群岛的东部，并在没有安排飞机侦查的情况下，在5日夜间进入了珊瑚海的东部。到了6日，他们与弗莱彻已非常接近了，有一次在晚上他们仅仅相隔70英里，但双方都没有发现彼此。那天晚上他们相安无事地错开了，到了7日早晨，弗莱彻抵达了他所选择的阵地，路易西亚德群岛的南部，他打算从此地攻击入侵的敌军。这时，他派遣克雷斯的攻击群继续前进，埋伏在乔玛德通道的南入口处，预料当天敌军会路过这里。克雷斯很快被发现了，到了下午，他们遭到了数波岸基鱼雷轰炸机的猛烈袭击，其规模可比得上击沉“威尔士亲王号”和“反击号”的敌军。在灵活的闪避和好运气之下，没有哪艘船被击中，他继续向莫尔斯比港进发，直到听说敌军已转身追过来，他才向南后撤。

与此同时，海军少将弗莱彻尽管对敌军的航空母舰去向不太清楚，仍把它们当作主要目标。拂晓时分，他安排了大范围搜索，上午8点15分，终有回报说两艘航空母舰和四艘巡洋舰在路易西亚德群岛北部。实际上他们所发现的敌军并非航空母舰攻击群，而是护航很弱的载着入侵部队的运输船编队，其中包括一艘轻型航空母舰“翔凤号”。但是，弗莱彻倾巢而出，三小时之后，“翔凤号”被摧毁然后沉没。这次战斗让敌入侵部队失去空中掩护，不得不后退。因此原本企图去莫尔斯比港的入侵敌军未能进入乔玛德通道，仍停留在路易西亚德群岛北部，直到最终受命后撤。

※ ※ ※

这时，弗莱彻的行踪暴露给了敌军，他身处险境。敌军的攻击可能在任何时间发生，而他自己的攻击群直到下午才能重新武装，并准备好接下来的战斗。对他来说，幸运的是，天空乌云密布，天气越来越糟，而敌军没有雷达。实际上，日军的航空母舰攻击群已抵达攻击距离内。他们在下午发起一次攻击，但在狂风和乌云之下，飞机早不到目标。敌军飞机毫无战果地降落回他们的航空母舰上，并从弗莱彻的攻击群附近经过，雷达上已发现他们的踪迹。战斗机被派遣出去进行截击，在昏暗的天色下，一片混战之后，很多日本飞机被击毁。敌军派遣出去的27架轰炸机只剩下几架重回甲板，并参与了第二天的战斗。

这时双方都知道他们距离是多么近，也都打算用现有的兵力进行一次夜袭。但盘算过后还是认为太过冒险。当晚，双方再次脱离接触，到了8日清晨，天气的天平轮转了。这时日军上空覆盖着厚厚的低矮云层，而弗莱彻的船都沐浴在晴空之下。

猫捉老鼠的游戏开始了。8点38分，“列克星敦号”上起飞的侦察机最终锁定了敌军的位置，与此同时拦截的无线电也显示，敌军也发现了美国的航空母舰。一场双方势均力敌的大规模战斗一触即发。

上午9点之前，84架美国攻击飞机开始起飞，9点25分已全部升空。与此同时，敌军起飞了69架攻击飞机。美军的攻击在11点左右展开，而日军的则在二十分钟后展开。到了11点40分，战斗结束。美国飞机在低矮的云层之上，很难瞄准目标。当他们发现目标之后，其中一艘敌军航空母舰直奔大风而去，于是所有的攻击力量都朝向了另外一艘——“翔鹤号”。有三颗炸弹命中目标，在船上引发大火，但损伤被高估了。尽管有相当长时间无法动弹，“翔鹤号”还是回到本土进行了维修。而“瑞鹤号”则毫发无损。

与此同时，晴空之下，日本对“约克城号”和“列克星敦号”发动攻击。凭借灵活的机动能力，“约克城号”几乎躲过了所有攻击，但也遭受了几次打击。一颗炸弹导致数人伤亡，并引发大火。但很快火就被扑灭，其战斗能力几乎没受到影响。机动能力不那么强的“列克星敦号”就没那么幸运了，两颗鱼雷及两三颗炸弹命中了它。战斗结束后，人们看到它燃起大火，向左倾斜，三个锅炉房都涌入海水。经过一番努力，火势被控制住了，倾斜也校正过来，并很快就恢复到了25节的速度。这次激烈的遭遇战，是历史上首次航空母舰之间的对决，双方的飞机损失在战后确定如下：美国，33架；日本，43架。

※ ※ ※

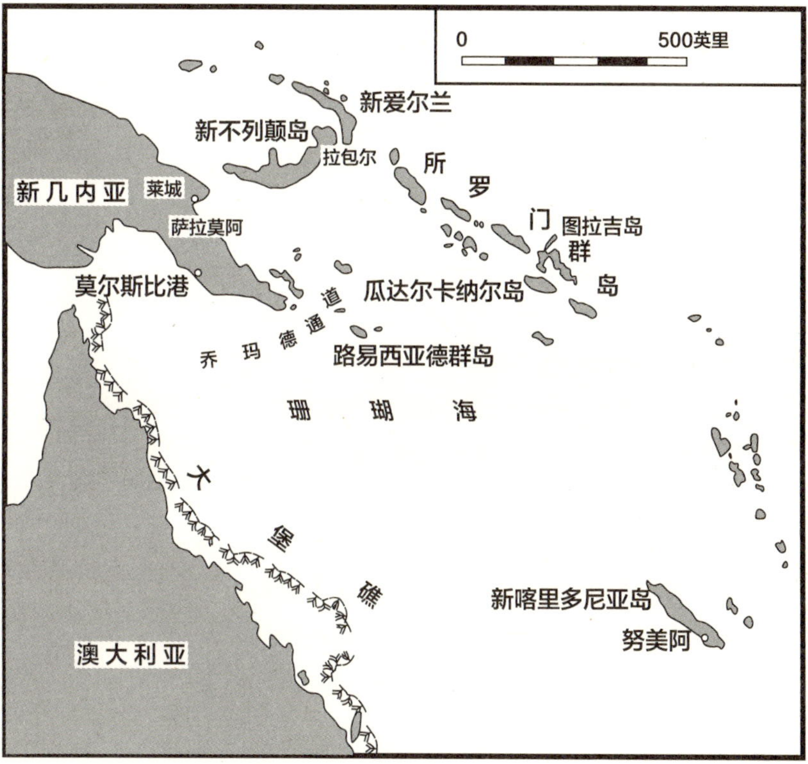
0
500英里
新爱尔兰
新不列颠岛
拉包尔
新几内亚
莱城
萨拉莫阿
所
罗
门
群
岛
图拉吉岛
莫尔斯比港
瓜达尔卡纳尔岛
道
通
德
玛
乔
路易西亚德群岛
珊
瑚
海
大
堡
礁
新喀里多尼亚岛
努美阿
澳大利亚

珊瑚海

如果珊瑚海的战斗就此结束，天平明显会倾向美国一边。他们击沉了轻型航空母舰“翔凤号”，严重击伤了“翔鹤号”，并赶跑了打算入侵莫尔斯比港的敌军。他们自己的两艘航空母舰看起来安然无恙，此时他们唯一的损失是舰队的油轮以及一艘护航的驱逐舰，它们在此前一天被日军巡洋舰击沉。但此时一场灾难降临在他们头上。在战斗结束之后一小时，“列克星敦号”由于一次内部爆炸，船身剧烈摇晃。大火喷涌而出，迅速蔓延，无法控制。“勇士号”努力想挽回这艘巨舰，但徒劳无功，当天晚上，为了避免损失更多生命，这艘航空母舰被放弃，并被一颗美国鱼雷击沉。双方现在都从珊瑚海后撤了，也同时都宣称获得了胜利。日本人用夸张的词汇宣传说，不仅海军少将弗莱彻的航空母舰，还有一艘战列舰和一艘重型巡洋舰被击沉。但战斗之后，他们的举动却跟这种宣传背道而驰。他们延期至7月才开始向莫尔斯比港进攻，尽管当时通道也完全向他们敞开了。那时整个情势已经改变，他们放弃了从海上进攻，而选择从在新几内亚取得的基地出发，进行陆路进攻。而这也标志着日军无力从海上向澳大利亚发起进攻。

而对于美国一方来说，保护他们的航空母舰是最必要的。海军上将尼米兹非常清楚，更大的战事已隐现于更北边，那将需要他倾囊而出。他很满意抓住了日军进入珊瑚海的时机，并立刻召集他所有的航空母舰回到珍珠港，包括“企业号”和“大黄蜂号”，接着催促弗莱彻也加入。而且，他们聪明地守住了损失“列克星敦号”的秘密，并把这个秘密一直维持到了中途岛战役之后，在此期间，日本人显然不太确定这次海战的真实状况，并不断在搜索相关情报。

这次激战，其影响远远超出了其战术上的重要性。战略上，这是一场久违的美国人的胜利，这是对日作战的第一次胜利。这样的胜利此前还从未发生过。这也是第一次水面舰艇彼此未发一弹的海战。它也将战争的风险与危险推向了新的高度。消息迅速传遍世界，如一针强心剂，让澳大利亚、新西兰，以及美国如释重负，备受鼓舞。在此次战役中，美军付出巨大代价而学到的战术上的教训，也应用到了中途岛战役之上，并大获全胜，而现在我们就要开始叙述这次大胜了。

※　　※　　※

进攻珊瑚海仅仅是日本新扩张战略的序幕。与此同时，日本联合舰队司令山本正准备通过占领中途岛及其机场，来挑战美国在太平洋中部的控制权，距离该岛东部近千英里的珍珠港因而将受到威胁，甚至被占领。与此同时，一支佯攻部队也靠近西阿留申群岛，占据了有利地形。经过仔细筹划，山本希望首先吸引美国舰队向北去迎战威胁阿留申群岛的日军，从而让他能趁美军兵力空虚之下，率领他的主力直扑中途岛。等到美国人回过头来聚集兵力反击，他希望能据守此岛，迎战美国人强大的反击兵力。中途岛作为珍珠港的前哨，对于美国人的重要性不言而喻，这次行动不可避免地会引起一场重大冲突。山本自信地认为，在他的策划下，再加上日方的优势，尤其是在快速战列舰上的优势，可以进行一次决定性的战役，一举击溃他的敌人。这就是他向他的部下南云中将指示的大体计划。然而，一切取决于海军上将尼米兹是否陷入这个圈套，同时取决于他是否会遭遇奇袭。

但美国司令官是警觉而且灵活的。他的情报让他洞晓一切，甚至知道即将来临的攻击的具体日期。尽管他还不太确定，敌军进攻中途岛的计划是否是进攻阿留申群岛，进而进攻美国本土的障眼法，但中途岛相对更可能面对更大的危险，他从未犹豫过将自己的主力部署于此方向。他主要担心的是航空母舰不足，全部集结也比不上南云四艘经验丰富的航空母舰，它们从珍珠港到锡兰一直大获全胜。这四艘航空母舰中的两艘曾被派遣到珊瑚海，其中一艘曾受重伤；但另外一方，尼米兹已失去了“列克星敦号”，“约克城号”也瘫痪了，“萨拉托加号”在修复战斗中的损伤之前也无法加入他，黄蜂号此时仍在地中海附近协防马耳他。只有“企业号”和“大黄蜂号”正从南太平洋赶回，“约克城号”如果能及时修复的话，也许能准备好迎接即将到来的战斗。尼米兹除了“旧金山号”，没有其他类似的战列舰，剩下的航速太慢，无法与巡洋舰协同作战；山本有十一艘，其中的三艘还是世界上最强大而且最快的。对美国人来说，几乎毫无胜算，但此时尼米兹可以仰仗中途岛本身强大的岸基飞机的支持。

※　　※　　※

5月的最后一周，日本海军的主力开始从基地出发。首先出发的是开往阿留申群岛的佯攻部队，他们将在6月3日攻击荷兰港，吸引美国舰队开往那个方向。此后，登陆部队将占领阿图岛、吉斯卡岛以及艾德克岛，并继续向西。南云率领他的四艘航空母舰将在次日攻击中途岛，到了6月5日，登陆部队将会抵达并占领这座岛屿。他们没有预料会有激烈的战斗。到时，南云的攻击舰队将向西后撤，脱离空中侦察的范围，并在预料中的美国的反击发起后，准备进攻。

对珍珠港来说，这是第二次面临严峻局势。5月26日，航空母舰“企业号”和“大黄蜂号”抵达。第二天“约克城号”也出现了，按照计划需要三个月修复损伤，但为了这次危机，在紧张维修了48小时之后，它就适合投入战斗，并配备了新的飞机群。30日，它再次起航去加入海军上将斯普鲁恩斯的队伍，而斯普鲁恩斯则刚刚在两天前率领另外两艘航空母舰出发。海军少将弗莱彻仍然是联合舰队的战术指挥官。在中途岛上，飞机场塞满了轰炸机，岛上守军的地面部队也处于最高戒备状态。早点知晓敌军的接近是必不可少的，因而5月30日开始，不间断的空中侦察开始了。美国潜艇也一直监视着中途岛西部和北部。在忐忑不安中度过了四天，6月3日上午9点，一架卡特琳纳水上飞机在中途岛西部巡逻超过700英里时，发现了一支有11艘敌军军舰的编队。随后的轰炸和鱼雷攻击并不成功，只有一枚鱼雷击中一艘油轮，但战斗就此开始了，所有对敌军意图的不确定性都已消失了。海军少将弗莱彻从他的情报中，有很好的理由相信，敌军的航空母舰将从中途岛西北方向驶近，而且他并没有被第一次侦察所收到的报告所干扰，他正确地判断出那只是一队运输船。4日清晨，他命令自己的航空母舰驶向中途岛北部200英里的预设阵地，准备在南云的舰队出现时，猛攻他的侧翼。

6月4日，晴空万里，上午5点34分，一架从中途岛起飞的巡逻机终于发出了期待已久的暗号，日军的航空母舰驶过来了。报告纷至沓来。目测有很多飞机飞向中途岛，也看到有战列舰在为航空母舰护航。上午6点30分，日军的攻击变得凶猛而剧烈。他们遭到猛烈反击，近三分之一的攻击机未能返航。飞机场遭受很大破坏，伤亡甚重，但机场仍能使用。现在是时候对南云的舰队发起反击了。他占尽优势的战斗机已遭受重创，而他对这次大规模的攻击期望甚高，但结果却甚为失望。然而，这次猛攻所导致的错乱也给日军指挥官的判断蒙上了阴影，他的空军告诉他，有必要对中途岛发起第二次攻击。他原本在航空母舰上留下了足够多的战斗机，以应付可能出现的美国航空母舰，但他并没有预料它们会出现，而他的侦察机也航程不足，一开始一无所获。这时，他决定让原本为对付美军航空母舰的编队散开，并重新武装它们，对中途岛发起又一次攻击。无论如何，他们都有必要清空飞行甲板，迎接第一波攻击的飞机返航。这一决定是致命的，尽管南云后来听说一支美国舰队，包括一艘航空母舰，正从自己东边驶来，但为时已晚。当飞行甲板上堆满了正在加油装弹，无法动弹的轰炸机时，他注定受到美国人的全力攻击。

※　　※　　※

海军少将弗莱彻和斯普鲁恩斯根据早期冷静的判断，已布置好了一切来迎接这决定性的时刻。他们在一早就截获了源源不断的情报，上午7点，“企业号”和“大黄蜂号”除了保留防御用的飞机外，开始用它们所有的飞机发起攻击。而“约克城号”曾在早晨派出飞机执行搜索任务，要等这些飞机重整旗鼓，从而耽误不少时间，但午后不久，它的攻击部队很快就升空了，而这时，前两艘航空母舰上的攻击飞机正接近它们的猎物。敌军附近的天气为多云，俯冲轰炸机一开始无法发现目标。“大黄蜂号”的攻击群不知道他们的敌人已经转移，以至于没有发现他们，并错过了战斗。归因于这次不幸，三艘航母上的唯一一支鱼雷轰炸机中队，尽管带着无畏的勇气杀向敌军，但在敌军压倒性的反击下无所斩获。41架鱼雷轰炸机进行了攻击，仅有6架返航。这次牺牲换来了辉煌的战果。在日军的视线和所有能用的战斗机都聚焦于他们身上时，37架从“企业号”和“约克城号”上起飞的俯冲式轰炸机抵达了现场。几乎未遭抵抗，他们的炸弹落入了南云的旗舰“赤城号”航空母舰和它的姊妹舰“加贺号”上，几乎在同时，另一波从“约克城号”上起飞的17架飞机攻击了“苍龙号”。几分钟内，这三艘航母的甲板上都陷入混乱，到处都是起火和爆炸的飞机。巨大的火焰从船身窜出，很快就可以确定，这三艘航空母舰已难逃一劫。南云此时只能将他的旗帜转移到一艘巡洋舰上，看着他最好的四艘战舰中的三艘熊熊燃烧。

过了中午，美国人的飞机开始返航。他们损失了超过60架飞机，但战果是巨大的。敌军的航空母舰只剩下“飞龙号”，它为了旭日旗的荣誉发起了一波攻击。当“约克城号”上的飞行员返航后正在甲板上聊起他们的故事时，消息传来，攻击的敌军正在接近。据报告敌军有超过40架飞机，抱着拼死一战的决心而来，尽管受到战斗机和炮火的猛烈打击，“约克城号”还是被它们的三颗炸弹命中了。虽然破坏严重，但火势受到控制，它继续前进，但两小时之后，“飞龙号”的攻击再次降临，这次还带着鱼雷。这次攻击最终是致命的。尽管这艘船仍漂浮了两天，但它还是被一艘日本潜艇击沉了。

甚至仍在漂浮时，“约克城号”已开始复仇。“飞龙号”在下午2时45分被锁定，不到一小时，来自“企业号”上的24架俯冲式轰炸机直奔它而去。下午5时，它们发起攻击，几分钟刚过，它也成为一团火球，尽管它在第二天早晨才告沉没。南云舰队里的四艘航空母舰中的最后一艘也被击毁，一同失去的还有所有训练有素的飞行精英。这些是永远无法替代的。所以6月4日战斗结束时，正是太平洋战争的转折点。

※ ※ ※

胜利的美国指挥官们还面临其他的危险。日本的海军大将和他强大的战舰可能会继续攻击中途岛。美国的空中兵力已经大为削弱，如果山本选择继续进攻的话，美国也没有重型战舰能与山本的战舰相匹敌。海军上将斯普鲁恩斯此时受命指挥航空母舰编队，决定不向西追赶，因为不知道敌人的兵力虚实，同时他自己的航空母舰也没有太多支援。他的这个决定毫无疑问是正确的，但山本大将没有寻求扭转自己的命运却令人费解。一开始，他决定坚持，命令他四艘最强大的巡洋舰在6月5日凌晨轰炸中途岛。同时，另一支强大的日本舰队向东北方前进，如果斯普鲁恩斯选择追赶南云残余的部队，他可能在当晚的行动中遭遇一场灾难。然而，当晚，日军指挥官突然改变了主意，6月5日凌晨2时55分，他命令全体撤退。其缘由我们没办法知道，但显而易见的是，他宝贵的航空母舰遭到始料未及的、决定性的摧毁，让他甚为震动。另一场灾难也降临到了他的头上。两艘前去轰炸中途岛的重型巡洋舰，在躲避美国潜艇的攻击时撞在了一起。两艘军舰都破坏严重，在全体撤退时被远远落在后面。6月6日，这些瘫痪的军舰受到斯普鲁恩斯的飞行员们攻击，他们击沉了一艘，另一艘也岌岌可危。这艘受创严重的“最上号”战舰，最终成功地驶回了本土。

在占领阿留申群岛西部的阿图岛、基斯卡岛后，日本人就像他们来时一样，悄无声息地撤走了。

※ ※ ※

回想一下此阶段的日军领导层是很有用处的。一个月内，他们两次用淋漓的攻势和决心将海上和空中兵力投入战斗。然而每一次，当他们的空军遭到严重打击时，即使目标近在咫尺，他们也都后撤了。指挥中途岛海战的海军将领山本、南云和近藤，正是那些策划并执行英勇的大规模军事行动——在四个月内摧毁了远东的盟军舰队，并将英国东方舰队逐出印度洋——的人。

山本之所以从中途岛后撤，是因为战争的大趋势显示，一支没有空中掩护的舰队，在远离基地数千英里之下，是无法冒险继续攻击一支严阵以待，同时有航空母舰上的数个完好无损的攻击群支持的兵力的。他命令运输舰后撤，是因为没有空中支持，继续前进等于自杀，而他的目标岛屿有空军守卫，面积很小，奇袭已是不可能的了。

日军计划的死板，以及计划未能按照时间表执行时就放弃的倾向，很大方面应归因于他们的语言本身的复杂冗长和不准确，尤其是在使用信号沟通时，这种语言很难临时表达出来。

还有另外一个教训。早在战斗之前，美国的情报体系已成功破译了敌军防护最严密的秘密。海军上将尼米兹实力虽然较弱，却能够两次集中所有兵力，并让他们在正确的时间部署在正确的地点。在战斗打响时，这样的布置是决定性的。在战争中，保密的重要性以及泄密的后果，在此都显露无遗。

※　※　※

美国这次著名的胜利，不仅对美国，而且对整个盟军都是极其重要的。对士气的影响更是巨大而且及时的。日本在太平洋上的统治地位被掀翻了。敌军曾经在远东让我们深受挫败达六个月之久的显著优势，已经一去不复回了。自此之后，我们所有的想法都转向了对进攻的坚定信念。我们不再需要思考，敌军下一波攻击的地点在哪儿，而是思考我们最好攻击他们的哪个地方，好让我们赢回他们在快速推进中攻占的广大区域。这条路仍旧漫长而艰苦，为了在东方获得胜利，仍然需要进行大量的准备，但结果已毫无疑问；与此同时，在太平洋上的需求，也不会过于影响美国准备投入欧战的努力。

※　※　※

在海战史上，没有比这两次战役更加紧张、扣人心弦的了。美国海军、空军以及美利坚民族的品质在这两场战役中熠熠生辉。空战所创造的新颖的、前所未见的、不可估量的状况，让行动的速度和形势的转换前所未见地更加紧张。但是，美国飞行员和海军士兵们的勇敢和自我牺牲，以及他们的将领们的勇气和睿智，才是这一切的基础。随着日本舰队撤至他们偏远的本土港口，他们的指挥官也清楚，不仅他们的航空母舰实力已遭受无法挽回的损失，而且他们还需面对敌人的毅力和激情，这种毅力和激情足以与他们武士道祖先的最高传统相匹敌，而且还有前景无限的人力、物力和科学在背后作支撑。

我第二次造访华盛顿

协调1942年和1943年计划的必要性——“合金管”：原子炸弹——6月16日，我给国王的信——去华盛顿的远距离飞行——颠簸着降落在海德公园——与总统在驾驶时的思考——核裂变的早期发展史——6月20日，我与罗斯福和霍普金斯的讨论——“重水”以及无所作为的危险——美国人决定制造这种炸弹——我的总体战略计划范本——图卜鲁格沦陷——危难中的朋友——对未来战略的讨论——第一次与艾森豪威尔和克拉克会谈——我将跨越海峡进攻的文件交给他们——继续深夜讨论——6月22日的头版头条——我推迟了计划——6月24日，拜访福特·杰克逊——奥金莱克的电报——我消除他的疑虑——6月25日，在华盛顿的进一步讨论——巴尔的摩的疯子——平静地飞回英国——我在战争中最糟糕的时刻我此行的主要目的是为1942年至1943年的军事行动达成最终决定。美国政府总体上—— 尤其是史汀生先生和马歇尔将军，非常急于立刻决定某些计划，从而能授权美国在1942年就与德国进行地面战和空战。如果不能决定，就会有美国参谋部联席会议认真考虑对“德国优先”战略做出根本性改变的风险。还有另一件让我思虑良多的事情。那就是“合金管”——它是我们对后来称之为原子弹的秘密代号—— 的问题。我们的研究和实验现在到了一个必须与美国达成明确协议的时间点，而我们认为只有通过总统和我之间的私下讨论，才能达成这样的协议。事实上，在沙漠战役正处于白热化之际，战时内阁已决定，权衡我们需要解决的大的战略问题的重要性，我应该带着参谋长委员会和伊斯梅将军离开英国和伦敦。

值此危难之际，考虑到我们此行的紧迫性和决定性，我决定乘飞机而不是乘船去。这意味着我们远离各种信息的时间仅有二十四小时。我们做了高效的安排，能立即传送来自埃及的信息，并加快传送和解码所有报告，我们预期不会因为推迟应做出的决定而造成损失，实际上这样的情况也没发生。

让一个首相向陛下正式推荐自己的继任者，这不符合惯例，除非他被要求这么做。由于是战争时期，在我们最近一次每周的觐见中，陛下向我提出了此项要求，因此，我给陛下发去如下的信件以示回复：

唐宁街10号，白厅

1942年6月16日

陛下：

万一我在此行之中不幸身亡，我恳请陛下恩准我的建议，委派现任外交大臣安东尼·艾登先生组建一个新政府，在我心目中，在众议院最大政治党派中，在我荣幸主持的国民政府中，他都是位杰出的大臣。我相信，值此危难之际，他的决心、经验和能力让他能够处理好陛下的事务。

陛下您忠实的仆人

温斯顿·丘吉尔

尽管此时我已清楚在1月份从百慕大返回的航程时会遇到风险，我仍对正驾驶员凯利·罗杰斯（Kelly Rogers）和他的波音水上飞机有足够的信心，因此我特别要求由他来负责这次飞行。与我同去的包括陆军部计划署署长布里格迪尔·斯图尔特（Brigadier Stewart，他后来在结束卡萨布兰卡会议飞回国时被杀死）、查尔斯·威尔逊爵士（Sir Charles Wilson）、马丁先生和海军中校汤普森（Commander Thompson）。我们在6月17日午夜之前不久离开斯特兰拉尔（Stranraer）。天气好极了，满月当空。我坐在副驾驶座位上两个多小时，欣赏着波光粼粼的洋面，想着各种问题，思考着胶着的战争。我在“新婚套房”中酣然入梦，一直睡到拂晓我们抵达甘德（Gander）为止。我们原本要在这里加油，但到了后认为这是没必要的，于是在向机场致敬之后，我们再次踏上旅程。在日光中前行，时间似乎格外漫长。在六个小时中，我们吃过了两次午餐，并打算在抵达后吃一顿迟到的晚餐。

最后两小时，我们在陆地之上飞行，大约在美国时间的7点，我们抵达了华盛顿。当我们沿着波托马克河（Potomac River）降落时，我注意到华盛顿纪念碑的顶端几乎与我们的飞机高度差不多，它的高度超过550英尺，我对凯利·罗杰斯上尉感叹说，世上有如此众多的其他目标，如果我们却撞上了这座纪念碑，那将真是不幸中的大不幸。他向我保证，他会特别留意，不会撞上它。在经过28个小时的飞行后，我们最终安全而且顺利地降落在了波托马克河上。哈利法克斯勋爵、马歇尔将军以及美国的数位高官迎接了我们。随后我去英国大使馆吃晚餐。时间已太晚，无法当晚就去海德公园了。我们阅读了所有最新的电报——没什么要紧事——并在户外惬意地吃了晚餐。英国大使馆坐落在一处高地上，是华盛顿最凉爽的地方之一，比起白宫来，我还是喜欢这里。

第二天，19日一早，我飞往海德公园。总统已亲临当地的机场，并目睹了我所经历过的最颠簸的降落过程。他用最热忱的方式欢迎了我，然后亲自驾车，载我经过哈得孙河抵达一处壮观的悬崖处，他的家就坐落于此。总统载着我四周转悠，向我展示海德公园亮丽的风景。在这次开车中，我有好几次陷入沉思。罗斯福先生的残疾让他不能使用脚踩刹车、离合器或加速器。但经过巧妙地设计，让他能够用胳膊完成一切，而他的胳膊格外强壮而且肌肉发达。他邀请我摸一下他的二头肌，并说一位著名的获奖拳手也羡慕不已。这令人放心不少；但我得承认，有好几次，当车在哈得孙河悬崖边缘的草地上转向或者倒车时，我都希望机械设备和刹车不会有问题。我们一直在谈论公事，尽管我尽量不让他从驾驶中分心，但我们在谈论中取得的进展比正式会议可能得到的进展还多。

总统非常高兴我带着帝国总参谋长一同前来。回忆起他的青年时代，他总是兴趣甚浓。总统的父亲曾经在海德公园招待过布鲁克将军的父亲。因此，对于这位已身居高位的父辈之子，罗斯福总统也表示很有兴趣见一见。两天之后，当他们会面时，总统以极大的热忱迎接他，而布鲁克将军的人格和魅力也几乎立刻创造了一种亲近的关系，这对我们的公事进程大有裨益。

※　　　※　　　※

我将我想要有结果的不同问题都告诉了哈里·霍普金斯，他详细转述给了罗斯福总统，如此一来，双方知根知底，总统也对各个议题了然于胸。在这些问题中，“合金管”是最复杂的之一，事后证明，它也绝对是最重要的。

在此，我最好引述一段广岛被一颗原子弹命中，沦为废墟后，我在1945年8月6日发的声明：

> 1939年，很多国家的科学家已广泛地认识到，由核裂变释放能量是可能发生的事情。在这种可能变为现实之前，仍有各式各样的、极多的问题需要解决，当时，没有几个科学家敢预测说，能在1945年准备好使用原子弹。毫无疑问，这一计划的潜力如此巨大，尽管我国科学方面的人力捉襟见肘，陛下的政府仍正确地认识到必须让这项研究继续。在此时期，研究主要在我们的大学里进行，主要是牛津、剑桥、伦敦（帝国学院）、利物浦和伯明翰等。在组成联合政府后，协调这项工作，推动其向前的责任落在了空军生产部上，并由乔治·汤姆

森爵士（Sir George Thomson）担任主席的优秀科学家们组成的委员会提供建议。

当时，为了收集科学情报，根据整体的安排，负责这项工作的英国科学家和美国科学家之间也进行了完整的意见交换。

到了1941年夏天，研究的进展让乔治·汤姆森爵士的委员会已能报告说，在他们看来，有很大机会在战争结束之前制造出原子弹。1941年8月底，彻韦尔勋爵（Lord Cherwell）——他的职责就是让我了解所有这些和其他科学发展的情况——报告说，研究有了重大进展。那时，对各个技术委员会的科学研究整体负责的是枢密院议长约翰·安德生爵士。在此情况下（在心中也知道我们最近拥有的常规高爆炸弹效果已经足够），我在1941年8月30日将此问题以备忘录的形式提交给了参谋长委员会。

▸伊斯梅将军，转参谋长委员会

尽管我个人对目前的炸弹相当满意，我还是认为，我们一定不要妨碍对其的增进，因此，我认为应该按照彻韦尔勋爵的提议采取行动，而对此负责的内阁大臣中应该是约翰·安德森爵士。

我很想知道，参谋长委员会怎么看。

三军参谋长建议立即行动，并享有最高优先级。因此，我们在科技与工业研究部建立了一个特殊部门来领导这项工作，而帝国化学工业有限公司也同意我们调走W.A.阿克斯（Mr. W. A. Akers）先生来担任这个部门的主管，为了保密，我们将这个部门称之为“合金管局”。在约翰·安德森爵士从枢密院大臣离职，改任财政大臣之后，我要求他继续领导这项工作，因为他特别胜任。为了向他提供建议，还在他的主席之职下，成立了顾问委员会。

1941年10月11日，罗斯福总统写信给我，建议我们应该联合研究力量。于是英美两国的研究力量结合起来，不少英国科学家据此前往美国。到了1942年夏季，这项扩大了的研究计划，让我们在一年前对这项工作前景广阔的预测有了更确信、更广泛的基础，是时候做决定，来确定是否为此继续建造大规模的工厂了。

※　　※　　※

在海德公园与总统一见面，我们就触及了这一点。我随身带着相关文件，但由于总统需要更多来自华盛顿的信息，所以讨论被推迟到了第二天，20日。午餐之后，在从一楼延伸出去的一个很小的房间里，我们的交谈开始。房间昏暗，在背阴处。罗斯福先生坐在一张和房间差不多大的办公桌前。哈里在他身后坐着或者站着。我的两位美国朋友似乎一点也不在意里头的酷热。

我将我们所取得进展的大致情况向总统做了介绍，并告诉他，我们的科学家现在相当确信，在当前的战争结束之前，成果将会出现。他说，他这方面的人也有进展，但在全面的试验完成之前，没有人能说会有什么实际的问题出现。我们都深深地感受到无所作为的危险。我们清楚，德国人正在竭尽全力获得“重水”的供应，而“重水”这个危险的、可怕的、不自然的名词，早已开始潜入我们的秘密文件中。要是敌人先我们一步获得了原子弹会怎么样？尽管有人怀疑科学家们的论断，科学家们之间也意见不一，而且这些意见对常人来说都是高深莫测的行话，但在这个可怕的领域，我们不能冒被人领先一步的风险。

我强烈要求，我们应该立刻汇拢我们的情报，在平等条件下共同工作，并平等地分享所获得的成果。接下来的问题是，研究工厂该设立在哪里。我们已经意识到必然会产生巨额开销，此外还得从其他战争系统中抽调资源和人力。考虑到大不列颠正遭遇密集的轰炸，再加上敌人不停的空中侦察，似乎不可能在大不列颠岛上建起必需的大型、显眼的工厂。至少我们自己确信，我们和盟友在这一领域齐头并进，当然也可能选择加拿大，他们为铀的收集和供应做了很大的贡献。对这样一个大西洋两岸的科学家都无法确保成功的项目，要付出数百万英镑，比金钱更重要的是，要抽走宝贵的战争力量，这真是个艰难的决定。然而，如果美国人不愿意来冒险，我们肯定会在加拿大依靠自己的力量继续向前，万一加拿大政府反对，我们也会在帝国的某个角落坚持下去。所以，当总统说他认为美国责无旁贷时，我非常高兴。因此，我们一致做出这一决定，确定了协议的基础。在后续的章节中我会继续讲述这个事情。但同时我要确信无疑地说，正是我们在英国所取得的进展，以及我们的科学家对最终成功的信心被转告给了总统，导致他能够做出这个重要的、关键的决定。

※ ※ ※

同一天，我将以下需要立即做出的战略性决定以备忘录的形式交给了罗斯福总统。

▶秘密　　1942年6月20日

1.海上持续不断的大量沉船是我们最大、最迫切的危险。除了当前军事行动中被击沉的船舶——这是必须面对的，现在能采取什么进一步的措施来减少船舶的沉没吗？加勒比海和墨西哥湾的护航体系什么时候能够开始？能缩减不必要的运输吗？应该花一些建造商船的费用来建造护航船只吗，如果要，建造多少？

2.我们必然会坚持准备“波莱罗（Bolero）”计划，如果可能，会在1942年执行，但肯定能在1943年执行。整个计划正在按部就班推进。我们已做出安排，最早9月，会在法国北部的海岸登陆六至八个师。然而，英国政府也不会执意发起必然是场灾难的军事行动，因为如此一来，不论俄国人的境况如何，都不会帮到他们，而且法国人民也会因此受到连累，遭到纳粹的报复，这样将导致1943年的主要军事行动大为拖延。我们坚定地认为，除非我们能站稳脚跟，否则不应在本年度进行登陆法国的实质性行动。

3.除非德国人会彻底丧失斗志——这种可能性很低，否则没有哪个负责的英国军事机关能制订出在1942年9月登陆并有成功机会的计划。美国参谋们有这样的计划吗？他们准备攻击哪些地点？哪些登陆艇和船只可以使用？谁将成为指挥这一计划的指挥官？需要哪些英国军队做什么样的协助？如果能制订一个有相当成功前景的计划，国王陛下的政府将热忱欢迎，并将与他们的美国战友共担所有风险和牺牲。这仍是我们毫不动摇的、一贯的政策。

4.但是万一没有这样一个计划能让负责的军事机关有足够信心，结果就是在1942年9月的法国不会有大规模的行动，我们还能做些什么？难道整个1942年，我们要让大西洋战场无所事事吗？难道我们不应该在“波莱罗”计划的总体框架下，准备一些其他的军事行动，从而既能获得有利的位置，也能直接或间接地减轻俄国的压力？在这样的环境和背景下，应该研究一下在法属北非的军事行动。

※　　※　　※

20日深夜，总统的专列将我们带向华盛顿，我们于第二天早晨8点抵达那里。在严密的护卫下，我们前往白宫，我再次被安排进了有通风设备的一个大房间里，里面的温度在30° 左右，比白宫的其他房间温度都低一些，相当舒适。我花一小时看了报纸，阅读了电报，吃过早餐，然后穿过走廊去找哈里，接着到总统的书房去见他。伊斯梅将军陪我一同前往。不久，一份电报交到了总统的手上。他一言不发，转交给了我。上头说：“图卜鲁格已经投降，25000人沦为战俘。”消息如此震惊，我简直难以相信。因此我要求伊斯梅打电话到伦敦确认。几分钟后，他带来了刚刚由在亚历山大的海军上将哈伍德传来的信息：

图卜鲁格沦陷，局势恶化如此之快，不久亚历山大可能就会遭到猛烈空袭，考虑到满月将至，我已派遣所有的东方舰队船只到运河以南以防遭到空袭。我希望本周末“伊丽莎白女王号”能够驶出船坞。

这是我能回想起来的在战争中经历的最沉重的打击。不仅是它所造成的军事后果严重，而且它影响了英国军队的声誉。在新加坡，85000人面对比他们兵力少的日军投降了。这次在图卜鲁格，25000人（实际是33000人）的守军面对数量也许只有他们一半的敌军放下了武器。如果这就是沙漠军团士气的代表，那么我们对即将发生在非洲东北部的灾难将束手无策。我没有试图在总统面前掩饰我的震惊。这真是苦涩的一刻。失利是一回事；丢脸则是另外一回事。没有谁能比我的两位朋友更有同情心和骑士风度了。没有责备，也没有不够和善的话。“我们能做什么帮上忙吗？”罗斯福总统说。我立即回答，“尽量多抽调一些谢尔曼坦克给我们，并尽快把它们送到中东去。”总统通知马歇尔将军，后者很快就过来了，总统将我的要求告诉了他。马歇尔回复说，“总统先生，谢尔曼坦克刚刚投入生产。第一批几百辆刚刚装备给我们自己的装甲师，之前他们一直用着过时的装备。从士兵手中拿走他的武器，是很为难的。尽管如此，如果英国急需的话，我们自当设法；我们还可以额外给他们一百门105毫米口径的自行火炮。”

结束这件事情时，我必须说，美国人做的比说的多得多。三百辆谢尔曼坦克和一百门自行火炮被装在了他们最快的六艘船上，然后驶向了苏伊士运河。这中间有一艘船在百慕大被潜艇击沉。二话不说，总统和马歇尔立即将另外七十辆坦克装在另一艘快速船上，派遣它迅速赶上之前的编队。这真是“患难见真情”。

※　　　※　　　※

不久之后，布鲁克将军和哈里·霍普金斯加入我们，开会商谈进一步的策略。伊斯梅将军对此次会议的军事结论保存了记录。

> 1.关于为1943年“波莱罗”行动的计划和准备。规模越大越好，并且要全速、全力推进。但重要的是，在1942年，英美要准备好发起攻势。
>
> 2.如果1942年在法国或低地三国的军事行动能够成功的话，其政治及战略意义要远胜于其他战场。为此战场的军事行动所做的计划和准备要越快越好，力量越强越好，越出其不意越好。还必须以最大的决心来努力克服这一计划中的明显的危险和难题。如果制订出完善的、合理的计划，我们必须毫不犹豫地执行它。另一方面，如果仔细检视后发现，尽管付出所有努力，胜利也是不可能的，我们必须准备好替代方案。
>
> 3.法属北非的可能性（“体操家”行动）要仔细、认真地研究，计划的所有细节应该尽量完善。参与“体操家”行动的部队，应该主要从准备投入“波莱罗”行动并尚未离开美国的部队中选择。1942年秋季和冬季在挪威和伊比利亚半岛进行军事行动的可能性也应该由联合参谋部仔细考虑。
>
> 4.“波莱罗”行动计划的制订将继续集中于伦敦。而“体操家”行动计划的制订将集中于华盛顿。

※　　※　　※

6月21日，午餐之后，当我们单独会面时，哈里跟我说，“总统想让你认识两位美国军官，因为马歇尔和总统在军中对他们很重视。”因此，5点时，艾森豪威尔少将和克拉克少将被带进了我有冷风设备的房间。我立即对这两位气度非凡但此前从未结识的人有了深刻印象。他们都从总统那里过来，并且是第一次见到总统。我们几乎全部在讨论在1943年横跨海峡的进攻，当时它的代号叫做“围歼”，显然他们的精力集中在这个计划上。我们进行了一场最惬意的讨论，时间持续了一个多小时。为了让他们确信我个人对此计划的兴趣，我将自己在6月15日（我出发的前两天）写给三军参谋长的文件给了他们一份，里面有我对这一行动的方式和规模的初步设想。他们似乎至少对文件里的勇气感到很高兴。当时，我认为1943年的春季或夏季是尝试行动的时间。我敢肯定这两位军官将在这场行动中起到重要作用，这也正是他们被派来和我认识的原因。因此我们开始了一场友谊，伴随着战争的起起落落，一直持续到今天，我对此甚为满意。

一个月后，在英格兰，艾森豪威尔将军显然急于确认我的热情，他问我是否愿意把我的文件送给马歇尔将军一份，我照做了。

※　　※　　※

到了晚上9点30分，我们在总统的房间里又一次举行会谈，这一次三位美国三军参谋长都参加了。我们谈论了海军的部署以及美国东海岸外让人担忧的德军潜艇攻击。我强烈建议海军上将金立即将护航体系延伸至加勒比海及墨西哥湾区域。对此他完全同意，但同时也认为最好等适合护航的船只够用之后再执行。

晚上11点30分，我再次与总统进行了会谈，出席的有马歇尔、金、阿诺德、迪尔、布鲁克和伊斯梅。讨论集中于正在恶化的中东局势，以及大规模派遣美军部队前往的可能性，我们从尽早将第二装甲师派遣过去开始——他们是受过沙漠战特训的。双方同意，这种可能性要进行仔细研究，尤其是涉及运输舰的情况，与此同时，在总统的同意之下，我告诉奥金莱克，他将在8月收到训练有素、装备有谢尔曼和李坦克的美国装甲师的增援。

※　　※　　※

与此同时，图卜鲁格的投降在全世界引发回响。22日，霍普金斯和我与总统一起在他的房间里就午餐。不久，艾尔默·戴维斯——作战新闻处的首脑——走了进来，带着一沓纽约的报纸，头版上夸张地写着“英格兰愤怒了”“图卜鲁格的沦陷可能会导致政府更迭”“丘吉尔面临不信任投票”等。我已接受马歇尔将军的邀请，将去参访南卡罗来纳的一个美国兵营。我们将在6月23日夜间随他和史汀生先生一起乘火车出发。戴维斯先生严肃地问我，考虑到在英国本土的政治局势，继续这趟原本经过精心安排的行程对我来说是否明智。当如此严重的后果在非洲和伦敦发生时，而我却在美国检阅部队，是否会引起误解？我回复，我将肯定如期参加检阅。我也怀疑，在这个事关政府信任投票的问题上，反对的议员数量是否会超过二十个。实际上，这个数量最后就是投反对票的总数。

于是，我第二天晚间乘火车前往南卡罗来纳，并在接下来的这天早晨抵达了福特·杰克逊炮台。火车停的地方并非站台，而是一片敞开的平地。当天非常热，我们走出火车，直奔阅兵场，那里让我回想起了天热时的印度平原。我们首先走进遮阳篷里，看美国装甲部队和步兵的分列式。接着我们观看了伞降演习。这些都令人印象深刻，心悦诚服。我还从未见过1000人一起从空中跳伞。有人给了我一个“手提无线电话机”拿着。这还是我第一次拿着这种便利的设备。下午，我们观看了数个美国师举行的实弹野战演习。最后我问伊斯梅（对于这件事的叙述，我要感谢他），“你怎么看？”他回复，“派这些部队去对付欧洲大陆的军队，无异于屠杀。”对此我说，“你错了。他们是特别的材料，很快就能学会。”但是，对我的美国朋友们，我不断地重申我的看法，需要两年甚至更多才能打造出一个士兵。两年之后，我们在南卡罗来纳见到的这支部队，其举手投足肯定会像老兵。

我非常欣赏美国军队的组建方式。我想它是个组织的壮举、即兴的壮举。强大的国家想要建起庞大的军队，因为它们有金钱、时间、纪律和忠诚，这样的例子有很多。然而在战争之前不久，美国在区区数十万士兵的基础上，很快就打造出了数百万士兵的部队，这是军事史上的奇迹。

两三年之前，我在这里与马歇尔将军一起参访了在南卡罗来纳训练的一个陆军兵团，在那里我们看到了你们可能会称之为“批量生产”的数个师的壮观场面。他们在庞大而快速的轮训之下组建起来，并且走向进一步完善的阶段。我看到了这支强而有力的军队的创建—— 这支强而有力的军队，用如此短的时间，在人员如此之少的基础上，在对敌作战的每个战场，都取得了胜利。这一成就，会让其他国家的士兵们一直带着欣赏和忌妒去学习。

但是，那并不是全部，甚至不是主要部分。创建一支大规模的军队是一回事，要领导他们、指挥他们是另一回事。对我来说，仍旧存在一个谜，那就是仅凭和平时期数量很少的指挥官，美国不仅建起了陆军和空军，而且还找出众多将领和大批指挥官来指挥如此庞大的兵力，并让这些兵力比战争之前更快、更远地调动，他们是如何做到的？

※　　　※　　　※

我们在24日下午飞回华盛顿，在那里我收到了数份报告。

后来又有一封：

▶奥金莱克致首相　　　　1942年6月24日

在此关键时刻，由于我所指挥的部队所遭遇的惨败给你带来的严重打击，我深感愧疚。恐怕当前的局势和我一年前接手时差不多，除此之外，敌军现已占领图卜鲁格，这对他们相当有利，不仅在物资供给上有利，而且他们不再需要派遣部队去提防它……

在解释了他的部署后，他说：

我们都非常感激，你和美国总统能在情形下设法给予我们数不清的支援，并全速安排送达这些援助。美国第二装甲师将是非常好的援军，从印度转移过来的“格兰特”和“李”型坦克也同样如此。考虑到当前伊拉克和波斯的安全局势，尤其是产油区的安全，你保证不必将印度步兵师和装甲旅撤回印度的决定，大大缓解了我的难题。空军少将特德告知我，已向本战区调派飞机，这将极大增强我们的力量。

我要最诚挚地感谢你个人过去一年你所给予我的帮助和支持，并对过去一个月里的失败和挫折甚为内疚，对此，我将承担全部责任。

在我离开华盛顿之前，我向奥金莱克保证，我对他给予完全信任。

▶首相致奥金莱克将军　　1942年6月25日

我要告诉你，罗斯福总统已提出将美国第二装甲师调派给你，他们会在7月5日启程前往苏伊士运河。但我们发现，要在下个月内用船将这个师运过去面临着极大的困难。

因此马歇尔将军提出了另一个建议，帝国总参谋部认为，从你的角度来说这个建议更具吸引力，因为你将获得大量最现代化的装备，而且从英格兰给你的支援也不受影响。因此，我们已接受以下建议：

作为紧急行动，美国人将调派300辆谢尔曼（M.4）坦克师100门105毫米自行火炮前往中东。7月10日左右，将从哈瓦那的运糖船队中抽调两个船队，运载这些装备前往苏伊士运河，并各自以15节或13节的速度，尽可能快速地将货物运到。一小队美国必需人员将伴随坦克和大炮前来……

请不要对国内的纷扰有任何忧虑。战斗该如何进行，是否应该早一些打，无论我的观点如何，我都对你完全信任，并且完全共担你的责任……

请告诉哈伍德，我对亚历山大港过度的丧失勇气和恐慌，让海军加速撤离至红海甚为不安。尽管需要各种预先警戒，“伊丽莎白女王号”也应尽快驶出船坞，我相信需要保持坚定的、有信心的态度。总统从罗马的情报显示，预计隆美尔将拖延三四周，才能对马特鲁港的阵地发起猛烈攻击。而我认为其将拖延更久。

我希望这次危机，能让尼罗河区域的所有军事人员以及所有能战斗的、忠诚的人士，都鼓起最高的战斗精神来。在中东，你们有七十万领军饷的人员。每个适合战斗的男性都应该为了胜利去战斗、去牺牲。没有理由不能派遣数千名军官和管理人员去支援防守马特鲁港阵地的各兵团，增强各营以及各工作单位的实力。你所处的情势，和我们面对英格兰会被入侵的情势一样，需要拥有同样紧张而强烈的战斗精神。

※　　※　　※

25日，我会见了我们的自治领和印度的代表们，并出席了太平洋战争委员会的会议。当晚我出发前往巴尔的摩，我的水上飞机就停在那里。总统在白宫热情而友好地与我告别，哈里·霍普金斯和埃弗里尔·哈里曼也前来送别。那条通往水中的狭窄而且有遮挡的踏板，被美国武装警察严密守卫着。空气中有一丝紧张的气氛，警官们都表情严肃。在我们起飞之前，我被告知，一个执勤的便衣被抓了，有人看见他抚摸着手枪，咕哝着他要“干掉我”，还说了一些其他不雅的话。他立刻被制服，并被逮捕了。后来发现，他是个疯子。对于公众人物来说，疯子是格外危险的，因为他们丝毫不会理睬“走开，走开”的要求。

第二天一早，我们在博特伍德降落，加油，然后饱餐新鲜的龙虾后，再次起飞。此后，我想吃就吃——也就是在两餐之间的间隔时——想睡就睡。飞机飞过北爱尔兰后，我坐在副驾驶的座位上，然后在拂晓时，飞机接近克莱德并安全降落。我的火车等在那里，此外还有佩克，我的私人秘书，再加上一大堆箱子和四五天的报纸。不到一个小时，我们出发前往南部。看来我们在莫尔登的补选中失去了一个议席。这就是图卜鲁格的其中一个副作用。

对我来说，这似乎是段糟糕的时间。我躺在床上，翻阅了一小会儿文件，然后睡了四五个小时，直到我们抵达伦敦。睡眠是多么幸福的事情！战时内阁成员都在站台迎接我抵达，很快我就去内阁办公室工作了。

第三次造访华盛顿

英美需要一次会谈——“玛丽皇后号”上的行程——我们为“三叉戟”访问所做的准备——对缅甸战局的失望——我关于印度和远东问题的文件——从海上奇袭的重要性——多个岛屿沦为战利品——日本人扩张受到限制——从印度到中国的空中航线——我们抵达华盛顿——罗斯福总统的欢迎——5月12日，“三叉戟”会谈开始——我的开场白——巩固胜利的果实——土耳其和巴尔干各国——与意大利单独媾和的好处——需要减轻俄国的压力——我们的军队不能无所作为——横跨海峡的进攻——对中国的支援——苏门答腊岛——长线计划——最终击败日本——总统的回复——在香格里拉的周末——我们路过弗雷德里克——《芭芭拉·弗利彻》——我的陈述获得广泛认可——总统的木屋撤退——提出与蒋介石夫人会面——5月19日，星期三，我第二次在国会发表演说——战争时期的里程碑——“一个大州被解救了”——我们面前的艰巨任务——战争久拖不决的危险一旦对非洲的决心已定，就有很重要的理由让我迅速前往华盛顿了。胜利之后我们做什么？胜利的果实是要仅限于突尼斯本身，还是我们应该驱使意大利放弃战争，并让土耳其加入我们一方？这些重大问题，只能通过与总统的私人会谈才能得到答案。其次是关于印度战区的军事行动计划。我已意识到，在表面之下有不少严重分歧，如果不加调整的话，将导致在这年余下的时间出现严重的困难，军事行动也将进展寥寥。我下决心，要尽可能在最高层面召开一次会议。

4月29日，我给罗斯福总统发电报：

> 在我看来，当前最需要我们一起解决的问题是：首先，西西里以及由此扩大战果；其次，考虑到我们的经验和船舶紧缺，缅甸战役的前景。此外还有其他一些急切的问题，你和我可以及时提出来。我认为我能在5月11日，星期二与你会面。
>
> 请告诉我，你是否愿意会面，或者你是否更愿意派你的人到这里来，如果那样的话，对我们这方当然更方便点。

※　　※　　※

医生不想让我飞到轰炸机飞行必需的高度，而北部的水上飞机航线因为结冰，在5月20日之前都没办法起飞。因此我们决定从海路前往。我们在5月4日晚间离开伦敦，第二天，我们抵达克莱德，从那里登上“玛丽皇后号”出海。这条船非常契合我们的所有需求。整个代表团都住在主舱室里，与船上的其他舱室隔开。办公室、会议室，当然还有地图室都已备好，以供不时之需。从上船开始，我们的工作就从未间断。

为隐瞒“玛丽皇后号”上乘客的身份，各种聪明的预防措施都被利用起来。一系列的通告用荷兰语写着，威廉敏娜女王和他们的随从将乘坐此船前往美国。在通道中安装了华丽的斜道，以便轮椅可以顺利穿行。这是为了制造流言，说美国总统和一些随从将会在船返航时随行前往英国。流言越多，我们越安全。掩护计划如此出色，以至于一些乘坐“玛丽皇后号”去参加“温泉食品大会”的内阁办公室成员，看到我们下船时惊讶得目瞪口呆。大约5000名德国战俘也在船上。有人建议说，他们应该被转移到另一艘船上，但我不觉得他们会对我们有什么不利之处，他们受到严密控制，又没有武器，因而这个问题被提及给我时，我就指示，他们应该随行。

※　　　※　　　※

这次被我命名为“三叉戟”的工作访问，将至少持续两周，内容涵盖战争的方方面面。因而我们的代表团规模庞大。“正规军”全部都在：参谋长委员会携带着不少参谋官；莱瑟斯勋爵携带着军事运输部的高级军官；伊斯梅携带着国防部的成员。此外陪同我们前往的还有驻印军总司令、陆军元帅韦维尔，海军上将萨默维尔，空军上将皮尔斯。我带着他们，是因为我相信我们的美国朋友急切地想让我们尽一切可能——甚至不可能也要去做——从印度立刻发起军事行动。会谈中必须首先听取那些被选来承担相关任务的将军们的意见。

在抵达华盛顿之前，趁都在一个甲板上，我们要在内部解决不少问题。联合计划部和情报参谋部几乎不间断地开会。参谋长委员会也每日一会，有时一日两会。我坚持我的习惯，每天早晨以备忘录和指示的方式将我的想法告知他们，并在每天下午或晚上与他们进行讨论。这种追根问底、修正、辩论的进程在整个航程中一直持续，经过仔细斟酌之后，我们达成了不少重大的决定。

我们必须同时考虑所有战场。对欧洲的军事行动来说，自非洲战场胜利之后，我们已完全达成一致。我们在卡萨布兰卡已决定要攻击西西里，如之前所述，准备工作已推进不少。参谋长委员会认为，在占领西西里之后，甚至在占领西西里的同时，应发起对意大利本土的攻击。他们建议，要在意大利的趾形区域占据一个桥头堡，然后再向踵部进攻，以拉开向巴里和那不勒斯进攻的序幕。这些观点和意见被写成了一份文件，在船上准备好，等我们抵达华盛顿后，再递交给美国参谋长联席会议，作为此后讨论的基础。

※　※　※

在英国参与的第二大军事行动，也就是从印度发起的军事行动上，我们与我们的美国朋友之间要达成一致则困难得多。在卡萨布拉卡，我们一致同意要在1943年3月1日之前完成攻占阿恰布（Akyab）的目标，目的是从阿萨姆向前略作推进，从而获得新的起点，增加通往中国的空中航线和空运。我们曾计划将1943年11月15日作为向缅甸进攻的发起时间，而7月份则会审视能用的兵力。这些都曾记录在案，但我们实际上一事无成。向阿恰布的推进失败了，在雨季来临之前攻占它已无可能。从阿萨姆向前推进受制于后勤困难，以及中国人没有能力在春季从云南发起攻击，也无法施行。对中国的空运已略有增加，但要充分增加空中航线，以及从陆路向缅甸腹地进攻的必要条件，完全超出了我们的能力。因此，在1943年至1944年之间的冬季无法发动“阿纳吉姆”行动，这一问题显然已无需争论。

我相信，美国人会对这些结论很失望。总统和他的圈子里的人仍然执迷于言过其实的说法，认为一旦给予足够的武器和装备，中国的军事力量将发挥作用。他们也过度担心，如果支援不能立即送到，中国会立刻崩溃。我完全不喜欢沿着阿萨姆破烂的交通线去攻克缅甸的想法。我痛恨丛林——它早晚都会落入胜者之手，我考虑的是空军、海军、两栖作战行动和关键地点。然而，对我们伟大的事业来说，很重要的一点是，不能让我们的朋友感觉我们对卡萨布兰卡的计划疏于尝试，而应该让他们确信，我们准备做最大的努力来满足他们的意愿。

因此，在航程的前几天里，我准备了一份很长的文件，来阐述整个印度和远东的战局，尤其是那些由我们负主要责任的区域。

……

4.我们都认为，“阿纳吉姆”（缅甸）计划已完全不可能在1943年施行，三军参谋长正在寻求变通或者替代方案。在这一点上，我有几个笼统的意见。

5.进入布满沼泽的丛林去和日本人战斗，就像进入水中和鲨鱼搏斗。诱使它进入圈套，或者等它上钩，然后把它拉到干燥的地面，再用斧子摧毁它，这是更好的做法。那么怎样引诱鲨鱼，让它上钩呢？

6.“火炬”计划的战略可取之处在于，强迫或引诱敌人在一个对他来说代价最高的战场作战。它让我们获得了重要的领土、基地和一支新的法国军队——最终也许会有八到十个师。它的胜利打开了地中海的局面，自此之后，我们的海上交通线畅通无阻。我们是否能在英美荷澳战区占领一些战略要地，或者某些让日军被迫反击的据点，而且这些据点对他们不利，对我们有利？为此目的，对孟加拉湾的制海权必须得到保证。接下来需要的是以占领的战略要地为中心，有效建立岸基飞机的制空权。如此保护之下，相当少量的部队就能守住阵地，万一敌军发动大规模兵力来进攻，我们的人可以根据我们的总体计划，要么得到增援，要么撤退。

7.要成功登陆，肯定要选择一个出人预料的地点。如果需要的话，可以搭载三四万人穿过孟加拉湾，前往从毛淡棉到帝汶岛之间的新月地带的一个或多个地点。这些新月地带的地点包括：（一）安达曼群岛；（二）丹老，可以将曼谷当作目标；（三）克拉地峡；（四）进攻苏门答腊北部；（五）苏门答腊南部突出部；（六）爪哇。

8.登陆的方式，首先要考虑到上岸的重要性，要在精心准备下迅速建立强大的空军基地。并不需要在一开始就攻克真正的目标。更好的方式是，在足够的岸基飞机的掩护下，在第二阶段中实现它。如果可能遭遇反击，只有在集聚各类航空母舰上的大批海军航空力量的条件下，登陆才能成功。一旦岸基空军基地建成，不论是简易的还是永久的，海军航空兵力就可以撤退到其他地方使用。占据一个敌军无法忍受的关键据点，将迫使他不仅要采取军事行动夺回它，而且会驱使他的兵力散布于广阔的海岸线，并暴露于我海军的威胁之下。只有决定性地攻击某些据点，才能迫使敌军分散兵力。否则敌军将以逸待劳，并有选定最佳防守阵地的有利条件。他将会满足于业已占据的宝贵财产，而我们不得不找到办法发动进攻来夺回它。我们应该满怀希望地审视各种选择，坚决克服真正的困难，将更多横亘在面前的想象的困难抛开。

9.一旦意大利舰队被摧毁，或者中立，而且跨越地中海的航线上的制空权得以确立，强大的英国海军力量将可以重新组建包括战列舰、航空母舰和辅助船只在内的东方舰队。我们一定不要夸大日本的实力。他们不可能强大到能在所有据点抵抗由舰载飞机掩护的我军集中攻击。他们自己的空军逐步减少，在太平洋，在美国和澳大利亚发起的攻击之下，日本空军面临巨大压力。在攻击某一个据点之后，能很容易让敌军兵力更为分散。

10.我们的报告显示，在苏门答腊有大约20000日军，那个岛有600英里长，而在爪哇有40000日军。日军本身就用相对守军少得多的兵力攻占了苏门答腊和爪哇，留下守卫的兵力更少。为什么我们不能假设一下，我们也能用同样的气势来制订计划，在陆海空三军的紧密配合下展开行动？我们有更多可用的兵力；海军的优势也让我们可以随意选择攻击的据点，而且在过去十五个月里，我们也通过发生的战事得到了教训。让我们不要满足于已着手的那些毫无希望的微小计划。那些计划不过聊胜于无，是用来敷衍了事的东西。

11.不论上述情况如何，我们都应小心谨慎，不能在即将召开的会议上对任何特别的计划做出承诺。当然，偏见将败坏每个计划。再者，如果我们过度热心于任何一个计划，那么由于盟国之间的天然矛盾，其他计划可能会被施压成为优先的选择。我们对“阿纳吉姆”计划修正的理由，首先会受到我们的朋友反对。我们应主张有最大的诚意按照卡萨布兰卡会议上的优先顺序和重视程度，来维持这一战区的军事行动。我们应该邀请他们对替代方案发表意见，只有当讨论进入这个阶段时，才能开始进行细节上的商议。我个人的印象是，美国人只有在此战区发起最大规模的军事行动，并且在我们不考虑改变其重要性的前提下，才会感到满意，一旦在这些问题上消除疑虑，他们才会准备考虑变通和替代方案。在此时刻，我们必须做好研究工作。

12.我同意，现在正是制订击败日本的长期计划的时机，我们要尽力将此计划的各阶段和对希特勒的主要战斗结合在一起考虑。

……

15.最近不能令人满意的缅甸战役进程，绝对不可在1943年至1944年大规模重现。除非我们对自己的能力完全有信心，能够按计划在合理的时机发动战役，否则我们必须寻找仅有的其他两个军事行动作为替代，换句话说，（1）大规模增加对中国的空运；（2）在海外攻占一个或多个第七条所提及的关键据点。

我们内部并没有严重的意见分歧，而且准备了一份参谋长委员会的陈述，要在华盛顿提交。

※ ※ ※

对我们来说，另一个急切的问题就是，如何能获得葡萄牙人同意，利用他们在大西洋上的岛屿。我们希望利用亚速尔群岛，从特塞拉岛和圣米格尔岛上起飞远程及超远程飞机。我们希望我们的海军船只能在圣米格尔或法亚尔加油，并让我们的侦察飞机自由地在佛得角群岛起降。所有这些便利将让我们的护航编队获得更好、更广泛的空中掩护，从而获得更广范围的安全运输路线。它们让我们能直接从大西洋中间穿过，增加我们的运载能力。它们不仅能让我们有能力攻击前往比斯开湾或从比斯开湾开出的潜艇，也能在它们在海中休整、加油或给电池充电时进行攻击。我们很快就发现，美国人甚至比我们更急于使用这些据点。

※ ※ ※

5月8日，我发电报给斯大林：

我在大西洋上，正前往华盛顿，以决定西西里之后我们在欧洲的进一步推进，也将劝阻（美国）不要过度向太平洋倾斜，同时进一步处理印度洋问题和攻击那里的日军的问题。

总统婉拒了我住在大使馆的提议。我也给他发了电报：

► 1943年5月10日

从昨日开始，我们已经被美国海军严密保护，我们都感谢你如此抬爱，关心我们的性命。我希望能在明日下午抵达白宫，并与你前往海德公园度周末。这次行程令人最感惬意，参谋人员做了大量的工作。

5月11日，我们抵达斯塔藤岛。哈里·霍普金斯在那里迎接我们，我们立即乘坐火车前往华盛顿。总统在站台上迎接我，并迅速带我前往我上次在白宫的房间。第二天，也就是5月12日下午2点30分，我们都聚集在他的椭圆形办公室里，来统筹安排我们会谈的工作。下面就是英美双方一致同意的会谈纪要。一开始，我们有十二个人。

英国	美国
首相	总统
约翰·迪尔勋爵陆军元帅	威廉·D.莱希上将
阿伦·F.布鲁克爵士将军	G.C.马歇尔将军
杜德利·庞德爵士海军元帅	E.J.金海军上将
查尔斯波特尔爵士空军上将	J.T.麦克纳尼中将
黑斯廷斯·伊斯梅爵士中将	哈里·霍普金斯先生

秘书：

J.R.迪恩准将

E.I.C.雅各布准将

总统欢迎了我们。他说，不到一年之前，我们在白宫会面，奠定了后来“火炬”计划的基础。而在此计划顺利结束之际，我们再次相会，真是令人欢欣鼓舞。在卡萨布兰卡的会面也奠定了“爱斯基摩”行动的基础，我们希望这次会面也能结出同样的硕果。他认为，当前我们的计划，基调应该是千方百计调动所有的人力和武器，来打击敌人。凡与此相关的都不能袖手旁观。

接着，他让我开始讨论。根据记录，我的谈话如下：

首相回忆起，他上次坐在总统办公桌前，听见图卜鲁格沦陷的消息时，局势是何等危险。他难忘总统当时对他的支持，以及慷慨地赠送给我们的谢尔曼坦克——它们在非洲威名显赫。英国前来参加此次会议的基础是卡萨布兰卡的决议。由于我们的胜利，这些决议也许有必要调整，从而让我们对未来有更长远的看法。“火炬”行动已经结束，西西里近在眼前，接下来应该是什么？我们已同心协力制造出一系列辉煌的胜利，改变了整个战局。我们有了胜利的权力和声望。我们有责任进一步努力，巩固我们胜利的果实。凸显在双方参谋长之间的唯一问题就是轻重缓急的问题。他确信，这些都能得到解决。

他没有提及对付潜艇战和空中轰炸德国的问题。在这些问题上，大家没有分歧。他提出了对一系列任务的考虑，以及在后续研究中需要集中注意的问题。第一个任务是在地中海上。那里的最好战利品就是采用各种方式让意大利离开战争。他回忆起在1918年，当德国人可能后撤至默兹河或者莱茵河，并继续作战时，保加利亚人的背叛让敌人整体土崩瓦解。意大利的溃败将让德国人民产生一种孤独的寒蝉效应，也许会成为他们失败的开始。而且，意大利退出，就算不会立刻给德国人毁灭性的打击，其对战争的影响将是巨大的，首先就土耳其来说，他们在地中海总是拿自己和意大利相提并论。当美——俄——英联合提出要求，可能会导致土耳其同意使用其领土的基地，然后用它们轰炸普洛耶什蒂（Ploesti）并肃清爱琴海的残敌。如果意大利退出，这样的要求很容易成功，而时机可以选在德国人不可能对土耳其发动猛烈进攻之时。排除意大利后的另一个效应，就是会在巴尔干人中产生回响，那里多个国家的爱国者们正在艰难地与强大的轴心国军队作战，其中包括25个或更多的意大利师。如果这些军队撤离，结果就是，德国人要么不得不放弃巴尔干，要么必须从俄国前线撤走大批兵力来填补这个空缺。在本年度内，没有其他办法能像这个这样，能大规模地缓解俄国前线的压力。第三个效应就是意大利舰队的退出。这将立刻腾出相当多的英国战列舰和航空母舰，可以将它们调往孟加拉湾或者太平洋去对付日本。

涉及地中海的问题已经呈现出来。我们是否要进攻意大利本土，还是可以用空袭让它屈服？德国会守住意大利吗？意大利会成为我们的经济负担吗？他认为不会如此。反对攻占整个意大利的人，是否同样会反对对（意大利的）“脚跟和脚尖”采取军事行动，从而与南斯拉夫（Yugoslavia）建立联系？最后，对英美政府来说，还有一个重大的政治问题。如果意大利完全把自己交与我们之手，战后我们愿意给予他们什么方式的生活？丘吉尔先生说，如果意大利单独媾和，我们将可以使用撒丁岛和多德卡尼斯群岛，而无需为它们而发起战斗。

第二个任务是减轻俄国的压力。尽管北极的航线中断了，他对斯大林的态度仍甚为感佩。斯大林在最近的讲话中，第一次提及了他的盟国的贡献和胜利。而我们也想从俄国前线对欧洲大陆发起大规模进攻。我们已在非洲摧毁了德军，但很快我们就会与德军失去正面作战的战场。俄国的贡献是巨大的，我们欠他们一份情。在1943年，减轻俄国前线压力的最好方式，就是将意大利推出或踢出战争，从而迫使德国人派遣大批兵力据守巴尔干。

第三个目标已经在总统的开场白中被提及了。那就是用我们的陆军、空军和装备对敌大规模作战。所有的计划都必须以此为中心。我们在英国有大批陆军和本土空军部队。我们在地中海有最优秀、最具经验的部队。在西北非，单单英国就有十三个师。假设8月末西西里的战斗结束，那么这些部队自此到[1944年]跨海登陆的发起日之间的七八个月时间里，可以做些什么呢？他们不能无所事事，在如此长的时间里无所作为，会让正在面临巨大压力的俄国出现严重后果。

丘吉尔先生说，他不能自称已解决了在英吉利海峡的海岸上登陆的问题。困难重重的海滩，大浪起伏，敌军的防御实力以及预备队数量，再加上其交通线的便捷，这是一场绝对不容低估的硬仗。但是，从西西里能获得很多经验。他也愿意非常清楚地说明，一旦制订出有很大成功希望的计划，陛下的政府非常希望能马上从联合王国向欧洲大陆展开大规模进攻。

第五个任务（译者注：原文如此）是支援中国。在缅甸作战的难度是显而易见的。丛林让我们无法使用我们的现代化武器。而季雨也限制了作战的时间，也没有办法让海军投入作战……如果进一步的研究表明，最好能绕过缅甸，那么他希望能很快找出另一种办法，以使用驻扎在印度的大批部队。他认为，可以选择在苏门答腊的一端和马来亚的槟榔屿展开行动。他非常期待我们能在此战场找出办法，从而使用我们在“火炬”行动中战线的那些优势。在“火炬”行动中，海军发挥了

> 巨大作用，奇袭是有可能的，我们能够占据重要的领地，不仅能在此驻扎我们新的部队，而且迫使敌军在一个对他们最不利的地方作战。这些条件也适用于[其他地方]。
>
> 他认为，现在是时候制订击败日本的长线计划了。他愿意再次声明，英国决心打到日本本土去。唯一的问题是，怎么做最好。他认为，美国参谋长联席会议可以领导一次联合研究，设想德国在1944年退出战争，从而让我们在1945年集中力量对日本发起大规模战役……

总统在回复时指出，盟国（United Nations）的生产已经超过了德国人和日本人。因此，最重要的是要让大批陆军、海军积极行动起来。他对土耳其是乐观的。那个国家投入战争，将让我们获得重要的基地，从而能对德国通往俄国前线的交通线展开空中行动。需要特别紧急考虑的是，“我们要从西西里往哪里去？”很显然，必须在地中海区域保持超过二十个师的兵力。考虑到未来在地中海的作战行动，必须仔细审视占领意大利会消耗盟国多少人力物力。无论如何，在完成“哈斯基”行动后，人力必然会有富余。这些富余的兵力可以用来执行“波莱罗”计划，而且应该立刻开始。他认为，每个人都同意，在本年度不可能执行跨越海峡的计划，但在1944年春季，必须发动这场最大规模的军事行动。

对于太平洋战场，总统说，日本人正被稳定削弱中。美国人已在阿留申群岛登陆，而在所罗门群岛和新几内亚岛的行动也已经展开。特别重要的是，要集中打击日本漫长的供给线。自战争开始，日本已失去百万吨的船运，如果这种情况持续，他们的军事行动区域将受到局限。他们在空中也遭受了同样的损失。为了保持海上的进攻，在中国建立空军基地就很重要。总统说，这次会议如果忽略了中国崩溃的可能性，那将是没有道理的。在1943年和1944年，必须考虑优先支援中国。重夺缅甸还不够。必须立即从空中帮助中国。为此目的，无论何种代价，必须保证阿萨姆的机场的安全。美国空军加强从中国基地的行动，意味着日本船运的压力又增加了。总统在结束时说，为了缓解俄国的压力，我们必须与德国人正面交锋。出于此理由，他对占领意大利抱有疑问，如此一来，德国部队将脱离此区域，到其他地方作战。他认为，迫使德国人正面作战的最好方式，就是发起跨越海峡的军事行动。

这时，我回复说，我们都同意，跨越海峡的军事行动直到1944年才能发起，用我们强大的陆军进攻意大利看起来势在必行。我不认为占领意大利全境是必需的，如果意大利崩溃，盟国可以占领那些进一步向巴尔干和南欧展开的军事行动所需要的港口和机场。在服从盟国的监督下，一个意大利政府将掌控这个国家。

所有这些重大问题，将交由我们的联合参谋部和他们的专家去研究。

※　　※　　※

为了度周末，5月15日，总统提议带我去香格里拉，而不是海德公园。“香格里拉”是他给一处山中居所的取的名，位于马里兰的卡托柯廷山上，海拔约4000英尺。只要一有机会，他就会到此避居，以躲开华盛顿的酷热和喧嚣。对于三小时的行程中，应该坐在汽车上的哪个位置，我们有过一场争辩。考虑到他的层级和疾病，总统当然应该坐在唯一的正式座位上。罗斯福夫人希望坐在前排的小座位上，让我坐在总统旁边。我不想这么做，“大英帝国”开始行动了。经过三分钟意志的交锋，我赢了，罗斯福夫人坐在了他们理应坐的丈夫旁边的位置上。哈里·霍普金斯坐在了第四个座位上，我们在摩托车护卫下飞驰而去。大约两个小时后，我们抵达了弗雷德里克镇。当然，几年之前，我已参观过著名的葛底斯堡战场，但这时我想要拜访芭芭拉·弗利彻和他们的房子。这引起哈里·霍普金斯吟诵起著名的诗行：

“开枪吧，如果必须开，
射这颗苍老而灰白的头颅，
不要射你的国家的国旗。”他们说。

当车里显然没有其他人能接上这首诗时，我开始念诵：

长满玉米的草地上，
清爽的九月清晨，
弗雷德里克纪念碑的尖塔矗立着……

并继续背诵：

“那时站起来的是老迈的芭芭拉·弗利彻，
弓着他们那七十岁的身体，
成为弗雷德里克镇最勇敢的人，
他们拿起那些人扯下的旗帜。

※　　　　※　　　　※

‘立定！’尘土布满褐色制服的士兵快速立定。

‘开火！’来复枪闪耀着火光。

它震得窗架和窗框一阵颤抖，

它让旗帜上布满裂缝。

旗帜从旗杆上落下，

芭芭拉老太太一把抓住这块丝绸。

他们的身体倾向了窗台之外，

带着真正的善意向前挥舞旗帜。

‘开枪吧，如果必须开，

射这颗苍老而灰白的头颅，

不要射你的国家的国旗。’

……”

这时候，他们都加入了背诵：

……他们说。

我继续背：

“一种悲伤的阴影，一种羞耻的感触，

闪现在领头者的脸上，

目睹这位老太太的言行，

一种高尚的本能在他心头涌动。

‘谁敢碰这位白头老人一根头发，

（据说他呼喊着与之前的命令不太一致的话。）

就让他死得像条狗。前进！’他说。”
就这样，在弗雷德里克大街上，
前进的脚步声响了一整天，
而自由的旗帜
也飘扬在叛军的头上一整天。

我的背诵在我高贵的美国听众那里获得满分，他们中没有人纠正我的不少错误，受此鼓舞，我继续谈论了“石墙”杰克逊和罗伯特·E.李的性格，他们都被认为是有史以来美国大陆上最高贵的人之一。

过了一会儿，当我们在阿勒格尼山的路上盘旋而上时，大家都陷入沉默，昏昏欲睡。很快，我们抵达了香格里拉，那里主要是木屋，屋里进行了现代化改造。在前面是一个喷水池，有一汪清水，里头游着好几条鳟鱼，它们是最近在附近的河流中捕获的，正等待着生命的圆满。

总统希望能花几个小时看看他的集邮。他的贴身侍从武官，“老爸”沃森将军给他拿来了几大本集邮册，还有几个信封，上头的邮票是总统期盼已久的。我饶有兴致地看着他，沉默了近半个小时，他沉浸在其中，将每张邮票放在合适的位置，忘了国家大事。但很快，另一辆汽车驶进大门，走出来的是贝德尔·史密斯将军，他从艾森豪威尔的司令部飞驰而来，带着好几个需要紧急做出决定的问题。罗斯福总统心有不甘地放下他的集邮册，投入工作当中。到了晚上，我们都精疲力竭，10点就睡觉了。

※　　　※　　　※

这个周末还讨论了我与蒋介石夫人会面的问题，他们正在美国访问。当时他们在纽约，并且暗示，他们很高兴在那里见我。考虑到我们工作的压力，以及未来几天我就必须离开，我不认为能安排这么长的一趟行程。因此，总统邀请这位夫人到白宫共进午餐，顺便与我会面。这次邀请被略带傲慢地拒绝了。夫人坚持我应该去纽约拜访他们。总统对于他们不愿意听从他的安排而感到稍许不快。我非常希望能保持伟大的同盟之间的团结，我提出，如果他们也愿意的话，我们可以各走一半的行程。然而，这个提议被他们认为是没面子的，所以直到开罗会议之前，我都没有兴趣，也没有机会与这位夫人会面。

※　　　※　　　※

周日的时候，总统想去从静谧的树林中流过的溪流中钓鱼。他被细心安排在一个池子的旁边，希望能引敏捷而狡猾的鱼儿上钩。我在其他的池子也试了一会儿。没有钓到鱼，但他似乎非常享受其中，这天剩下的时间里，他都神采奕奕。显然，他拥有作为垂钓者的首要品质，那就是不以钓到多少论悲喜。星期一，我们必须离开这个惬意的、凉爽的住所，从阿勒格尼山向下，投身华盛顿的酷热之中。在回程经过弗雷德里克时，我要求去看看芭芭拉・弗利彻的房子。我惊讶地看到它仅有一层半高。我一直想象它如果没有四层，也得有三层，我完全能想到，这位英勇的老太太要离开窗台多远，才能避开从大街上向上的齐射。我第一次看到那扇著名的窗户，它离地面不过12英尺，很显然，南联邦军必须非常小心，才能避免伤害到他们。由此这个故事以对双方都好的方式结束了，哈里·霍普金斯庄严地重复：

“开枪吧，如果必须开，
射这颗苍老而灰白的头颅，
不要射你的国家的国旗。”他们说。

在蒋介石夫人遗憾缺席之下，总统和我一起在他自己的房间吃了午餐，气氛融洽至极。

※ ※ ※

在众议院议长的邀请下，我在19日，也就是星期三中午前往国会演讲。我上次在这个神圣的立法机构演说距今已有17个月了。我在演说中试图纵览全局，它被记录下来，也向全世界做了广播。在此，我要引用一段摘录：

> 在北非，我们的进展比预想的还要好。我们的计划得到前所未见的支援，从而得以事半功倍。为此，我们必须感谢希特勒下士的军事直觉。如我三个月前在下议院所推测的那样，我们可以看到这位天才并没什么本领。使冯·保卢斯元帅和他的军队在斯大林格勒遭到毁灭的那种无理性的偏执，也让我们的敌人在突尼斯遭受了这次新的大灾难。
>
> 两个独裁者对非洲的远征，让他们的国家付出了被杀、被俘95万名士兵的代价。此外还有240万吨位的船只被击沉，

近8000架飞机被摧毁，这两组数据还不包括大批被击伤的船只和飞机。敌人还损失了6200门大炮，2550辆坦克以及7万辆卡车……这是这场战争的一个里程碑，我们能说："一个大洲被解放了。"

我在前几天乘车经过了离葛底斯堡战场不远的地方，和你们大多数战场一样，我对那里很清楚。它是美国内战的决定性战役。葛底斯堡之后，没有人会怀疑战争的天平会倒向哪边，然而联邦军队在葛底斯堡胜利之后所流的血，远超出此前所有的战斗。因此，我们理应同心同德，彼此同心协力，以免丢失我们在对日作战以及在欧洲对希特勒和墨索里尼作战中所获得的优势。

这一陈述得到了国会的欢迎，而总统在收音机中听了这次演说，当我回到白宫时，他似乎对我非常满意。

掌控海洋：瓜达尔卡纳尔岛和新几内亚

海上兵力——解放地中海——与德国潜艇的殊死搏斗——1943年4月的高潮——难得的暂缓期——新式武器——通气管——对太平洋战争的回顾——所罗门群岛——瓜达尔卡纳尔岛——战功卓著——我们努力帮助美国——日本攻势的终结——日军在新几内亚失利——1943年6月的局势

前面几卷已让我们看到，欧洲和亚洲的侵略者在哪些地方已被迫处于守势。1943年2月的斯大林格勒已成为俄国战场的转折点。到了5月，所有在非洲大陆的德军和意大利军队要么被击毙，要么被俘。一年之前，美国人在珊瑚海和中途岛的胜利也阻止了日军在太平洋的扩张。澳大利亚和新西兰被入侵的威胁解除了。自此之后，轴心国在欧洲只能等待英美可以预料、策划已久的进攻。数量庞大的美国军队也随着时间的推移变得强大而且富有战斗力。除非另一场有利的变化到来，否则西方盟国还无法攻入希特勒在欧洲的大本营，并将战争带入决定性的终点。英美的“海权（maritime power）”——这个现代化的术语是指联合海军和空军兵力进行协同作战，已经在1943年的水面和水下都占据了绝对优势。但直到四五月间，德军潜艇才被击溃，保护跨越大西洋的生命线的行动最终胜利了。没有这个，是不可能进行解放欧洲所必需的大规模两栖作战行动的。此时，大部分欧洲仍处于希特勒的掌控中，苏俄不得不独自面对希特勒残余的全部兵力。

在地中海，德军潜艇也被控制住了。我们参加西西里和意大利战役的军队正在集结，此时已可以跨过海洋，向希特勒的欧洲下腹部展开进攻了。除此之外，地中海也是大英帝国交通线的主动脉。在北非的轴心国军队被消灭，打开了我们直接通往埃及、印度和澳大利亚的交通线，而从直布罗陀到苏伊士，

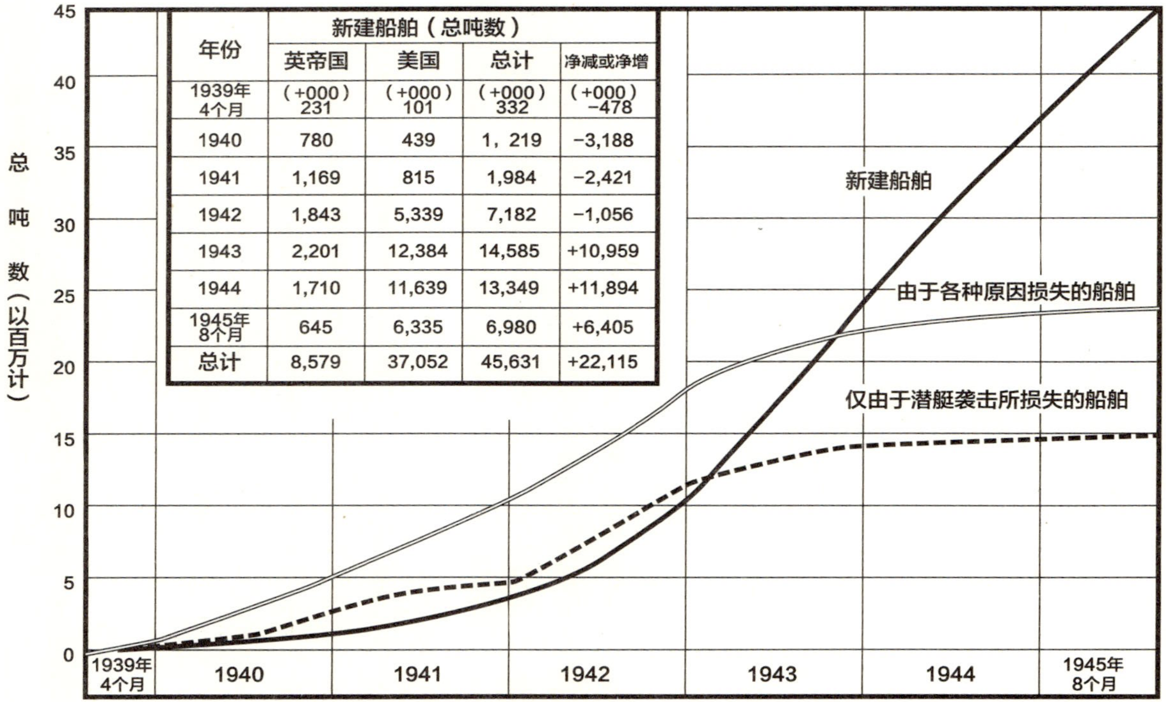

年份	新建船舶（总吨数）			
	英帝国	美国	总计	净减或净增
1939年4个月	（+000）231	（+000）101	（+000）332	（+000）−478
1940	780	439	1，219	−3,188
1941	1,169	815	1,984	−2,421
1942	1,843	5,339	7,182	−1,056
1943	2,201	12,384	14,585	+10,959
1944	1,710	11,639	13,349	+11,894
1945年8个月	645	6,335	6,980	+6,405
总计	8,579	37,052	45,631	+22,115

敌人控制范围以外的商船的增加与损失累计数，1939—1945年（1600吨以上的船舶）

我们的海空兵力也可以从那些新占领的基地沿着交通线进行保护。我们曾被迫费时费力绕过好望角的日子如今也宣告结束。开往中东的每支编队航程平均缩短了四十五天，这大大增加了我们的航运能力。

※ ※ ※

在战争的前两年半，英国独自与德国潜艇、磁性水雷和海上袭击的战斗已经讲述过了。由于日军偷袭珍珠港，我们期盼已久的最重要的事情——美国盟友的加入，似乎在一开始增加了我们在海上的损失。1940年，我们损失了400万吨的商船，而在1941年则超过了400万吨。1942年，在美国成为我们的盟友之后，盟军的船只被击沉数量增加了，吨位也扩大到近800万吨。截至1942年底，德军潜艇击沉船只的速度仍快于盟军造船的速度。我们的希望和计划都寄托于美国庞大的造船计划。1943年初，新建船只吨位的曲线急速上升，而损失下降。到了这年年底，新吨位最终超过了所有海上损失的吨位，另一方面可以看到，德军潜艇损失的速度第一次超过了补充的速度。不久，在大西洋上被击沉的德军潜艇数量就超过了被击沉的商船的数量。但在取得此结果之前，是一场长期而艰苦的战斗。

※ ※ ※

在整个战争中，大西洋战役是决定性的因素。我们一刻也不能忘记，其他地方的陆地、海洋和空中发生的一切，最终都取决于它的结果。尽管有其他事务，我们还是带着希望或不安，日复一日地关注着它的局势变化。对于每个参与反潜艇作战的海员和飞行员来说，他们经常处于严重不适、沮丧并且面临看不见的危险的环境下，进行长期艰苦的工作，且要受到事故和悲剧的刺激；也很少有令人振奋的战斗行动来打破无休无止的不安，以及单调乏味、无所事事的日子。但他们却绝对不能放松警惕。可怕的危机随时可能闪现，有时是光辉的幸事，有时是致命的悲剧。很多英勇的行为和难以置信的丰功伟绩都被记录下来，但那些为此而牺牲者的事迹却从未为人所知。我们商船上的海员展现了最高的品格，而他们在决心击败德军潜艇中展现的手足情谊，令人瞩目。

※ ※ ※

我们的作战指挥也进行了重大改变。海军上将安德鲁·坎宁安爵士（Sir Andrew Cunningham）曾去华盛顿担任我们海军代表团的团长，于1942年10月被召回，在“火炬”行动中指挥盟军海军。海军上将珀西·诺布尔爵士（Sir Percy Noble）一直在位于利物浦“德比大厦”的西部战线司令部，自1941年初就指挥大西洋战役，对反潜艇问题非常有心得，此时奉命前往华盛顿。1943年2月，空军中将斯莱瑟成为岸防空军司令部司令。结果证明，这些安排都是正确的。

卡萨布兰卡会议曾将反潜艇作战作为首要任务。1943年3月，在海军上将金主持下，华盛顿召开了大西洋护航会议，目的是安排大西洋的所有盟军兵力协同作战。这一体系并非指挥上的完全统一。我们与美国在各层级都密切配合行动，领导层也步调一致，但两个盟国在这一问题上的处理方式是各异的。

美国并没有类似于我们的岸防司令部的组织，而在英国——接受美国援助的一方，通过这一组织，海上的空军行动就由唯一的机构控制。由此实现了高度的灵活性，编队可以迅速从平静的区域调派到危险的区域，而且司令部也得到了美国的大力支援。在华盛顿，这一控制是通过很多个低级别的附属司令部——他们称之为“海上前哨”执行的，每个指挥部分配有一定数量的飞机。

※　　※　　※

冬季的大风曾给我们的海上编队造成不少损失，同时也妨碍了潜艇的攻击，在此之后的1943年2月，敌军在北大西洋集中的潜艇数量急剧增加。尽管遭遇惨重损失，但海军上将邓尼茨投入军事行动的U型潜艇在这年年初已增加到212艘。3月，它们中的100多艘持续在海上游弋，被它们围猎的编队不再能通过熟练的路线迂回来躲避它们。这个问题只能由为编队护航的海空军联合处理。在这个月，全世界被击沉的船只吨位上升到近70万吨。

在这种压力之下，我们在华盛顿达成了新的共识，英国和加拿大将对通过北大西洋前往英国的编队完全负责。与德国潜艇的决定性战役自此开始并取得了胜利。而指挥则由两个海空军联合司令部进行，一个在利物浦，由英国人指挥，另一个在哈利法克斯，由一位加拿大海军上将指挥。自此之后，英国和加拿大海军为通过北大西洋的船只提供保护，而美国则仍旧负责保护他们前往地中海的编队和运兵船。在空中，英国、加拿大和美国的兵力都服从利物浦和哈利法克斯的联合司令部的每日要求。

而在北大西洋格陵兰岛东南部的空防空白，现在则由以纽芬兰或冰岛为基地的“解放者”式飞机中队填补了。到了4月，飞机在整条航线上穿梭，白天能提供不间断的飞机护航。德军潜艇群被迫潜入水下，不断受到侵扰，而给编队护航的空中和水面兵力则对付偷袭者。现在，我们已强大到能组成独立的小型船队群，能像骑兵师那样行动，不需要其他护航力量。这是我期盼已久的。

※ ※ ※

这一时期，以前曾提及的“HS”仪器发挥了举足轻重的作用，这些仪器是由我们的轰炸机司令部在略不情愿的情况下转交给岸防司令部的。德国人已学会探测我们早期雷达上的长波信号，当我们的飞行员们攻击他们之前就潜入水中。而我们新的方法使用短波，花了他们好几个月才了解如何探测。希特勒抱怨说这一发明是潜艇战失利的根源。当然，这是夸大其词。

而在比斯开湾，英美的空中攻击很快就让德军潜艇几乎无法进出。从飞机上发射的火箭破坏力如此之大，以至于敌人开始在白天让潜艇成群从水面上经过，通过潜艇上的炮火来和飞机战斗。这种孤注一掷的行径是徒劳的。1943年三四月间，单单在大西洋，就有27艘德军潜艇被摧毁，其中半数是被飞机击毁的。

1943年4月，我们可以看到天平倒过来了。德军投入行动的潜艇数量达到了235艘，是有史以来最多的。但他们的船员开始动摇了。他们感觉再也不安全。即使条件有利之下，他们的攻

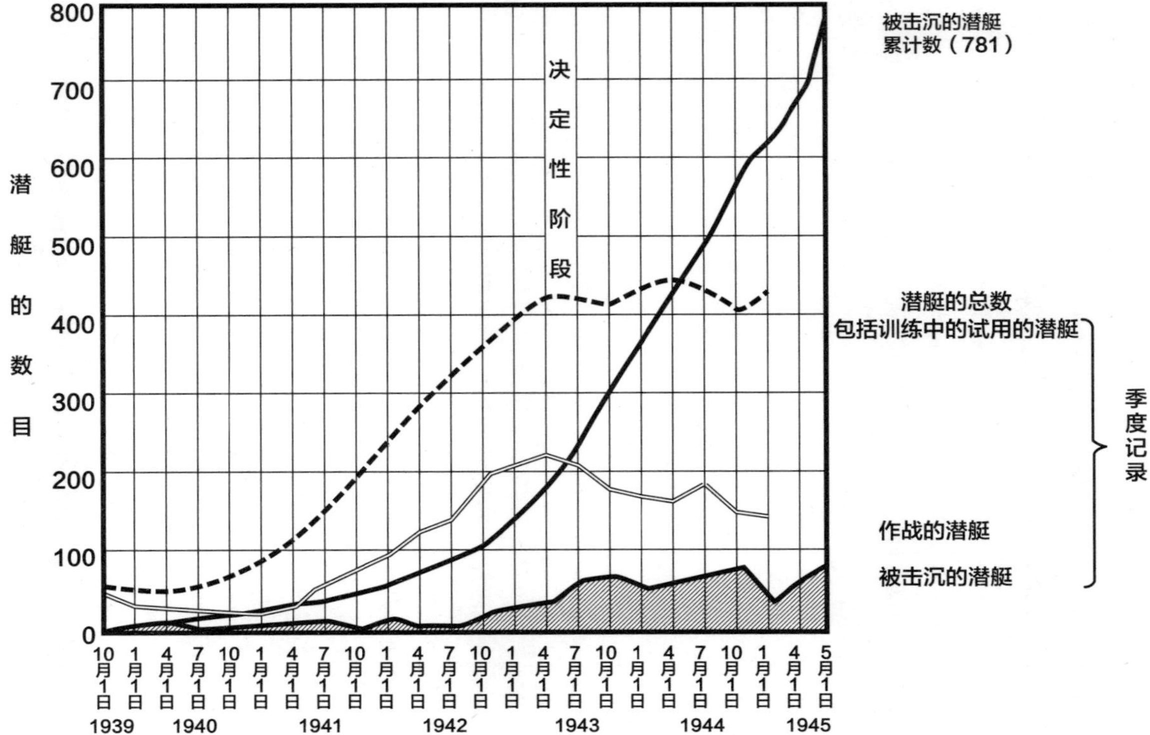

德国潜艇舰队的盛衰，1939—1945

击也不再能命中要害，在这个月，我们在大西洋损失的船只吨位不过30万吨。单单在5月，就有40艘德军潜艇消失在大西洋。德国海军部紧张地关注着报表，到了这个月底，海军上将邓尼茨从北大西洋召回了他舰队的残余舰只进行休整，并且派它们去不那么危险的水域作战。1943年6月，船只损失降到了自美国参战之后的最低值。编队畅通无阻，大西洋的供给线安全了。

这些关键月份的战斗情况，可以通过如下表格来看出来：

※　　※　　※

击溃德军潜艇影响到了所有后续的事件，我们必须在这里继续说一说。到这时，空中武器终于开始完全发挥其长处了。英国和美国都不再依据单纯的海军行动，或者海上的空军行动来作战，而是让海空军和英美两国如一个团队一样，由一个大的海战单位来进行指挥，从而逐渐能够理解彼此的能力和局限。胜利需要巧妙和果敢的领导，需要各级军人最高标准的训练和战术能力。

1943年6月，遭受挫败的残余德军潜艇群停止了对我北大西洋编队的攻击，我们赢得了难得的喘息放松。一段时期里，敌人的活动范围远在南大西洋和印度洋，我们在那里的防御相当薄弱，但是我们在那里的目标也更少。我们对靠近比斯开湾的德军潜艇基地的空中攻击继续加强。7月，37艘潜艇被击沉，其中31艘是被空袭击沉的，而这当中的近一半是在比斯开湾被击沉的。到了1943年的最后三个月，53艘德军潜艇被摧毁，而我方只有47艘商船被击沉。

在整个充满暴风雨的秋季，德军潜艇徒劳地想在北大西洋夺回优势。而我们的海空联合防御在那时已如此之强，以至于他们对付每支编队都是损失惨重，而战果寥寥。在反潜艇作战中，空中武器现在已经和水面舰艇齐头并进了。我们的编队现在比之前有更多数量、更强大的护航船只，而护航航空母舰也提供了近程和远程的空中保护，支援了护航船只。不仅如此，我们找到了方法，一旦发现德军潜艇，就能将它搜出并击毁。航空母舰和护航船只的联合支援群，再加上包括美国中队在内的岸防司令部的远程飞机的支持，证明是起决定性作用的。其中一个这样的支援群，在我们最出色的潜艇猎杀者—— 皇家海军F.J.沃克上校的指挥下，在一次巡航中就负责摧毁了六艘德军潜艇。

而所谓的商船航空母舰，或者M.A.C.船，就是在此时出现的，它完全是英国想出来的。在一般的货船或油轮上，装上适合海军飞机的飞行甲板。在保留了商船的状态和载货能力的同时，它为同行的编队提供防御支持。在北大西洋上游弋的合计有十九艘类似的船只，其中有两艘挂着荷兰国旗。还有一种装有弹射飞机的商船，它出现在商船航空母舰之前，用的是稍微不同的技术，它们标志着海战的新时代。商船现在也能对敌发起进攻，而不像之前那样，仅仅只能在受到攻击时被动挨打。战斗舰和非战斗舰之间的界线已经模糊，几乎无法区分了。

美国巨大的战争生产力这时达到了顶点。远程飞机和各种类型的船只，包括我们极为需要的护航航空母舰，源源不断地从美国的码头和车间开出。很多特殊装备，尤其是雷达，被交给我们，他们还帮助我们发展工业，同时美国的海军和空军也在各地投入战斗。

尽管面对残酷的事实，海军上将邓尼茨被迫后退，他仍一如既往，在海上保留众多的潜艇，但它们的攻击变弱了，也很难撕碎我们的防御。然而，他并没有绝望。1944年1月20日，他说：“敌人已成功地获得了防御上的优势。总有一天，我会让丘吉尔见识一下一流的潜艇战。潜艇武器并没有因为1943年的挫败而崩溃。相反，它变得更强大了。1944年将会是胜利而又艰难的年份，我们将用新式的潜艇武器粉碎英国的供给线。”

这种自信并非空穴来风。1944年初，德国付出巨大努力后，制造出了一种新型潜艇，它在水下航速更快，航程更远。与此同时，很多老旧的潜艇被撤了回去，好给它们装上“通气管（Schnorkel）”，然后沿着英国海岸游弋。这一新装置可以让它们潜在水中给电池充电，只需要一根小管子露出水面吸入空气即可。它们躲避空中侦察的机会因此得到提高，很显然，装备了“通气管”的潜艇，其目的就是在盟军通过英吉利海峡的进攻发起时，对盟军船只进行袭扰。

※　※　※

在这里有必要做一次回顾，好让读者们回忆，在1942年改变了整个远东战局的一系列激动人心的战斗。在英国海军主要部署在大西洋和地中海的同时，美国几乎独自面对对日作战的全部负担。从印度到美国西海岸的辽阔的海洋上，除澳大利亚和新西兰薄弱的海军兵力之外，我们无力支援他们。我们消耗殆尽、驻扎于东非的东方舰队，在一段时期里只能负担保护我方编队的任务。然而，在太平洋上局势已经扭转。美国重新建立了海军的优势，而日本正试图在东印度群岛巩固他们的占领区，抽不出兵力袭击印度洋。自1942年的珊瑚海海战和夏季的中途岛海战之后，还发生了很多事情。司令部设在珍珠港的海军上将尼米兹，掌控着太平洋的北部、中央和南部。在1942年3月从菲律宾抵达澳大利亚的麦克阿瑟将军，指挥着西南太平洋从中国海岸到澳大利亚的广阔区域，包括菲律宾、俾斯麦群岛、新几内亚、澳大利亚东海岸和所罗门群岛。

日本帝国海军深刻意识到在太平洋中部的挫败，再次转向了西南方向。这里离美国兵力的主要集结地更加遥远，他们希望重新开始他们成功的推进。

他们第一次突击选择了新几内亚莫尔斯比港，鉴于珊瑚海战役受挫，敌人决定从陆路跨过欧文·斯坦利山脉进行攻击。由此，对新几内亚的争夺开始了。同时，他们决心占据所罗门群岛。他们已占领小岛图拉吉，可以很快在附近的瓜达尔卡纳尔岛上建设空军基地。一旦莫尔斯比港和瓜达尔卡纳尔落入他们之手，他们就有希望让珊瑚海沦为日本的内湖，并接近澳大利亚东北方向。从瓜达尔卡纳尔，日本飞行员可以向其他或更远的群岛进发，威胁美国和新西兰之间的海上交通线。面对这两次进攻，美国和澳大利亚主要依靠海上兵力进行英勇的海空联合反击，做出了极好的榜样。所罗门群岛成为双方的目标，华盛顿的海军上将金为攻占它们谋划已久。1942年7月4日，空中侦察发现，敌军已经在瓜达尔卡纳尔岛建了一个机场。指挥太平洋南部区域的海军上将戈姆利（Admiral Ghormley），没有等待完善他的计划，在8月7日带着已在新西兰的海军陆战队第一师发起进攻。尚未完工的日本空军基地很快被占领，瓜达尔卡纳尔战役开始了，并持续了六个月。

※ ※ ※

从他们位于加罗林群岛的主力舰队基地和拉包尔，日本在这一水域能够保持巨大的海空军优势。拉包尔的日军指挥官立刻派遣了一支由巡洋舰和驱逐舰组成的强大兵力前往瓜达尔卡纳尔。8月9日早些时候，在大雨掩护之下，日军奇袭了盟军靠近登陆点的舰队，几乎将它们一网打尽。50分钟里，他们击沉了三艘美国重型巡洋舰和澳大利亚巡洋舰“堪培拉号”，而自身的损失微乎其微。如果这位日本海军上将乘胜追击，他可以横扫海峡，抵达东端，摧毁美军的运输船——这些运输船当时仍在卸载部队和物资。和这场战斗之前和之后的那些日军指挥官一样，他错失良机，后撤了。

而美国指挥官也不再支持登陆部队。在卸下所有人员、物资之后，他后撤了，让他已上岸的17000名海军陆战队士兵在没有空军掩护的情况下，独自待在敌岛上，暴露在不断增强的陆上攻击之下。这真是可怕的一幕。但美国海军陆战队是无所畏惧的。尽管处于无休止的空袭之下，他们还是守住并扩大了阵地，并在海面临时拼凑了一条供给线，占领的机场也投入了使用。自此之后，海军陆战队指挥的战斗机和俯冲轰炸机开始从瓜达尔卡纳尔起飞，让形势立刻转好。

日军这时寻求在海上决战。8月24日，在所罗门群岛北部发生了一场不大的战斗。敌军靠近瓜达尔卡纳尔岛的运输船被空袭逼退。8月31日，“萨拉托加号”被一艘潜艇击伤，两星期之后，在地中海名震四方的“大黄蜂号”航空母舰也被击沉。双方都在加强兵力。10月初，在另一场夜战中，一支有巡洋舰的庞大日军兵力被击退，一艘巡洋舰被击沉；但两艘敌军战列舰炮轰了机场，随后4500名敌军援兵登陆进行攻击。另一场危机迫在眉睫。

※ ※ ※

海军上将尼米兹和麦克阿瑟将军毫不奇怪地强烈要求，应该将用在欧洲的军事行动上的兵力优先用于太平洋战场。他们也得到了在华盛顿的海军上将金的强烈支持。但这时向北非（“火炬”）倾斜是压倒一切的，也是广被接受的战略。在陆地上的战役此时到达高潮。自1942年10月19日开始的十天里，陆战队员们在茂密的雨林中坚守自己的阵地，日军停滞不前。在另一场在所罗门群岛北部，主要是飞机战斗的舰队行动中，代替黄蜂号的航空母舰“大黄蜂号”也被击沉了。航空母舰“企业号”，战列舰“南达科他号”和两艘巡洋舰受损。日军有两艘航空母舰失去战斗力。

接替海军上将戈姆利的海军上将哈尔西此时发现，他麾下已没有任何航空母舰，于是通过海军上将尼米兹请求英国支援一艘或更多的航空母舰。尽管我们对美国人的太平洋战斗计划知之甚少，我们仍了解在所罗门群岛的严重危机。很显然，在相当长时间里，都没有其他航空母舰能抵达这一水域。在此历史性的战斗中，我诚心希望能帮上忙，但我海军主力正负责在西北非让英美联军登陆，因此，我们无法立即同意这一请求。直到12月份，“火炬”行动尘埃落定，我将我海军航空母舰的位置详细告诉总统，并希望在我们能力之内尽全力帮助他们。

▶前海军人员致罗斯福总统　1942年12月2日

自从收到贵方太平洋舰队增援航空母舰的请求之后，我们一直热盼能帮上忙。但我们的航空母舰处于保密状态，并在危险水域执行“火炬”行动，在了解为数不多却至关重要的战斗群的进展之前，我们感觉不能做出决定。“火炬”行动的危险还没有结束，由于我们所集结的岸基飞机还不足，无法让我们现在投入“火炬”行动的两艘航空母舰撤出。但我们清楚贵方在太平洋请求增援航空母舰是多么紧急的事情，我们现在准备冒险一试，并决定将能调派给你们的都调过去。

我们的航空母舰兵力由四艘远程装甲航空母舰舰队组成。我们准备从东方舰队将“光辉号”撤出，然后将“独角兽号”和一艘次级的航空母舰调派给海军上将萨默维尔。我们也准备将“凯旋号”从本土舰队撤出，如果你能同意将（你们的）“突击号”（一艘小型航空母舰）调入我们的本土舰队的话，我们将把“光辉号”和“凯旋号”送给你们。考虑到大西洋交通线的重要性，去俄罗斯北部的支援编队的需求，以及在本年度末格拉夫·齐柏林可能出现，再加上“无畏号”和“可畏号”的当前状况，在将“突击号”调入我们的本土舰队之前，我们无法同时放走“光辉号”和“凯旋号”。

如果这能够协调好的话，我更愿意调两艘航空母舰给贵方，而不是一艘，因为这样不仅能增强贵方的实力，也可以让两艘航空母舰进行战术配合，这是必须的，因为没有哪一艘有足够多的飞机来单独执行军事行动。我打算派遣莱斯特作为舰队司令指挥它们，因为他与你们的很多军官相熟。两艘航空母舰将前往珍珠港，并在12月底抵达，同时对它们的舰载机进行补充。如果你赞同这一交换，庞德将和金一起落实细节。

然而海军上将金不愿意抽调“突击号”，结果我们只能派出“凯旋号”。它于12月间离开本土舰队前往珍珠港。

※　　※　　※

与此同时，在11月，围绕着所罗门群岛展开了一系列后来证明是决定性的海空战斗，双方都损失惨重。11月13日的夜间，在一次激战之中，美国损失了两艘巡洋舰和四艘驱逐舰，还损失了两位海军上将。而日本则有一艘战列舰和两艘驱逐舰被击沉。同时，十一艘日军运输船在强大兵力的掩护下，向瓜达尔卡纳尔岛进发。在接下来三十六个小时不停歇的战斗中，第二艘日军战列舰，一艘巡洋舰，三艘驱逐舰，尤其是7艘装满士兵的运输船，被击沉，而美国人付出的代价不过是又一艘驱逐舰。此时，日军失去了冒险的自信。美国援兵源源不断地抵达，顽强的陆战队员们被陆军解围。冲突一刻也没有停息，但敌人再也无力获胜。1943年1月4日，东京的帝国司令部下令撤离瓜达尔卡纳尔，他们在没有遭受严重损失的情况下完成了这一部署。2月9日，海军上将哈尔西终于能报告说，这座岛屿被攻克了。这一幕标志着日军进攻浪潮的终结。在六次主要海战和很多小规模战斗中，两艘美军航空母舰、七艘巡洋舰和十四艘驱逐舰被击沉，此外还损失了澳大利亚巡洋舰堪培拉号。日本的损失包括：一艘航空母舰，两艘战列舰，四艘巡洋舰和十一艘驱逐舰。双方在陆上、海上和空中的牺牲都很惨重。“对于我们这些在这里的人来说，”一位美国目击者在我所读过的动人的记述中说，“瓜达尔卡纳尔不是一个名字，而是一种情感，让人回忆起在空中的殊死搏斗，在海上激烈的夜战，在供给线和建设线上忙碌的工作，在潮湿的雨林中残酷的战斗，静谧的夜空被炸弹的尖叫和舰炮炮弹震耳欲聋的爆炸声打破。”希望这个故事，能在伟大的共和国中永远流传。

※ ※ ※

在新几内亚，战争的形势也已扭转。1942年7月22日，日军开始从北海岸向莫尔斯比港发动进攻。莫尔斯比港由从中东撤回的澳大利亚第七师的两个旅守卫。海拔超过13000英尺的欧文·斯坦利山脉构成了横跨新几内亚陆地大部的脊梁。穿过山脊的是一条羊肠小道和人迹罕至的丛林。一个澳大利亚民兵营奉命对敌进行顽强的阻滞战，直到9月的第二个星期，日军五个营的兵力才靠近了莫尔斯比港。在这里的伊米塔峰，敌军的推进被挡住了。

与此同时，2000名日军陆战队员从海上登陆，试图在8月26日攻占这座大岛最南端的米尔恩湾附近修建的三条机场跑道。在沿着海岸进行了两个星期的激战之后，半数的入侵者被击毙，剩下的也被打散。自此之后，日军在新几内亚就处于守势了。他们试图同时攻占新几内亚和瓜达尔卡纳尔岛，但一个也没实现。此时，他们必须在澳大利亚人从地面和空中的紧追不舍中，沿着山中的小路后撤。疾病和饥饿夺走了很多人的性命。美澳的空军力量也稳步增加。美国第三十二师也空运至此。日军搭载增援兵力的编队遭受了惨重损失。10000名绝望的战士背向着大海，守着布纳的最后防线。到了1943年1月，最后的抵抗也被扫清了。日军只剩数百人生还，超过15000名日军被击毙，或因为饥饿和疾病丧生。到了2月，新几内亚的东南端和瓜达尔卡纳尔岛一样，都牢牢地掌控于盟军之手。一支由12艘运输船组成的编队，在10艘军舰护航下，前往他们重要的前哨莱城（Lae）增援，并在俾斯麦海区域被侦察发现了。3月2日和3日，他们连续遭到空袭，所有的运输船和护航船，加上搭载的15000名士兵，都被摧毁了。

※　　※　　※

到了1943年6月，也就是本卷开始讲述的时间，太平洋的前景一片光明。日军最后的猛攻被打退，此时已到处处于守势。而且日军不得不花费巨大代价支援他们在新几内亚占据的阵地，特别是在萨拉马瓦（Salamaua）和莱城的守军，并沿着海岸修建了一连串机场。美军开始明确向菲律宾进攻。麦克阿瑟将军沿着新几内亚的北海岸向西进攻，海军上将哈尔西慢慢沿着所罗门群岛的岛链向拉包尔进发。而在他们之后，是美国正快速膨胀的实力。珍珠港事件过去后的十八个月，已让日本的统治者看到了他们曾忽略的一些事实和实力对比。

魁北克会议：“四分仪”

斯塔德尔城堡——8月11日，我给国王的电报——拜访海德公园——8月17日，我关于意大利的备忘录——8月19日，“四分仪”会议开始——三军参谋长报告“霸王”行动——我提议由美国人担任统帅——对意大利的策略——给东南亚最高统帅的备忘录——对日本的主要策略——提议由英国进攻苏门答腊——8月22日，我给艾德礼先生的电报——英国要求参与对日主攻——滑稽的插曲——“哈巴谷”行动取消——蒙巴顿的任命——8月25日，我给艾德礼的电报——我的联络官与麦克阿瑟将军和蒋介石大元帅——艾森豪威尔要求进攻意大利——需要攻占那不勒斯——英国援军的巨大预算——我命令大幅增加预算

8月9日，我们抵达了哈利法克斯。大型海轮在码头靠岸后，我们径直上了火车。尽管采取了一切保密措施，还是有大批人聚集。当我的妻子和我坐在火车末尾车厢时，人们围拢上来，向我们表示欢迎。在我们出发前，我让他们唱《枫叶》《噢！加拿大》。我害怕他们不知道《不列颠万岁》，但我相信，如果我们有乐队伴奏的话，他们一定会欣赏的。经过二十分钟的握手、合影和签名之后，我们出发前往魁北克。

两天后，我给国王发电报：

▶ 1943年8月11日

首相恭敬地致国王陛下

1.此行的斯塔德尔城堡非常宜人，与此行目的也完美相配。为总统安排的住所也很完美。他住在楼上，各处都设置了斜坡，方便他的出入。对于陛下的安排，我表示最深切的感激。我已致电总督，对我们给他带来的麻烦和他友好的招待表示感谢。

2.在加拿大，尤其是在魁北克召开此次会议，是最合适的，因为我相信这里的不少躁动会很快平息。我在今天早晨会见了加拿大内阁，并在下午会见了魁北克内阁，随后将前往海德公园。

3.我相信陛下已经看了我给代理首相和外交大臣所提的关

于蒙巴顿勋爵的问题。我还没有收到他们的答复，但我越来越倾向于向总统建议这个解决方案。在此次海上行程中，温盖特准将对总体局势有了深切的印象，我期待在上缅甸的战役能有新的转折点。

4.陛下也许听说了，我收到了来自俄国（译者注：原文为Great Bear，西方对俄国的昵称）的信息，我们正在就某些议题进行交流，或者至少再次互相咆哮。

我也致电总统：

▶前海军人员致总统　　1943年8月11日

经过一段迅速而惬意的行程后，我刚刚抵达。在路上我的工作也没有中断。华登家族热切期盼着前去拜访海德公园，我们计划在12日下午抵达那里。我们只带最薄的衣服，这样的想法对吗？

我的妻子不得不在斯塔德尔城堡休息，但明天，玛丽和我将前往海德公园。在路上，我们参观了尼亚加拉瀑布。记者们问我看到它时的感想，我说的话他们记录如下：

“我见到它时，你们还没出生呢。我第一次来这里是在1900年。”

“它们看起来和那时一样吗？”

“噢，”他回答，“大体上一样。水依旧往下流。”

直到8月14日，我们一直是总统的客人。那里相当之热，有一晚我起来了，因为无法入眠，呼吸也感到困难，于是我走出去，坐在一个悬崖边上，俯视着哈得孙河。在这里，我一直看到破晓。

哈里·霍普金斯也到了海德公园。显然，他受邀前来是为了取悦我。他跟我解释了他的职位变动。他不再受到总统的青睐。午餐时有一段少见的插曲，当他迟了几分钟抵达时，总统甚至都没有和他打招呼。而这也标志着我和总统的亲近关系更进了一步，随着霍普金斯出现并发挥他的影响力，我们的事务更顺畅了。在两天里，一切仿佛回到了从前。他对我说："你必须清楚，我不再是过去那个我了。"他同时做的事太多了。纷繁庞杂的活动甚至毁掉了他强大的意志。

※ ※ ※

在8月间，我还为我们的整体战争策略准备了一份简要的报告。报告大部分论述的都是我们在缅甸、印度洋的军事行动，以及它们在对日作战中的意义。这些将在后面叙述。这份文件在8月17日完成。而我关注的要点，是顺理成章地实现对意大利的进攻，在西西里岛扩大战果并将墨索里尼赶下台。

一旦那不勒斯在不久的将来被攻占（行动代号"雪崩"），我们将在意大利拥有一流的港口，而其他的海港，例如布林迪西和塔兰托也会在之后落入我们手中。如果到了11月份，我们的前线能推进到里沃纳-安科纳一线，地中海上的登陆艇将发挥作用。到时，将从登陆舰队中抽出兵力，实施我们在西西里岛那样的两栖登陆，然后跨过亚得里亚海，实施"嘉奖"（攻占爱琴海上的罗得岛和其他岛屿的行动）那样的军事行动。意大利舰队的消失，能够让我们大量减少在地中海的海军兵力，并让我们利用一流的港口来代替登陆舰。因此，到了晚秋，我们就可以撤回登陆艇和辅助船只来准备“霸王”行动，同时派遣一支特遣队通过苏伊士运河前往印度战区。但是，我强调，这样的特遣队，登陆舰一次能搭载的士兵数量最高是30000人。

尽管我经常说，我们这一年在意大利的目标是到达波河或者阿尔卑斯山一线，但目前还不可能看这么远。如果我们能在里沃纳—— 安科纳一线停下，将占据很大的优势。我们应避免威尔逊将军所指出的危险，那就是一旦我们跨过此线，所要面对的战线将大幅变宽。在如此宽的战线上，报给我的评估认为，预计需要22个师的兵力。而守住里沃纳—— 安科纳一线才需要多少兵力？如果我们无法实现最好的结果，次好的也不错。从这一线，我们可以通过空中支援，激起萨瓦和法国阿尔卑斯山地区的起义，在这些地区的法国年轻人能够集结起来，与此同时在我们的右翼，我们可以跨过亚得里亚海，鼓舞巴尔干半岛的爱国者们行动起来。我们有必要接受军事行动限制在这一线，目的是确保集中兵力执行“霸王”行动。

※ ※ ※

8月17日，总统和哈里·霍普金斯抵达魁北克，而艾登和布兰登·布拉肯也从英格兰飞了过来。在代表团集结的同时，关于意大利的进一步消息传来了，在意大利即将投降的气氛中，我们的会谈开始了。自8月14日开始，三军参谋长就在城堡和他们的美国同僚一起工作了，并且起草了一份1943和1944年的战争整体策略。实际上，“四分仪”是一系列技术参谋的会议，而其结果则在两次会议上，由总统、我和我们的三军司令一起审议。

第一次全体出席的会议是在8月19日召开的。“作为‘霸王’行动的先决条件”，对德国的进攻性联合轰炸被给予了最高战略优先权。对“霸王”行动进行长期讨论后，依据摩根将军在伦敦所做的联合计划进行了总结。此时，三军参谋长汇报如下：

行动代号：“霸王”

（1）这一军事行动将主要由英美两军在欧洲从地面和空中对轴心国进行进攻（预定时间：1944年5月1日）。在确保英吉利海峡的港口足够安全后，进攻部队将前往有利于从地面和空中对敌进攻的安全区域。接下来将在法国聚集强大的盟军兵力，并采取行动直捣德国的心脏地带，摧毁它的军事力量。

（2）要有条不紊地为“霸王”行动建设地面和空中兵力，为了利用任何跨越海峡、进入法国的时机，需要不断地训练、计划，让部队在联合王国准备好随时行动。

（3）在“霸王”行动和地中海的军事行动之间，如果地中海战斗有物资短缺的情况，物资分配和使用的首要目标是确保“霸王”行动的成功。地中海战区的军事行动所安排的兵力，将根据“特赖登特”会议上的安排执行，除非联合参谋部决定对其进行改变。

我们都赞同摩根将军为“霸王”行动制订的计划纲要，并授权他继续制订详细计划，做好一切准备。

这一份纲要在我们的会议上引发了一些讨论。我指出，“霸王”行动的成功，依赖于相关兵力满足必要的条件。我强调说，我强烈支持在1944年执行“霸王”行动，尽管我曾经没有支持在1942年执行“铁锤”行动和在1943年执行“围歼”行动。我过去反对跨越海峡执行军事行动的缘由，现在均已消失。我认为，必须尽全力将首次攻击的兵力增加25%。这意味着要找到更多登陆艇。现在仍有九个月时间，可以做很多事情。所选择的海滩是不错的，如果同时能在科唐坦半岛内侧的海滩登陆的话，那将更好。“最重要的是，”我说，“最初的滩头阵地必须坚固。”

由于美国此前在非洲得到指挥权，我已和总统达成一致，“霸王”行动的指挥官应该是位英国人，为此目的，在总统的同意下，我提议由帝国总参谋长布鲁克将军担任此职，回想一下就知道，他曾经在通往敦刻尔克的道路上的决定性战役中担任一个军的军长，当时亚历山大和蒙哥马利尚是他的下属。1943年初，我就将这一打算告知了布鲁克将军。这次行动的开始，英美两军数量是一样的，由于要以大不列颠为基地，看起来这样的安排合情合理。但是，随着时间的推移，而进攻的庞大计划开始成型，我日益认定，在登陆之初数量虽然相同，但成功登陆之后，美军数量的巨大优势将体现无遗，因此在魁北克，我主动向总统提议，应该由一位美国将军指挥开往法国的远征军。他对这一建议非常满意，我敢说这一举动让他甚为感动。因此，我们一致同意，由美国军官指挥“霸王”行动，地中海则交付给一位英国指挥官，而这一改变的实际时间取决于战争的进展。1943年8月，我向布鲁克将军通报了此事，以及这么做的原因。我完全信任他。他以军人的尊严忍受了这一巨大的失望之举。

※ ※ ※

至于意大利，三军参谋长认为，未来的军事行动应该分为三个阶段。首先，我们应该将意大利逐出战争，并在罗马附近建立机场，如果可能的话还可以更向北一点。对此我指出，我想明确地说明，我没有承诺越过安科纳-比萨一线推进。其次，我们应该占领撒丁岛和科西嘉岛，从而向意大利半岛北部的德军施加压力，阻止他们加入对“霸王”行动的反击战。此外还有“铁钳”计划，要在法国南部的土伦附近和马赛登陆，并向北攻入罗讷河谷。这在后来引起了很多争论。建议还包括空中支援巴尔干和法国的游击队，加强反潜艇作战，以及更多利用作为海军和空军基地的亚速尔群岛。

※ ※ ※

关于东南亚指挥的主要问题，英国三军参谋长的最初建议得到了考虑。最高统帅的计划得到了赞同，还有如下的建议：

（1）联合参谋部将对东南亚战区的安排拥有指挥权，并在中国战区和东南亚司令部之间协调、调派各种形式的英美人力物力。

（2）英国三军参谋长将对与军事行动攸关的事务拥有指挥权，所有最高统帅的命令都将通过此渠道发布。

※ ※ ※

在我们第一次全体会议上，对整个远东战略问题，产生了激烈的争论，而这个问题也成为接下来几天三军参谋长的中心议题。日本作为海岛帝国，必须主要通过海权来摧毁。在没有首先控制日本水域之前，陆军将无法投入作战。空中武器该如何使用？大家观点分歧严重。一些亲近罗斯福总统的人鼓吹主要在缅甸进攻，从而进入中国。他们主张，对日本本土进行强烈而持久的轰炸，中国的港口和空军基地是必不可少的。尽管在美国人眼里这很有政治吸引力，但这个主张忽视了在缅甸的丛林中布置大批军队是不可能的，而且这些部队要由英国抽调，更何况在中国内陆，日本布置了强大的军队来保护交通线，最重要的是，按照这个计划，强大的美国海军将起不到什么太大作用。

或者，我们可以直接从海上攻击日本在太平洋中部和南部的所占岛屿。而此任务将主要落在海军和海军航空兵身上。这样猛攻的首要目标可以是菲律宾，对于美国人来说这是个很有吸引力的目标。一旦菲律宾再次回到美国人手中，日本本土将与很多物资供应地隔离开来，其在荷属东印度群岛的守军也将被隔开，毫无获救的希望。不需要代价高昂的战斗，他们就会衰竭。

从菲律宾可以开始对日本本土周边展开行动。在中国的海岸、福尔摩萨（译者注：即台湾）以及日本南部的小岛上建立新的基地是必要的，而且一旦这些目标实现，对日本的大规模进攻将切实可行。这一设想的可行性更具吸引力，是因为它建立在强大的美国海权的基础上。这需要大规模的海军，但只有到最后阶段，才需要大规模的陆军，到那时，希特勒将被推翻，英美的主力部队可以对日发动猛攻。

对此问题，我赶在三军参谋长会商之前陈述了意见。英国的谋划者打算在接下来的冬天让温盖特的部队向北缅甸展开，而我坚信，还应该加上占领苏门答腊的尖端。在会议上，我表示相信“攻击苏门答腊是一项大的战略打击，应该在1944年发起，为此而进行的‘火枪’行动，将成为印度洋上的‘火炬’行动。在我看来，我们的人力物资足够胜任这一任务。我们应该攻击并占领一个自己的据点来对日作战，我们可以从苏门答腊对他们的船只进行空中打击，这样他们的物资就会枯竭，从而自乱阵脚”。总统似乎认为，这样的行动偏离了我们向日本本土进攻的主要方向。我指出，替代方案将浪费整整一年的时间而一事无成，除了得到阿恰布，未来我们不得不穿过缅甸的沼泽和丛林，去重新征服那些我并不看好的目标。我强调，苏门答腊计划的价值，就其重要性而言，就好比1915年达达尼尔海峡的军事行动。在我看来，在1943和1944年，集结我们在印度洋的所有两栖作战力量去重夺阿恰布并不是个好主意。

第二天，我做了备忘录：

▶ 1943年8月20日

首相致伊斯梅将军，转参谋长委员会

我们内部还没有对向阿恰布推进与“火枪”行动等达成一致，在我看来，整个问题还研究得不够透彻。我自己仍在考虑。与此同时，与美国人在这一问题上达成一致决定是不可能的。我希望三军参谋长们能够小心创造一种情势，以便于在按他们的水平所做的决定中，我们可以拒绝承担任何责任。这牵涉到我们回国之后，要提交战争内阁讨论的全部问题。我的立场绝对仍和上次会议时一样——我们当时都在会议上，通过仰光前往伊洛瓦底江，再到曼德勒以及更远地区的战役对我们来说是最不利的。攻占阿恰布却不发起这场战役（指苏门答腊）只不过是浪费和愚蠢的行动……此时我想明年的局势应该是，我们将主导“火枪”行动，温盖特将在云南与中国人会师，上缅甸的交通线将尽可能提升，接下来我们可以根据敌人的反应——那时他们的反应会是显而易见的，自由地选择让两栖部队攻击哪里。

两天之后，我给大本营发电报：

▶首相（魁北克）致代理首相　　1943年8月22日

1.总统和马歇尔将军很欣赏对蒙巴顿的任命，很显然，美国政府将会诚心地接受这一任命。我们的三军参谋长也同意。毫无疑问，无所作为的、停滞的印度情势需要一位年轻而又充满活力的头脑。无论如何，我都认为，正式做出这一决定，并将蒙巴顿的名字提交给陛下，是我应尽的义务。蒙巴顿和温盖特的配合会让未来的计划一片光明。有必要在此次会议之后的几天内，就宣布这一任命。我希望我的同僚们能认为这是最好的方向。

2.关于东南亚指挥的混乱，我们已拿到了我们能满意的结果。大的战略计划和主要的兵力部署、物资部署，将由联合参谋部根据他们所代表的政府的批准做出决定。但所有的军事行动指挥权将交给陛下政府下属的英国三军参谋长，所有的命令也将通过他们。

3.我们还不能做出最终的结论说，洪水将拖延已计划在北缅甸进行的军事行动，我们也还没有对“火枪”行动的开始阶段做足够细致的研究，以决定在1944年是否优先执行这一两栖登陆行动。至少需要多一个月来进行紧张的研究。当然，这次讨论是在最友好的气氛之下进行的，毫无疑问，美国的参谋长们对我们在1944年的对日战争计划所展示的建设性感到很满意。宋（子文）在周一抵达，但基本上他被告知的不会超出我这几条。

4.我提议在麦克阿瑟将军的参谋中增加一位代表，由一位英国将军级别的军官担任，马歇尔将军对此表示同意。这将让我们比此前更密切地了解这一战区所发生的事情。当伊瓦特博士在伦敦时，我与他讨论过这一问题。他说他完全同意，我现在会发电报给柯廷告知此事，并说明这将让我们更密切地接触在太平洋的战事。

5.艾登和赫尔在闭门进行漫长的磋商。赫尔仍非常顽固地认为，对法国委员会不能使用“承认”一词。因此，我们同意说，在与俄国及相关各方沟通之后，他们可以发布他们的文件，我们发布我们的，加拿大发布他们的。艾登在处理此事。我用最清楚的措辞向总统指出，这肯定会引起负面新闻，但他说，他宁愿遭到攻击，也要反对戴高乐的诡计。我们的处境当然是不一样的，因为我们给予法国委员会的不过是一些客套话，与戴高乐孤立无援、其他人无法驾驭时所做的是一样的。

※ ※ ※

参谋会议上，对我们应该在对日的主攻中承担的责任问题陷入激烈争论，并导致了一出有趣的插曲。在联合参谋部的各方代表身后，都坐着十二到二十个高级参谋，他们抖动着，沉默着，双眼左顾右盼。不久，主席说，“我认为，我们最好在没有参谋在场的情况下讨论此问题”，于是这群高级参谋官鱼贯而出，进入了一个等候室。像往常一样，争论被及时解决了，这时作为联合参谋部主席的蒙巴顿在英国参谋长委员会中有一个座位，他抓住机会问主席，是否能让他演示一下他的科学家所发现的一种特殊的冰混合物。这种混合物被称作“派克力特”。在得到允许之后，他的一个参谋推着一个大托盘走了进来，上头放着两个大约三英尺高的冰块，一个是普通的冰块，另一个是派克力特。他邀请房间里最强壮的人，用他所携带的特制斧子将两块冰劈成两半。出席者一致推举阿诺德将军完成“最强壮者”的工作。他脱下外套，挽起袖子，挥舞着斧头，一下劈开了普通的冰块。他转过身，微笑着，攥紧双手拿起斧头，当他挥下后，发出了痛苦的叫声，因为派克力特几乎纹丝不动，而他的肘部却扭到了。

接着蒙巴顿从口袋里掏出手枪，试图演示派克力特面对射击时的坚硬程度。他首先对普通冰设计，冰块被击碎了。接着射向派克力特，它如此坚硬，以至子弹反弹回来，几乎打到了波特尔。

外面等着的军官们，听到砍冰的声音和阿诺德将军痛苦的叫声已相当担忧了，手枪的射击让他们惊恐起来，其中一个人高喊着：“天哪！他们现在开枪了！”

但在战争之中，每个人都与死神为伴，谁不想抓住机会笑一笑呢？——这就是一个好笑的事。

※ ※ ※

实际上，英美三军参谋长们之间争论的问题是，英国要求在德国被击败之时，在对日进攻中有充分和公正的地位。英国要求的是，在对希特勒的战事结束后，能分享机场，皇家海军能分享海军基地，并合理部署运往远东的各师。最终，美国人让步了。我在参谋长委员会的朋友受我指令要坚持这一点，不至于用武力，但要最大限度地坚持，因为到战争的这一阶段，我最害怕的是，美国的批评者会说："英格兰从我们这里拿走了一切来帮助他们打败希特勒，却置身于对日战争之外，让我们只身犯险。"然而，在魁北克会议上，这种印象被成功地消除了。

※ ※ ※

8月23日傍晚，我们召开第二次全体会议，来讨论联合参谋部起草的最终报告。这份文件根据我们的讨论，对第一次报告中的要点进行了修订，并增加了远东军事行动的详细计划。在报告中没有决定要采取的实际军事行动，但还是决定，主要工作是投入反攻，目标是"建立与中国的陆路交通线，增加并保护空中航线"。在对日作战的"整体战略设想"上，计划是在德国崩溃后的十二个月内打败日本。我很高兴看到的是这个目标，而不是要进行持久的消耗战。

最终，我在会议前向总统提出的设立一个独立的东南亚司令部的计划大体上被接纳了。我说，我希望能尽快公开宣布此事。这也能帮助我们说明，"四分仪"会议上讨论的对日作战的问题，因此，也有了足够的理由来解释，为什么俄国没有参与此次会议。出席者普遍同意我们应该这么做。

※ ※ ※

这时我将设立东南亚司令部，并由蒙巴顿担任最高统帅的决定告知了总督。

▶首相致印度总督 1943年8月24日

我们这次组建、设立了东南亚司令部，它将从印度司令部独立出来，在我看来，这也预示着陆军元帅韦维尔会被任命为印度总督。就像北非那样，联合司令部由一位英国指挥官担任司令对我们将有极大的便利。我们与美国人对司令人选进行了数个月的商谈。在经过深思熟虑后，我决定提名现担任联合行动部首脑的路易斯·蒙巴顿勋爵承担此重要岗位。蒙巴顿天资聪颖，对三军都非常熟悉，也熟悉两栖登陆作战。他在参谋长委员会中服务了近一年半，因此非常清楚整个战局。考虑到东南亚前线要面临陆上和海上的各种战场环境，我认为他的这一履历对此非常重要。蒙巴顿是个优秀的组织者，也是很有活力和勇气的人物。他的任命得到了总统和美国参谋长们的诚挚欢迎，也在大元帅的支持下，受到了宋（子文）的热烈欢迎。因此，在内阁的批准下，我正向国王提名，并将此消息告知于你，因为赶在此次会议上宣布这一任命是非常重要的。宣布日期选定在明天，8月25日。

第二天，我给在大本营的同僚们发去了如下电报：

▸首相致代理首相与战时内阁　　1943年8月25日

1.这里一切顺利。我们已决定了数个之前悬而未决的问题，包括东南亚司令部、“合金管”和法国委员会的承认。在最后一个问题上，我们与赫尔不欢而散，他最后满脸愠怒地离开了，而愠怒的对象中，外交大臣首当其冲。在总统和我都赞同之下，联合参谋部缜密的报告得到了全体一致的同意。所有的歧见基本上都解决了，只剩下我们在孟加拉湾的两栖登陆行动尚未做出决定，有待继续研究。但是，我相信它会如我所愿。毫无疑问，麦肯齐·金和加拿大政府很高兴，感觉他们非常“重要”。

2.当前的矛盾点是苏俄日益粗鲁。你们可以看看斯大林发来的关于意大利的电报。他绝对没有理由抱怨，因为我们所做的，不过是将无条件投降的大方向交给了意大利代表，而这个举动也已得到了苏联政府兴奋的批准，并立即将这一问题给他做了汇报。

3.总统对苏俄的这一信息深感震怒。受此影响，他做出指示，告知新的苏联临时代办，他将离开国家，数日之内不会回国。斯大林当然是故意忽略了我们的邀请，不愿做一次长途而又冒风险的行程，来进行一次三方会谈。尽管如此，我并不认为他的坏脾气和不礼貌会预示着与德国人单独媾和，因为两国之间的仇恨当前已到了不共戴天的境地。与这些人进展寥寥让人沮丧，但我相信，我的同僚们不会认为我和我们的政府作为整体缺少耐心和诚意。

4.我感觉相当疲惫，因为会议工作繁重，很多大的难题横亘在我们之前。我希望我的同僚们能理解，在周日广播和前往华盛顿之前，我需要在这里的某个山间住所休息两三天。我也

> 计划9月3日在哈佛大学接受学位时做广播，随后将立即回国。万一在意大利或其他地方发生出人意料的事情，导致需要我和总统一起商议，我将会多待一阵子。无论如何，我会赶在国会开议之前及时回国。外交大臣将在周六乘飞机回国，并顺路带着卡多根和我去华盛顿。

我决定派遣两位联络官，一位将跟着麦克阿瑟将军，另一位跟着蒋介石。当我回国后，便要求拉姆斯登将军和卡尔东·德维亚尔将军来到乡间官邸，然后将任命告知了他们，他们都很高兴。拉姆斯登是我们最杰出和成熟的军官之一，他在战争一开始与敌人的初次交战中，就让我们的装甲部队名声大噪。很快，他就赢得了麦克阿瑟将军的信任，成为一位深受器重的联络官。他在1945年1月牺牲。在日军轰炸林加延湾时，一架自杀轰炸机攻击“新墨西哥号”战列舰。军舰舰桥上站着英国指挥官、海军上将弗雷泽以及拉姆斯登将军。纯属运气，前一位为了获得更好的视野移动到舰桥的另一端。一分钟之后，自杀轰炸机撞了上来。在拉姆斯登那一侧舰桥上的人都牺牲了。他的牺牲，对于他的国家和我个人来说都是损失。

※　※　※

现在，我们必须回头说一说意大利的情况。与我们早前的期待相反，德军主力成功跨过墨西拿海峡撤退了。8月16日，艾森豪威尔将军召集他的指挥官们开会，希望从多个计划中选择一个能攻入意大利的办法。他必须特别留意德军当时的部署。驻守意大利的十六个德国师有八个位于意大利北部，由隆美尔指挥；两个在罗马附近，六个则在更南边，由凯塞林指挥。这些强大的部队，还可能得到从俄国前线撤退至法国休整的二十个师支援。在相当长时间里，我们都无法聚集起与德军能投入战斗的同等规模的军队，但英美有制海权和制空权，还占据主动。大家一心要发动对意大利的进攻，这是一个勇敢的计划。我们希望占领那不勒斯和塔兰托的港口，他们的设备加起来与我们需要投入的陆军的规模相匹配。早日占领机场成为了首要目标。罗马附近的机场我们还无法染指，但在福贾有一个适合重型轰炸机的机场，而我们的战术空军也在意大利的踵形地区和萨勒诺附近的孟高维诺寻找其他机场。

艾森豪威尔将军决定在9月初开始进攻，届时将跨过墨西拿海峡进行攻击，附带对卡拉布里亚海岸发起进攻。这将是攻占那不勒斯的序曲（代号“雪崩”），英美陆军数个军将在萨勒诺湾的海岸登陆。这里在我们占领的西西里机场起飞的飞机掩护的最远航程之下。登陆之后，盟军将立即向北进发，占领那不勒斯。

联合参谋部建议我和总统批准这一计划，并授权将占领撒丁岛和科西嘉岛作为次优的目标。我们欣然同意；实际上，这就是我期盼的和梦寐以求的。作为计划的一部分，还打算派一个空降师登陆，占领罗马南部的机场。对此我们也同意了。这一行动后来被取消了，其缘由将在后续章节里讲述。

※　※　※

就这样，我们得到了非常满意的决定，一切照此推进。但到了8月底，一位英国军官从艾森豪威尔将军的司令部抵达魁北克，并带来了让人困惑的消息。他陈述，到12月1日，将有六个师跨过墨西拿海峡，穿过卡拉布里亚，另外六个师将在萨勒诺登陆。我立刻对这个低估了我们人力物力的安排表达了抗议。

▶首相致亚历山大将军　　1943年8月26日

1.在这里的怀特利将军将“贝墩”和“雪崩”行动各自的日期和规模告知了我们。我对此极为关注，我希望你能跟我解释。假设我们的登陆成功，在随后的战斗中也未被击败，我就无法理解，为什么需要两个半月或更久的时间上岸，或者一旦我们在“雪崩”行动中得到了足够的港口和桥头堡，为什么还必须让所有参与“贝墩”行动的各师经过卡拉布里亚，而不是至少从海路调遣一部分过去。

2.再者，12月1日仅有十二个师上岸，在我看来是极其危险的。首先，无法有效帮助罗马的意大利人起而反抗德国人，我们将面临安插一个德国傀儡政府的危险，或者会陷入无秩序的混乱中，这会导致形势恶化并持续很久。其次，如果在12月1日上岸的部队不超过十二个师，而且都在那不勒斯地区，如何阻止德国人在此时聚集多得多的兵力来进攻他们？据说，德军当前在意大利半岛有十六个师的兵力。我尚无法确信这些就是我们全部的兵力。另一方面，看起来他们将是先头部队和数场行动的主力。为了在此后赢得重要的政治和军事便利，如果罗马的解放要拖到自此时开始的三个月之后，其后果难料。

3.我极其盼望能在离开美国前得到你的答复，因为总统也对所提到的时间感到忧虑，如果这真的是要执行的时间表，我们最好商议一下如何面对最坏的情况。但我希望，你们能驱散这些阴霾。

我一回国，立即投入处理后勤的不足之中。我在8月2日已要求整编我们的装甲师，此事由布鲁克将军负责，业已产生效果，怀特利将军所带来的悲观的估计很快就被克服了。英国第一装甲师重新装备起来，再次成为强大的战斗力量。两个波兰师，新西兰师和第四英印师已具有最高的战斗力，并被运到了意大利。美国工程师们的高超本领让那不勒斯港从废墟变成了一流的港口。10月初，10万兵力补充到了亚历山大将军的军队中。如果没有实现这些，一场灾难很容易就发生，因为德军正源源不断开过来。

缅甸及其外围

回顾—— 美国和澳大利亚在太平洋的推进—— 麦克阿瑟将军的400英里蛙跳—— 1943年，他对萨拉马瓦的攻击—— 分兵拉包尔—— 海军上将尼米兹对吉尔伯特群岛的进攻—— 海军上将斯普鲁恩斯对塔拉瓦岛的进攻—— 向日本不断逼近的一年—— 美国人的驼峰航线—— 我们的观点分歧—— 总统在2月25日的电报—— 1944年缅甸战役的成功开始—— 日本对印度的进攻—— 温盖特精彩的反击—— 他的牺牲—— 日本对英帕尔的进攻开始—— 守卫科希马—— 战役的高潮—— 一切仰赖于空军—— 史迪威将军占领密支那—— 英帕尔附近的战斗—— 击退日本对印度的进犯现在，读者们需要回顾一下过去一年在太平洋的对日作战情况，这在当时是美国和澳大利亚联邦的主要任务。

1943年下半年，日军丢掉了新几内亚的东端。在进攻菲律宾群岛之前，麦克阿瑟将军首先必须收复菲律宾北边的所有海岸。美国第四十一师一部开始向萨拉马瓦进发，到了6月底，其他的部队也从它附近的海面登陆。澳大利亚第三师也从瓦乌加入了他们，开始向萨拉马瓦进攻。这是经过深思熟虑的，目的是吸引莱城的日军前来增援，而莱城是接下来的主要目标。对莱城的进攻在1943年9月4日开始，在阿莱曼打出名堂的澳大利亚第九师从这座城市以东的10英里处上岸。第二天，美国伞兵空降至马卡姆峡谷的纳扎布，在澳大利亚先头部队的帮助下，很快搭建了机场。澳大利亚第七师空运至此，立即前进。在连个方向同时攻击之下，盟军于9月16日占领莱城。而萨拉马瓦在此前几天已经落入盟军手中，芬什港则在10月2日被攻克。这些地方都被重兵防守。而马卡姆峡谷从莱城向西北延伸，有很多潜在的机场，澳大利亚第七师顺利地攻占了它们，并利用它们进行了一系列空袭。所有军事行动都得到精心谋划和熟练执行，三军协同作战也达到新的高度。

澳大利亚人占领芬什港后迎来了日军的猛烈反扑，10月的后两周，那里多次发生战斗。11月中旬，澳大利亚第五师通过休恩半岛的山脉向前进发，攻克了一连串防守严密的阵地，同

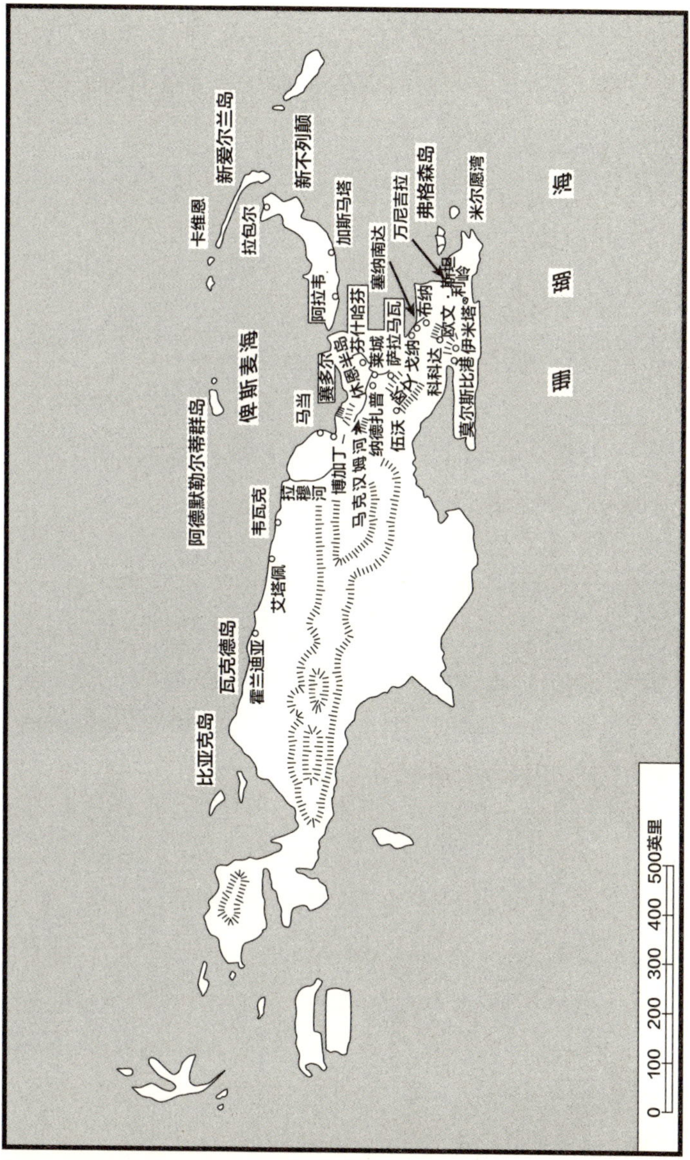
新爱尔兰岛
卡维恩
拉包尔
新不列颠
加斯马塔
阿拉韦
弗格森岛
万尼吉拉
塞纳南达
米尔恩湾
珊瑚海
俾斯麦海
芬什哈芬
休恩半岛
赛多尔
马当
莱城
萨拉马瓦
布纳
戈纳
欧文·斯坦利岭
伊米塔
科科达
莫尔斯比港
伍沃
纳德扎普
马克汉姆河
博加丁
拉穆河
阿德默勒尔蒂群岛
韦瓦克
艾塔佩
霍兰迪亚
瓦克德岛
比亚克岛
0 100 200 300 400 500英里

新几内亚

时澳大利亚第九师扫清了俯视马卡姆峡谷区域的据高点。1944年1月初，美国第三十二师一部在赛多尔进行了两栖登陆作战。2月11日，澳大利亚第五师与他们会师。扫清休恩半岛的敌军花了五个月的时间。部署在那里的12000多名日军，仅有不到420名存活。

在4月，麦克阿瑟将军实施了一次跨度达到400英里的跳跃式两栖登陆作战。他绕过维瓦克附近部署的5万日军，让一个师在艾塔佩登陆，另两个师在霍兰迪亚登陆。日本空军惨遭重击，380架飞机被摧毁。盟军的海空优势自此之后是如此势不可挡，以至于麦克阿瑟可以随意选择他所认为最合适的目标，并在其身后留下大批日军以待以后处理。他最后进行蛙跳作战是在比亚克岛，美国第四十一师在那里与近1万名日军守兵进行了激战。一支由12艘日本战舰组成的编队在运送援军时遭到空袭，或被摧毁，或动弹不得。到1944年6月，这座岛屿一直处于美军的有效控制之下。这也标志着在新几内亚两年的战斗结束了。敌军的负隅顽抗，地理上的难题，疾病的肆虐，交通线的匮乏，让这场战役的艰难永载史册。

※　　※　　※

再往东，1943年7月初，在麦克阿瑟将军对萨拉马瓦进攻的同时，海军上将哈尔西进攻新乔治亚。在经过数周激战后，这里以及邻近的岛屿都赢了下来。空战再次主宰了战局，美国飞行员的巨大优势很快压倒一切。到这时，日军飞机与美国飞机的战损比率已经达到了四五架比一。

在七到八月，一系列海战让美国人赢得了制海权。9月，日军抵抗的支柱被粉碎，尽管在布干维尔岛和其他岛屿上的激战仍在持续，但所罗门群岛的战役还是在1943年12月结束了。仍在敌人手中的阵地变得毫无作用，可以安全地绕过，任其自生自灭。

新不列颠群岛的拉包尔成了下一场进攻的中心。在11月和12月间，它被盟军空军不停地猛烈轰炸，在1943年最后几天，麦克阿瑟将军的两栖作战部队在新不列颠西端的格洛斯特角登陆。此时，他决定绕过拉包尔。因此，需要替代基地来支持向菲律宾的推进，为此，麦克阿瑟决定占领阿德默勒尔蒂群岛上的马努斯岛。1944年2月，他们占领拉包尔以东120英里的格林岛，完成了这一计划的第一阶段。接下来又占领了整个阿德默勒尔蒂群岛，抵达了其西端。3月份，直接通向北方的埃米劳岛也被海军上将哈尔西攻克，孤立拉包尔的任务完成。这些岛屿附近的海空通道也完全处于美军控制之下。

※　　　※　　　※

与此同时，美国海军主力在海军上将尼米兹率领下，开始集结向赤道附近的群岛进发，那里是日本位于特鲁克（加罗林群岛）的舰队基地防守前哨。这些岛屿的最东端是吉尔伯特群岛，1941年日军从英国夺取，如今被选为第一波攻击的对象。1943年10月，在中途岛名声大振的海军上将斯普鲁恩斯受命指挥太平洋中部的兵力。11月，在哈尔西进攻布干维尔岛的同时，斯普鲁恩斯对吉尔伯特群岛上的塔拉瓦岛发起攻击。这座岛上有坚固的工事，由3500名日军守卫。尽管有初期猛烈的空中轰炸，但陆战队第二师的登陆还是受阻。经过四天激战，在付出惨重伤亡之后，才占领了这座岛屿。

塔拉瓦岛被清除后，对吉尔伯特群岛北部和西部的马绍尔群岛的进攻通道被打开。1944年2月，它们成了在太平洋区域美国发起的最大规模的两栖登陆作战的目标，到了这个月末，美国人成为胜利者。斯普鲁恩斯马不停蹄地开始了推进的下一阶段，对加罗林群岛和马里亚纳群岛上的日军守军进行空袭。海上进攻的灵活性是这些军事行动最突出的标志。在欧洲，我们在海峡狭窄的水域集结大批部队，为“霸王”行动进行最后准备的同时，斯普鲁恩斯的航空母舰在广阔的水域游弋，对马里亚纳群岛、帕劳和加罗林群岛进行攻击，深入日军防守线，同时帮助麦克阿瑟进攻霍兰迪亚。在“霸王”行动的前夜，日本在各处的兵力都在衰减，他们在太平洋中部的防守体系被分割成数个据点，然后土崩瓦解。

总结在西南太平洋的军事行动，马歇尔将军报告，在十二个月多一点的时间里，盟军“向日本帝国的心脏推进了1300英里，超过135000名敌军的退路被切断，失去了获救的希望”。

※　　※　　※

在东南亚的大幕拉开，情景则大为不同。超过十八个月里，日军一直守在一条长长的弧形防线上，保护早先的战果。战场从丛林一直延伸到安达曼海、荷属苏门答腊和爪哇，再向东则是一连串小岛与新几内亚相连。而丛林则覆盖了北缅甸和西缅甸的群山，我们的英国和印度部队与敌人犬牙交错。

美国人已在中国建设了一个轰炸机基地，对敌人从中国大陆到菲律宾的海上交通线进行了有效轰炸。他们希望继续努力，在中国部署远程飞机，对日本本土进行轰炸。滇缅公路被切断了，这些轰炸部队和中国军队的补给都通过从喜马拉雅南部的山顶飞过的飞机运过来，这就是“驼峰航线”。

这是一项了不起的任务。我一直倡导从空中支援中国，增加空中航线并保护机场，但我希望这应该由基本上用空运和空运来维持的部队（温盖特模式）来进行，而且规模应该更大。美国不仅希望不断增加从空中对中国的支援，而且希望从陆路支援，这给英国和印度提出了很高的要求。他们希望建造一条公路，从他们庞大的空运起点利多出发，经过500英里的丛林和群山进入中国，并将此视为最紧急、最重要的问题。从阿萨姆到利多只有一条窄轨、单向的铁路连接。它已经不断地服务于很多其他需求，包括为守卫边境阵地的部队提供给养；但为了修建通往中国的公路，美国人希望我们首先尽快攻克北缅甸。

※　　　※　　　※

我们肯定也愿意让中国坚持战斗，并从他们的领土上展开空军行动，但需要算一算得失比和替代方案。我极度厌恶在北缅甸进行大规模的战役。与日本人战斗，没有比那个地方更糟糕的了。修建从利多到中国的公路更是一项浩大而费力的工作，即使过了需要它的时间，还不一定能修完。即使及时修通，能给仍在战斗的中国军队进行补充，对于他们的战斗力也不会造成多大差别。在我们看来，随着盟军在太平洋和从澳大利亚出发的推进，我们将夺取更靠近日本的机场，届时加强美国在中国的空军基地的需求也将消失。因此我们从这两方面坚持主张，对人力物力的巨大消耗将得不偿失。但要让美国人打消他们的意图，我们还从未成功过。他们的国民心理是，想法越大，他们越会全力以赴、坚持到底，一直到成功为止。在想法是好的前提下，这会是让人钦佩的性格。

我们当然希望夺回缅甸，但要从陆路进攻，交通线脆弱，而且要穿过大部分可以想象无法作战的乡村，我们不愿意这么做。缅甸南部和它的港口仰光比北部更有价值。但这一切都与日本相隔遥远，让我们的部队偏安一隅，深陷其中，会阻止我们为远东的胜利发挥应有的作用。相反，我希望日军待在缅甸，让我军突破外围荷属东印度群岛边缘的小岛构成的巨大的弧线战线。我们整个英印帝国的前线将因此跨过孟加拉湾，在各处利用我们的两栖作战力量，与敌人正面交锋。这一观点分歧，尽管有所保留并坦诚讨论，也忠诚地执行决定，但一直存在。阅读一场战役的历史，需要紧靠其所处的背景：地理状况、资源的限制，以及政策冲突。

※　　　※　　　※

总统清晰地将华盛顿的立场告知了我。

▸罗斯福总统致首相　　　　1944年2月25日

我的三军参谋长们同意，我们推进的首要任务是突破台湾——中国沿海——吕宋一线。最近在吉尔伯特群岛和马绍尔群岛的胜利表明，我们可以加速向西推进。看来我们能在1945年夏季之前攻入台湾——中国沿海——吕宋一线。从我们进入这一至关重要的区域到我们站稳脚跟，我们的军事行动需要最大规模的空军支持，而空军则需要支撑点。这需要最大限度地扩大以中国为基地的空军力量。

我一直赞同将中国作为支持我们太平洋攻势的基地，而且现在战局已扭转，形势对我们有利，要得到从该方向应有的支持，时间已很紧迫。

因此按照部署，我们要尽全力增加调运物资进入中国。这些只能通过增加空运或开辟一条通过缅甸的公路来实现。我们占领密支那后，将修建一个航空转运站，并增加对航线的保护，这就可以让我们很快增加对中国的空运。

史迪威将军自信他的中美联军能在这个旱季结束之前占领密支那，一旦如此，可以守住那里，让蒙巴顿的第四军从英帕尔保护瑞保——蒙育瓦区域。我清楚，这是强加给你们的最艰难的任务，但我觉得，在你积极的勉励下，蒙巴顿的指挥官们是有能力战胜这些困难的。

日军不断加强在缅甸的兵力，迫使我们全力采取最积极的军事行动，从而夺取战局主动权，阻止他们发起攻势，从而越过边境进入印度。因此，我急切地希望你能支持在上缅甸发动有力而且及时的、最大规模的战役。

※　　※　　※

这场战役在12月开始，史迪威将军率领两个他亲自在印度组织和训练的中国师，从利多涉水进入覆盖主要山脉的丛林。他要与日军著名的第十八师针锋相对，但仍稳步前进，到1月初，他已前进40英里，而筑路工也在他身后奋力挖掘。在南部，英国第十五军在克里斯蒂森将军的率领下，从1月19日开始冲下了若开海岸。与此同时，盟军的空军投入两倍兵力，在新抵达的“喷火式”飞机的支援下，赢得了一定程度的空中优势，很快它们就证明，这是决定性的。

2月4日，我们的进攻突然被遏制了。日军也做了谋划。自11月份开始，他们将缅甸的兵力从五个师增加到了八个，他们打算侵入东印度，并打起反对英国的叛军大旗。他们的第一步是在若开反击，占据吉大港，将我们的注意力和预备队吸引到那个方向。他们的一个师一边与我们的第五师在海边对峙，一边让该师精锐穿过丛林，迂回到第七师的侧翼，那里已在内陆深处。没过几天，该师侧翼被围，敌军切断了第五师身后的海边公路。

他们充分相信，两个师都将后撤，但他们忽略了一个事实，那就是空中补给。第五师沿着周边部署开来，稳住阵地，坚持战斗。两周里，食物、水和弹药都像吗哪那样从空中送了过去。而敌人则没有这样的能力，仰仗他们早先时候占领的吉大港，他们携带的补给只够十天。既不能突破我们前线的部队，又受到我们从预备队抽调的第二十六师从北边的夹击，他们分散成小股部队，突围越过丛林，身后留下了五千具尸体。

第十五军恢复了攻势，并骄傲地打破了日军在丛林里不可战胜的神话。

▸首相致海军上将蒙巴顿　　1944年3月1日

今天，我要公开祝贺若开战斗的胜利。我很高兴取得这场大胜。它标志着我军面貌焕然一新，我相信，这会激励每个人更加勇于靠近敌军。我从地图上来看，找不出你们不继续沿着海岸向阿恰布方向进攻的理由。

※　　　　※　　　　※

3月初，有迹象显示敌人也在筹划从我军前线中部进攻英帕尔，由此先发制人，阻止我军向钦敦江发起进攻——著名的"钦迪特"行动就是这一进攻计划的一部分。尽管很清楚日军会抢先进攻，我们还是决定让温盖特的部队继续执行他们的任务。他们的主要任务是切断敌人在因多附近的交通线，打乱正在与史迪威激战的敌著名的十八师团的补给系统。如此一来，敌军将被迫分兵来应付其战线背后的威胁。一个钦迪特旅，也就是英国第十六旅，于2月5日从利多出发。他们穿过了450英里的山地和丛林，仅靠空中补给。

3月5日，在二百五十架美国"突击队员"的支持下，将英国人和廓尔喀人编成的第77和111旅空投至前线。在会合点集合后，他们执行任务，切断了因多以北的铁路线。

我将这一切的详情告知了总统。

▸首相致罗斯福总统　　　　1944年3月14日

我觉得你一定会有兴趣听一听空降两个温盖特的远程突击旅的事情。空降区选在了两个旅可以向西前进的地方，主要目的是截断日军的补给线，协助美军在更北边的军事行动。空降点深入敌占区100英里，离运输基地有266英里。第一批空降是由滑翔机完成的，里头的空降兵接着准备空降点来迎接运输机。在3月6日和3月11日之间，7500人携带装备和骡子成功空降。唯一的损失是一些滑翔机，其中有些还是可以修好的。这两个旅现在已开始前进，但有小股守军留在了一个空降点，准备接收一批"喷火式"飞机和一个中队的"飓风式"战斗轰炸机，它们将飞过来保护基地并提供空中支持。

唯一严重的不幸发生在第一个晚上。我们的北边的一个空降点被发现受到日军阻拦，余下的空降点地面情况也比预想的更为糟糕，导致当晚与封锁登陆点和阻止进一步空降的敌军发生交火。一些滑翔机被迫从空中后撤，却没能回到我们的占领区。已在此区域立刻准备了另一个空降点，准备好在两天之后的空降。丧命、受伤或失踪的士兵顶多154人。

这一行动似乎让日军措手不及。在北边，敌人没有从空中对空降点进行攻击，而在南边的一个空降点，我军离开之后，才在3月10日受到汽油弹轰炸。碰巧，作为敌军计划的一部分，他们将飞机集中到了曼德勒区域的机场。结果我们集结来保护空降的强大空军有了很好的目标，他们在两天里摧毁了61架敌军飞机，自己仅损失了3架。

我们都非常高兴温盖特的冒险开局如此之好，而这次空降行动的成功也对未来大有裨益。贵军在运输机队和空中支持行动中，都发挥了重要作用。

“对温盖特指挥下的胜利消息，我深感振奋.”总统第二天回复，“如果你致电给他，请向他转达我的衷心祝愿。希望这样出色的工作能继续下去。这是空降部队的丰功伟绩，但可别忘了骡子的功劳。”

温盖特没能活着看到他的旗开得胜能开花结果。3月24日，他死于空难，这让我极为悲痛。他坚持起飞。实情尚不清楚。可能是飞行员在浓雾中迷失了方向。飞机撞到山坡上，当救援队抵达时已无人生还。一团明亮的火焰和他一起殒灭了。

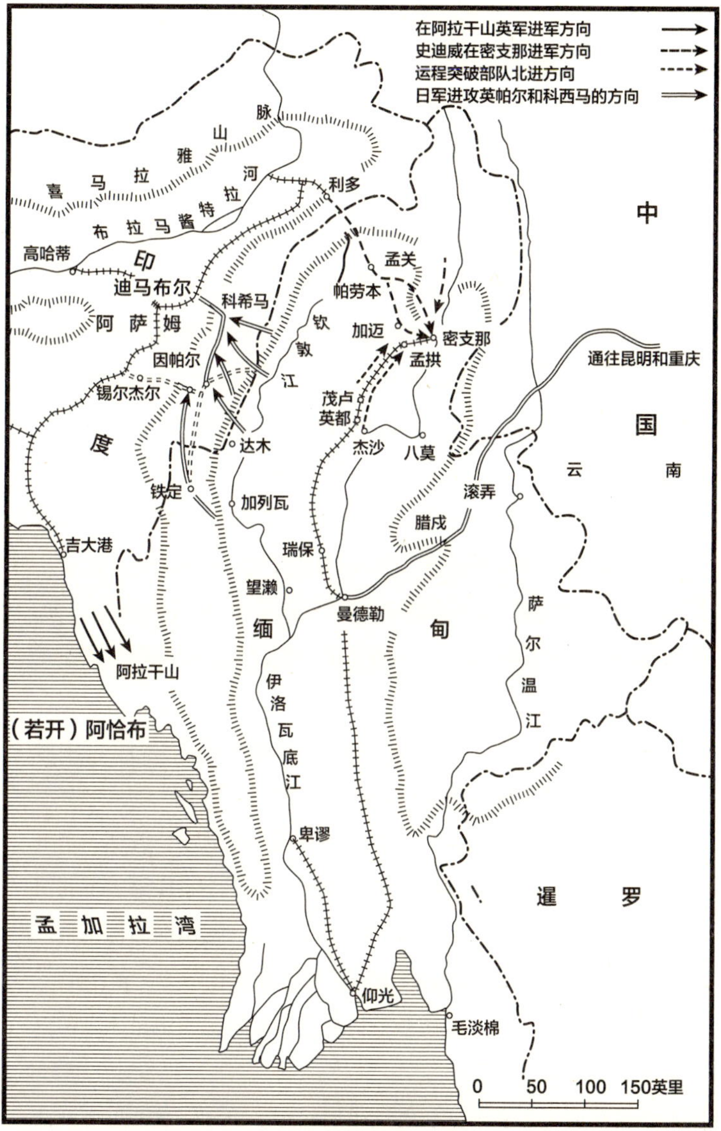
在阿拉干山英军进军方向
史迪威在密支那进军方向
运程突破部队北进方向
日军进攻英帕尔和科西马的方向
喜马拉雅山脉
布拉马普特拉河
高哈蒂
印度
迪马布尔
阿萨姆
科希马
因帕尔
锡尔杰尔
利多
孟关
帕劳本
加迈
密支那
孟拱
钦敦江
茂卢
英都
杰沙
八莫
达木
铁定
加列瓦
吉大港
阿拉干山
（若开）阿恰布
孟加拉湾
瑞保
望濑
曼德勒
缅甸
伊洛瓦底江
卑谬
仰光
毛淡棉
腊戌
滚弄
通往昆明和重庆
中国
云南
萨尔温江
暹罗
0 50 100 150英里

缅甸战场形势图

※　　　※　　　※

3月8日，日军三个师团开始发起预料中的对中部前线的进攻。斯库恩斯将军率领有三个师的第四军撤退至英帕尔高原，以便集中在更开阔的地域进行战斗。如果敌人切断通往后勤基地迪马布尔的公路，他将不得不仰仗空投，直到战役胜利。日军重复了他们在若开战役上失败过的冒险计划。他们打算占领我们在英帕尔的物资仓库来补给自己。还打算不仅切断我们通向迪马布尔的公路，也切断铁路，如此一来，维持史迪威的部队和美国对中国空运的补给线将被阻断。因此，这一问题事关重大。

运输机再次成为关键。蒙巴顿的飞机虽然很多，但并不足够。他要求从“驼峰航线”借100架美国飞机来赢得这场战役。这是一个很难提出和实现的要求。在接下来焦灼的数周里，我给了他最大的支持。“三军参谋长和我，”我告诉他，“都完全支持你。我给总统发了电报。在我看来，打好战役最重要。你们一定要赢下来。”最终，蒙巴顿的需求通过我们从地中海临时调派的79架飞机得到了解决。

到了3月底，日军切断了通往迪马布尔的公路，并从三个方向靠近英帕尔平原的边缘。印度第五师的两个旅从军事行动已经结束的若开空运至英帕尔，印度第七师则空运至迪马布尔。在另一边，斯托普福德将军统率的三十三军总部、英国第二师、一个印度独立旅以及温盖特部分剩下的一个旅也通过铁路抵达迪马布尔。

在科希马，在山间一条路边的村庄，敌人向北的进攻被挡住了。那里的守军包括皇家西肯特的一个营、一个廓尔喀营、阿萨姆团的一个营，再加上一切能拿起武器—— 甚至是在医院做康复—— 的人。4月4日，他们受到日军第三十一师团的进攻，逐渐被迫缩小防区，最终进入山中。除了空投，他们没有其他的给养。敌人从四面八方进攻，他们在空中轰炸和炮火的支持下，岿然不动，直到20日，印度第一六一旅和英国第二师的一个旅从迪马布尔一路攻过来，才替他们解了围。4000名日军被击毙。在极其艰难的情境下，英勇的科希马保卫战是一场可歌可泣的战斗。

※　　　※　　　※

我们拥有制空权，但我们依赖于足够多的运输机。这种需求在5月达到顶峰。6万名英国和印度士兵，以及他们所有的现代化装备，被困在英帕尔平原上的包围圈里。我认为这是当务之急。依据“打好战役最重要”的原则，我使用了我的权力。

▸首相致海军上将蒙巴顿　　　　1944年5月4日

为了胜利，你对战役的所需都会满足。任何部门对此进行拒绝，我都不会接受，我会全力支持你。

▸首相致伊斯梅将军，转参谋长委员会　　　　1944年5月9日

必须不惜一切代价填补这一缺口，要么暂缓向地中海部署79架运输机，要么调过去20架外加从驼峰航线抽调59架，要么两者重新组合一下。无论如何，我们不能输掉这场战役。我非常愿意致电总统，向他指出，继续他支援中国的计划，而输掉这场战役，其后果是灾难性的。

▶首相致伊斯梅将军和霍利斯将军，转参谋长委员会

1944年5月14日

无论如何，海军上将蒙巴顿都不能将79架飞机调至地中海，除非这些飞机由美国或驼峰航线调来的美国飞机代替。他的立场在我看来是合情合理的。

我还没有得到足够的理由证明，这批飞机调往地中海日期的推迟，会妨碍亚历山大将军的战役。威尔逊将军在空中已有压倒性的优势，这场战役中，两栖登陆作战的胜利，并不依赖于这批飞机，但它们却对在缅甸的军事前景至关重要。

因此，霍利斯将军应该给我准备一份备忘录，以便我在今天夜间与他讨论此事。同时，这份备忘录应该提请三军参谋长注意。我已决定，不能愚蠢地让150架飞机向相反的方向飞行5000英里，而毁掉蒙巴顿的战役。除非这些需求被满足，否则明日我将向总统提出请求。

※　　※　　※

与此同时，北部前线，在日军第十八师团的顽强抵抗下，史迪威还是在莫冈——密支那一线有了很大进展。他对东部的侧翼非常忧虑，在那里靠着中国边境的日军第五十六师团很可能会扑向他这边。罗斯福总统说服蒋介石，派遣另一个中国师给史迪威，但直到4月21日，大元帅才同意派遣他的部队从云南进入缅甸。5月10日，四个中国师渡过滚弄附近的萨尔温江，威胁日军的侧翼。

进攻敌军交通线的钦迪特在4月初得到了两个多旅的增援，到这时已有五个旅投入行动。他们顺铁路向北推进，阻挡敌援

军的通过，并沿路摧毁日军仓库。尽管他们造成了很大的破坏，但日军没有从英帕尔前线撤回任何部队，仅仅从史迪威那边撤回了一个营的兵力。他们从暹罗调来第五十三师进行了尝试，却没有成功，在付出5400人被击毙的代价后，也没能摆脱困境。

5月17日，史迪威发起让日军和我们都大吃一惊的行动，通过梅里尔将军的美国旅的快速前进，攻占了密支那的机场。随后空运援军至此，进攻该城，但日军顽强地一直坚守到了8月初。到了5月末，史迪威的另一个主要目标莫冈，受到钦迪特先头部队第七十七旅的试探，并在6月26日落入他们之手。这些胜利主要归因于史迪威的领导才能、魄力和坚韧；但他的部队也战至精疲力竭，很多不得不后撤。

※ ※ ※

英帕尔附近，局势仍然紧绷。我们的空军具有统治性，但是雨季阻碍了我们要取胜所必需仰赖的空投。我们所有四个师都缓慢地将包围圈往外推。沿着科希马公路，解围的部队和被围困的我军向着彼此前进。这是一场与时间的赛跑。我们怀着紧张的心情关注着局势的发展。

▶首相致海军上将蒙巴顿　　1944年6月22日

三军参谋长对英帕尔的局势表达了忧虑之情，尤其是物资及弹药的储备。你完全有权要求所有必需的飞机稳住局势，无论这些飞机是来自驼峰航线还是其他地方。驼峰航线必须被视为紧急预备队，一旦需要，应该马上联系。

美国人凭借优异的战果，可以让我们的飞机在密支那降落，但没有从驼峰航线调来的飞机，密支那和英帕尔都守不住。如果你不能及时提出要求——需要我在这里帮忙的话，尽管告诉我——那么以后如果不能获胜，也没什么可以抱怨的。抓紧工作，在我看来，局势非常严峻和关键。衷心祝福你。

当这封电报还在路上时，战局已定。在此，我要引述海军上将蒙巴顿的报告：

“6月的第三周，局势严峻，在经过前两个月的一切努力后，看起来到7月初，第十五军可能会耗尽其后勤储备。但在6月22日，离耗尽储备还剩一周半的时间时，英国第二师和印度第五师在英帕尔北部29英里的地方会师了，通往平原的道路就此打开。同一天，物资运送队开始驶入。”

蒙巴顿合情合理地补充说：“日军对印度的企图事实上已经结束了，向前展望，英国将在缅甸取得第一次大捷。”

对日战争的策略

我们面临的选择——我在1944年1月24日的备忘录——海军上将蒙巴顿的代表团的到来——新计划——美国人的目标——蒙巴顿的代表团在华盛顿——日本舰队主力转移至新加坡——对两栖作战行动的阻碍——我们不再掌控孟加拉湾——我在3月10日给总统的电报——总统的回复——3月20日，我给三军参谋长的指令——指令被接受上一章描述的在缅甸和太平洋所进行的激烈而关键的战斗进行的同时，针对指导对日作战的未来整体战略，我们在伦敦有内部争论，在华盛顿，美国人内部也有各种意见，而伦敦与华盛顿之间分歧更是不少。我已在开罗会议那章提及了联合参谋部针对太平洋的长期战略的报告，以及英国将承担的责任，在形势还没有迫切要求研究它，双方也没有共同讨论或者与我们的顾问讨论时，总统和我就对此报告签了字。到了马拉喀什时，我收到请求，要就这一问题给各自治领发一份急件时，我才意识到，英国三军参谋长们离达成共识还有多遥远的距离。我立刻发现，自己也有不同意见，因此召开了扩大会议，参会者包括我和战时内阁成员，以及受我们信任的军方同僚。

简单来说，在我们面前有以下选择：我们应该以澳大利亚为基地，抽调或派遣我们能派出的海军、陆军或空军，在西南太平洋——美国军队的左翼展开军事行动吗？我们的三军参谋长认为我们应该这么做，在开罗，他们就此也不难与他们的美国战友达成一致。另一方面，我和同僚们认为，我们应该朝东向马来半岛和荷属群岛进攻，以印度作为我们的基地。三军参谋长主张，鉴于蒙巴顿只有在德国被击败六个月后才能进行大规模两栖进攻，他们的太平洋增援计划——他们建议我们批准这一计划，应该更早一些开始。

我一回国，立刻召集国防委员会开会，这一问题第一次得到了足够的检验，我们之间也各陈己见。

几天之后，我写下了以下备忘录：

▶首相致伊斯梅将军，转参谋长委员会　　　　1944年1月24日

1.对规划者苦心打造的计划，出席19日会议的大臣们对我表达了强烈的反对意见。我个人也不赞同这些计划，而且这一问题还必须在政府之间进行讨论。要记住，这个计划与麦克阿瑟将军的参谋长给我们的计划完全不同，很显然，在美国人内部对这一问题也有很大分歧。

2.我们无法派遣几艘战舰参与美国舰队将在6月发起的军事行动，当然，我们应该时刻准备在太平洋建起一支舰队。在1944年至1945年希特勒被打败之前，对于在印度和孟加拉湾集结的大批空军和陆军来说，我们无法在这些战场上给他们一个令人满意的战争计划。

3.对于这些部队来说，唯一能奏效的军事行动是苏门答腊（代号“火枪”）。要想引出大批日军飞机和部队，或者赢得重要的据点和安全基地，并从这些地方出发，攻击新加坡、曼谷，或在马六甲海峡攻击日本通往缅甸的交通线，我一直坚信这是最现实的方案。我的同僚们与我想法一致，认为我们应该集中干这件事，要跟美国人说清楚，如果我们在太平洋帮助他们——我们应该这样做，为了能在10月，或11月，或12月进攻苏门答腊，我们期待他们能及时提供足够的登陆艇。按照他们今年持续一年的庞大的坦克登陆舰造舰计划，他们可以做到这一点。

4.我们必须等蒙巴顿派出的军官抵达，然后与他们全面商

讨此事，至少在我们定下意见之前，不要就此事发电报给各自治领。

1944年2月中旬，蒙巴顿的代表团在他能力出众的美国副参谋长魏德迈将军的率领下抵达了。蒙巴顿不认为美国人修建从阿萨姆北部到中国的双向公路的计划能在1946年6月之前完成。因此，他建议放弃这一计划，代之以增加现存的空中线路。如果这样，他就没有必要重夺北缅甸的大部分地区了。据透露出来的消息，他更愿意从马来亚和荷属东印度群岛突破敌人的防线，然后朝东北方向，沿着亚洲海岸线，迅速从一个基地向另一个基地推进。这将打开一条通往中国的海上交通线，也能直接帮助美国人从太平洋中部和新几内亚向日本发起进攻。占领苏门答腊是首要任务，他打算一旦两栖作战兵力在西北欧方向闲下来，就立刻执行这一计划。“火枪”因此复活了。

然而，这一战略有悖于联合参谋部在开罗达成一致的建议。由此，我们在对日长期战略上产生了直接分歧。作为长期鼓吹苏门答腊计划的我，喜欢蒙巴顿的新计划。我也认为，我们高估了占领苏门答腊所需部队的数量，而且如蒙巴顿所述，当前投入缅甸地面战的兵力也是过剩的，而我反对派遣他们去到麦克阿瑟将军的行动中充当一个小角色。在这方面，我得到了外交大臣的完全支持，他认为，英国在远东的角色不应该是美国人的小跟班，这与英国人民的期待不相符。而且，比起对亚洲人民意义最大的广阔区域来说，他们对太平洋上的岛屿没什么兴趣。相反，东南亚司令部所倡导的战略将加速日本的战败，在心理和政治上的作用立竿见影。

而我很明白美国人的想法是在不同的方向。因此，我毫不奇怪在1944年2月25日罗斯福总统的电报里有这么一段：

> 我极其关注最近在战略上更加倾向于未来在苏门答腊和马来亚采取军事行动，而不是立刻对付我们在缅甸碰到的阻碍。在欧洲的战事结果出来之前，我看不出需要大量人力物力来进行的针对苏门答腊和马来亚的军事行动有开展的可能。“火枪”的成功可能对我们有利，但集中兵力在上缅甸将日军赶出去，从而让我们能在中国部署空军力量，更加有利于确保支持我们对台湾——中国沿海——吕宋一线的进攻。

由于魏德迈的代表团的成功，这些没什么说服力。他们在3月去华盛顿面见了美国参谋长联席会议。他们不是第一次出现这样的情况。海军上将蒙巴顿的指挥官们都完全支持他的计划，但他的美国副手史迪威将军却不这么认为。这是可以理解的，因为史迪威除了担任副手，还身兼多职，值得注意的是，他还担任蒋介石的参谋长。有些美国人也认为这不是个好的安排，但我们没有选择，必须同意。史迪威赞同一切可以支援中国的举措，并认为通过公路支援可以比东南亚司令部预期的更早。他有权向海军上将蒙巴顿主张他的观点，当不被采纳时，可以在蒙巴顿的同意下，向他在华盛顿的上司提出他的意见。然而他自作主张，在蒙巴顿不知情之下，派遣代表团去华盛顿陈述他的问题。

美国参谋长联席会议不久之前做出决定，尽管麦克阿瑟将军向菲律宾的进攻应该继续，但主攻应该是海军上将尼米兹从太平洋中部向台湾推进。因此，他们认为解放马来亚和荷属东印度群岛的价值很小，而且已经迟了。他们看不到有任何攻击苏门答腊的必要。他们仍一心一意要通过驼峰航线空运更多物资，并修建缅甸公路。他们还有一项新计划，在中国部署远程轰炸机袭击日本，这将比之前需要更多的物资供应。魏德迈详细陈述了蒙巴顿的计划的优势，却没能说服他的上司和领袖。

※ ※ ※

然而，在此关键时刻，一个未曾预料的头等大事发生了。日军舰队主力，包括7艘战列舰，从太平洋中部转移到了新加坡。他们的目的未明，可能主要是将他们部署在更靠近荷属东印度群岛的石油开采地，但他们可能会闯入孟加拉湾。这种可能性在当时宣告终结了“火枪”行动和印度洋水域的其他冒险的两栖作战行动。我们不再拥有当地的制海权。我立刻认识到了这一令人不快的现实。

▸首相致伊斯梅将军，转参谋长委员会 1944年3月7日

苏门答腊的计划建立在不需要派遣兵力对付日本主力舰队的前提下。当然，这种前提纯属建立在敌人按常理出牌的假设上，而我们无法确保敌人不按常理出牌。然而，当时认为日本人会急于守住特鲁克、拉包尔和其他与美国对峙的前哨，并且准备好舰队行动的可能性。而现在，他们放弃了这种打算，如果他们这样做，从前线撤出，将能够部署他们的舰队进行防御，包括在新加坡驻守一支强大的部队。

而这支舰队在那里，显然让我们无法进攻苏门答腊或采取类似的行动，除非我们在那里集结的海军兵力已可以主动寻求舰队决战。如果日本人被困在新加坡，对美国人来说也是极其

有利的。他们在那里待得越久，海军上将尼米兹就越有机会无所顾忌，快速进攻。日军在新加坡能待多久，取决于美国人前进的速度。似乎可以确定，他们不得不重新集结的舰队，或正在集结的舰队，是为了迎接在菲律宾或者靠近本土的决战。他们返回新加坡后是否会离开的可能性，取决于到时的战局。我们能将他们拖在新加坡越久，对美国的帮助就越大。这是可以做到的，我们要准备好，一旦他们在美国进攻下被迫重新集结舰队，撤到太平洋，就可以采取大规模两栖作战行动。

确保这份备忘录转交给联合计划部。

与此同时，我们与我们的三军参谋长之间进行了很长时间的讨论，有时甚至剑拔弩张。要帮助麦克阿瑟将军和海军上将尼米兹，以澳大利亚为基地的部队的规模要有多大，是部署于东边，还是北边，还是西边？我们的信息并不够，肯定需要进一步调查。显然，这对我们的船运将有极大压力。在3月，在本土的我们之间似乎陷入僵局。三军参谋长们认为，美国人正期盼我们派遣一支舰队进入太平洋，好参加可能在6月展开的军事行动。因此，我认为有必要就这一点和总统说清楚，同时将整体局势通报给他。

▸首相致罗斯福总统　　1944年3月10日

1.在开罗会议的最终报告上，联合参谋部报告说，他们已经就击败日本的整体计划“在原则上达成一致，并将以此为基础进行进一步的研究和准备”。这个计划考虑向太平洋调遣一支英国舰队，并按计划参与1944年6月的军事行动。尽管你和我都签署了最终报告，但我们还没有机会就一些我们认为更急切的问题进行个人之间的交流。自从战时内阁和三军参谋长开始“研究”，我们就始终无法达成一致的结论。与此同时，日本舰队抵达了新加坡，在我看来，这是个重大的新动向。

2.1943年9月，意大利的舰队投降之后，我非常急切地想要派遣我方舰队的一支分遣队尽快前往太平洋，但当我将此事告知海军上将金时，他跟我解释说，美国海军已在此水域对日本有绝对优势，由此我得出了他并不是太需要我们的印象。我从我方在华盛顿的海军代表发来的几封电报里，也趋向于确认上述印象。另一方面，我被告知，海军上将金已发消息给第一海务大臣，说他想要我们的分遣队，但要到八九月份，待分遣队的后勤准备得更充分之后，再抵达那里。结果就是，我怀疑是否在本年度还需要这支分遣队。

3.因此，如果你能告诉我—— 在（1）1944年年底之前或（2）1945年夏季之前，美国在太平洋上是否有具体的军事行动，而缺少了英国分遣队将阻碍或妨碍这一行动的实施—— 那我将非常高兴。

4.另一方面，日本舰队移动到新加坡，如果是由于他们知道我们的战列舰编队已进入印度洋的话，那似乎说明了他们对安达曼海域、尼科巴群岛和苏门答腊非常敏感。如果通过维持对孟加拉湾的威胁，我们可以困住日本舰队或其中绝大部分在新加坡的话，那对你们将大为有利，由此你们可以在太平洋放开手脚执行蛙跳战术，并全速进攻。

5.魏德迈将军可以披露蒙巴顿对印度战区和孟加拉湾的计划。这些计划肯定可以符合蒋介石所做出的那种请求，你曾赞同这种请求，但此前考虑到地中海和“霸王”行动，我们曾认为在雨季之前没有能力做好。我个人仍认为，跨越孟加拉湾的两栖登陆可以用上我们所有的兵力，并在未来十八个月的对日作战中，展现印度的最大作用。现在我们正在检查后勤细节，首先来看，我们似乎可以对孟加拉湾上的岛屿发动两三次攻击，随后再攻击马来半岛，而不是通过长达9000英里的交通线前往南澳大利亚，并从太平洋一侧，贵军的南边展开军事行动。也有反对分散我们的舰队，反对我们在太平洋和印度洋之间执行任务的声音，并认为应该放弃我们从加尔各答到锡兰的现存设施，回到苏伊士运河区域。

6.但在我对此问题在心中做出最终结论之前，我希望知道你对我在第三段的问题的回复是什么，也就是说，考虑当前的现状和日本舰队在新加坡的现实，如果我们将重心仍放在印度洋和孟加拉湾，并在那里利用手中的资源筹划两栖作战行动，是否会阻碍贵方在太平洋的军事行动。

总统对我如此直接的问题的回答是明了的。

▶罗斯福总统致首相　　1944年3月13日

（1）在太平洋上，1944年不存在缺少英国分遣舰队会造成不利影响的特别军事行动。（2）当前还不可能有效预测太平洋战场未来的战况，也就无法确定在1945年可以不需要英国分遣舰队，但看起来在1945年夏季之前，还不需要这样的支援。

考虑到最近敌军的部署，我个人认为，除非我们在太平洋碰到始料不及的厄运，否则贵方海军留在印度洋对我们的共同事业有更大价值。

以上预估当然都是基于当前的情形做出的，因此，也会根据情况的变化而改变。

※ ※ ※

因此，考虑到我和我的内阁同僚们与三军参谋长对此事争论不休，我认为我有责任发出一道命令。这一次，我个人分别交给各位参谋长一封信，而不是召集他们在一起开一次委员会会议。

我将以下的备忘录当作信件亲自交给了各位参谋长。

►首相致第一海务大臣，帝国总参谋长和空军参谋长

1944年3月20日

关于我们是否有责任在1945年夏季之前派遣一支英国分遣舰队到太平洋协助美国人，以及如果我们袖手旁观，他们的行动是否会受到损害，我的问题和总统的回复是很明了的。如今我们知道，我们没有这样的责任，而他们的军事行动也不会因此受阻，而且在1945年夏季之前，他们也不需要我们任何协助（除非遭受惨败）。因此，我们不需要考虑双方的利益，只需要考虑英国的利益就好。

2.当前的形势的严重性印证了我的想法，三军参谋长不愿意在他们的美国搭档面前暴露他们与我、战时内阁成员们之间的分歧。国防委员会上各位大臣已经明确，如果我将问题带到战时内阁成员面前，他们会同意按照英国的利益，在未来十二个月里推行我所说的“孟加拉湾战略”，对此我坚信不疑。因此，作为首相和国防大臣，我有责任给出如下指示：

（1）除非发生预想不到的事情，否则在1945年夏季之前，印度战场和孟加拉湾将仍旧是英国和帝国对日作战任务的

重中之重。

（2）应该做好跨越孟加拉湾，进行两栖作战，来进攻马来半岛和各个日军防守的岛屿的准备，最终的目标是重夺新加坡。

（3）在我们强大的岸基飞机的保护下，要在锡兰、阿杜环礁和东印度的港口建立强大的英国舰队。为这支东方舰队进行的训练必须尽快开展，但要优先考虑“霸王”行动和地中海的需求，以及保卫本国所需要的相应比例的兵力。

（4）东南亚司令部为跨越孟加拉湾进行的两栖作战计划必须好好研究、修正并提高，目的是与敌军近距离交战，并且越快越好。

（5）一旦我确定人选，去澳大利亚的巡访团应该尽速出发。他们应该尽早报告在澳大利亚及其以北重新夺回的岛屿上的现存设施情况，并提出措施，好让我们在想要落实此战略的时刻，可以让东方舰队及其辅助船只，再加上所需的其他船只，进入西南太平洋，并以澳大利亚的港口为基地。

3.我已准备好就以上指令与三军参谋长进行讨论，目的是让我们在与我们的美国朋友讨论时，能够做到心中有数。与此同时，在长期计划上的分歧解决之后，我们可以全身心地投入近在眼前的重大而急切的工作中，为此需要战友之间的团结以及彼此的信任。

这些指令被接受了。但是，由于局势的迅速变化，我还是对指令做了保留，并继续研究其他计划。由于日本的舰队可能会阻止我们跨越孟加拉湾的攻击，而在击败德军之后的六个月内，我们都无法发起大规模的两栖军事行动，因此，我们考虑了一个中间路线。我们内部称之为“中间战略”的这一计划，目标是自澳大利亚向北进攻，帮助麦克阿瑟将军解放婆罗洲，然后要么攻击新加坡、马来西亚，要么进攻香港或中国沿海地区。为此我们要组建一支英国和澳大利亚的联合部队，并由一位澳大利亚指挥官指挥，而他则要受命于麦克阿瑟。

这一计划的不利之处是明显的。“中间战略”对在太平洋中部的美国人没有多大帮助。如果他们进展顺利，我们将赶不上进攻婆罗洲，甚至赶不上进攻香港，我们可能会发现自己将置身于太平洋的主要战斗之外，而我们是决心分担责任的。澳大利亚人欢迎设立一个帝国司令部的想法，这样就可以缓解美国人在整个区域占据的主导地位，但他们东海岸的基地已经全部被占用了。而如果为了适应英国的需要重新进行组织，可能会导致混乱。况且，到澳大利亚的航程要远大于到印度的航程，这将对我们的航运造成极大压力。

那时，这些难题的大部分都悬而未决，但5月1日在伦敦召开的自治领总理会议上，曾探讨过一些大的问题。澳大利亚和新西兰总理都被保证，我们不会再增加他们的国家所承担的战争工作，而他们则声明赞同“中间战略”。他们也同意筹集部队和大部分飞机。这一计划也给了各自治领一个有用的机会。然而，到最后这些计划也没有实施。在开罗会议召开时和之后几个月所存在及预见的形势，很快发生了根本性的改变；总之，对日战争结束的方式和日期，在当时的讨论中是做梦也想不到的。

第二次魁北克会议

9月5日，我从克莱德远航——英国的对日作战计划——1944年能击败德国吗？——我们需要预先阻止俄国人进入中欧——9月10日，我们在哈利法克斯上岸——9月13日，我们在魁北克城堡里的第一次全体会议——我对战争进程的回顾——我提出派遣英国舰队去太平洋，并让他们接受美国最高统帅的指挥——美国人在太平洋的军事行动——波特尔勋爵为皇家空军制订的计划——9月13日，我发回本土的电报——“友谊的宣示”——摩根索计划——9月16日，联合参谋部的报告——从北边向德国大举进攻的好处——意大利之战——巴尔干计划——击败日本——前往海德公园的告别之旅——启航回家

9月5日，星期二，我们再次从克莱德乘坐“玛丽皇后号”远航。三军参谋长都跟着我，在六天的行程里，我们每天会面，有时候一天两次。我希望在我们与美国朋友会面之前，能协调并把握好我们面前的计划和安排。在欧洲，“霸王”行动不仅发起了，而且大获全胜。我们该采用什么方式、什么时候、在哪里发起对日本的进攻，并确保英国在最终胜利时分享荣耀？我们的损失如果不比美国多，也不比他们少。超过16万名战俘和被拘留的平民仍在日本人之手。必须解救新加坡，解放马来亚。将近三年里，我们一直坚持“德国优先”的战略。而现在，到了解放亚洲的时候了，而我下决心，我们应该在此过程中充分和平等地发挥作用。战争到此阶段，我所害怕的是美国会在很多年之后说：“我们去欧洲帮了你们，而你们却对了结日本袖手旁观。”我们必须通过战斗重夺在远东的合法属地，而不是在和平桌上，由别人交还给我们。

很显然，我们的主要贡献会是在海上和空中。我们舰队的大部分现在都可以转移到东方，我决定，对我们的美国盟友的首要要求就是，让我们全面参与对日主攻。而在德国被击败之后，皇家空军也将立即投入对日作战。

陆军的行动要更复杂一些。在中国，局势变得很糟，海军上将蒙巴顿受到两方面压力，一方面为了打通缅甸公路，要向缅甸中部进军——被称之为“首都”的军事行动；另一方面，要增加通过喜马拉雅山的物资空运。另一个能立竿见影的计划就是跨越孟加拉湾进行两栖进攻，占领仰光，向内陆深入，切断日军与他们位于暹罗的基地和交通线的联系。这一军事行动就是“德库拉”。与此同时，我们在缅甸中部的部队可以横扫而下，与在仰光登陆的部队会师。我们希望这能够扫清这个国家的残敌，让我们能够对苏门答腊发起两栖进攻。

但所有这些工作所需要的人力物力，在当时的东南亚都是不够的。他们只能从欧洲调过来。登陆舰必须从地中海或从“霸王”行动处调过来，而部队则从意大利或其他地方调过来，而他们必须立刻出发。这时已是9月。仰光位于河口上方40英里处，由于翻浆和泥泞的河岸，环境复杂。雨季从5月初开始，因此，我们最迟必须在1945年4月发起进攻。而此时开始削减我们在欧洲的兵力，安全吗?

我并不确定在1944年就能击败德国。在近七周里，我们连续取得军事胜利，这是事实。巴黎解放了，法国的大部分已肃清敌军。我们在意大利的推进持续着。苏联的进攻尽管暂停下来，但随时可能再次向前。希腊很快会被解放。希特勒的“秘密武器”也几乎被控制了，也没有迹象显示他已掌握制造原子弹的技术。所有这些及其他很多因素，让我们的军队中产生一个念头，认为纳粹很快会崩溃。但我并不这么认为。我还记得德国在1918年3月发起的猛攻。在9月8日我主持的三军参谋长会议上，我据此提醒他们，不要基于德国立即崩溃来制订计划。我指出，德军在西线的抵抗已经加强，而美国人在南锡严重受阻。我说，德国守军在大部分港口仍在顽强抵抗，美国人还没有占领圣纳泽尔，在通往安特卫普——这是我们急需的港口——的斯海尔德河河口处，敌人也在岸边苦战不休。

另一件事情也压在我的心头，我非常渴望能将俄国人预先阻拦在中欧之外。比如说，匈牙利人已说过，他们打算抵抗苏联人的进攻，但如果一支英国部队能及时抵达的话，他们愿意向英国部队投降。如果德国人从意大利撤离，或者退入阿尔卑斯山，我希望亚历山大能派遣他的两栖部队跨过亚得里亚海猛攻，夺取并占领伊斯特利亚的利亚半岛，并争取在俄国人之前抵达维也纳。看起来要将他的部队调往东南亚还太早了一点。参谋长委员会同意，在凯塞林的部队被打退到皮亚韦河时，才会考虑撤出亚历山大的某些部队。那时，我们的前线仅仅只有现在一半的宽度。届时，为进攻仰光所需要的一个印度师才会从亚历山大那里调离。即便如此，我也不是太满意。而关于在伊斯特利亚的利亚半岛登陆的事情，有人告诉我，我们要么必须从美国人那里借本该调往太平洋的登陆舰，要么就从法国的兵力中抽调。而接下来需要余下的登陆舰来占领仰光。这些必须在5月雨季之前完成，但如果我们要在伊斯特利亚的利亚半岛使用这些船只，它们就无法及时抵达那里。

结果，在远航中，经过长谈，对如何跟我们伟大的同盟说这件事，我们之间达成了一致。

※　　※　　※

9月10日，我们在哈利法克斯上岸，并在第二天早晨抵达魁北克。而我们的客人罗斯福总统和夫人已在我们之前抵达，总统还亲自去了站台迎接我。魁北克城堡再次成了我们的家，而参谋们则专享了弗兰特纳克城堡。

9月13日，星期三的早晨，我们召开了第一次全体会议。在我身边的有布鲁克、波特尔、坎宁安、迪尔、伊斯梅和莱科克少将（他接替了蒙巴顿的联合行动部首脑的位置）。而总统身边则有莱希、马歇尔、金和阿诺德。唉，这一次，哈里·霍普金斯没有来。他在我离开英格兰之前发了一封电报给我："尽管现在我感觉好多了，但我仍然必须休息，因此，我觉得自己不应该冒着健康受损的危险，去参加亚伯拉罕平原上的魁北克战役，在那里已有比我更好的人物牺牲过。"那时，我还不知道他和总统的关系已发生根本性的改变，但我相信，他会被人们深深怀念的。

罗斯福总统请我为讨论揭幕。于是，我对战争做了一场整体回顾，而内容是我在行程中已准备好的。自我们的开罗会议之后，盟国的事务发生了更好的革命性的转变。我们点石成金，在过去七周里军事上无往不胜。而自德黑兰会议之后局势的发展，证明了我们卓越的设计和精准的执行。首先是安齐奥登陆，接着在"霸王"行动发起前夕，我们占领了罗马。这似乎是最完美的时机。对于"龙骑兵"作战行动取得的优异战果，我对美国参谋长们表示了祝贺。这次行动似乎已经抓获了八九万名战俘，而法国南部和西部的敌军也被有条不紊地清除了。未来的历史学家们肯定会说，自德黑兰之后，我们盟国的战争机构效率格外高。

尽管现在大英帝国已投入战争六个年头，但我很高兴我们仍然屹立不倒，而我们的总人口，包括自治领和殖民地，仅有7千万白人而已。我们在欧洲的兵力，如果以师来衡量的话，与美国的一样多。事情本该如此，而我很骄傲我们能与我们伟大的同盟平起平坐。我们的力量现在已达到顶点，而我们的盟国则仍在增长中。艾森豪威尔将军得到了完全的信任，而他与蒙哥马利将军关系也前所未见，而蒙哥马利将军和布莱德雷将军的关系也同样如此。比德尔·史密斯将军在领导和团结参谋人员上，显示出最高的水准。一个高效的一体化的英美参谋机构已经建立起来，而且战功卓著。

在意大利，亚历山大将军于8月底恢复了攻势。自此之后，第8集团军伤亡8000人，而第五集团军伤亡1000人。第五集团军此前还没打过这样的恶仗，但他们总有一天要打。在这一战场，有一批前所未见的最具代表性的大英帝国军队。这支军队由十六个大英帝国师组成，包括八个英国师，两个加拿大师，一个新西兰师，一个南非师，以及四个英印师。我解释说，我曾担心因为缺乏某些必需的力量，亚历山大将军无法打响这场激烈的战役，但现在我了解到，联合参谋部已经同意，在凯塞林的部队被摧毁或逃出意大利之前，不会调走亚历山大的部队。马歇尔将军确认了这一保证，我据此强调说，在如此情况下，我们必须寻找新的战场。绝不能让我们的军队无所事事。我说，我一直对从右翼的亚得里亚海腋窝位置插德军一刀很感兴趣。我们的目标应该是维也纳。如果德国的抵抗崩溃了，我们当然能更快、更轻易地抵达那座城市。如果没有崩溃，我认为应当考虑通过夺取伊斯特利亚半岛并占领的里雅斯特和里耶卡来实现这一目标。美国参谋长联席会议表示，如果认定值得和必要的话，他们愿意将留在地中海，并准备进攻法国南部的登陆舰提供给我们，为此军事行动进行一次两栖登陆作战，这让我放心不少。另一个向右翼移动的理由是，俄国人会快速侵入巴尔干半岛，并让苏联的影响力在此散播，这很危险。

※　　※　　※

接着我回顾了缅甸的战役。战役的规模非常大，有25万人参与，而且英帕尔和科希马的战斗都极其激烈。史迪威将军成功占领密支那，值得祝贺。我方有4万人在战斗中伤亡，并有288000人次的伤病。幸运的是，大部分伤病者都得以康复，重新投入战斗。这场战役的结果是，从空中到中国的航线仍能维持，印度也免于遭受攻击。据估计，日军损失了10万名士兵。迄今为止，缅甸战役是日军所参加的最大规模的陆地战。

我继续说道，尽管有这些胜利，但在缅甸丛林中无休止的战斗对我方是极其不利的。为此，英国三军参谋长提议展开“德库拉”行动，以占领仰光。此事的困难之处在于，要在1945年雨季之前，聚集必需的兵力，并及时地将他们运送到东南亚以便占领仰光。欧洲当前的战局尽管顺利，但还不足以做决定现在就撤出部分兵力。我们希望的是，时间尽可能长地保留这个选择，所有的工作都要指向这个目标。

某些麻烦制造者会说，一旦德国被打败，我们就不会分担对日本的战争了。大英帝国不仅不会逃避这一责任，而且热切盼望能尽可能大地参与其中。我们有充分的理由这么做。大英帝国对日本的仇恨和美国一样多。英国在战斗中被夺走了领土，并损失了无数的生命。我现在提议，英国的主力舰队将在美国最高统帅率领下，参与对日作战的主要行动。我们应该会有一支强大而且齐备的兵力。我们希望到1945年底时，这支兵力将包含我们最新式的装备15英寸大炮的战列舰。同时将会建起相应比例的舰队保障力量，让战舰能在相当长时期不需要岸上的补给。

总统插话说，可以立刻接受英国舰队。对此，尽管没有提及现实，他还是推翻了海军上将金的观点。

我继续说，派遣一支英国舰队到太平洋中部，也不会妨碍我们在有需要的情况下，派一支分遣队到西南太平洋帮助麦克阿瑟将军。当然，我们没有任何干涉他的指挥的意图。为了对击败敌人进一步做贡献，皇家空军也愿意加入，对日本进行猛烈轰炸。我们将组建一支优秀的轰炸机队伍，并光荣地与他们的美国战友一道，分担攻击敌人心脏这一危险任务。而陆军方面，当德国被打败后，我们也许能从欧洲派六个师去东方，也许不久还能再派六个师。在东南亚，我们拥有十六个师，他们最终都可以投入战斗。我一直鼓吹跨越孟加拉湾去进攻，并展开收复新加坡的军事行动，新加坡的沦陷对英国的威信是沉重而且屈辱的一击，我们必须雪耻。这些想法并非一成不变。首先我们应该夺取仰光，再看看局势发展。如果设计出来更好的计划，绝不能置之不理。我们关键要做的是，在尽可能早的时刻，用我们最大规模的兵力去对付敌人最大规模的兵力。

※　　※　　※

总统对我的回顾表示感谢，他说，在英美之间的每次会议上，双方的观点和基本思想日趋一致，这是让人深感满意的事情。而且这里总是充满诚恳和友善的氛围。我们的事业已兴旺发达，但仍然无法预测与德国的战争何时才能结束。我们知道德国人正在从巴尔干撤离，而在意大利他们似乎会向阿尔卑斯山撤退。在东线，俄国人已接近匈牙利边境。德国人已展示出他们擅长组织撤退，保住了很多人力，尽管损失了不少物资。如果亚历山大的战役进展顺利，我们应该很快会抵达皮亚韦河。所有在意大利的兵力必须全力以赴。在西线，德军有可能撤退至莱茵河后。而莱茵河右岸将成为他们的西部防线，布置有强大的工事。我们必须进攻他们，或者从东边，或者从西边，因此，我们的计划必须灵活一些。德军仍未被击溃，我们必须打一场更大的战役，而对日本的作战行动则需要视欧洲的战局而定。

总统同意，一旦我们肃清在缅甸的日军，就立刻转移。美国人的计划是占领菲律宾，并从菲律宾或台湾，以及在中国夺取的桥头堡发起对日本本土的攻击。如果部队能在中国的内陆站稳脚跟，那么中国会被解救。美国人的经验是，“外侧迂回进攻”战术非常有效。拉包尔就是这种战术的一个实例，以较小的代价获得了相当大的成功。他问，是否能绕过新加坡，占领在它以北或以东的某个地方，例如曼谷？他说在此之前，他对苏门答腊计划并不太热衷，但现在，这一行动取得了很大的战果。

我说，所有这些计划都会被检验，然后排定顺序。但我们要等攻占仰光之后，再做决定。我们也不能忽略，在德黑兰，斯大林自愿承担任务，在希特勒被击败之后，俄国将加入对日作战。没有理由怀疑斯大林不会说到做到。毫无疑问，俄国人对东方也有很大的野心。如果希特勒被击败——假设是一月份，日本将面对世界上三个最强大的国家，对于是否继续战争，相信他们会三思。

接着我再次表达我们的立场，明确要求保证英国舰队参与对日作战的主要军事行动。

“我很高兴，”总统说，“随时随地看到英国舰队。”

海军上将金说，联合参谋部已为此准备了一份文件，这个问题正在积极研究中。

“英国舰队的提议已经说完了，”我重复一遍，“可以同意吗？”

“同意。”罗斯福总统说。

“你们也会让皇家空军参与主要军事行动吧？”

这个问题要得到直接的答案就难多了。马歇尔说，阿诺德将军和他正试着设法将最大数量的飞机利用起来。“不久之前，”他解释，“我们的飞机短缺。现在飞机过剩了。如果你们要大规模攻入东南亚和马来亚，难道不需要你们大多数空军兵力吗？还是波特尔轰炸日本的计划是完全分开的两回事？”

“两回事。”波特尔回复，“如果我们的兰开斯特轰炸机在空中加油，它们几乎能和你们的B-29飞一样远。”

我说，未来取决于我们良好的关系，为此，英国在对日作战的主要军事行动中分担责任是极其重要的事情。美国在我们对德作战中给予我们最大方的支援。为了回报此盛情，大英帝国将在美国击败日本的过程中倾尽全力。

※　　　※　　　※

会议之后，我向本土发电报：

▸首相致代理首相及战时内阁　　　　1944年9月13日

1.会议在友好的气氛中开幕。参谋长们几乎已经完全达成一致。在凯塞林逃入阿尔卑斯山或被击溃之前，我们不会削减亚历山大的兵力。我们将拥有在地中海的所有登陆舰，可以利用它们，发起从北亚得里亚海域向伊斯特利亚和的里雅斯特等地进攻的两栖登陆计划。

2.如果战争持续时间够长，如果没有别人首先占领那里，我们攻占维也纳的想法在此得到完全同意。

3.在亚得里亚海的任务结束之后，登陆艇可以毫无阻碍地前往孟加拉湾，或视情况需要到更远的地方。

我也能消除我们在地中海的指挥官们的疑虑。

▶首相致威尔逊将军和亚历山大将军　　1944年9月13日

1.在这里与你们相关的都是好消息。在凯塞林被处理（我们的情报认为这是可能的）之前，不会削减亚历山大的部队。

2.此外，海军上将金不会要求调走地中海的登陆舰，美国人已准备好，在切实可行的情况下，同意使用这些登陆舰在北亚得里亚海展开两栖登陆行动。

3.因此，希望你们在此有利形势下能大胆行动。如果战争持续时间够长的话，美国人对我们向维也纳推进的计划也会毫不犹豫地支持。我对你们所有的想法在此都得到满足深感欣慰。我们一定要将这些优势转化为胜势。

※　　※　　※

在接下来的几天里，我和总统以及他的顾问进行了数次交谈。我抵达魁北克后，很惊讶地发现，陪着总统的既不是国务卿也不是哈里·霍普金斯，而是美国财政部长摩根索先生。但我很高兴见到摩根索，因为我们急需讨论，在攻占德国和击败日本期间，我们两国之间的财政安排。然而，总统和他的财政部长却更关心在战后如何处置德国的问题。他们强烈地感受到，工业力量决定军事力量。在20世纪30年代，我们已看到，高度工业化的德国是如何轻而易举地武装起自己，威胁邻国。他们主张，德国这么大的国家不需要拥有如此强大的工业，而且仍能养活自己。联合王国失去了众多的海外投资，只有当和平到来，他们能大幅增加出口时，才能维持好自己，因此从经济和军事上看，我们应该限制德国的工业，而鼓励德国发展农业。一开始，我就强烈反对这一想法。但总统和摩根索先生——我们还有很多事情要和他谈——是如此坚持，最终我们同意这样考虑。

所谓的"摩根索计划"（我没时间来解释其细节），似乎将这些想法下了一个超出逻辑的结论。即使它是可行的，我仍不认为将德国人的生活水准压得如此之低是正确的；但在当时，当基于德国工业的德国军国主义对欧洲造成了如此大的破坏之时，他们的工业能力不应恢复到让他们拥有超过邻国的生活水平，这样的想法似乎也并非不公平。当然，所有这些都在战时内阁进行了全面考虑，并在我的同意之下，"田园化"德国的想法被否决了。

※　　　※　　　※

9月16日，星期六中午，我们举行了最后一次会议。联合参谋部此时已完成了给总统和我的最终报告，在罗斯福总统的要求下，海军上将莱希将它逐段念给我们。其梗概如下：

> 9.最高统帅的总体目标是全速摧毁德国军队，占据德国的心脏地带。他认为，他在西线最有机会击溃敌军的地点是鲁尔

和萨尔一线，因为他相信，敌人会集中其残存兵力，守住这些至关重要的区域。一开始的军事行动将攻破齐格弗里德防线，占据莱茵河的渡口。而他的主攻方向是在左翼。接着他将进行后勤准备，然后向德国内部深处猛攻。

10.我们已同意艾森豪威尔将军的计划，并提请他注意：

（1）从北线攻进德国的优势，以及从南边攻入的劣势。

（2）在坏天气来临之前打开西北方向的港口，尤其是安特卫普和鹿特丹的必要性。

对此总体目标，我并没有不同意之处，但读者可以回想一下，在跨越大西洋的航程中，面对英国三军参谋长，我曾怀疑是否能很快击败德国。我按照这一精神写了一份文件，并会将它放入后续的章节中。龙德斯泰特的反攻还在后头，而跨越莱茵河也多等了六个月才实现。

※　　※　　※

对意大利的军事建议如下：

11.我们已检验了威尔逊将军对他的战区军事行动的报告。在意大利的战役范围内，他认为军事行动将朝两个方向中的一个发展：

（1）凯塞林的部队被打跑，在此情形下，可以快速重整部队，向卢布尔雅那缺口方向追击（并通过布伦纳小道越过阿尔卑斯山），留下一支小部队清扫意大利西北部；

（2）凯塞林的部队成功组织了有序的撤退，在此情形下，我们本年度能做的不过是肃清伦巴第平原的敌军。阿尔卑斯山复杂的地形和严酷的气候，会让我们在1945年春季之前无法发动另一场大的进攻。

报告继续如下：

12.我们同意：

（1）在亚历山大将军当前的攻势结果出来之前，不会有主力团从意大利撤出。

（2）美国第五军撤退的愿望应该依照亚历山大将军当前攻势的结果，德国人撤至意大利北部，以及艾森豪威尔将军的意见来重新考虑。

（3）告知威尔逊将军，如果他想在伊斯特利亚的利亚半岛使用当前在地中海的两栖运输舰只，那么他应该尽快向联合参谋部提交他的计划，最迟不应超过10月10日。我们会将此计划报告给盟军最高司令官。

在这里我必须留心提出条件。在亚历山大的攻势结果出来之前，不会有主力团被撤走，这样很好。但攻势要推进多远？譬如，如果他仅仅被允许抵达里米尼一线，那么这个建议是相当不可接受的。于是我说，我希望他能被允许进攻并占领波河河谷一线，当马歇尔和莱希同意，并说这也是他们的意思时，我心宽慰不少。

接下来，我感谢海军上将金承诺借登陆舰给我们来实施对伊斯特利亚半岛的进攻。海军上将强调，他们也希望能使用这些登陆舰进攻仰光，因此我们必须在10月15日之前做出进攻伊斯特利亚的决定。

※ ※ ※

报告接下来的一章详细解释了我们对巴尔干半岛的军事行动的联合建议。其内容如下：

> 13.威尔逊将军认为，应该预先考虑到这样一种情况，那就是德军主力会沿南边的里亚斯特——卢布尔雅那——萨格勒布一线，固守多瑙河，并一直防守，直到补给被切断，一旦如此，他们要么准备向我们投降，要么会被游击队或俄国军队清算。我们已留意到，随着意大利的战斗继续，在地中海区域除了以下部队，没有别的部队可以部署于巴尔干：
>
> （1）一支由从埃及出发的两个英国旅组成的小部队，他们准备攻占雅典区域，并为解放希腊，让希腊政府重建法律和秩序铺平道路。
>
> （2）在亚得里亚海上的一小支登陆部队，他们将主要用于突击类型的军事行动。

我们都表示同意，没有修正或异议。

※ ※ ※

而关于太平洋战场的建议则立足于灵活性和捷径。盟军占据优势的海军和空军应该可以让我们在任何可能的地方，避免代价高昂的地面战。在东南亚，我们同意从缅甸北部陆路进攻的同时，要结合两栖作战占领仰光。我表示，在接受英国承担责任，保护通往中国的空中航线和陆路交通的同时，任何责任过度的倾向都会排除我们进攻仰光的可能，而三军参谋长和我都希望能在1945年季风雨之前占领那里。

报告余下的部分都基本没有异议地得到同意。而计划结束对日战争的日期被定在了击败德国之后的十八个月。

接下来的段落是照原文逐字陈述的：

> 33.一旦德国军队的有组织抵抗被粉碎，德国部分的下一篇章就是，从军事观点上看，联合参谋部不能接受将德国分配给苏联政府进行缴械、巡查，以及维持秩序。
>
> 34.为了对德国进行缴械、巡查，以及维持秩序：
>
> （1）英国军队将在英国司令官指挥下，占领德国莱茵河以西、莱茵河以东科布伦茨以北、黑森州以及拿骚北部边界，以及紧挨苏控区边界的地区。
>
> （2）美国军队将在美国司令官指挥下，占领德国莱茵河以东、科布伦茨北方边界往南至黑森州——拿骚边界，以及所有苏控区边界以西的地区。
>
> （3）不来梅港的控制，以及作为缓冲区的邻近区域，将由美国控制区司令官来定夺。
>
> （4）除此之外，美控区将以英控区的西边和西北方的港口作为进出口。
>
> （5）对以上英美两国占领区的精确绘制将在此后进行。

※　　※　　※

9月17日，星期天，我携妻子和女儿玛丽坐火车离开魁北克，前往海德公园与总统会面并告别。

9月19日，我在那里吃了午餐。哈里·霍普金斯也出席了。他被邀请，显然是为了取悦我。他向我解释了他调整后的职位。他已不再受总统欣赏。在午餐上，发生了奇怪的事情，当时他迟到了几分钟，总统甚至都没有和他打招呼。当霍普金斯恢复他的影响力时，我与总统的关系的亲密度也得到了提升，我们的事务也运转更快了，这是显而易见的。在两天时间里，一切就好像回到了往日。他对我说："你要知道，我是今不如昔了。"他同时做的事情太多了。甚至他旺盛的精力也在繁复的活动中垮掉了。

晚餐之后，我离开前往纽约，然后在次日早晨登上"玛丽皇后号"。回家的航程没有意外。我们在9月25日抵达克莱德，并立即动身乘火车前往伦敦。

在缅甸的进攻

1944年6月，解救英帕尔—— 日军损失巨大—— 第十四集团军的进攻—— 在季风雨期间交战—— 8月3日，史迪威将军占领密支那—— 他的“火星旅”—— 蒙巴顿访问伦敦，解释他的计划—— 我在9月12日对军事行动的备忘录—— 德军的抵抗迫使我们推迟对仰光的进攻—— 10月5日，蒙巴顿的坏消息—— 进攻持续—— 美国高级指挥部的改变—— 1944年12月，斯利姆将军占领跨越钦敦江的两个桥头堡—— 中国的危机—— 总统在12月1日的电报—— 两个中国师以及运输机中队撤离—— 对曼德勒的进攻—— 1945年1月，重开滇缅公路—— 1月23日，我给蒙巴顿的电报——在若开的冬季战斗—— 占领阿恰布在缅甸的拉锯战，此前已描述，主动权已落入我们之手。1944年6月，当从北方而来的解围部队与向外进攻的斯库恩斯将军的守军会师之时，日本对印度的入侵在英帕尔的高原山地上被粉碎了。通往迪马布尔的道路打开，车队源源不断开进。但仍有三个日军师团需要往钦敦江方向驱赶，那里是他们出发的地方。他们损失殆尽。在战场上，我们统计的就有13000多人死亡，再加上因伤、因病、因饥饿而死的人，总计损失的人数，按日本人自己估计有65000人。雨季此时达到顶峰，在过去数年，它都让活跃的军事行动停滞不前，毫无疑问，日军期望这样的停滞能让他们可以解救并集结被打散的第十五军。但我们不给他们喘息的机会。

英印第十四集团军，在斯利姆将军杰出而且强有力的领导下，发起了进攻。他们的第三十三军首先扫清了乌克鲁尔周边，而第四军则夺回了英帕尔平原的南部。到了7月底，日军的抵抗被粉碎了，第三十三军追击敌军，直抵钦敦江。沿着山间的道路，他们不断发现敌军惨败的证据—— 大量被丢弃的枪支、运输工具和装备；数千名敌军躺在地上，要么死了，要么奄奄一息。印度第五师从南部向迪登追击，一开始任务更为艰巨。正对着他们的日军第三十三师团并不像其他师团一样遭受重创，并得到了增援。穿过山野的蜿蜒狭窄的道路更易于防守。日军的阵地一个接一个被攻克，皇家空军第二二一大队在空军中将文森特率领下，在步兵进攻前夕，对敌军展开猛烈轰炸。在这里，就跟此时在缅甸各地一样，每天进展不过数英里，非常缓慢。而我们的士兵在热带雨水之中战斗，每日每夜都被淋透。所谓的道路在天气好时是条土路，此时已踩踏成了厚厚的泥浆，大炮和车辆通过这些道路时经常需要人拉肩扛。进展的缓慢并不奇怪，让人惊讶的倒是竟然有进展。

在若开，我们的部队遇到了活跃的抵抗。在丛林密布的群山中，在狭窄的沿海地带的稻田之间和红树林沼泽里，雨季大雨滂沱，有时候一周雨量能达到20英寸，阻碍了大的军事行动。在北方前线，史迪威将军的部队稳步推进。8月3日占领密支那，让他拥有了一个在未来展开陆路军事行动的前哨，而更重要的是，美国对中国的空运由此有了一个中转站。著名的“驼峰航线”不再必须经常冒风险，从阿萨姆北部直接穿过高山前往昆明。而阿萨姆北部的长路也有了进展，过后不久就与此前的滇缅公路相连。而阿萨姆紧张的后勤交通线，也由于从加尔各答铺设过来的750英里的油管而轻松不少，这条油管要比著名的从伊拉克到海法的沙漠油管长得多。

为了向南推进，史迪威将他的五个中国师重组成两个“集团军”，一个集团军从密支那向八莫和南坎方向，另外一个杀向瑞古和杰沙。后面这条进攻方向的先头部队是英国第36师，他们归史迪威指挥。他们接替了在伦泰恩将军指挥下的钦迪特旅，这个旅在历经六个月的苦战和吃力的军事行动之后，至少与敌人十一个营交手并战胜了他们，他们被撤下来做渴望已久的休整和补充。作为手中的预备队，史迪威保存了他的“火星旅”，一支大约1000人的机动、轻装部队，他们主要由美国一个团组成。用这些兵力，他在8月初开始前进并渡过伊洛瓦底江，在他的东边紧挨着中国“云南”集团军，大约10万多人，他们从萨尔温江向南坎前进。

※　　※　　※

此时，未来在东南亚的军事行动战略再次被拿出来讨论，在与他的总司令、海军上将萨默维尔、吉法德将军、空军上将皮尔斯商议之后，蒙巴顿来到伦敦解释他的计划。他已经允诺从陆路向缅甸中部进攻，直到第十四集团军跨过钦敦江并与从北边来的史迪威的部队会师。但补给线越来越长，而他所仰仗的运输机有限，能否从曼德勒前进至仰光，就成了问题。因此，他建议执行在上一章所提及的对仰光的大规模两栖攻击，代号“德库拉”。一旦在那里站稳脚跟，他的部队就可以向北猛攻，与第十四集团军会师。这是个很棒的想法，但它需要更多的部队和更多的船只，超出了蒙巴顿所拥有的人力物力。而这些人力物力只能从欧洲西北方向调遣。

我对此计划及其变通的意见，在魁北克时，写在了一份备忘录上。

▶首相致伊斯梅将军，转参谋长委员会　　1944年9月12日

对日作战

1.英国在这场战争中的任务可以有两种形式，直接参与美国在远东的具体计划，或者英国主要牵制敌军，从陆路和空中消耗敌军兵力，并夺回被日军攻占的英国领地。这两种形式中，我更喜欢后者，因为：

（1）尽早与最大数量的敌人短兵相接，并尽可能坚持最

长的时间，这似乎总是明智的战略；

（2）达成这一目标的最好方式，是跨过距离很短的孟加拉湾，目标是“德库拉（仰光）”“火枪（苏门答腊）”，或者其他可行的首选目标。

（3）要减少与敌人正面交锋，就要拉长其交通线。从管道一端注入的喷泉，到另一端将变成涓涓细流，随着路程的延长，损耗将变大。

2.出于以上理由，我反对派遣任何英国部队加入归麦克阿瑟将军指挥的澳大利亚和新西兰军队当中。那样的贡献既小又慢。另一方面，我不反对派遣一支英国海军特遣部队去支持麦克阿瑟将军，包括航空母舰，皇家空军中队，只要分派这些兵力不会削弱我们跨过孟加拉湾的主要军事行动就行。

3.海军上将莱希昨天告诉我，他们已决定接纳英国的提议，让我们的舰队参与对日的主要军事行动。特遣部队去支持麦克阿瑟将军的军事行动，与此政策是一致的。

4.总之，我们的政策应该是，海军对美国的主要军事行动给予最大规模的协助，但保留我们自己对仰光的猛攻或某个目标作为首选行动，来发起我们对新加坡的主攻。这里是英国在整个印度和远东战区的优先目标。最好的奖赏就是能恢复英国在此区域的威信，为此，我们能给美国的军事行动提供的最大支持，就是用最激烈的战斗，尽早地缠住尽可能多的敌人。

在魁北克的讨论时，我们将美国人也拉进仰光计划当中。这预示着很多便利之处。在缅甸和印度边境的群山和丛林里的六个月的战斗，单是伤患一项，预计将让英国和帝国付出288000人的损失，但从海上对仰光发起攻击，同时从北方进攻，将会切断敌军交通线并切割其部队。摧毁在缅甸的日军将会腾出相当多的部队，这些部队可以立刻攻击孟加拉湾周边的目标，只要这些攻击对我们的共同事业最有利，能消耗日本军队，尤其是其空军力量。为此目的，我们下决心绷紧神经，要在1945年3月15日对仰光发起攻击。这样一场行动需要五六个师的兵力，蒙巴顿仅能提供两三个师，而联合王国能抽调的也不超过一个师。失败则意味着，不仅会拉长在缅甸的行动，让士兵毁于伤病，付出没有必要的牺牲，而且会打乱我们未来——甚至远至1946年——对马来半岛的整体部署。

而我建议的解决方案，是派遣一两个美国师到那里，而不是从欧洲抽调。这比从蒙哥马利正在战斗的部队中抽调两个师要好得多，而且能迅速投入更多部队对日作战，却不必撤走任何与德军交战的部队。在魁北克时，我已解释不想在那里、在那时做出决定，而只需要让美国参谋长联席会议考虑我的建议即可。马歇尔将军答应会考虑，但出于各种理由，我的建议并未被采纳。而对德国在年底之前投降的乐观估计——对此我不敢苟同——也失败了。到了9月末，显然，德国的抵抗将会持续到冬季并且超过冬季，蒙巴顿被命令——不是第一次——只能利用他手头的兵力来行动。我发了如下电报：

▶首相致海军上将蒙巴顿　　　　1944年10月5日

国防委员会被迫做出决定，3月的“德库拉（仰光）”行动撤销了，三军参谋长已将此建议提交给了美国参谋长联席会议。过不了多久，你会收到正式命令。与此同时，你要明白，决定推迟这一行动，要归因于西方战场需要更多的兵力，而非针对你。你现在将执行“德库拉”的日程定在11月（1945

年）。没有能力发起这一行动，让我深感遗憾，我曾对此投入心血，但德国在法国和意大利的抵抗比我们预期的要严峻得多。我们必须首先肃清他们。

※ ※ ※

此时，我们的第十四集团军和史迪威的部队正在缓慢推进。印度第五师在10月18日占领了迪登，并在精准而密集的轰炸下，肃清了占据海拔8000英尺的肯尼迪峰的敌军。自此之后，他们向吉灵庙进发。第三十三集团军在攻占塔木之后，派遣了一个东非旅向东。他们在锡当的钦敦江两岸建起了宝贵的桥头堡。东非第十一师余部向南沿着卡包（kabaw）河谷向吉灵庙进发，在那里他们与印度第五师携手，于11月14日攻入城内。这是一趟伟大的行军，因为经过的这些区域以疟疾和恙虫病而臭名昭著。现在，我们在缅甸的所有部队都养成了良好的卫生习惯，而新药物米帕林的使用，以及不断喷洒杀虫剂，让我军患病比率非常之低。但日军则缺乏这些预防措施，数百人死去。东非师从吉灵庙向葛礼瓦推进，并渡过了钦敦江。在这里，工程兵在28小时内，就搭起了长达400码的大桥，这是他们在此战役中创造的不少奇迹之一。因此，到了12月初，在中部前线，斯利姆将军的第十四集团军，利用跨越钦敦江的两个桥头堡，主力部队已剑指缅甸中部的平原。

美国的高级军官在11月进行了改变。史迪威将军被召回华盛顿。他庞杂的职责交由三位其他军官长官。魏德迈将军接替他担任蒋介石的军事顾问，惠勒将军成为蒙巴顿的副手，苏尔坦将军接手北部前线。在北部前线，盟军将日军第三十三军的两个师团缓慢地往后压。11月中旬，已兵临八莫城下，但又过了一个月，才将敌军逐出该城。英国第三十六师在12月10日占领因多。与此同时，第十九师从锡当渡过钦敦江，向东猛攻。六天之后，两个师在因多相遇了。经过一年多的苦战，经历了起起伏伏之后，两支盟军部队终于会师了。

※ ※ ※

但难以应付的问题出现了。几个月前，远在中国东南部的日军开始进攻重庆——大元帅的首都，还有昆明，美国物资空运的中转站。11月，魏德迈将军慎重考虑了这一局面。美国部署于中国的空军前进基地，用来攻击敌军沿海船运的基地，已经受到蹂躏。中国军队指望不上，魏德迈要求两个在缅甸北部的中国师回国支援，并寻求更多美国空军支持，特别是要求增加三个运输机中队。

总统发信息给我。

▸罗斯福总统致首相　　1944年12月1日

魏德迈将军发了一封电报过来，概述了中国的严峻局势，还说他同意大元帅的决定，将两个最有战斗力的中国师从缅甸调到昆明区域。你必定也看过这一消息，它也给了蒙巴顿，并提供给你们在华盛顿的代表团，所以我就不重复了。

我们知道，魏德迈将军的意见是基于局势的重要性，以及他对局势的了解还有在缅甸的行动计划。我认为，在此刻，他对整体局势和现状的了解要比其他人都多。再说，我们实际上要面对的是大元帅，在关系到中国存亡的巨大危机时，他决定必须召回这两个师，以阻止日军开进昆明。如果日军占领了昆明的空中和陆路的补给站，我们打开的陆路通道将毫无作用。在此情况下，我的意见是，我们不应向大元帅施压去改变他的决定。

这些是坏消息，但我们别无选择，只能接受。

▸首相致霍利斯将军，转参谋长委员会　　　　1944年12月2日

当日军攻击中国的关键区域时，我们不需要争辩大元帅撤回几个师来保卫本国是否正当。我毫不奇怪他会优先召回两个师（美国人训练的）。我们不能就此争论。如果他提出要求，他必须得到他们。缅甸此后的战局急切需要做出调整。请给我起草一份电报，同意美国人的意见，可以撤回两个师。

失去两个优秀的中国师给缅甸的军事行动造成的麻烦远不如失去的运输机那么大。军队离铁路末端足足有400英里，斯利姆将军依赖空中补给来补充公路补给的不足。蒙巴顿的整体计划也依赖于他的运输机。中国需要的中队必须出发，而其中的大多数都是来自英国，尽管此后它们被接替了，但在关键时刻缺少它们导致战役数次推迟。

尽管如此，第十四集团军还是冲出群山，进入曼德勒西北部的平原地区。与此同时，梅瑟威将军率领的第四军的先锋师秘密地往南进发，在伊洛瓦底向南和钦敦江的会合点建立了桥头堡，斯托普福德将军的第三十三军在皇家空军第二二一中队的协助下，占据了两江会合点上游以北的地区。印度第十九师已经在两个地方过河，并深入曼德勒北部40英里。到了1月底，

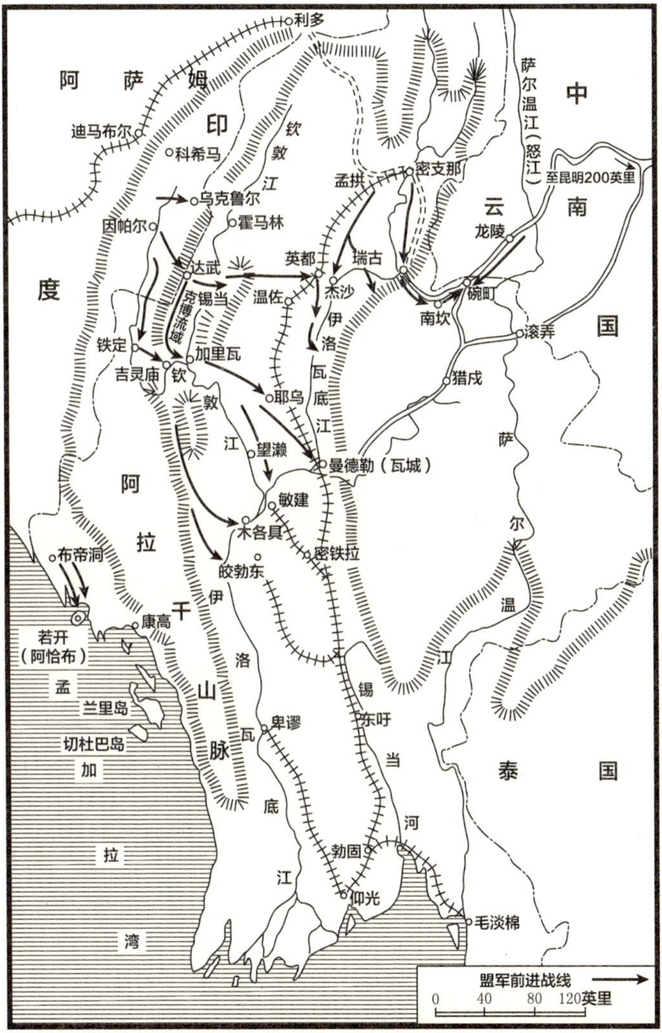

缅甸，1944年7月—1945年1月

苏尔坦将军的部队已抵达南坎，那里有旧的滇缅公路，并与东边云南的部队会师。通往中国的陆路交通线，在1942年春季日军入侵缅甸被切断后，再次被打开。1月28日，从阿萨姆出发的第一支公路车队抵达了中国的边境。

▸首相致海军上将蒙巴顿（东南亚） 1945年1月23日

我要代表陛下的政府，对重开滇缅公路，从而完成了在魁北克布置给你的第一部分任务，向你致以最热情的祝贺。这场胜利给你个人，你所有的战场指挥官以及第十四集团军所有战功卓著的部队带来了最高的荣誉，要知道，这场胜利是在很多已允诺的增援力量迟迟未到的前提下赢得的。

对于美国军队和中国军队以各种方式所提供的协助，如你们自始至终所做的那样，陛下的政府也致以热切的感激。

※ ※ ※

后来在缅甸中部的进展成了另一个样子，但冬季在若开的战斗—— 尽管是附带的战斗但仍很重要，必须在此记录下来。它的重要性表现在两个方面。给曼德勒的第十四集团军提供空中补给的飞机已接近其飞行距离的极限。再者，所有运往前线的物资，都必须经由阿萨姆繁忙的铁路线，再迅速转运至机场。如果克里斯蒂森将军的第十五军能在阿恰布南部建起机场，并由此地展开空中行动，而补给则从印度直接经由海路运抵，便能给第十四集团军提供从曼德勒往南向仰光猛攻所需的后勤支持。其次，如果在若开面对我方优势兵力的敌军唯一的师团能很快被击败、摧毁，那么我们的两三个师，以及支持他们的由蒙巴顿伯爵指挥的皇家空军第二二一中队，就能空出来，并派遣至任何地方。

若开的攻势在12月12日打响，此后进展顺利。到了这个月末，我们的部队已抵达隔开阿恰布岛和陆地的水湾，并准备发起攻击。1月2日，一位军官乘坐武装侦察机，没有看到敌军存在的迹象。他在阿恰布机场着陆，当地居民告诉他，日军已经离开。大部分守军被牵制在遥远的北方进行战斗，留下的一个营在两天之前撤离了。这是阿恰布漫长的故事里一个怪异的结局，在过去的三年里，这个地方让我们备受煎熬，留下了很多失望的故事。之后不久，第十五军占领了兰里岛，并在那里建起飞机跑道。在陆地上，经过激战，占领了康高（Kangaw）。到了1月底，第十五军和在遥远的北方的部队一样，实现了初步目标，并准备进一步向前推进。

莱特湾海战

与日军在海上作战——组建英国太平洋舰队——日益增强的美国海战实力——美军的战术和日军的防御——6月15日，登陆塞班——6月20日，海军上将斯普鲁恩斯赢得一场决定性战役——攻克马里亚纳群岛——东京的错愕——向菲律宾进军——台湾上空的空战——10月20日，美军登陆莱特湾——日军总司令决心介入——海军上将哈尔西中了敌人的圈套——在苏里高海峡的夜间战斗——美军的登陆陷入危机——神风突击队冲入——海军中将栗田撤退——27艘日军战舰被摧毁——1945年1月9日，在仁牙因湾登陆——收复马尼拉——美军控制南中国海对日本的海上战争在此时达到了顶峰。从孟加拉湾到太平洋中部，盟军的海上兵力占据着优势。1944年4月，三艘英国主力舰、两艘航空母舰以及一些轻型舰只在锡兰集结。随后这支队伍中增加了美国航空母舰“萨拉托加号”，法国战列舰“黎塞留号”和一支荷兰分遣队。2月，一支强大的英国潜艇部队也抵达这里，并立刻开始在马六甲海峡伏击敌人的舰船。这年随着时间的推移，又有两艘英国航空母舰抵达，“萨拉托加号”回到了太平洋。有了这些兵力，海军上将萨默维尔能有所作为了。在4月，他的航空母舰攻击了苏门答腊岛北部的沙璜。5月，攻击了爪哇岛上的苏腊巴亚当地的炼油厂和制造厂。这一行动持续了22天，舰队行驶了700英里。接下来的这个月，日本通往仰光的海上线路被英国潜艇和航空母舰切断了。

8月，自1942年3月开始指挥东方舰队度过艰难岁月的海军上将萨默维尔被海军上将布鲁斯·弗雷泽爵士接替，之后不久，他就接替海军上将诺布尔担任我海军驻华盛顿代表团的首长。一个月之后，欧洲战事的进展让我们能够削减本土舰队的数量，至多一艘战列舰再加上辅助力量。向远东的转移加速，两艘现代化战列舰，“豪号”和“英王乔治五世号”加入了海军上将弗雷泽的队伍。1944年11月22日，英国太平洋舰队正式宣告成立，随后参与了一系列军事行动，这些都将在后续章节里讲述。

※　　　※　　　※

在太平洋，美国的作战单位和生产都全力以赴，并实现了惊人的成就。可以举一个例子，来展示美国人工作的量级和成功。在1942年秋季，瓜达尔卡纳尔岛的争斗达到顶峰时，仅有三艘美国航空母舰能投入使用，一年之后数量是五十艘，到了战争结束时，已超过一百艘。而飞机生产的增长也可以等量齐观。这些庞大的兵力在攻势战略和详尽、新奇、有效的战术配合之下，如虎添翼。

近两千英里的岛链，横跨太平洋，从日本一直连到马里亚纳和卡洛琳群岛。其中很多岛屿都有敌人构筑的工事，并配备了机场，在岛链的最南端是日本的海军基地特鲁克。在这片盾形的岛链之后的是台湾岛、菲律宾群岛和中国大陆，为更前方的敌军阵地提供物资的线路就从这里出发。因此，要攻入或轰炸日本本土，不打破这一岛链是不可能的。如果要攻克每一个构筑工事的岛屿，那需要的时间太久了，于是美国人使用“蛙跳”战术前进。他们仅仅占领那些更重要的岛屿，而放过余下的。此时他们的海上兵力已如此强大并在快速增加，他们能在建起自己的交通线的同时破坏敌人的交通线，让余下的岛屿上的敌军动弹不得，弹尽粮绝。他们的进攻战术颇为成功。第一波是从航空母舰上起飞的飞机进行随机攻击，然后变得密集，有时候伴随着海上的炮轰，最终进行两栖登陆，争夺陆地。当一个岛屿被攻下来之后，岸基飞机会部署到那里进行守备，挫败敌军的反击，同时，它们还能协助下一波攻击。舰队成梯队式攻击。当一支舰队启动战役时，另一支就准备新的蛙跳。这需要有大量的人力物力，不仅要用于战斗，还要沿着前进线拓展基地。美国人在他们大踏步前进过程中承担了这一切。

※ ※ ※

早先的章节已讲过，美国人在太平洋的进攻时双管齐下，而到了这章记载的1944年6月时，两边都进展顺利。在西南方向，麦克阿瑟将军接近完成攻占新几内亚，在中部，海军上将尼米兹已在进攻岛链深处。他们都向着菲律宾的方向汇聚，而对此区域的争夺，很快就导致了日军舰队的毁灭。日军舰队已实力大减，而且缺乏航空母舰，但日本幸存的唯一希望，就是在海上赢得胜利。为了保存实力，迎接这次危险但关键的机会，他们的主力舰队从特鲁克后撤，分散于东印度群岛和本土水域的范围内；但很快他们就被迫投入战斗。6月初，海军上将斯普鲁恩斯携航空母舰进击马里亚纳群岛，15日，他在塞班岛上登陆。如果他夺取了塞班，以及附近的提尼安群岛和关岛，那么敌人的防御线就会被摧毁。这一危险是致命的，日军舰队决心阻止。那天，他们的五艘战列舰和九艘航空母舰在菲律宾附近被发现向东航行。斯普鲁恩斯有足够的时间来对付。他的主要目标就是阻止敌人在塞班登陆。他做到了。他集结军舰，其中有十五艘航空母舰，在岛屿西部静待敌军，6月19日，日军舰载机从各个方向对美国的航空母舰发起攻击，空战持续了整整一天。美国人遭受的损失很小，而疲惫的日军航空母舰上的飞行中队不得不撤退。

当晚，斯普鲁恩斯搜索敌军，但徒劳无功。后来在20日下午，他发现敌军舰队已到了250英里远的地方。在太阳落下之前，攻击开始了，美国飞行员们击沉了一艘航母并损坏了另外四艘，除此之外，还击毁了一艘战列舰和一艘重型巡洋舰。此前一天，美国潜艇已击沉了另外两艘大型航空母舰。眼见继续进攻是不可能的，敌军残余的军舰打算逃跑，但他们的撤离也就让塞班的命运板上钉钉。尽管守军与敌登陆部队仍持续苦战，但随着兵力的集结，7月9日，所有有组织的抵抗都消失了。关岛和提尼安附近的岛屿也都被攻克，8月初，美国人已完全占领马里亚纳群岛。塞班沦陷对日本最高统帅部震动很大，并间接导致东条将军的政府垮台。敌人的顾虑是显而易见的。这个要塞离东京不过1300英里。

他们曾以为这里是坚不可摧的，但现在这种想法烟消云散了。他们那边的防御区已被隔断，美国的重型轰炸机得到了袭击日本本土的一流基地。长久以来，美国的潜艇一直沿着中国海岸击沉日本的商船，而现在，其他战舰加入攻击的大门也已打开。如果美国人继续前进，那么日本的石油和原料供给将被切断。日本的舰队仍旧强大，但很不平衡，由于缺乏驱逐舰、航空母舰和舰载机，他们无法在没有岸基飞机支援下战斗。因为燃料匮乏，不仅妨碍了训练，而且也不可能让军舰集结到一个地方，所以到了夏季末，大部分重型船只和巡洋舰都停在新加坡以及石油供应地荷属东印度群岛附近，而数艘幸存的航空母舰则待在本土水域，在那里，他们新的舰载机编队正在完成训练。

日本陆军的境况也没好到哪里去。尽管数量仍然很多，却散布在整个中国、东南亚，或者被困在无法支援的岛上。敌人头脑清醒的领袖开始寻求某种方式来结束战争，但对他们来说，他们的军事机构权力太大了。最高统帅部从满洲调遣增援兵力，并下令在台湾和菲律宾战至最后一兵一卒。本土内外的部队都将就地决一死战。日本海军部也没有动摇。为了争夺各岛，如果他们丢掉了箭在弦上的战役，那么从东印度群岛来的石油将被切断。他们主张，如果没有燃料，那留着战舰也就毫无意义。在决心牺牲并侥幸获胜的愿望之下，他们决议在8月派出整个舰队投入战斗。

※ ※ ※

9月15日，美国人发起了另一场进攻。麦克阿瑟将军夺取了莫罗泰岛（Morotai），那里位于新几内亚的西端和菲律宾之间，而现在已取得美国海军指挥权的海军上将哈尔西，在帕劳群岛为他的舰队占领了一个前进基地。这两场同时发起的行动都很重要。同时，哈尔西继续用全部兵力试探敌人的防守。他希望在海上发起整体行动，从而能让他摧毁日本的舰队，尤其是他们残存的航空母舰。蛙跳的下一个地方就是菲律宾本身，而此时美国人的计划发生了戏剧性的改变。到那时为止，我们盟军的打算是侵入菲律宾的最南端棉兰老岛，从哈尔西的航空母舰上起飞的飞机已经袭击了日本在当地以及更北边的吕宋岛上的机场。他们摧毁了敌军大批飞机，并在战斗中发现，日本在莱特岛的守军出人意料的薄弱。这个很小但如今很出名的岛屿，坐落于两个更大但战略重要性更小的岛屿棉兰老和吕宋岛之间，它也成为美国人下一步的当然目标。9月13日，当盟军仍在魁北克召开会议时，海军上将尼米兹在哈尔西的建议下，力主立即对它发起进攻。麦克阿瑟也同意了，不到两天，美国参谋长联席会议决心在10月20日发起攻击，比原计划提前了两个月。莱特湾海战肇始于此。

美国人在10月10日打响这场战役，突然袭击了日本本土和菲律宾之间的机场。对台湾进行了猛烈而又不停地轰炸，并激起了最激烈的抵抗，从12日至16日，在双方的舰载机和岸基飞机之间爆发了激烈而且持久的空战。美国人给敌人的空中和陆上兵力造成了巨大损失，自身损失却很少，而他们的航空母舰编队也在岸基飞机的攻击下屹立不倒。这一结果是决定性的。在莱特岛战役之前，敌人的空军已经消耗殆尽。很多预定装上航空母舰的日本海军飞机转而被派往台湾作为援兵，并在那里被摧毁。因此，在即将发生的最重要的海战中，日本航空母舰所搭载的仅仅只有不过一百多名只接受过部分训练的飞行员。

※　　　※　　　※

要理解这场战事，有必要研究一下那里的地图。菲律宾的两个大岛，北边的吕宋和南边的棉兰老，被一群更小的岛屿隔开了，而其中莱特岛是关键和中心。群岛中间有两条可以通航的海峡穿过，它们都对这场著名的战役极其重要。靠北的海峡是圣贝纳迪诺海峡（San Bernardino），而在这条海峡以南两百英里，直接通往莱特岛的是苏里高海峡（Surigao）。如我们已知的那样，美国人的目的是夺取莱特岛，而日本人则决心挡住他们，并摧毁美国的舰队。计划是简单而且孤注一掷的。麦克阿瑟将军的四个师将会在莱特岛登陆，并由美国舰队的舰炮和飞机保护——这就是敌人了解和猜想到的。撤走一支舰队，并引诱敌军向北追赶，并驱使他们卷入次要的战斗——这是第一步。但这仅仅是个序幕。随着敌主力舰队被引诱开，两支强大的战舰编队将从海峡通过，一支通过圣贝纳迪诺海峡，另一支

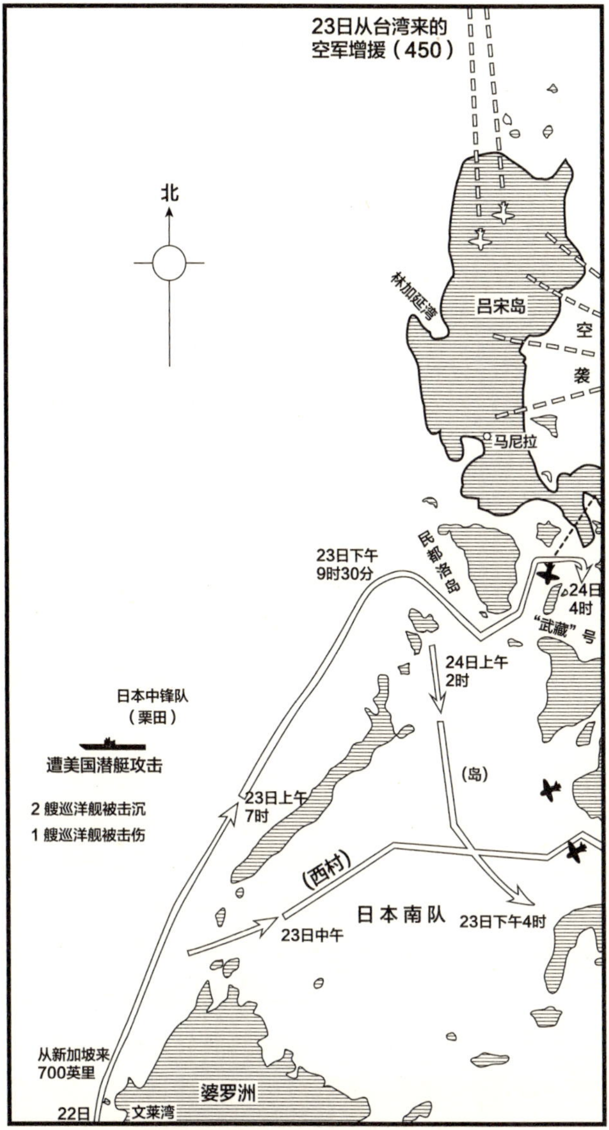

菲律宾莱特湾战役：双方行军路线和作战示意图

通过苏里高海峡，一起向登陆点靠近。一切的焦点将聚集于莱特岛的海岸，所有的大炮都在向海滩轰炸，而能够阻挡这一切的重型战舰和大型航空母舰此时孤立在北边，正在迎战诱饵部队。这一计划差一点就成功了。

10月17日，日军总司令下令舰队启航。诱饵部队在最高统帅海军上将小泽的率领下，直接从日本出发，驶向吕宋岛。这是一支特混舰队，包括航空母舰、战列舰、巡洋舰和驱逐舰。小泽的任务是出现在吕宋岛的东岸，与美国舰队遭遇，并让其远离莱特湾的登陆点。航空母舰缺乏战机和飞行员，但这都不是问题。他们仅仅是诱饵，诱饵就是要让敌人上钩的。同时，日本的主攻部队向海峡进发。可以被称为中路军的规模更大的部队从新加坡出发，由五艘战列舰、十二艘巡洋舰以及十五艘驱逐舰组成，在海军上将栗田的指挥下，驶向圣贝纳迪诺海峡，并绕过萨马岛（Samar）前往莱特岛；而兵力较少的部队，或叫南路军，分成了两支独立的编队，合计有两艘战列舰，四艘巡洋舰和八艘驱逐舰，他们将通过苏里高海峡。

10月20日，美军在莱特岛登陆。一开始一切顺利。岸上的抵抗很弱，桥头堡很快建立起来，麦克阿瑟将军的部队开始前进。他们得到了海军上将金凯德的美国第七舰队的支持，这支舰队归麦克阿瑟将军指挥，他们的旧战列舰和小型航空母舰非常适合用于两栖作战行动。而远在北边有海军上将哈尔西的主力舰队，拦住敌人从海上的袭击。

当时，我正在从莫斯科回国的陆上，但陆军元帅布鲁克和我都认识到这一战役的重要性，我们发去了如下的电报：

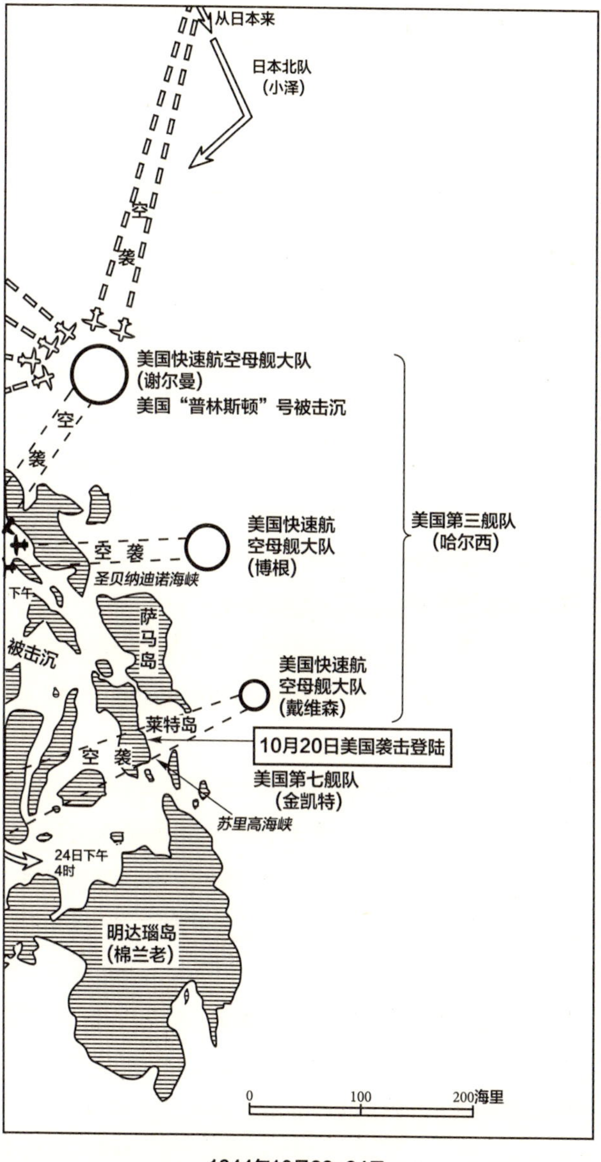

1944年10月22-24日

▸首相和帝国总参谋长致麦克阿瑟将军　　　　1944年10月22日

衷心祝贺你们在菲律宾取得的辉煌战果。

祝一切顺利！

决定性时刻来了。10月23日，美军潜艇发现日本中路军（海军上将栗田）离开了婆罗洲，并击沉了其中两艘重型巡洋舰，其中一艘还是栗田的旗舰，随后击伤了第三艘。第二天，10月24日，海军上将哈尔西的航空母舰上起飞的飞机也加入了攻击。装备有9门16英寸大炮的巨型战列舰“武藏号”也被击沉了，其他一些船只被击伤，于是栗田掉头逃回了。美国飞行员带回了积极而又带有误导性的报告，哈尔西照此推断，这场战役已经获胜，或者至少某部分上是。他知道敌军第二支队伍，也就是南路军正接近苏里高海峡，但他正确地评估认为，金凯德的第七舰队能够击退他们。

但有件事让他很忧心。在白天，他遭遇了日本海军飞机的袭击。其中很多飞机都被击落了，但航空母舰“普林斯顿号”损毁，后来不得不被放弃。他推断，这些飞机可能来自航空母舰。显然敌人不可能没有航空母舰伴随出航，但却一艘也没发现。在栗田指挥下的日军主力舰队业已被定位，并且已经撤退，但栗田并没有航空母舰，而在敌南路军方面也没有任何航空母舰的踪迹。肯定存在一支航空母舰编队，所以必须把它们找出来。于是他下令向北边搜索，到了10月24日下午，他的飞行员飞到了海军上将小泽的诱饵部队上方，位置在吕宋岛的东北方向，并在向南行驶。合计有四艘航空母舰、两艘配有飞行甲板的战列舰、三艘巡洋舰、十艘巡洋舰。哈尔西推断，这里就是问题之源，也是真正的目标。他和他的参谋长，海军上将卡尼正确地看到，如果他可以现在摧毁这些航空母舰，那么日本舰队就会无法挽回地失去在未来阻碍美军行动的能力。这一判断占据了他的心思，而且这样一来，当麦克阿瑟此后攻击吕宋时，就会特别便利。哈尔西并不知道，日军的兵力是多么薄弱，也不知道他所遭受的绝大多数攻击都来自吕宋岛上的机场，而非航空母舰。栗田的中路军在撤退当中，金凯德可以对付南路军，并保护在莱特岛的登陆，最后一击的道路已经铺平，哈尔西下令他的所有战舰向北行驶，打算在第二天摧毁海军上将小泽的部队。因此，他中了圈套。同一天，也就是10月24日的下午，栗田再次掉头向东，朝圣贝纳迪诺海峡方向航行。这一次，没有谁阻拦他了。

※　　※　　※

同时，日军南路军已接近苏里高海峡，当晚，他们分成两队进入。激烈的战斗随之爆发，其间各种类型的船只，从战列舰到轻型巡逻艇都在近距离交战。第一队被集结在北部出口方向的金凯德舰队消灭了；而第二队试图趁着夜色和混乱冲进去，也被驱赶回去。一切似乎都很顺利，但美国人仍没有料到栗田的回马枪。当金凯德在苏里高海峡交火，哈尔西奋力向北追赶敌诱饵部队时，栗田趁着夜色，没受到阻拦就通过了圣贝纳迪诺海峡，10月25日一早，他冲到一支护航航空母舰面前，这支编队正在支持麦克阿瑟将军的登陆。由于事出突然，他们行驶缓慢无法逃脱，这些护航航空母舰甚至都来不及为飞机重新装弹来阻挡来自海上的攻击。大约两个半小时里，美国的小型船只在烟雾掩护下，勇敢地边站边退。他们损失了两艘航空

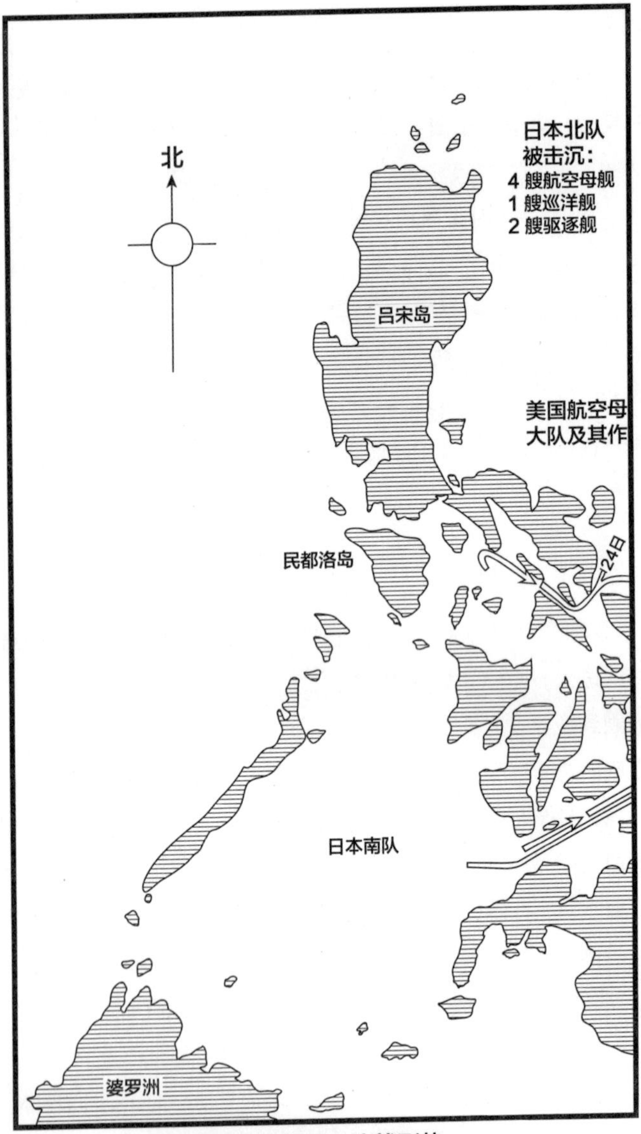

菲律宾莱特湾战役：决战形势

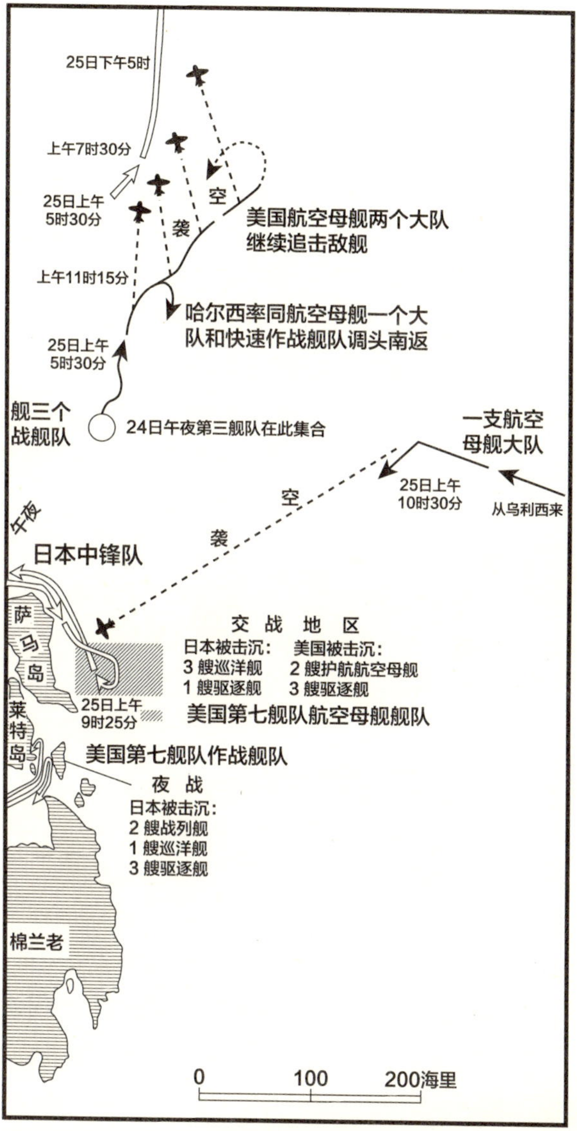

1944年10月25日

母舰、三艘驱逐舰还有超过一百架飞机，其中一艘航空母舰是被自杀式轰炸机击沉的，但他们成功地击沉了敌军三艘巡洋舰并击伤了其他战舰。而此时，他们的援军相隔遥远。

金凯德的战舰在莱特岛南部，正对着敌南路军，缺乏弹药和燃料。哈尔西带着十艘航空母舰和所有快速战列舰，此时已走得更远，而他另一支航空母舰编队离开编队前去加油，即使召回它也无法在数小时内抵达。栗田离胜利似乎已近在咫尺。没有什么能阻拦他开进莱特湾，摧毁麦克阿瑟的两栖舰队。

但栗田再次掉头了。他的理由没人清楚。他的很多战舰遭到金凯德的轻型护航航空母舰轰炸和驱散，他现在知道南路军已遭受灾难性的损失。他对北边的诱饵部队的命运也一无所知，对美国舰队的下落也毫不清楚。拦截到的讯号让他认为，金凯德和哈尔西正以压倒性的兵力向他扑过来，而麦克阿瑟的运输舰也已经逃走了。在孤立无援之下，他放弃了这次绝望的冒险，这次冒险已付出很大的牺牲，也获得了一些战果，因此，他没有尝试进入莱特湾，而是掉过头去，再次航行驶入圣贝纳迪诺海峡。他希望在回程中与哈尔西的舰队决一死战，但这一想法也落空了。金凯德不停地呼叫支援，为了回应，哈尔西最终打算带着他的战列舰返航，留下两支航空母舰编队继续向北追赶。在白天时，他已摧毁了小泽所有的四艘航空母舰，但哈尔西回到圣贝纳迪诺时已太晚了。两支舰队没有相遇。栗田逃走了。第二天，哈尔西和麦克阿瑟的飞机追击日本的旗舰，并击沉了另外一艘巡洋舰和两艘驱逐舰。这是最后的战斗。很可能是在这场战役的重压之下，栗田的头脑已经混乱。在三天里他不断遭到攻击，损失惨重，而且旗舰也在驶出婆罗洲不久就被击沉。那些曾有类似遭遇的人可能会和他有同样的判断。

※ ※ ※

莱特湾海战是决定性的。在付出三艘航空母舰、三艘驱逐舰和一艘潜艇的代价之后，美军征服了日军的舰队。这场争斗从10月22日持续到27日。敌军的三艘战列舰、四艘航空母舰和其他二十艘战舰被击沉，自此之后，其自杀式轰炸机成为唯一有效的制敌海军武器。作为一种绝望的手段，它是有效的，但它绝带不来胜利的希望。

这次我们对结局已毫无疑惑之处，我们立刻送上了我们的祝贺。

▶首相致罗斯福总统 1944年10月27日

对于美国海军和空军在最近与日军的激烈战斗中取得的辉煌而且巨大的胜利，请接受我代表英王陛下的政府致以最衷心的祝贺。

我们非常高兴地得知，陛下的澳大利亚巡洋舰中队也在这次令人难忘的大事中分享了荣耀。

这场战役的规模可以从下面的损失列表窥知一二：

日本：

三艘战列舰

一艘航空母舰旗舰

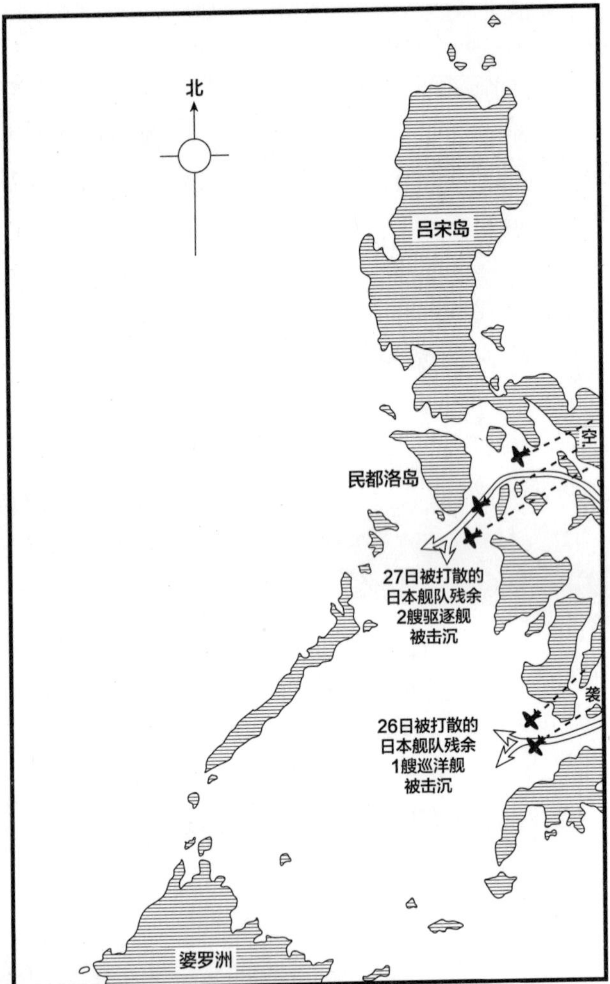
北
吕宋岛
空
民都洛岛
27日被打散的
日本舰队残余
2艘驱逐舰
被击沉
袭
26日被打散的
日本舰队残余
1艘巡洋舰
被击沉
婆罗洲

菲律宾莱特湾战役：追击

损　　失			
日本（艘）		美国（艘）	
战列舰	3	舰队轻航空母舰	1
舰队航空母舰	1	护航航空母舰	2
轻航空母舰	3	驱逐舰	3
重巡洋舰	6	潜艇	1
轻巡洋舰	4		
驱逐舰	9		
潜艇	1		

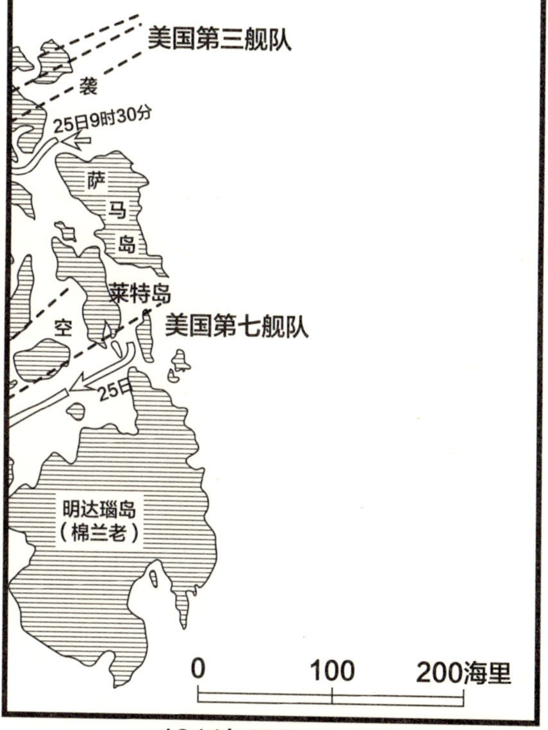

1944年10月26—27日

三艘轻型航空母舰

六艘重型巡洋舰

四艘轻型巡洋舰

九艘驱逐舰

一艘潜艇

美国：

一艘轻型航空母舰旗舰

两艘护航航空母舰

三艘驱逐舰

一艘潜艇

这次胜利将在美国名垂青史。除了勇敢、技巧和胆识，比起我们所见过的任何战役，它对未来产生了更为生动、深远的影响。它显示战斗要更多依靠空中，更少依靠大炮。我将这个故事完整地讲出来，是因为当时纷扰的欧洲世界对此几乎一无所知。而研究这些战事，也许最重要的唯一结论就是：在这类型的军事行动中，急需用统一指挥来代替类似这次麦克阿瑟和哈尔西之间协同作战的概念。美国人接受了教训，在对日本本土所做的最终作战行动计划中，他们认为，最终指挥权要么交给海军上将尼米兹，要么交给麦克阿瑟，这在任何时候都是明智的。

※ ※ ※

接下来的几周，在菲律宾的战斗全面展开和扩大。到了11月末，近25万美军在莱特湾登陆，到了12月中旬，日军的抵抗被击溃。麦克阿瑟继续展开他的主攻，很快就在没有遭遇抵抗的情况下在棉兰老岛登陆，那里离马尼拉不过100英里。1945年1月9日，随着四个师在马尼拉以北的林加延湾登陆，新的篇章打开了，这里曾是三年前日军入侵的主战场。详细的欺骗战术让敌人一直猜测下一次进攻会在哪里。这次登陆是一次奇袭，只遇到很小的抵抗。随着美军向马尼拉猛攻，抵抗增强了，但美军在西边海岸又展开两次登陆行动，包围了这座城市。孤注一掷的守军一直坚持到了3月初，最后一名幸存士兵被击毙才停止。在废墟中，统计的死亡日军人数达到了16000人。此时，自杀式飞机导致了相当大的损失，一天里就有十六艘船被击中。巡洋舰"澳大利亚号"再次不那么走运，在四天里被击中了五次，但仍能投入行动。但这决死一搏的一时之计无法阻挡美国舰队的前进。1月中旬，海军上将哈尔西的航空母舰畅通无阻地进入了南中国海，并沿着海岸巡游，攻击西边远在西贡的机场和船只。1月16日，他们在香港造成了大范围的破坏，而在广州，则引发了石油大火。

尽管各岛上的战斗仍持续了数个月，但南中国海的控制权已经转移到胜者一方，而那里能控制日本所依赖的石油和其他物资。

高潮：罗斯福逝世

在战争的最高潮时，罗斯福总统逝世——举世哀悼——我在国会的悼词——我因故未能去参加葬礼——在圣保罗的追悼会——与杜鲁门总统的初步接触——来自哈利法克斯勋爵的消息——我在4月14日给斯大林的电报——4月15日及16日，艾登从华盛顿发来的电报

4月12日，星期四，罗斯福总统在乔治亚温泉溘然长逝。当天下午，他在给一幅肖像上色时，突然倒下，不省人事，于当晚过世。

此前的章节里已经展示了，即将到来的战争胜利所带来的问题，其错综复杂丝毫不逊色于战争最严重的危险。甚至，可以说罗斯福是在战争的最高潮时逝去的，而这时最需要他的权威来领导美国的政策方向。当我在13日，星期五的早晨收到这一噩耗时，我感觉就像自己受了一记重拳。在我们一起工作的漫长、危险的年代，我跟他的个人关系曾在其中发挥了很大的作用。现在这种关系结束了，一种深沉的怅然若失之感压在了心头。我去了下议院，会议原本在11点召开，我用几句话来提议，为了悼念我们伟大的朋友，我们应该立即休会。这种在外国元首逝世时所采取的史无前例的做法，是符合议员们的一致愿望的，他们在议会仅仅坐了八分钟，就缓慢地从议事厅鱼贯而出。

所有的国家都采取各种形式向罗斯福表达哀悼。在莫斯科飘扬起了镶着黑边的旗帜，当苏维埃开会时，他们起立默哀。日本首相对美国人失去他们的领袖表达了“深切的同情”，并指出是罗斯福让“美国在今天占据了有利地位”。相反，德国的电台说：“罗斯福在历史上将是这样一个人，在他的教唆下，当前的战争才发展成了第二次世界大战，作为总统，他最终成功地让他最大的对手，布尔什维克的苏联成为了强国。”

我在给罗斯福夫人的留言里说：

▸首相致罗斯福夫人 1945年4月13日

请接受我最深切的同情，你痛苦的损失，也是英国和整个自由世界的损失。对你遭遇的一切，我感同身受。就我而言，我失去了一段亲切而且珍视的友谊，而且这段友谊是在战争的烈火中锻造的。我相信，你会对他伟大的成就和光荣的名声感到欣慰。

而对此前在很多场合联系甚多的哈里·霍普金斯，我发电报说：

▸首相致哈里·霍普金斯 1945年4月13日

我懂此刻你有多么悲伤。我和你一样感到我们失去了我们最伟大的朋友之一，同时也是我们为之战斗的原则的最勇敢的捍卫者。我觉得这是个非常痛苦的个人损失，除了公共活动的联系，我们个人也亲密无间。我真心喜欢富兰克林。

当议会在4月17日，星期二再次开会时，我呼吁议会向国王陛下说明，他们将对此事表示深切哀悼，以及他们对罗斯福夫人以及美国政府和人民的深切同情。按照惯例，所有党派的领袖都会发言来支持这样一个动议，但大家在当时自发产生了一种感觉，应该由我独自代表下议院发言。而在今日，我找不到更好的语言来说出我在当时所表达的悲哀之情。

我说：“我与这位伟人的友谊是从这次战争开始和发展起

来的，而今天我们要向他的功绩和名望致敬。在上一次战争结束后，我仅仅见过他几次，当1939年9月我进入海军部时，他发电报邀请我与他就海军和其他任何时间我认为有必要的事情直接进行联系。在得到首相的首肯后，我就这样做了。在了解罗斯福总统对海战的浓厚兴趣后，我提供给他一连串我方海军事务的信息，以及各种军事行动，特别是普拉塔河口的战役，而这一战也是战争冬天里的第一缕希望之光。

“当我成为首相，战争以可怕的激烈状态爆发之时，当我们自己的生命和生存命悬一线之时，我已经用最亲近、最愉快的方式与总统进行电报联系了。这种状态在世界大战的起起伏伏中一直持续，直到上周四我收到他最后的留言为止。这些留言表明，他在面对错综复杂的问题时所惯有的头脑清醒和活力并没有衰退的迹象。我要提一下，这种我们之间的通信，尤其是在美国参战后数量激增，总数超过了1700封。其中有很多是长电报，大部分处理的是更加困难的问题，这些问题在其他阶段无法达成官方解决方案，只能通过政府首脑之间来解决。除了这些通信，还必须提一提我们的九次会谈——在普勒森舍（Placentia），三次在华盛顿，在卡萨布兰卡，在德黑兰，两次在魁北克，以及最后一次在雅尔塔——它们合计让我们在120天里有亲近的个人联系，在其中很大部分时间，我和他一起待在白宫，或去他位于海德公园的家，或和他去蓝山（他称这里是“香格里拉”）静修。

“我钦佩他是一个政治家、实干家和战争领导人，而我对他的正直、鼓舞人心的品格和见识都非常信任，此外还有一种今天无法用语言表述的个人的关怀——我必须称之为慈爱。他对自己国家的爱，对其宪法的尊重，对变幻不定的舆论的判断力总是显而易见的，除了这些，当出现强国对弱国入侵和威胁的现象时，他跳动不止的宽广心怀会激发出一种愤怒，并采取行动。他的心跳已永远停止了，这的确是一种损失，人类的惨痛损失。

“罗斯福总统的身体疾病沉重地压在他身上。他能克服这些病痛，在这么多年的动乱和暴风中屹立不倒，这真是一个奇迹。像他这样患病和残疾的人中，千万人也找不出一个能像他那样，试图投身于一种身体和精神都负担很重，而且艰苦、无休无止的政治论战中。千万人中也没有一个人会尝试，一代人中也没有一个人能成功，他进入这一领域，不仅积极活动，而且成为其中不容置疑的大师。在这场精神战胜肉体，意志战胜身体疾病的非凡成就中，他得到了他忠诚的妻子的鼓舞和支持，他们的理想与他的理想相辅相成，今天，下议院对他们充分表达了深切和恭敬的同情。

“毫无疑问，总统预见到了笼罩着战前世界的巨大危险，并且比大西洋两岸大多数消息灵通的人士更有先见之明，他全力主张美国的舆论在和平时期也能接受的预防性军事准备。我们一刻也不用怀疑，当争辩开始之后，他同情哪一边。法国的沦陷，似乎让大不列颠群岛之外的大多数人都认为英国即将毁灭，这对他是极大的痛苦，尽管他从未对我们失去信心。他非常痛苦不仅是因为欧洲，而且因为一旦我们被征服或在德国的铁蹄下苟延残喘，那么美国本身也将暴露在巨大的危险之下。当英国承担着巨大的压力，孤军奋战之时，让他以及很多他的国民都对我们的人民抱以最热情的关怀。在1940年至1941年严酷的冬天里，当希特勒叫嚣着要用闪电战‘夷平’我国的城市时，他和他的国民们跟我们一样感同身受，甚至感受更多，因为想象的痛苦总是比真实的痛苦要更强烈一些。毫无疑问，英国人民的遭遇，尤其是伦敦人的遭遇，在美国人胸中燃起的大火，比我们所遭遇的大火更难平息。也就在那时，尽管有韦维尔将军的胜利—— 的确，更多是因为我国给他派去援兵之故—— 但在美国却引发了广泛的担忧，在德国人充分准备之后，我们会在1941年春季遭到入侵。当年2月，总统派已故的温德尔·威尔基先生到英格兰来，他尽管是总统的政治对手和反对党参选人，却和总统在很多重大问题上有一致的意见。威尔基先生带了罗斯福先生的一封亲笔信，信中有仿诗人朗费罗的诗句：

邦国之舟，扬帆前进吧
扬帆前进，强大的联邦
忧惧中的人类
满怀对未来岁月的希冀
凝神关注着你的存亡

“大约在同一时间，他设想了一种援助的特殊措施，也就是租借法案，这在历史上任何国家当中，都是最无私，财政上最慷慨的的行动。其结果就是大大增强了英国的战斗力，并且就像之前一样，一切对战争工作有用的都提供给我们，让我们成了一个更强大的集体。那年秋天，我在战争期间和总统第一次在纽芬兰的普勒森舍会面，我们一致起草后来被称之为《大西洋宪章》的宣言，而我相信，这份宣言将会长久地成为我们的人民和全世界其他人民的指南。

“正当此时，日本人躲在暗处，在极度保密之下，准备着他们背信弃义和贪婪的行动。当我们在华盛顿第二次见面时，日本、德国和意大利已经对美国宣战，我们两国已并肩作战。自此之后，经过很多困难和失望之后，我们在陆上和海上逐步前进，并不断扩大战果。在此，我就不赘述在西半球发生的一系列大战了，也不用提在地球的另一端所发生的另一场大战。更不用说我们在德黑兰和我们伟大的同盟俄国共同制订的计划，如今这些计划已经瓜熟蒂落了。

“但在雅尔塔，我留意到总统正在生病。他富有魅力的微笑，他愉快而且迷人的风度都没有消失，但他面色苍白，鸠形鹄面，眼中总是有怅然若失之感。当我在亚历山大港和他分别时，我必须承认当时隐隐感觉，他的健康和精力正在消退。但什么也改变不了他坚定的责任感。直到最终，他仍无所畏惧地面对无数的工作……当死亡突然降临时，他已完成了他的使命。他已完成了他的使命。如人们常说的马革裹尸一样，我们也可以说，他像他那些和我们并肩战斗，在全世界各地浴血奋战的士兵、水手和飞行员一样，战死沙场。他死得其所！他已将他的国家从最大的危险和最沉重的跋涉中带了出来。胜利已确定无疑，荣光正投射于他。

“在和平时期，他曾扩展和巩固了美国人生活和团结的基础。在战争时期，他将伟大的共和国的实力、威力和光荣提升到历史上没有哪个国家曾达到过的高度。他们（美国）左手领导着势如破竹的盟军攻入德国的心脏，右手在地球的另一端势不可挡地迅速粉碎了日本的力量。而在此期间，各种船只、弹药、物资和食品都大规模地支援给他们大大小小的盟国……

“但如果他一生的很多精力不是放在了人类的自由和社会正义上，并为此增添荣光，让人们长久地认识这些的话，那么所有这一切不过是世俗的权力和伟大罢了。在他身后，他留下了一大批坚定而又能干的人，他们将处理巨大的美国战争机器数不清的相互关联的各部门。他留下了一个继承者，他正以稳固的步伐和坚定的信念承担任务，并到达确定的终点。我们唯能说的是，富兰克林·罗斯福之死，让我们失去了一位迄今为止最伟大的美国朋友，也失去了一位将援助和安慰从新世界带到旧世界的最伟大的自由捍卫者。”

※　　※　　※

尽管罗斯福的死讯是个打击和意外，但如我所说，自我们在雅尔塔会议后从亚历山大港分别开始，我就感到他的体力在衰退。苏联的对抗主义给我们的官方通信中带来了观点分歧，尽管我已尽全力在电报中缓解紧张的气氛，但我还是没能完全了解总统的身体状况有多么严重。我知道，他不会亲自起草工作事务上的电文，其语言风格也没有明显变化。奥利弗·利特尔顿曾在3月29日见过总统，在30日他发电报说他“对他的外貌”大为震惊。

我的第一个念头就是飞去参加葬礼，并且我已安排了一架飞机。哈利法克斯勋爵发电报说，霍普金斯和斯退丁纽斯（Stettinius）知道我可能过去的想法后，甚为感动，并且一致同意我的判断，此行将大有好处。此后杜鲁门总统也请他代为转达，说他个人非常珍视尽早与我见面的机会，他认为如果我是这么想的话，那么在葬礼期间进行访问，将是自然而然的事情。杜鲁门先生的意思是，在葬礼之后，我可以有两三天时间与他会谈。

然而，在此最关键而且最艰难的时刻，我面临很大的工作压力，无法离开本土，只能屈从于我的朋友们的愿望。

我发了如下电报给总统：

▶首相致杜鲁门总统　　1945年4月13日

我非常遗憾，现在我不可能改变计划，这一计划刚刚在今早被国王和内阁批准，计划中的一切安排都是为了下周的议会辩论，其中包括我将在周二悼念已故总统，我将与国王参加在圣保罗大教堂举行的追悼会。我最热切地期待能与你早日会面。与此同时，外交大臣了解我们的共同事业的全部情况。

后来回忆此事，我有些遗憾没能接受新总统的建议。我还未与他见过面，我感觉有很多问题通过个人会谈会有最大的好处，特别是在好几天的时间里，可以不匆忙或者非正式地谈的话。在我看来，非常奇怪的是，即使在最后几个月里，罗斯福也没有让他的副手和潜在的继承者彻底熟悉整体情况，也没有让他参与做出决定。这给我们的事业带来极大的不便。通过事后阅读文件来了解事情和亲自经历其中，是没有可比性的。尽管我个人仍身体健康，充满活力，艾登先生作为我的同僚，他了解每件事情，能随时接替我的所有工作。但美国的副总统从知道很少、权力很小的位置一跃而成为手握最高权力的人。杜鲁门先生怎么能在战争最高潮时了解并处理一些生死攸关的问题呢？自此之后，我们了解到他的所有事情，都说明他是个坚毅而且无畏的人，有能力做出最伟大的决定。但在他掌权的最初几个月里，他处于极其艰难的地位，很难充分发挥他卓越的才华。

※ ※ ※

对我第一封正式的吊唁和致意的电报，新总统给予了最友善的回复。

我写道：

▶首相致杜鲁门总统 1945年4月13日

我们举世闻名的朋友逝世，对你和美国人民都是巨大的损失，请接受我个人对此表示同情。在共同的志业之下，我希望我和你能像我和他在可怕的岁月里所做的一样，开始我们亲密无间的情谊。向你致以诚挚的祝福，并希望你能干预在胜利边缘的盟国间的裂痕。

杜鲁门先生向我保证，他会尽一切努力推进罗斯福总统为之献身的事业，并维护和促进他和我所建立起来的两国之间亲密无间的关系。他希望与我会面，并允诺同时将一封斯大林关于波兰问题的电报发给我。

※ ※ ※

几天之后，我收到了我们的大使发过来的一封非常有内容的电报。

▶哈利法克斯勋爵致首相 1945年4月16日

安东尼和我今早见到了哈里・霍普金斯。我们都认为，他看起来相当虚弱和消瘦。对于总统之死，我们并不那么惊讶，令人欣慰的是他并没有像威尔逊那样因中风而失去活力。有时候，我们已留意到总统是多么衰弱。他已做不了什么工作。

他判断总统之死带来了全新的局面，这种局面下我们必须从头开始。其中一个可以肯定的事情是，此后的政策将更多与参议院协商后决定。而其效果如何，尚不可测。很大程度上，这些都取决于他对身边共事者的个人判断。

哈里认为，总体来说，你最好不要决定现在就过来。给杜鲁门几周时间，让他站稳脚跟是很有好处的。其间，你们可以交换个人信息，这将可以让他开始认为他了解你。安东尼建议，如果事情真的像我们判断的那样发展，如果杜鲁门总统过来视察美国军队，他能经过伦敦的话会更好，而我们总体来说也会欢迎这样的举动，而且这也是罗斯福总统允诺过的。哈里也认为这个想法不错。

而关于哈里自己，杜鲁门请他提供一些外交和国际政策方面的信息，哈里正在做这件事，但他肯定不会一直做这件事情。杜鲁门可能不想要他，无论如何，哈里不会去做这件事。杜鲁门的手段和罗斯福有很大的不同，他会掌控自己的事务，而哈里发挥特殊作用的空间几乎没有。他们昨天已就未来做了交谈，但结论不过是说，等哈里好些之后，他们将再次就此事进行交谈。

有趣的是，杜鲁门的业余爱好就是军事战略史，据说他有广泛涉猎。他肯定违背了汉尼拔关于作战要出其不意的教诲。他敬重马歇尔。

※　　※　　※

对斯大林，我说：

▶首相致斯大林元帅 1945年4月14日

我已收到你4月7日的电报。对电报里肯定的态度，我要表示感谢，我相信“填字游戏（Crossword）”的误解现在可以告一段落了。

对于罗斯福总统的死，我深感悲痛，在过去五年半的时间里，我和他建立了非常亲近的个人友情。这个令人遗憾的事情，让你和我在共同克服危险而艰难的岁月中留下的很多令人愉快的客套和回忆变得更有意义。

在我的妻子参访莫斯科以及通过俄国时，你和莫洛托夫给予了诸多善意和关怀，在此我深表感谢。由于他们为减轻英雄般的红军伤员们所遭受的可怕的痛苦而做的工作，他们被授予了劳动红旗勋章，我们视此为莫大的荣耀。也许他们筹集到的资金并不算多，但它们不仅来自富人的爱心，而主要来自穷人的零钱，他们非常骄傲能每周做出些微的贡献。在两国人民的友谊之下，在他们的政府的包容之下，在他们的军队互相尊重之下，世界的未来已经注定。

▶斯大林元帅致首相 1945年4月15日

我是在罗斯福总统逝世的时候收到你的电报的。

在三国的密切合作之下，在富兰克林·罗斯福总统身上，苏联人民看到了一位值得尊敬的政治家和一位坚强的斗士。

富兰克林·罗斯福总统对苏联的友好态度是最宝贵的，将会被苏联人民铭记。就我个人来说，失去这样一位伟人，一位我们共同的朋友，我感觉非常沉痛。

艾登这时在华盛顿，他写道：

▸外交大臣（华盛顿）致首相　　1945年4月15日

在我今晨抵达之后，大使和我与斯退丁纽斯进行了一次会谈。斯退丁纽斯说，斯大林和莫洛托夫都表示对总统之死深感悲恸。斯大林还问哈里曼，在这样的时刻，他是否还能做什么贡献来促进伟大同盟之间的团结。斯退丁纽斯说，幸运的是，哈里曼没有立刻回复“波兰”，而是代之以建议说，如果莫洛托夫能到旧金山参加会谈，那将是很好的事情。斯退丁纽斯抓住这次机会，发电报主张说，莫洛托夫不仅应该去旧金山，而且应该先来华盛顿进行交谈。

一小时前，斯退丁纽斯打电话给我说，俄国人同意了这一安排，莫洛托夫将乘坐美国为他安排的飞机前来。因此我推测他会在周二抵达，我想在那时我们应该开始处理波兰问题。

2.这都是好消息，但我们不要高兴得太早，因为还需要看看莫洛托夫到了之后所选择的态度。无论如何，有这样的机会来处理这件事还是有积极作用的。

3.斯特蒂纽在这个下午也跟我说起了在本周下议院要进行的波兰问题的辩论，他说，希望你能说明，由于会召开三国外长会议，此事将迎来新的转折。我表示同意，但告诉他，我个人认为，对于莫斯科会谈未能按照雅尔塔协定有所进展，让俄国人知道我们的关切有多深，对他们不是坏事。我强烈感觉，我们一定要对俄国人持续稳步施压。现在还没有乐观的理由，我们在此地的会谈上能成功的最好机会，就在于让俄国人明白，不能成功，后果会有多严重。

第二天又发电报：

▶外交大臣（华盛顿）致首相　　1945年4月16日

爱德华和我今早第一次拜访了总统。他给我们留下了好印象。我告诉他，在你收到他的第一封电报时，你是多么感动和高兴。我复述了你的歉意，你不能亲赴华盛顿参加前总统的葬礼，但告诉他，你希望能尽早与他会面。总统说，他热切地感谢我们的盛情。我们应该理解，他接替了巨大的责任。他自己必须尽快熟悉各领域的状况。但他的目的仍然是继续执行与前总统相同的外交政策……

此后，我将话题转到你和总统会面的事情上来，并说，总统也许能回想起来，罗斯福总统曾计划早日访问欧洲，并将伦敦作为他访问的第一站。我相信，如果杜鲁门总统能完成这一安排，那陛下、你以及陛下的政府都将非常高兴。总统说，他非常愿意这么做，但我们也要了解，此刻他在本国有很多紧急的事务需要处理。他有一系列紧急的国内问题要处理，自己也需要熟悉一下前总统在各领域的政策。因此，他不太可能现在就给出一个确定的答案。但我得出的印象是，他很愿意去，当然时间要比罗斯福总统设想的要晚一些……

我将你关于米科拉契克（Mikolajczyk）的电报，还有米科拉契克的原话都转给了他。总统让我对你表示感谢，并说，在他看来，米科拉契克的评论“感觉很好”。据我所知，美国国务院对此进展很是高兴……

我此次拜访得出的印象是，新总统真诚、友善。他对他的新职责头脑清醒，并没有手忙脚乱。他提及你时热情至极。我相信，在他眼里，我们是忠诚的合作者，而与他的第一次交谈也让我备受鼓舞。

我回复：

▸首相致艾登先生（华盛顿） 1945年4月24日

尽管我个人非常想见总统，但在未来的六十天里我是不便去美国的。很可能到时选举将会启动。这些我们还说不好，还需要等近在眼前的战争大局已定才能看得更清楚。我相信，最诚挚的邀请应该由国王和陛下的政府向总统发出。而我觉得自此之后的九十天都不是合适的时间，因为大选要么已经发生，要么会被转移至10月。这些都还没确定。

就这样，在深感遭遇共同的损失之下，我们重新踏上艰难的征途。

打败日本

在东南亚的计划和困难——第十四集团军跨过伊洛瓦底江——斯利姆将军赢下密铁拉战役——蒋介石召回中国的几个师——关于美军运输机中队撤离，我给马歇尔将军的电报——他令人不安的回复——3月20日，攻陷曼德勒——向仰光移动——5月2日的两栖进攻——结束长期奋战——5月9日，我给海军上将蒙巴顿的电报——太平洋上的高潮——一支英国舰队抵达澳大利亚——6月22日，攻陷冲绳——我给总统的贺电——解放东印度群岛——英国认真地支持对日本的最后攻击——一次仁慈的暂缓冬季在缅甸的军事行动已经讲述过了，而当1945年2月，跨越伊洛瓦底江的决定性战役开始之时，重大的战略决定摆在了海军上将蒙巴顿的面前。他接到的命令是解放缅甸，而且只能以现有的人力物力来完成这一任务，随后他还要占领马来亚，打开马六甲海峡。天气是首要因素。第一个任务是占领缅甸中部的平原，在雨季之前占领仰光，而雨季一般在5月初就开始了。他要么集中第十四集团军的全部兵力，在曼德勒平原进行决战，然后迅速向南前进，要么使用其中一些部队对仰光发起两栖进攻，同时在北部攻击日军的后方。而对仰光发起两栖进攻则意味着推迟对普吉岛的占领，普吉岛在克拉地峡之外，是向马来亚进攻的很宝贵的跳板。一些重要但不确定的因素也让他的选择变得复杂。胜利很大程度上依赖于空投物资，美国飞机在这方面发挥了重要作用，而我们也希望苏尔坦将军的中美联军——他们正在腊戍以北与两个日军师团作战——仍能与我们并肩作战。但支援中国仍然是美国高于一切的政策，因而这些飞机很可能会被撤走，会毁了海军上将的计划。

面对这些很快就变得尖锐的危险，蒙巴顿决定单独行动，在斯利姆将军的指挥下，在得到充分支持的情况下，由第十四集团军在曼德勒以西对敌军主力发起进攻，随后向仰光进攻，而他经过慎重研究，认为在4月15日可以实现目标。与此同时，他命令在若开的第十五军扩大阿恰布和兰里岛的机场，并沿着海岸线扩大控制区再顺着两条公路向伊洛瓦底江下游前进。尽管空投物资的飞机大量减少，但这个集团军还是完成了任务，成功阻止一个日军师团加入更东边的决战。

※　　※　　※

这里的事情进展很快。第十九师已经在曼德勒以北四十英里处占领了一个跨越伊洛瓦底江的桥头堡，整个2月，他们击退了数次敌军的反攻。2月12日，第二十师跨过河水浅滩处，冲向曼德勒的西部。在两周时间里，他们经过苦战守住了自己的战果，而且英国第二师也加入了他们。这导致日军最高统帅部相信，决战迫在眉睫，他们调来了大批援军。他们不相信自己的侧翼有可能被猛攻，甚至还可以勉强派一个师到暹罗去。然而这恰好就是斯利姆将军准备的进攻方式。2月13日，第七师在木革具（Pakokku）以南跨过伊洛瓦底江，占据了一个桥头堡。敌人认为这仅是佯攻，但他很快就有了更多的了解。21日，第十七师的两个摩托旅和一个坦克旅过河，从桥头堡冲出，28日，他们抵达了密铁拉。这里是日军前线最重要的指挥中枢，也是交通线的节点和数个机场的聚集地。那里防御坚固，日军很快派出两个师团支援守军，但他们被挡在了很远的地方，直到我们第十七师的一个空降旅和第五师作为援军赶到为止。经过一周的激战，这个镇子落入我军之手，所有夺回它的尝试都被击退。日军承认在一场战斗中有五千名士兵丧命，很多士兵受伤，对此，他们的司令前所未有地描述说这是“盟军很精妙的战术”。

※　　※　　※

而远在东北，苏尔坦将军也有进展。他的美国“火星”旅，三个中国师和英国第三十六师在1月底打开了通往中国的公路，并向南前进。到了3月中旬，他们接近了从腊戍到曼德勒的公路。但这时蒋介石强迫他们停了下来。他没有允许他的几个中国师继续前进。他已经要求得到美国旅，所有的中国师，以及协同这些部队的美国飞行队，这样他就能在中国建起一支军队，从日军手中解放那些盛产大米的区域。他建议斯利姆将军在攻占曼德勒后就停止进攻。这正是一个月前蒙巴顿在制订计划时所担心的情况。但蒋介石坚持撤走他的地面部队，这样日军就能腾出对付他们的三个师中的两个，并派遣他们来进攻我们的第十四集团军。

要留下美国的飞机。3月30日，我向马歇尔将军主张让他们留下。

▸首相致陆军元帅威尔逊（华盛顿）　　　　1945年3月30日

请非正式地向马歇尔将军口头表达我的以下意见：

马歇尔将军可以回想一下我们在魁北克的谈话，我们非常不想在缅甸的丛林中进行大规模的战役，我个人一直有其他的想法。但美国参谋长联席会议将这场对日军的战役，尤其是打开滇缅公路视为最重要的战役。因此我们以最大的努力投入这场战役之中。尽管对德战争的延长阻止了三个英印师前往那一战场，而这三个师是蒙巴顿所有希望的根基，但他完成的任务远超我们的期望……这次在交通困难的条件下与缅甸的日军主力所进行的相当大的战役，其重要性不仅是在缅甸初步准备攻占仰光，也在于能总体消耗日军的陆军，尤其是空军。而且，一旦仰光被攻占，我们在那里的强大兵力可以在1946年甚至

> 更早的时间发起更多的军事行动，并配合美国的整体攻势……因此，我认为自己有资格向马歇尔将军呼吁，在我们之间什么是公平和正当的事情，对此我有最高的信心，他会使用自己的权力，让蒙巴顿拥有他所要求的空军方面的相当小的额外支持，从而保证能赢得当前在缅甸激烈的决战……

马歇尔将军向我们保证，在仰光被攻占或6月1日之前（无论哪个先发生），所有飞机都不会被调走。这激化了我们的紧迫感。如果我们不能在6月1日前占领仰光，而运输机减少，那么第十四集团军就必须后撤很远，直到可以从陆路获得补给。整个战役就会失败。

※　　　　※　　　　※

在3月，曼德勒和密铁拉的战役接连打响。第十九师从桥头堡出击，从伊洛瓦底江东岸向下游前进，并在3月9日进入曼德勒。日军猛烈抵抗。曼德勒山在周围乡村的780英尺高处，两天内就被攻下了，但达弗林要塞的高墙对于普通炮弹来说很难击破。最终一颗2000磅的炸弹打开了缺口，3月20日，敌军逃跑。

与此同时，第三十三军的余部向密铁拉发起进攻。他们遭遇了很强的狙击，因为日军司令官尽管在自己的前线之后有第十七师渗透进去，却毫无要撤退的迹象，而且双方兵力势均力敌。斯利姆将军有六个师和两个装甲旅，他们要面对日军八个兵力不足的师团和一个师的“印度国民军”。但到了月末，敌人放弃了战斗，开始沿着主路向东吁和仰光后撤，然后通过群山向东而去。经过数周的战斗之后，我们的补给非常紧张，但敌人的补给一定更糟。战略空军对敌军交通线和后方设施进行了持续空袭，而后撤的敌军也受到战术空军的袭扰，给他们造成了一场危机。

※　　※　　※

而我们自己也有一场危机。战斗比我们预期的要长得多。苏尔坦将军现在停在了腊戍的公路上，而阻挡他的两个日军师团的到来，让耽误的时间更久。此时，第十四集团军没有能在4月中旬抵达仰光的迹象，而他们是否能在雨季之前到达那里也是疑问。蒙巴顿据此决定对这个地方发起两栖进攻。这场行动要比预想的小得多，而且攻击普吉岛的计划也必须取消。即便如此，这次攻击在5月第一周之前也无法实施，而到了那时又可能会太晚了。

与此同时，斯利姆将军决定，第十五军应该沿着公路和铁路线追击敌人，第三十三军则沿着伊洛瓦底江向下游进攻。他决定不仅要到达仰光，而且要在缅甸南部形成两道包围圈，让敌人陷入其中。于是第七和第二十师沿河而下，合力猛攻，于5月2日抵达卑谬一线。第四军在英帕尔和曼德勒取胜，与日军三个师的残余兵力激战之后，开始更快地沿着公路和铁路前进。这支部队仅携带了一半的补给，以便能携带更多汽油。一支装甲纵队与第五师和第十七师的机械化旅采用蛙跳战术，交替前进，在4月22日抵达东吁。我军非常需要那里的机场来空运更多的物资，这是一切的基础，同时也能让皇家空军第221联队的战斗机进驻，把仰光纳入射程。下一个节点是勃固，占领那里将关上敌人在下缅甸最南端的逃跑路线。我军前进部队在4月29日抵达那里。当天大雨倾盆而下，预示着一个早到的雨季。向前的空中路线已无法行动，坦克和车辆也无法从道路转移。日军

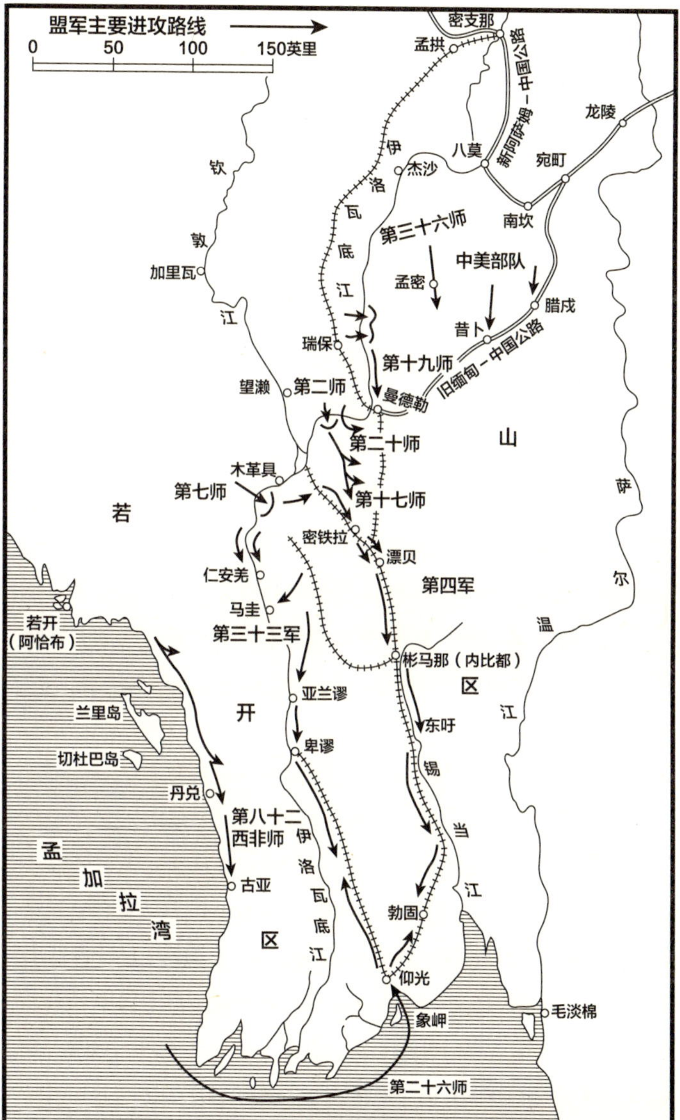
盟军主要进攻路线
0
50
100
150英里
密支那
孟拱
新阿萨姆－中国公路
龙陵
八莫
宛町
伊
洛
瓦
底
江
杰沙
南坎
第三十六师
中美部队
钦
敦
加里瓦
孟密
腊戍
江
昔卜
瑞保
第十九师
旧缅甸－中国公路
望濑
第二师
曼德勒
第二十师
山
木革具
第七师
第十七师
萨
若
密铁拉
漂贝
仁安羌
第四军
尔
马圭
若开
（阿恰布）
第三十三军
温
彬马那（内比都）
亚兰谬
区
兰里岛
开
东吁
江
卑谬
切杜巴岛
锡
丹兑
第八十二
西非师
当
伊
孟
洛
加
古亚
江
瓦
勃固
拉
底
湾
区
江
仰光
象岬
毛淡棉
第二十六师

缅甸中部

召集所有可能的人力守住城镇和跨河的桥。5月2日，第十七师终于突破防线，他们开始准备最后几英里的进攻，并希望第一个冲进仰光。

而5月2日也是两栖进攻的发起日。在此之前的两天，盟军的重型轰炸机攻击了象角（Elephant Point）的防御阵地，那里挡住了进入仰光河的入口。5月1日，一个空降营降落在敌防守阵地上，经过扫雷之后，这条通道被打开了。第二天，第二十六师的船只在皇家空军第二二四联队的支持下，抵达了河口。一架“蚊式”飞机掠过仰光，没有看到敌军的痕迹。登陆部队在机场附近登陆，随后步行入城，他们受到了一些此前战斗中被俘的我军士兵的欢迎。这样看一场两栖进攻就没有必要了，日本守军在几天前放弃了这里，以图守住勃固。当天下午，雨季以迅猛之势迸发，仅在雨季之前几小时，仰光才告攻陷。

两栖登陆部队很快加入了在勃固的第十七师和在卑谬的第二十师。成千上万的日军被围，接下来的三个月，大批试图向东逃跑的日军被击毙。

※　※　※

在缅甸的长期奋战告一段落，但这一贡献要归因于其他兵种，没有他们的支持，陆军的战斗将不会起到作用。皇家海军赢得了无法挑战的制海权。他们可以将陆军安全地运送到任何要去的地点，并且也这么做了。盟国的空军也彻底战胜了日本飞机，他们的支持很是可靠。空投物资也发展并维持在很大的规模。在斯内宁将军的指挥下，第十四集团军的主要将官和后勤部队运转极佳。最后很重要的是那些英美两国的工兵们，他们创造了很多神奇的妙计和成就，譬如，他们穿越河流、森林和群山，铺设了近3000英里的油气输送管道。在斯利姆将军的巧妙指挥下，闻名天下的第十四集团军英勇奋战，克服了所有障碍，完成了看起来不可能完成的任务。5月9日，我给最高司令官致电如下：

▶首相致海军上将蒙巴顿（东南亚） 1945年5月9日

衷心祝贺你们在缅甸战役中，在仰光取得了最终胜利。1944年在英帕尔和科西马的艰苦战斗，为这些优异的军事行动铺平了道路，从而夺回大片区域，而这将是1945年东南亚司令部成就的高峰。当去年9月，这些问题在魁北克被考虑时，你的统帅部和联合参谋部向总统和我报告，认为需要六个英国师和英印师，再辅以相应的船只和登陆舰（这些是你要求的），甚至更多的部队，才能实现比你和你勇敢的部队、盟军实际上所完成的低得多的目标。对德战争的延长，让调派你所需要的英国师和英印师成为不可能的事情，而很多其他你所列入的战斗单位也不得不留驻决定性的欧洲战场。尽管有兵力的缩减和失望，你和你的将士还是完成了任务，并超出了直接布置给你的任务。请向你指挥下的所有将士和相关人士转达，祖国的所有人都对他们在缅甸战役中的赫赫战功感到钦佩和感激。

为庆祝东南亚司令部的这些巨大成就，国王陛下下令制作了专门的勋章“缅甸之星”，它正在打造中，并会尽早连同绶带一起空运至你处。

※ ※ ※

在太平洋的战争进展也不遑多让，达到了顶峰。我们在魁北克曾承诺，一旦德国被击败，立刻派遣英国各兵种去远东，在我回到伦敦后，我在下议院声明，美国已接受了我们派遣舰队的计划。我们在陆上和空中的任务将受到能够使用的船只的限制，而计划也要按照这一限制推进。

1944年12月，海军上将弗雷泽乘坐他的旗舰—— 战列舰“豪号”抵达悉尼。我们的主力舰队第一次部署在太平洋，并在一位美国指挥官的指挥下行动。我们的主要困难在于补给和保养。在三年的战斗中，美国人已建立了庞大的补给系统和一个海岛基地网络。我们不指望也能达到这一成就，但有必要的是，我们的舰队不能完全依赖于我们的盟友来进行后勤支持。

我们在1944年一直在研究这个问题。6月，一项建立基地的任务被交给澳大利亚政府讨论，但澳大利亚的人力业已完全投入麦克阿瑟将军的战役，并为他们自己和美国人提供补给上了，很显然所需要的材料和熟练的劳工必须从联合王国找。悉尼的优良港口离战区有四千英里远。为了辅助舰队，我们需要一系列燃油舰、商船、补给舰、检修船、医疗船和其他类型的船只，而大量的物资也必须从不列颠群岛运输过去。这自然在战争运输大臣莱瑟斯勋爵的心头引起担忧，但我们还是制订计划，并提供了第一批必需品，而当战争结束时，补充物资仍源源不断地运送过去。

※ ※ ※

在抵达后不久，海军上将弗雷泽就乘飞机去拜访了麦克阿瑟将军和尼米兹将军。他和后续的舰队都受到了最诚挚的接纳，从一开始，双方就建立了同志之谊，这种友谊克服了所有困难，并在所有层面实现了最亲密的合作。

来自海军上将尼米兹的电报上说：

> 英国部队将大大增强我们的攻击力，并展示了我们在对日作战行动中的团结。美国太平洋舰队欢迎你们。

然而，海军上将弗雷泽的资历，让他很难在船上指挥，在那里他的军衔要高于尼米兹当时的军衔。于是，在地中海打出声誉的海军中将罗林斯（Vice-Admiral Rawlings）被遴选为副司令在海上指挥。早在1945年2月，他就与主力舰队抵达澳大利亚，其中的很多军舰有一段时间曾经印度洋展开军事行动。3月初，这支舰队和附属船只在美国位于马努斯岛上的基地集结，并加入舰队司令的队伍，18日，它们在海军上将斯普鲁恩斯的率领下出航，执行了在太平洋上的第一次战斗。

此时有很多事情发生。终于到了进攻敌人本土的时候了。2月19日，斯普鲁恩斯攻击了小笠原群岛上的硫磺岛，在那里美国战斗机可以为从马里亚纳起飞的轰炸机护航，前去轰炸日本本州岛。战斗惨烈并持续了一个月，但还是赢得了胜利。同时英国舰队——现在被称为第五十七特遣队，由乔治五世号和“豪号”战列舰，四艘搭载250架战机的航空母舰，五艘巡洋舰和十一艘驱逐舰组成，在3月26日进入了台湾以东的战斗位置。当天，舰队的轰炸机第一次对冲绳以南各岛的机场和军事设施进行了轰炸。斯普鲁恩斯下令进行大规模的空中行动，从而作为对冲绳进行两栖登陆的序幕，并打算在4月1日发起登陆。3月18日，他的快速航空母舰袭击了日本沿海的敌军基地；3月23日，他们转向驶往冲绳。而英国舰队的任务是阻止敌人使用冲绳岛的机场飞往台湾南北。

从3月26日到4月20日，舰队在海上加油，持续执行任务。飞机的损耗和补给消耗殆尽，迫使他们短暂撤往莱特湾。抵抗前所未有地强烈。4月1日，日军神风敢死队进行了不眠不休的攻击，导致了伤亡，一艘驱逐舰受损，被迫后撤。

※ ※ ※

如我所讲述的那样，在6月，中将拉姆斯登之死让我们遭受了巨大损失。他是我个人与麦克阿瑟将军的联络官，而且他完全赢得了麦克阿瑟将军的信任。拉姆斯登的战争记录是辉煌的。早在比利时的交战中，他就指挥第十二游骑兵团，让装甲车加入自己的部队，并在敦刻尔克的最终战斗中发挥了巨大作用。此后他指挥第一装甲师，在沙漠中作战数月。正是这些记录让我选择他为麦克阿瑟将军服务，正是他给我的报告，让我能生动地了解日本在远东的激战中被击败的过程。6月6日，他站在"新墨西哥号"的舰桥上，与海军上将弗雷泽交谈。海军上将碰巧走向了舰桥的另一端。一架日军自杀式飞机突然撞了下来。拉姆斯登将军和弗雷泽的副官当即丧命。而在舰桥上一次纯属运气的随意走动救了我们的总司令一命。

※ ※ ※

其间，在冲绳岛发生了惨烈的战斗，而占领它的行动是太平洋战争中最大和持续最久的两栖登陆行动。首批登陆的有四个美军师。崎岖的岛屿给防御提供了足够多的工事，而超过十万名日本守军决死一战。日本所有残存的海上和空中兵力也加入其中。他们残存的最后一艘现代化战列舰“大和号”，在巡洋舰和驱逐舰的支持下，试图在4月7日加入战斗，但这支远征军被斯普鲁恩斯的航空母舰舰队拦住，几乎全军覆没，只剩几艘驱逐舰存活下来。

自杀式飞机的攻击达到了顶峰。在这座岛屿被攻克之前，不低于1900架飞机做了这样的攻击，根据海军上将金的报告，三十四艘驱逐舰和小型船只被击沉，两百艘其他船只被击中。这些攻击和数千次普通的突击共同构成了日军发起的最激烈的进攻。但一切都是徒劳。6月22日，在经过近三个月的战斗之后，这座岛屿被攻克了。这一战役使用了海军上将尼米兹的太平洋中路军的所有兵力，还包括一支四十五万人的陆军部队。

在我选举和其他急事当中，我一直每天关注着这些战事的进展，我很快了解了美军这一战果的重要性。

▸首相致杜鲁门总统　　　　1945年6月22日

对于美国陆海空三军在冲绳取得的重大胜利，我要致以诚挚的祝贺。美国在此任务中投入的意志力、忠诚和物力，以及敌人的孤注一掷——据报有九万日军被击毙，让这场战役成为军事史上最紧张、最著名的战役之一。怀着对美国人不惜一切代价攻克此地的英勇和决心的钦佩，我要代表你们忠诚的盟友和你们的英国战友——他们目睹了在这座岛屿及其附近海面上取得的重大胜利，向你们致敬。我们要向所有你们的参战部队和指挥官敬礼。

※　　※　　※

5月1日，英国舰队从莱特湾再次启航。在5月4日至25日之间，我们的空中编队攻击了此前攻击过的区域，5月4日，我们的军舰炮击了宫古岛。敌人主要用自杀式攻击来反击。航空母舰“可畏号”和“凯旋号”严重受损，前者伤亡惨重，但它们的装甲甲板让它们逃过一劫，两艘航空母舰都能继续航行。5月25日，补给所剩无几，这些船只都撤向了马努斯岛，海军上将斯普鲁恩斯发来的电报让他们深感振奋，电文如下：

▶ 1945年6月12日

在作为第五舰队特遣部队作战两个月之后，我要向你和你的官兵表示感谢，感谢你们优异的工作和合作精神。对于美国特遣部队来说，第五十七特遣队反映了皇家海军的优良传统。

※ ※ ※

而更南边，东印度群岛的解放也正在进行中。5月1日，澳大利亚第九师在美国和澳大利亚海空军的支持下，在荷属婆罗洲的达拉根登陆。6月，澳大利亚人夺回文莱和沙捞越。随后在7月1日，在荷兰、美国和澳大利亚海军的支持下，澳大利亚第七师在巴厘巴板（Balikpapan）登陆。但这些令人备受鼓舞的战事很快就在即将发生的远东战争的顶峰面前黯然逊色。

我们仍然决心派部队和飞机攻入日本本土，但我们也需要解放马来亚、新加坡及周围的区域。对日本的主要攻势，我们能贡献的顶多是三个师，也许之后还能再多两个师。麦克阿瑟将军允诺给我们最慷慨的协助，甚至提出用美国的武器和装备武装我们的部队，并从美国向他们提供补给。这远超我们的期待，可以减轻我们船运的压力，但落实起来却很困难。在空军方面，我们计划组建二十个中队，由四百架重型轰炸机组成，一半从英国调来，其他的从太平洋沿岸的自治领调来，但这也存在困难。在雅尔塔会议之后，种种迹象显示，这支部队必须自给自足，自行维持机场、军事设施、港口、公路和输油管。

当冲绳被夺取的形势明朗之后，马歇尔将军在那里给了我们一个基地，来扩充我们的空军。我对此举表示欢迎，因为这证明了我们将在对日本的主要进攻中发挥自己的作用。

对你在冲绳给我们一个基地的安排，我真的非常高兴，从那里，我们的第一批十个中队的飞机可以参与对日本的空中轰炸。这是你们很大方的一个姿态，与我们从美国参谋长联席会议收获到的友善完全匹配。我们的贡献尽管微不足道，但将帮助你们加速完成粉碎日本的庞大任务。

但在1945年10月，我们在冲绳只能有部署两个中队的希望，而在1946年初，则可以有十个中队。但这些计划都赶不上战事的变化。在我们的飞机和士兵抵达之前，日本就投降了，只有我们的舰队和澳大利亚、新西兰的联合部队参与了太平洋战争最后阶段的军事行动。

美国人打算在1945年11月占据九州，那里是日本岛的最西端，然后从那里进入本州的主岛。那里驻扎着一支超过一百万人的陆军，他们训练有素、装备精良，而且狂热地决心战斗到最后。日本海军和空军残余兵力也有同样的决心。这两场巨大的军事行动本来必然会导致激烈的战斗和庞大的生命损失，但还好它们都不需要打下去了。我们真是非常欣慰！

波茨坦：原子弹

新墨西哥沙漠中传来的新消息——有望在没有苏联帮助的情况下，加速对日战争的结束——决定使用新武器——与总统的讨论——对日本的猛攻持续进行——7月26日，我们发出最后通牒——1945年8月6日和9日，轰炸广岛和长崎——8月14日，日本投降——海权在对日作战中的决定性作用

7月17日，举世震惊的新闻发生了。下午，史汀生来到我的公寓，并将一张纸放在我的面前，纸上写着，“孩子们成功生出来了”。通过他的举止，我感觉发生了一些特别的事情。“这意味着，”他说，“在新墨西哥沙漠上的实验成功了。原子弹是真实存在的。”尽管我们靠提供的只言片语了解了这项可怕研究的线索，但此前我们从未被告知—— 无论如何我是不知道的，这一决定性实验的日期。没有哪个负责任的科学家能预测，当第一颗大规模原子弹爆炸之后，会发生什么事情。这些炸弹是无用的，还是毁灭性的？现在我们知道了。“孩子们”已经“成功生出来了”。还没有人能斟酌这一发现的直接军事后果，也没有人斟酌过关于原子弹的其他事情。

第二天早晨，一架飞机抵达，并带来了对这一人类史上重大事件的详细描述。史汀生将报告给了我。我就回忆所及说一说这个事情。这颗炸弹，或者同当量的装置，在安放在100英尺高的塔台上引爆。周遭十英里范围内的人都被疏散，科学家和他们的工作人员躲在那个距离以外的大型混凝土屏障和避难所内。爆炸是非常恐怖的。一股庞大的火焰柱和烟雾径直射向我们可怜的地球的大气边缘。一英里范围内一切都被摧毁殆尽。接下来，就有了加速第二次世界大战结束，也许还有其他效果。

总统邀请我即刻与他商谈。他带着马歇尔将军和海军上将莱希。在这时，我们成型的想法是用可怕的空中轰炸和大批陆军攻入来对日本本土发起进攻。我们仔细审视了日军在武士道精神之下的决死抵抗，战斗到底，不仅在阵地战如此，在每个洞穴和战壕都是如此。我的心里想起了冲绳岛上的景象，在那里成千上万的日本人，不是选择投降，而是排成一排，在他们的指挥官独自完成切腹自杀的仪式之后，拉响手榴弹炸死自己。要一个人一个人地消灭日本人的抵抗，一寸一寸地攻克其国土，可能需要损失一百万美国人和五十万英国人的性命——如果我们派更多人到那里，牺牲可能还会更多，因为我们已决心共度此劫。现在，所有这些噩梦般的情景都已烟消云散。代之的是这样的场景，在一两次剧烈的震动之后，整个战争结束——看起来真是合理而又光明。我个人立刻想到，我素来景仰的富有勇气的日本人民，可能会将这件超乎自然的武器当作保住他们名誉的理由，从而让他们免于战至最后一人的责任。

而且，我们不再需要俄国人了。对日战争的结束不再依赖于他们的大军汹涌而入，进行旷日持久的屠杀了。我们不再需要他们的帮助了。几天之后，我给艾登发去备忘录："很显然，当前美国不希望俄国参加对日作战。"因此，一系列的欧洲问题也可以按照它们的利益关系，并根据联合国的广泛原则处理了。我们似乎突然拥有了使用仁慈的手段来减少在东方的屠杀并让欧洲拥有更幸福的前景。我丝毫不怀疑我的美国朋友们也是这么想的。无论如何，我们从未花一点点时间来讨论是否该使用原子弹。在我们经历如此之多的苦难和危险之后，为了避免大规模、无止境的屠杀，为了让战争结束，为了给世界带来和平，为了安抚备受煎熬的人民，用几次爆炸来展示压倒一切的力量，这似乎成了让我们获得救赎的唯一途径。

在试验进行之前，英国已在7月4日原则上同意使用这一武器。此时最后的决定主要由杜鲁门总统做出，他拥有这件武器。但我从未怀疑过他的决定会是什么，也从未怀疑过他是否是对的。历史事实会保留下来，并在后世接受评断，但是否该使用原子弹迫使日本投降的决定从来不是一个问题。会议桌上留下的是全体一致、自动的、毫无疑问的赞同；我从未听到过些微的暗示说我们不应这么做。

显然，美国空军已准备用普通的炸弹对日本的城市和港口发起大规模空中轰炸。这些城市和港口可能会在几周或几个月里被摧毁，谁也无法说清这会给平民带来多么大的生命损失。但现在，通过使用这件新式武器，我们可能不仅仅摧毁了一些城市，也同时挽救了朋友和敌人的生命。

※ ※ ※

一个更加错综复杂的问题是，该告诉斯大林什么。总统和我都不再认为，我们需要他协助攻占日本。他在德黑兰和雅尔塔允诺，一旦德国被击败，他将马上进攻日本，并从5月初开始，将俄国军队通过西伯利亚铁路持续转移到远东去，来履行这一诺言。在我们看来，这些都没有必要了。而斯大林在雅尔塔对美国人讨价还价的筹码，也因此失效了。然而，他仍然是在对希特勒的战争中一个伟大的盟友，我们都认为，必须将支配未来的这一重大的新因素告知给他，但不能告诉他任何细节。该怎么把这个消息告诉他呢？是书面的还是口头的？是在一次正式的，或特别的会议中，或者在我们日常的会谈中，又或在这样的会议或会谈之后？总统的结论是，采用最后的选择。“我认为，”他说，“我最好在我们的某次会议之后告诉他，我们拥有了一件全新的炸弹，非常不同寻常的武器，我们认为，它将对日本继续战争的意志产生决定性的影响。”我对此表示同意。

下面是我当时给内阁的一个指示：

首相给战时内阁的指示

1945年7月18日

总统将关于最近的实验的电报给我看了，并询问我，对告知俄国人方面，我认为该怎么做。他似乎已决定这么做，但还在征求时机，并说他认为会议结束之后为最好。我回复，如果他决心要说，将试验的日期顺延一下更好，把它当作一个他和我们都刚刚了解的新因素。这样他就可以对这个问题——“为什么此前你不告诉我们？”——有个好答案。他似乎被这个说法说服了，会好好考虑。

为了陛下的政府的利益，我没有反对他打算公开我们拥有这一武器的简单事实。他重申，他决心不惜一切代价也要拒绝泄露任何细节……

※ ※ ※

与此同时，从海空对日本毁灭性的攻击仍在继续。其中的主要目标就是日本舰队的残余兵力，它们此时四散在海岛上躲避。大型军舰一艘一艘被搜寻出来，到了7月末，日本海军实际上已荡然无存。

日本本土陷入混乱，处于崩溃的边缘。职业外交家都相信，只有在天皇的授权下立即投降，才能让日本免于彻底崩溃，但权力几乎全部掌控于军事集团之手，他们一心要全国自杀也不接受投降。这个狂热的集团面对可怕的毁灭无动于衷，却继续宣称相信某些奇迹会扭转形势。

在与总统单独进行，或有他的顾问在场的几次长谈中，我讨论了该怎么做。这周早些时候，斯大林私下告诉我，在他的代表团离开莫斯科的同时，一封没有抬头的电报通过日本大使转交给了他。电报来自日本天皇，据推测，这封电报要么是给他的，要么是给主席加里宁的，要么是给苏联政府的其他要员的。电文宣称，日本不会接受“无条件投降”，但愿意在其他条件之下妥协。斯大林回复，由于电报里没有明确的提议，苏联政府无法采取行动。我向总统解释，斯大林不想直接告诉他，是因为唯恐他会认为俄国人在试图对他施加影响，从而倾向媾和。同样，我认为我们应该避免说任何关于“和平”的话题，免得让人认为我们不情愿继续跟日本打下去了，对日战争要打到美国认为合适为止。但是，我也提到，如果强迫日本“无条件投降”，美国将失去无数的生命，而英国也将损失不少生命。需要他考虑，是否换一种方式来表达，在他们遵从占领军必要的安全措施的条件下，既让我们赢得在未来实质上的和平和安全，也能给他们的军事荣誉留些颜面，并对他们国家的存在做出保证。总统直率地回答，在珍珠港之后，他不认为日本还有什么军事荣誉而言。对此，我只能说，无论如何，他们已准备为了某些东西面对无数的生命损失，而这些东西对我们可能并没有他们那么重要。随后，他变得非常有同情心，随后他像史汀生先生那样说，他肩负着让无数美国人流血的可怕职责。

我认为，除了对世界和平和未来安全有必要的事情，以及惩戒罪犯、作奸犯科者外，没有必要严格要求“无条件投降”。史汀生先生、马歇尔将军和总统显然也在掂量，我们不需要向他们施压。当然，我们清楚日本已准备放弃战争中获得的一切。

最后，我们决定发出一份最后通牒，要求日本军队立即无条件投降。这份文件在7月26日刊出。

立即无条件投降的最后通牒

1945年7月26日

（一）余等：美国总统、中华民国政府主席及英国首相代表余等亿万国民，业经会商，并同意对日本应予以一机会，以结束此次战事。

（二）美国、英帝国及中国之庞大陆、海、空军部队，业已增强多倍，其由西方调来之军队及空军，即将予日本以最后之打击，彼等之武力受所有联合国之决心之支持及鼓励，对日作战，不至其停止抵抗不止。

（三）德国无效果及无意识抵抗全世界激起之自由人之力量，所得之结果，彰彰在前，可为日本人民之殷鉴。此种力量当其对付抵抗之纳粹时不得不将德国人民全体之土地、工业及其生活方式摧残殆尽。但现今集中对待日本之力量则较之更为庞大，不可衡量。吾等之军力，加以吾人之坚决意志为后盾，若予以全部实施，必将使日本军队完全毁灭，无可逃避，而日本之本土亦必终归全部残毁。

（四）现时业已到来，日本必须决定一途，其将继续受其一意孤行计算错误，使日本帝国已陷于完全毁灭之境之军人之统制，抑或走向理智之路。

（五）以下为吾人之条件，吾人决不更改，亦无其他另一方式。犹豫迁延，更为吾人所不容许。

（六）欺骗及错误领导日本人民使其妄欲征服世界者之威权及势力，必须永久剔除。盖吾人坚持非将负责之穷兵黩武主义驱出世界，则和平安全及正义之新秩序势不可能。

（七）直至如此之新秩序成立时，及直至日本制造战争之力量业已毁灭，有确定可信之证据时，日本领土经盟国之指定，必须占领，俾吾人在此陈述之基本目的得以完成。

（八）开罗宣言之条件必将实施，而日本之主权必将限于本州、北海道、九州、四国及吾人所决定其他小岛之内。

（九）日本军队在完全解除武装以后，将被允许返其家乡，得有和平及生产生活机会，投降国并且永不称霸。

（十）吾人无意奴役日本民族或消灭其国家，但对于战罪人犯，包括虐待吾人俘虏在内，将处以法律之裁判，日本政府必将阻止日本人民民主趋势之复兴及增强之所有障碍予以消除，言论、宗教及思想自由以及对于基本人权之重视必须成立。

（十一）日本将被允许维持部分工业，来保障其经济，进而保障其所需偿付的赔款，可以使其获得原料，以别于统制原料，日本最后参加国际贸易关系当可准许。

（十二）上述目的达到及依据日本人民自由表示之意志成立一倾向和平及负责之政府后，同盟国占领军队当撤退。

（十三）吾人通告日本政府立即宣布所有日本武装部队无条件投降，并以此种行动诚意实行予以适当之各项保证，除此一途，日本即将迅速完全毁灭。

日本军事统治者回绝了这些条款，美国空军据此制订计划，准备向广岛和长崎各投掷一颗原子弹。

我们同意，要给平民们一个机会。计划的步骤已拟定出细节。为了将生命的损失降到最低，7月27日，对十一个日本城市散发了传单进行警告，他们将遭受猛烈的空中轰炸。接下来的这天，其中的六个城市被攻击了。7月31日，又有十二个城市接到警告，8月1日有四个被轰炸。最后一次警告在8月5日发出。据说那时超级空中堡垒每天散发150万份传单，总数达到了300万份。直到8月6日，第一颗原子弹才被投下。

※　　※　　※

对日战争落幕时，我已去职，我只能简要地记录一下。8月9日，紧跟着广岛的核弹，又投下了第二颗，这一次是在长崎。第二天，尽管一些军事极端分子发起暴动，但日本政府还是同意接受最后通牒，条件是不损害天皇作为最高统治者的特权。盟国政府，包括法国，回复说天皇将受盟军最高统帅支配，他必须授权并确保签字投降，盟军军队将进驻日本，直到波茨坦公告所设定的目标均告实现为止。8月14日，这些条款被接受了，艾德礼先生在午夜广播了这一消息。

盟军舰队驶入东京湾，9月2日早晨，在美国战列舰“密苏里号”的甲板上签署了正式的投降文件。俄国在8月8日宣战，那时离敌人崩溃仅差一周。尽管如此，他们依然要求拥有战胜国的所有权利。

※　　※　　※

我们争分夺秒地执行投降条款。马来亚、香港和荷属东印度群岛的很多部分仍在敌军之手，散落各处的孤军仍可能无视天皇的谕令，继续战斗。因此，占领这一广阔区域就成了当务之急。在缅甸战役之后，蒙巴顿已在准备解放马来亚，并为在巴生港（Swettenham）登陆进行训练。9月9日，登陆进行。其他的港口也在9月初被占领，并且未经战斗，9月12日，蒙巴顿在新加坡举行了受降仪式。

8月30日，英国官方代表，海军上将哈考特（Harcourt）抵达香港，并在9月16日接受了该岛敌军的正式投降。

※　　※　　※

有些美国人相信，通过利用在中国和西伯利亚的基地，更大规模地使用空军可以更经济地达到让日本垮台的目标。他们坚称，只要通过有效的空中进攻，他们的交通线将被切断，其本土的抵抗力量也将土崩瓦解，而不必通过旷日持久、代价高昂的海上进攻作为攻入其本土的序曲。更多先进的空战派倡导者主张，像缅甸、马来亚和东印度群岛这样的政治目标可以暂时放弃，一旦空战获得胜利，在这些地方也将不战而胜。但美国参谋长联席会议不同意这种观点。

认为日本的命运由原子弹决定的观点也是错误的。他的失败在第一颗原子弹落下之前就已注定，其肇因则是盟国压倒一切的海上力量。只有这些才能让我们占领海上的基地，并从那里发起最终攻击，并迫使他们的京畿军队不战而降。他们的船只已被摧毁。他们在战争开始时的船只吨位超过550万吨，后来通过俘获和新造，让吨位数增加不少，但他们缺乏护航体系和护航编队，组织得也不好。超过850万吨的船只被击沉，其中500万吨是被潜艇击沉的。我们作为一个岛上的强国，同样依赖于海洋，我们要吸取教训，如果我们没能战胜德国潜艇，我们的命运将可想而知了。

【全书完】

关键词汇

英日同盟条约

英日同盟是英国和日本为维护其各自在中国与朝鲜的利益而结成的互助同盟，旨在反对俄国在远东扩张。1921 年 12 月废止。

1889 年宪法

颁布于 1889 年（日本明治 22 年）的《大日本帝国宪法》，是日本基于近代立宪主义而制订的首部宪法。

1941 年美国对日本的经济制裁

1941 年 7 月日本占领法属印度支那（今越南、老挝、柬埔寨）时，美国宣布冻结日本在美国的所有财产，包括实行石油禁运。随后英国、荷兰也加入制裁行列。

马来亚（地名）

马来西亚联邦西部土地（即位于马来半岛的部分）的旧称，又称西马来西亚，简称"西马"。

"纳尔逊号"

英国海军"纳尔逊"级战列舰，共两艘即"纳尔逊号""罗德尼号"。"纳尔逊号"1925 年 9 月下水，满载排水量 38000 吨。

"竞技神号"

英国皇家海军于 1917 年订购建造的航空母舰。1923 年建成，标准排水量 10950 吨。

“皇家方舟号”

“皇家方舟号”航空母舰是英国皇家海军在第二次世界大战前设计的航空母舰。1938 年服役，标准排水量 22000 吨。

“复仇”级战列舰

英国海军为回应德国建造“巴伐利亚”级战列舰，1913 年批准建造“复仇”级战列舰（舰名首字母均为 R，也称 R 级）。“复仇”级战列舰同级舰 5 艘。首舰“复仇号”1916 年 3 月建成，满载排水量达 31500 吨。

第一海务大臣

英国皇家海军及海军本部由职业军人担任的最高位置。第一海务大臣同时亦是海军参谋长。

“英王乔治五世号”

英国“英王乔治五世”级战列舰，同级舰建造 4 艘。首舰以英国国王乔治五世的名字命名，1912 年 11 月建成，满载排水量 25700 吨。1945 年 9 月 2 日“英王乔治五世号”在东京湾参加了日本的投降仪式。

“提尔皮茨号”

纳粹德国海军的“俾斯麦”级战列舰 2 号舰。1941 年 2 月服役，满载排水量 52900 吨。“提尔皮茨号”以“德国海军之父”，德意志帝国海军元帅阿尔弗雷德 · 冯 · 提尔皮茨 (1849-1930) 命名。

“威尔士亲王号”

英国海军“英王乔治五世”级战列舰的 2 号舰，1941 年 1 月正式服役。

“反击号”

英国海军“声望”级战列巡洋舰的第 2 艘舰。1916 年 8 月服役，满载排水量 38200 吨。

“可畏号”

英国“光辉”级航空母舰，1940 年完工，标准排水量 23000 吨。

“声望号”

英国海军“声望”级战列巡洋舰同级舰两艘:“声望号”“反击号”。“声望号”于 1915 年 1 月开工建造，满载排水量 38950 吨。

“约克公爵号”

英国海军“约克公爵号”战列舰是“英王乔治五世”级第 3 艘，1941 年 11 月建成服役。

前海军人员

丘吉尔和罗斯福两人都曾在本国海军部门任职。罗斯福 (1913 年) 曾担任过威尔逊政府的海军部助理部长。丘吉尔曾两任英国海军大臣 1911 年和 1939 年。丘吉尔在第二任海军大臣期间，罗斯福总统要求丘吉尔通报欧洲战况。

志愿航空队

以私人机构名义，重金招募美军飞行员和机械师，组成航空队以平民身份参战。

党鞭

政党名词，起源于英国，是指议会内的代表政党领袖，政党纪律主管，功能是为了确保议员出席并按照政党立场行事。“党鞭”一般是一人，也可以多人。

奥兰经历的悲剧

1940 年 7 月 3 日 , 英国舰队在未结束与法国盟友关系的情况下，对法国停泊在奥兰军港的法国舰队采取突袭手段，控制、摧毁法国舰队大多数主力舰艇。

掌玺大臣

英国政府最古老的职位之一，1884 年后只留有职位，是政府闲职之一。

枢密院

英国君主咨询机构，现在只具有礼节性质的机构。

"俄克拉荷马号"

美国海军"俄克拉荷马号"是"内华达"级战列舰的 2 号舰。1914 年 3 月下水，最大排水量 28400 吨。

"西弗吉尼亚号"

美国海军"西弗吉尼亚号"属 于"科罗拉多"级战列舰。1921 年 7 月下水，标准排水量 37500 吨。

"加利福尼亚号"

美国海军"加利福尼亚号"是"田纳西"级战列舰的 2 号舰。1919 年 11 月下水，满载排水量 33190 吨。

寇松线

1920 年 7 月，苏俄红军击退波兰干涉军时，英国外交大臣寇松代表英国政府建议苏俄以这条界线为停火线举行和平谈判，波苏双方承认寇松线为波苏边界线。1945 年 8 月波苏两国签订边界条约，规定两国边界以寇松线为基础划定。

土伦舰队

1940 年 6 月 22 日法国战败后，法国海军主基地设于濒临地中海的土伦港。

第五纵队

内奸叛徒的代名词。1936 年至 1939 年西班牙内战时期，叛军将领摩拉宣称，已有四个纵队在进攻首都马德里，而“第五纵队”已在马德里潜伏作内应。此后“第五纵队”就成为内部搞破坏的内奸叛徒的代名词。

A. T 型

原文是 A.A 和 A.T。防空炮和反坦克炮

“梅塞施密特”109

“梅塞施米特”Bf-109 战斗机是二战中德国空军主力战斗机。

U 型潜艇

纳粹德国使用的潜艇的统称。因这些潜艇的型号都用德文 Unterseeboot（潜艇）的首字母加数字组成而得名。

第一次大西洋战役

大西洋之战，第二次世界大战期间，大西洋交通线是同盟国赖以支持欧洲战区的生命线，为此英国、美国同德国在大西洋战区进行的保护与破坏海上交通线的作战。

希腊和克里特岛战役

希腊战役是第二次世界大战中在希腊本土及阿尔巴尼亚南部的战争，战争是由同盟国（希腊及英联邦）与轴心国（纳粹德国及意大利王国）之间对垒，包括克里特岛战役及数次海上战役。希腊战役以德国胜利而结束。

“厌战号”

属“伊丽莎白女王”级战列舰，1913 年 11 月下水。

“巴勒姆号”

属“伊丽莎白女王”级战列舰，下水时间为 1914 年 10 月。

“伊丽莎白女王号”

英国于 1912 年预算批准建造的 4 艘装备新式 15 英寸 (381 毫米) 口径火炮的战列舰。共建造 5 艘，“伊丽莎白女王号”战列舰属于“伊丽莎白女王”级战列舰的 1 号舰。1913 年 10 月下水,满载排水量 36300 吨。

“勇士号”

英国海军“伊丽莎白女王”级战列舰，1916 年建成。

“安森号”

英国海军“英王乔治五世”级战列舰第 4 艘，1942 年 6 月服役。

昔加末 - 麻坡之战

1942 年 1 月 14 日至 22 日，英军、英属印度军、澳大利亚军与日军在马来西亚柔佛州昔加末 - 麻坡一带，展开的一场非常惨烈的战役。

“威格士”战斗机

英国双翼鱼雷轰炸机，1928 年首飞。

1877 年普利文战役

1877 年第十次俄土战争中，土耳其军队在普利文要塞以 1 个军挡住了 20 万俄军 5 个月之久。

海岸师

在武装序列中，属于二流部队，一般是当地人组建而成，负责对所在区域的岸防。

“飓风式”战斗机

英国二战中主力机型。

“水牛”式战斗机

由美国布鲁斯特公司设计生产的 F2A 战斗机，1939 年开始量产。

“埃克塞特号”

英国海军“约克”级重巡洋舰中的二号舰，以英国英格兰西南部德文郡的埃克塞特市命名。1930 年 12 月建成，满载排水量 10645 吨。

中国第四十九师

隶属中国远征军第六军，师长彭壁生。

第九十三师

隶属中国远征军第六军，师长吕国铨。

中国第五军

中国远征军第五军，军长杜聿明。

第六军

中国远征军第六军，军长甘丽初。

“霍巴特号”

英国“利安德尔”级轻巡洋舰。

“达娜厄号”

英国“大胆”级轻巡洋舰。

“天龙号”

英国“大胆”级轻巡洋舰。

“德·鲁伊特尔号”

荷兰轻巡洋舰，是荷兰远东舰队旗舰。

“休斯敦号”

美国海军重巡洋舰。

“爪哇号”

荷兰海军“爪哇号”轻巡洋舰。

“珀斯号”

澳大利亚海军“利安德尔”级轻巡洋舰。

普拉塔河口海战

德国海军的“格拉夫·斯佩海军上将号”袖珍战列舰于 1939 年开始在南大西洋及印度洋攻击盟国商船。1939 年 12 月 13 日，格拉夫·斯佩号在阿根廷及乌拉圭外海的拉普拉塔河河口海域遭遇 3 艘盟军巡洋舰——英国海军的“埃克塞特号”“阿贾克斯”号及新西兰海军的“阿基里斯号”的拦截。最终迫使德国人将“格拉夫·斯佩号”凿沉。

“兰利号”

美国海军第一艘航空母舰。

“弗农山庄号”

弗农山庄是美国国父乔治·华盛顿的故居。

“无畏”级

英国“无畏”级战列舰首舰“无畏号”，1906 年入役，最大排水量 21060 吨。

“多塞特郡号”

英国“多塞特郡”级重型巡洋舰。1939 年入役，满排水 13420 吨。

“康沃尔号”

英国“肯特”级重型巡洋舰。1926 年 3 月下水，标准排水量 10055 吨。

“T”港

印度首都新德里有两个港口，即 T 港、P 港。

“大和号”

日本海军战列舰，也是世界上最大战列舰。1941 年服役，满载排水量达 73000 吨

佐世保（地名）

日本长崎县北部港口城市，日本造船基地之一。

舞鹤（地名）

日本本州岛中西岸港口城市，日本造船基地之一。

“英王乔治五世号”

1937 年 1 月 1 日在维克斯·阿姆斯特朗船厂开工建造，1939 年 2 月 21 日下水，1940 年 12 月 11 日完工。

“卡特琳娜”级水上飞机

美国联合飞机公司研制的 PBY“卡特琳娜”水上飞机是历史上产量最

大，也是最为著名的水上飞机。

“箭鱼”式飞机

双翼鱼雷轰炸机。二战时期的英国皇家海军航空兵使用的主要机型之一，1936 年开始投入使用。

“企业号”

“企业号”航空母舰，舷号 CV-6。是美国海军历史上第六艘航空母舰，也是约克城级航空母舰的第二艘。1936 年 10 月下水，1938 年 5 月 12 日入役，满载排水量 25909 吨。

“金刚”级

日本海军的一型战列巡洋舰。同级舰 4 艘：“金刚号”“比睿号”“榛名号”“雾岛号”。命名源自山名。标准排水量 27500 吨，1915 年 4 月前全部建成。后经两次大的改造。

启林迪尼港（地名）

肯尼亚蒙巴萨港的主要部分，是一个大型天然深水港。

“突击者号”

美国海军的航空母舰，二战中主要作为舰载机运输舰。

“北卡罗来纳号”

美国海军“北卡罗来纳”级战列舰的首制舰，该级舰共 2 艘，另一艘是“华盛顿号”。1941 年 4 月入役，满载排水量 44800 吨。

“华盛顿号”

美国海军“北卡罗来纳”级战列舰 2 号舰。1941 年 5 月入役。

“光辉号”

“光辉号”航母是英国海军的主力战舰，装备有先进的雷达系统和防空火力体系。1939 年 4 月下水，满载排水量 29240 吨。

“拉米利斯号”

英国海军“复仇级”战列舰。

“希佩尔海军上将号”

德国海军“希佩尔海军上将”级重型巡洋舰。1939 年 4 月服役，满载排水量 18400 吨。该船命名自德国海军名将——弗朗茨·冯·希佩尔上将，他指挥德国巡洋舰舰队于 1916 年的日德兰海战作战。

“沙恩霍斯特号”

德国海军战列巡洋舰，“沙恩霍斯特”级战列巡洋舰的首舰。1939 年 1 月服役，满载排水量 37820 吨。

“格奈森瑙号”

德国海军“沙恩霍斯特号”的同级舰，1938 年 5 月入役。

“欧根亲王号”

德国海军重型巡洋舰，以奥地利陆军元帅萨伏伊·卡里尼昂亲王弗朗索瓦·欧根命名。满载排水量 18400 吨，1940 年 8 月服役。

“罗德尼号”

英国海军“纳尔逊”级战列舰。1925 年 11 月下水，满载排水量 38000 吨。

考文垂规模的轰炸

1940 年 11 月 14 日，德军对英国工业重镇考文垂进行了大规模轰炸，几乎将这座城市夷为平地。

克里普斯代表团

1942 年 3 月，英国政府曾派掌玺大臣、下院领袖克里普斯等人前往印度，许诺战后给予印度自治领的地位。

1930 年“西蒙”调查团

1927 年和 1928 年,英国政府派往印度研究修改管理制度的“调查团”。调查团中没有印度人参加。1930 年 6 月发表西蒙调查团报告书。报告书中也未规定给印度以自治领地位。

廓尔喀人

廓尔喀雇佣兵 , 世界闻名的外籍雇佣兵团之一。廓尔喀位于尼泊尔中部。

“博福斯”高炮

瑞典博福斯公司以生产高射炮闻名，英国当时装备有博福斯高炮。

达达尼尔海峡之战

第一次世界大战期间，英法联军在时任英海军大臣丘吉尔的积极倡议下，于 1915 年 2 月至 1916 年 1 月在土耳其达达尼尔海峡地区实施的进攻战役。目的是强行闯入达达尼尔海峡，打通博斯普鲁斯海峡，然后占领奥斯曼帝国首都伊斯坦布尔。

“赫尔迈厄尼号”

英国“狄多”级防空巡洋舰。

“列克星敦号”

美国海军航空母舰“列克星敦号”航空母舰 (CV-2) 是“列克星敦”级航空母舰的 1 号舰。1927 年 12 月正式服役，满载排水量 50000 吨。

“约克城号”

美国海军“约克城号”航空母舰（舷号 CV-10）为“埃塞克斯”级航空母舰的 2 号舰。是为纪念美国独立战争中的约克城围城战役而命名。

“芝加哥号”

美国海军“北安普顿”级重巡洋舰的 4 号舰。

“大黄蜂号”

美国海军“大黄蜂号”（CV-8）航空母舰是是“约克城级”航空母舰的 3 号舰。1941 年 10 月正式服役。

“瑞鹤号”

日本海军“瑞鹤号”和“翔鹤号”为同一级航空母舰，该型舰共两艘。1941 年 9 月服役，标准排水量 25675 吨。

“翔鹤号”

日本海军航空母舰。1941 年 8 月服役。

“翔凤号”

日本“祥凤”级航空母舰的首舰，同型号共三艘。1942 年 1 月改造为航空母舰服役，满载排水量 13100 吨。

“萨拉托加号”

美国海军“萨拉托加号”航空母舰（CV-3）1925 年 4 月 7 日完工下水，排水量标准 33000 吨。

“旧金山号”

美国海军重巡洋舰，属“新奥尔良”级巡洋舰。于 1934 年 2 月服役，标准排水量为 10136 吨，满载排水量为 12436 吨。

“赤城号”

日本海军“天城”级重型航空母舰2号舰，该级原为战列巡洋舰，后因1923年日本关东大地震造成1号舰“天城号”舰体发生彻底破坏，故该级只建成“赤城号”一艘，所以也可以称作“赤城”级。1927年3月服役，标准排水量29500吨改装后为36500吨。

“加贺号”

日本海军航空母舰。1921年11月下水，改装后满载排水量42541吨。

“苍龙号”

日本海军航空母舰。“苍龙号”和“飞龙号”同属于“苍龙”级，但是“飞龙号”的改动较大。1937年12月入役，标准排水量15900吨。

“飞龙号”

日本海军航空母舰。1939年7月入役，标准排水量17300吨。

白厅

白厅是英国伦敦市内的一条街。它连接议会大厦和唐宁街。在这条街及其附近有国防部、外交部、内政部、海军部等一些英国政府机关设在这里。因此人们用白厅作为英国行政部门的代称。

“谢尔曼”坦克

M4中型坦克是第二次世界大战时美国开发、制造的坦克。通称“谢尔曼”。这个名字是英军起的，来源是美国南北战争北军的将军威廉·特库赛·谢尔曼。

“三叉戟”

1943年5月12到25日，美英两国首脑及美英联合参谋长委员会成员在美国华盛顿举行的会议，代号为“三叉戟”。

“玛丽皇后号”

英国的卡纳德轮船公司皇家邮轮，二战中被英国政府征用运送士兵和战争物资。

卡萨布兰卡会议

1943 年 1 月 14 日至 24 日美国总统罗斯福和英国首相丘吉尔在北非的摩洛哥的卡萨布兰卡举行会议。会议结束后，美国总统罗斯福宣布，反法西斯盟国将把德、意、日的战争进行到这三国“无条件投降为止”。

葛底斯堡战场

葛底斯堡是位于美国宾夕法尼亚州南部的一座小镇。1863 年 7 月初联邦政府的北军与李将军率领的南军在此鏖战三昼夜，北军最终击溃南军，扭转了整个南北战争的战局。

“解放者”

B-24“解放者”是美国研制的四发远程轰炸机。

“HS”仪器

一种雷达。可以向轰炸机导航员提供飞机下方带有显著标示的地图，用于确定攻击目标位置。

M. A. C. 船

商船航空母舰 (MAC) 是二战中英国皇家海军和荷兰海军的加装了最低限度航空设备的大型货轮或油轮。用作护航航空母舰的补充。

“堪培拉号”

澳大利亚重型巡洋舰，英国“肯特”级。

“南达科他号”

“南达科他”级战列舰 1 号舰。1942 年 3 月服役,满载排水量 46000 吨。

“独角兽号”

英国海军航空母舰。1943 年服役，标准排水量 14750 吨。

“凯旋号”

英国海军“巨人”级轻型航母。1946 年 5 月 9 日完工，标准排水量 13190 吨。

“突击号”

美国海军（CV-4）航空母舰，在二战中主要作为舰载机运输舰使用。

“格拉夫 · 齐柏林号”

德国海军 1935 年开工建造的航空母舰，设计标准排水量 24500 吨，但未能完工。

“四分仪”

四分仪是航海者在海中找到船只纬度的一种工具。这里指参谋会议。

华登家族

指丘吉尔家族。

玛丽

丘吉尔的女儿，玛丽 · 斯宾塞 · 丘吉尔。

派克力特

哈巴谷工程由于二战中金属紧缺，1942 年底，蒙巴顿向丘吉尔提出用 14% 的木屑加 86% 的冰的混合物“派克力特”来建造排水量高达

200 万吨的超级航母。该计划于 1943 年中止。

“蛙跳”

跳岛战术，也被称为“蛙跳”战术，美军为收复日军占领的亚洲和太平洋地区岛屿时所贯彻的战术，即不采行逐一收复各岛的战法。

驼峰航线

二战时期中国和盟军一条主要的空中通道，始于 1942 年，终于二战结束，为打击日本法西斯作出了重要贡献。“驼峰”位于喜马拉雅山脉南麓的一个形似骆驼背脊凹处的一个山口。

“温盖特”模式

奥德·温盖特英国陆军上将，特种作战的先驱。是指以突击队模式深入敌后展开奇袭和破坏。

“喷火式”飞机

英国著名战斗机，也是二战欧洲优秀的活塞式战斗机。

“突击队员”

美国寇蒂斯 C-46“突击队员”运输机。C-46 通常用来建立和保持中国和印度之间的空中生命线——喜马拉雅山的“驼峰”航线。

1918 年 3 月发起的猛攻

指第一次世界大战德军第一次进攻是 3 月 21 日开始的，到 7 月 17 日为止，德军一共在西线连续发动了 5 次进攻，。

魁北克战役

1775 年 12 月，是大陆军围攻英国魁北克省首府魁北克市的一场战役。魁北克战役以英军胜利告终。

安齐奥登陆

安齐奥是意大利罗马以南 45 公里的小渔港。1944 年 1 月 22 日盟军在安齐奥登陆。

波特尔轰炸

查尔斯·波特尔（1893——1971）二战时的英国空军参谋长,空军元帅。精确轰炸的提倡者。

“兰开斯特”轰炸机

英国空军轰炸机。

B-29 轰炸机

“超级空中堡垒”是美国波音公司设计生产的四引擎重型螺旋桨轰炸机。是二次大战时各国空军中最大型的飞机，也是当时集各种新科技的最先进的武器之一，被称为“史上最强的轰炸机”。

“齐格弗里德”防线

“齐格菲”防线（Siegfried Line）是纳粹德国在第二次世界大战开始前，在其西部边境地区构筑的对抗法国马其诺防线的筑垒体系，构筑齐格菲防线的目的是为了掩护德国西线，并作为向西进攻的屯兵场以及支援进攻的重炮阵地。

“黎塞留号”

“黎塞留”级战列舰是法国海军建造的一级战列舰，计划建造四艘，实际建成两艘，首舰“黎塞留号”，次舰“让·巴尔号”。满载排水量 47600 吨，至 1940 年 6 月只完成了 95% 的建造进度。

“豪号”

“豪号”是“英王乔治五世”级战列舰的最后一艘，于 1942 年 8 月服役，标准排水量 38641 吨。

“武藏号”

日本海军“大和”级战列舰的二号舰，1942 年 8 月服役。

“普林斯顿号”

美国海军的航空母舰，“独立”级航空母舰的二号舰。1943 年 2 月服役，满载排水量 15100 吨。

密铁拉战役

缅甸反攻战役中，1945 年在缅甸中南部曼德勒省城市密铁拉展开的战役。

印度国民军

自由印度临时政府于 1942 年 8 月建立的军事组织。这支军队开始时主要由轴心国俘获的不列颠印军战俘组成，后来也有许多日本控制的马来亚和缅甸的印度人自愿加入该组织。该组织的目标是要从英国手中解放印度，所以在“二战”日军占领缅甸期间，曾协助日军在英帕尔战役中对英印军队的作战。

“蚊”式飞机

英国德·哈维兰“蚊”式战斗轰炸机，简称“蚊”式轰炸机，是由德·哈维兰公司设计制造的木质轻型轰炸机，被视为英国航空史上的创新之作，也是第二次世界大战时期为数不多的木质军用飞机之一。

“新墨西哥号”

美国海军“新墨西哥”级战列舰的 1 号舰。参加过第一次世界大战，1930 年代曾进行了现代化改装。

西伯利亚铁路

从莫斯科到符拉迪沃斯托克的铁路线，总长 9288 公里。该铁路修建于 1891 年到 1916 年。

“密苏里号”

美国海军“依阿华”级战列舰第四艘舰（舷号：BB-63）。是美国最后一艘建造完成，也是最后一艘退役的战列舰。1945年9月2日，标志着二战结束的日本无条件投降的签字仪式，在 “密苏里号”主甲板上举行。

温斯顿·丘吉尔

Winston S. Churchill

1874.11.30 – 1965.1.24

演说家、军事家、作家。

1940 年至 1945 年出任英国首相，任期内领导英国赢得了第二次世界大战的最终胜利。

战争结束后，丘吉尔以战时亲身经历，引用大量政府文件和个人经录，写成《第二次世界大战回忆录》，获得 1953 年诺贝尔文学奖。

以书相连

第二次世界大战回忆录 · 远东战场

产品经理 | 于　桐　　装帧设计 | 王　易

后期制作 | 陈　杰　　出 品 人 | 路金波

图书在版编目（C I P）数据

第二次世界大战回忆录 · 远东战场 / (英) 温斯顿 · 丘吉尔著 ; 沙迎风译 . 一西安 : 三秦出版社 , 2017.9（2018.10 重印）
ISBN 978-7-5518-1622-9

Ⅰ . ①第… Ⅱ . ①温… ②沙… Ⅲ . ①丘吉尔 (Churchill, Winston Leonard Spencer 1874-1965) —回忆录②第二次世界大战—史料—远东 Ⅳ . ① K835.167=5 ② K152

中国版本图书馆 CIP 数据核字 (2017) 第 208211 号

第二次世界大战回忆录 · 远东战场

（英）温斯顿 • 丘吉尔著　沙迎风译

出版发行 陕西出版传媒集团　三秦出版社
陕西新华发行集团有限责任公司
社　　址 西安市北大街 147 号
电　　话（029）87205121
邮政编码 710003
印　　刷 河北鹏润印刷有限公司
开　　本 840mm×1092mm　1/32
印　　张 16.25
插　　页 2
字　　数 370 千字
版　　次 2017 年 9 月第 1 版
2018 年 10 月第 2 次印刷
标准书号 ISBN 978-7-5518-1622-9
定　　价 58.00 元

网　　址 http://www.sqcbs.cn